本书为国家社会科学基金规划一般项目（20BZZ005）研究成果

兰州大学哲学社会科学文库

Philosophy and Social Sciences Library of Lanzhou University

中国特色社会主义政治制度显著优势研究

丁志刚 著

兰州大学出版社

LANZHOU UNIVERSITY PRESS

图书在版编目（CIP）数据

中国特色社会主义政治制度显著优势研究 ／ 丁志刚
著. -- 兰州 ：兰州大学出版社，2024. 12. -- ISBN
978-7-311-06713-7

Ⅰ. D621

中国国家版本馆 CIP 数据核字第 2024JE2807 号

责任编辑　梁建萍　宋　婷
封面设计　张友乾

书　　名　**中国特色社会主义政治制度显著优势研究**
　　　　　ZHONGGUOTESE SHEHUIZHUYI ZHENGZHI ZHIDU XIANZHU YOUSHI YANJIU
作　　者　丁志刚　著
出版发行　兰州大学出版社　（地址:兰州市天水南路222号　730000）
电　　话　0931-8912613(总编办公室)　0931-8617156(营销中心)
网　　址　http://press.lzu.edu.cn
电子信箱　press@lzu.edu.cn
印　　刷　兰州人民印刷厂
开　　本　710 mm×1020 mm　1/16
成品尺寸　165 mm×238 mm
印　　张　27
字　　数　395 千
版　　次　2024年12月第1版
印　　次　2024年12月第1次印刷
书　　号　ISBN 978-7-311-06713-7
定　　价　126.00元

（图书若有破损、缺页、掉页,可随时与本社联系）

出版说明

　　党的二十大报告提出的"加快构建中国特色哲学社会科学学科体系、学术体系、话语体系，培育壮大哲学社会科学人才队伍"的重要精神，为我国高校哲学社会科学事业发展提供了根本遵循，为高校育人育才提供了重要指引。高校作为哲学社会科学"五路大军"中的重要力量，承载着立德树人、培根铸魂的职责。高校哲学社会科学要践行育人使命，培养堪当民族复兴重任的时代新人；要承担时代责任，回答中国之问、世界之问、人民之问、时代之问。

　　作为教育部直属的"双一流"建设高校，兰州大学勇担时代重任，秉承"为天地立心，为生民立命，为往圣继绝学，为万世开太平"的志向和传统，为了在兰州大学营造浓厚的"兴文"学术氛围，从而为"新文科"建设和"双一流"建设助力，启动了开放性的文化建设项目"兰州大学哲学社会科学文库"（简称"文库"）。"文库"以打造兰州大学高端学术品牌、反映兰州大学哲学社会科学研究前沿、体现兰州大学相关学科领域学术实力、传承兰州大学优良学术传统为目标，以集中推出反映新时代中国特色社会主义理论和实践创新成果、发挥兰州大学哲学社会科学优秀成果和优秀人才的示范引领作用为关键，以推进学科体系、学术体系、话语体系建设和创新为主旨，以鼓励兰大学者创作出反映哲学社会科学研究前沿水平的高质量创新成果为导向，兰州大学组织哲学社会科学各学科领域专家评审后，先后遴选出政治方向正确、学术价值厚重、聚焦学科前沿的思想性、科学性、原创性强的学术成果结集为"兰州大学哲学社会科学文库"分辑出版,第一辑共10种,第二辑共7种。

"士不可以不弘毅,任重而道远。"兰州大学出版社以弘扬学术风范为己任,肩负文化强国建设的光荣使命,按照"统一设计、统一标识、统一版式、形成系列"的总体要求,以极其严谨细致的态度,力图为读者奉献出系列学术价值厚重、学科特色突出、研究水平领先的精品学术著作,进而展示兰大学人严谨求实、守正创新的治学态度和"自强不息、独树一帜"的精神风貌,使之成为具有中国特色、兰大风格、兰大气派的哲学社会科学学术高地和思想交流平台,为兰州大学"新文科"建设和"双一流"建设,繁荣我国哲学社会科学建设和人才培养贡献出版力量。

兰州大学出版社

二〇二四年十月

目 录

导　语

　　对政治制度的研究是一个既古老又年轻的理论问题，说古老可以上溯到古代政治思想家对政治制度的系统研究，说年轻是因为至今人类还没有找到公认的至善至美的政治制度，还在不断探讨对现实政治制度的发展和创新的问题。尽管中国特色社会主义政治制度是人类历史上崭新的政治制度，但是随着社会发展和进步，中国特色社会主义政治制度依然需要坚持不断推进理论发展和创新。本部分概述政治制度和马克思主义的政治制度观，介绍新制度主义政治学的理论探索，并提出要推动建立具有中国特色的制度政治学，最后系统梳理了政治学界对中国特色社会主义政治制度的研究状况并进行了评析。

第一节
政治制度概述

一、何谓制度①

"仁圣之本，在乎制度而已。"②制度不仅是彰显一个国家社会性质、民主走势的风向标，更是其定国、安邦、固源的根本基础。对制度的理解是研究中国特色社会主义政治制度的首要问题。

在一般意义上，制度作为一种行为规则和社会规范，被解释为两层含义，一是"要求大家共同遵守的办事规程或行动准则"，二是"在一定历史条件下形成的政治、经济、文化等方面的体系"③。这些制度广泛存在于人类社会各个领域、各个方面，是伴随人类社会始终的。从制度产生的深层逻辑来看，一切社会制度都源于人类生存与发展的需要，源于人类的生产活动与经济活动，以及由此产生的更加复杂、更加高级的其他活动，即人类的生产活动作为最基本的社会活动，带动了社会成员之间的交往，并形成一定的社会关系，这些社会关系规范化、秩序化的过程便形成了制度。因此，制度作为一种社会规范是伴随着人类的生产交往而产生的，作为社会规则和社会规范的制度，其基本目的是规范人的行为和调控社会关系。随着生产交往的不断扩大和社会关系的日益复杂，制度的内容也逐渐丰富。可见，制度作为一种社会规范，其一般含义是社会成员共同遵守的行为准则，作为社会规范的制度一般具有规范性、指导性、约束性、权威性、

---

① 本部分内容参见作者《论国家制度化治理与国家治理现代化》一文，《新疆师范大学学报》（哲学社会科学版）2021年第1期，第87—96页。

② 白居易：《白居易集笺校》，朱金城笺校，上海古籍出版社，1988，第3481页。

③ 《现代汉语词典》（第5版），商务印书馆，2005，第1756页。

强制性①。古代传统农牧业社会的制度粗略，制度性规范与非制度性规范并存，制度的作用是有限的。现代工商业社会中，制度的作用得到极大发挥。

在国家产生之后，制度则成为一个国家对本国事务进行管理的基本规范和依据，国家必须通过一系列制度建设，达成对其疆域范围内特定人口的有效管理。因此，制度建设是国家建设的重要内容，是人类智慧的重要表现形式，国家总是要通过对制度进行设计、安排和实施来对本国事务进行规范化治理，只不过，不同时代、不同国家的制度建设各有不同，尤其是古代国家和现代国家更有天壤之别。古代国家的制度相对较为简单粗糙，制度治理往往置于人治之下，制度的权威性不足；而现代国家的制度很复杂精密，制度治理具体表现为依法而治，制度、法律具有最高的权威性。但是，无论古代国家的制度治理还是现代国家的制度治理，其根本目的都是维护特定政权的稳固，实现国内的社会稳定和经济发展。因此，合理、有效的制度选择、制度治理对国家发展与长治久安至关重要。

制度之所以重要，首先体现为它在一般意义上对人行为的约束与规范，社会的正常运行需要制度来规范社会成员的行为举止，制度规定了社会成员在社会活动中什么该做和什么不该做，若有社会成员违背了制度则会受到一定的惩罚。制度所设立的这些约束和规范有利于更好地调控社会关系，是维护社会秩序正常运行的重要条件。制度的重要性还体现为制度在国家运行中的指导和规范作用。制度建设是一个国家软实力的重要体现，制度的好坏决定着国家建设的成败。好的制度不仅可以推动国家的繁荣发展，还有利于国家在面对复杂的国际竞争中立于不败之地，而坏的制度则会使国家陷入发展的桎梏。因此，必须把制度建设放在国家建设的首要位置，用好的制度来指导国家治理实践。

基于制度在现代社会的重要性，对制度的研究也成为现代社会科

---

① 丁志刚、于泽慧:《论制度、制度化、制度体系与国家治理》,《学习与探索》2020年第1期,第38-43页。

学的重要议题。塞缪尔·P.亨廷顿将国家的政治制度化作为衡量国家政治稳定的重要标准，将国家政治制度的研究推向了高潮。制度研究还渗透到经济学中，产生了制度经济学。如作为制度学派代表人物的康芒斯在其《制度经济学》一书中给制度下了定义："如果我们要找出一种普遍的原则，适用于一切所谓属于'制度'的行为，我们可以把制度解释为集体行动控制个体行动。"①在新制度经济学中，诺斯是在一般意义上给制度下定义最多的经济学家。他认为"制度是一个社会的游戏规则，更规范地说，它们是为决定人们的相互关系而人为设定的一些制约"②。制度是由非正式约束（道德的约束、禁忌、习惯、传统和行为准则）和正式的法规（宪法、法令、产权）组成的。诺斯把规范人行为的规则细分为正式规则和非正式规则。诺斯还认为："制度是一系列被制定出来的规则、守法程序和行为的道德伦理规范，它旨在约束追求主体福利或效用最大化利益的个人行为。"③可以看出，康芒斯和诺斯对制度含义的界定基本相同，他们都认为制度是一种规范人的行为规则。在组织理论的研究中也涉及制度领域，斯坦福大学教授约翰·迈耶在组织理论研究中提出"组织结构本质上反映的是制度化的规则内容，但由于很多制度被制定出来以后就成为了摆设，他又提出在社会认可基础上建立一种权威关系，通过合法性的机制在无形中迫使组织接受特定制度环境中要求的具有合法性的行为模式"④。迈耶肯定了制度权威在组织运行中的重要性，并主张通过建立权威关系来解决组织内部的松散状态的问题。让·布隆代尔从政治学角度指明了制度内涵的不确定性和模糊性，认为制度在政治学中不是一成不变的概念，相反，本身具有很大的灵活性，不应该刻意对其进行概念界定，

---

① 康芒斯:《制度经济学》（上册），于树生译，商务印书馆，1962，第87页。

② 诺斯:《制度、制度变迁与经济绩效》，刘守英译，生活·读书·新知三联书店，1994，第3页。

③ 诺斯:《经济史中的结构与变迁》，陈郁、罗华平等译，上海人民出版社，1994，第225—226页。

④ John W.Meyer, Brian Rowan, Institutionalized Organizations, "Formal Structure as Myth and Ceremony," *American Journal of Sociology*, 1977, pp.340-363.

而是从核心要义、不同语境中去把握制度的基本内涵①。当然，与马克思不同的是，康芒斯和诺斯都是以个人主义为背景，从法律和道德层面理解制度，而马克思则是从社会生产方式、社会形态的系统和整体出发理解制度的。

马克思主义始终站在人类历史发展的角度，从生产力和生产关系、经济基础与上层建筑之间的辩证关系中看社会制度及其演进。马克思指出人们在自己的生活与社会生产中会产生同他们的物质生产力相适应的生产关系，这些生产关系的总和构成社会的经济结构，生产力的发展导致生产关系的变化，随着经济基础的变更，全部庞大的上层建筑也或慢或快地发生变革。马克思主义始终认为，国家制度是建立在一定经济基础之上的上层建筑，主要是统治阶级用强制规范的方式来规定社会关系的一系列法律规范，核心是维护特定的国家政权。因此，国家制度在国家建设活动中具有极其重要的地位和作用。国家在制度建设中，除了不断建立健全和完善制度本身外，还要不断树立制度权威、维护制度权威。在马克思的唯物史观中，社会制度表现为社会普遍意志的法律和伦理范畴，社会制度是由经济基础决定的上层建筑，社会制度变迁的根本动力是生产力的发展。

二、何谓政治制度

政治制度是人类社会演变中最重要的社会制度之一，特别是人类社会进入国家时代后，政治制度成为国家制度极为重要的组成部分。《现代汉语词典》将政治制度解释为"政体"②。作为政体的政治制度当然是广义上的，包括了国家政权组织形式、国家结构形式、政党制度及选举制度等。历史地来看，国家的政治制度经历了从低级到高级、从简单到复杂的发展过程。早期国家的政治制度简单粗糙，以后随着国家的发展，政治制度越来越复杂，发展到今天已经形成了精密完整

---

① 岳凤兰：《论习近平新时代中国特色社会主义政治制度建设思想的哲学逻辑》，《中央民族大学学报》(哲学社会科学版)2021年第1期，第52-58页。

②《现代汉语词典》(第5版)，商务印书馆，2005，第1743页。

的政治制度体系。由此可以看出，在政治学领域中，制度主要以组织的形式出现，它既包括政治色彩浓厚的立法机关或政党组织，也包括政治色彩并不完全贯彻始终的其他团体。

作为人类社会文明积淀的成果，制度是古往今来国家治理的重要遵循，一部人类社会的政治文明史和国家治理发展史，就是一部政治制度创制调校和演化变迁的历史。在国家治理的历史长河中，政治制度对于规范、塑造、调整、优化政治行为与政治关系起到了不可替代的作用。与之相应，关于制度设计、制度变迁、制度执行、制度效能、制度比较的相关研究也成为政治学研究的核心内容。

鉴于政治制度的重要性，从认识史和思想史的角度来看，西方思想家较早也较系统地对政治制度展开了研究，无论是古代西方的政治思想家，还是近现代政治思想家，都对国家政治制度及其机构、职权、法律等问题进行了思考与论述，并由此形成了极为丰富的西方政治学理论。西方学者大都认为，政治制度是基于一定规则和程序之上，规范个人和团体行为的长期稳定的制度安排，它体现为各种明确的带有强制性的规则和决策程序，具有正式和合法的特点，通常被视为国家机器的组成部分[1]。

我国学者对于政治制度含义的研究成果很多，总体上是以马克思主义的立场、观点和方法来界定政治制度的，即运用辩证唯物主义和历史唯物主义的基本理论和方法，把政治制度看作是与特定生产方式相关的、建立在特定经济基础之上的上层建筑，经济基础决定上层建筑，经济制度决定政治制度，上层建筑反作用于经济基础，政治制度也反作用于经济制度。如马雪松等给政治制度下了一个较为全面的定义，他认为："政治制度在本质上是人类交往的产物和实践性成果，通过为政治领域确立基本性的秩序状态，在政治权力的结构与安排中实现约束和引导人类行为的目的。政治制度作为'围绕利益的竞取与分配，以政治权力的强制执行作为保证，同法规制定和政策选择活动紧密关联的规则和组织的结构模式'，其本身内在地蕴含着发生变迁的可

---

[1] 参阅 Andrew Heywood, *Key Concepts in Politics*, N.Y.St.Martin's Press, 2000, p.93.

能性。"①总之，人们普遍认为政治制度就是对国家政治关系的一系列根本性规定，是规范政治主体、政治关系、政治行为的一些规则的总称，政治制度包括对政权组织形式、政党组织形式、政党制度、选举制度等的规定。

第二节
马克思主义的政治制度观

一、马克思恩格斯的政治制度观

（一）关于政治制度的起源与本质

关于制度的起源，马克思和恩格斯在《德意志意识形态》中运用历史唯物主义的原理给出了一个科学的解释——人的需要是制度的逻辑起点。"因此我们首先应当确定一切人类生存的第一个前提，也就是一切历史的第一个前提，这个前提是：人们为了能够'创造历史'，必须能够生活。"②人类的一切活动源自人的需要，为了自身的生存发展就需要从事物质资料的生产，并由此形成一定的生产关系与社会关系，由此衍生出社会制度，这就是制度起源和发展的第一个阶段。从马克思关于制度的逻辑判断可知，制度形成于人与人之间的交往，其实质是一定的社会生产力与生产方式基础上产生的生产关系及其所体现的社会关系的产物，是生产关系及其相应的社会关系的凝结和固化，能够规范和调整人的行为。因此，基于这种生产关系，马克思又推导出制度起源和发展的第二个阶段——上层建筑，即包括政治制度、法律法规、社会管理、道德习惯等内容。"各个相互影响的活动范围在这个发展进程中越是扩大，各民族的原始封闭状态由于日益完善的生产方

---

① 马雪松、张贤明：《政治制度变迁方式的规范分析与现实思考》，《政治学研究》2016年第2期，第20-31页。

②《马克思恩格斯选集》（第一卷），人民出版社，2012，第158页。

式、交往以及因交往而自然形成的不同民族之间的分工消灭得越是彻底，历史也就越是成为世界历史。"①马克思通过对不同利益集团和阶级矛盾的分析提出：政治制度、法律法规等制度都根源于物质生活，而这种生活的本质是交往，因此交往的扩大是制度形成的根本原因。

恩格斯在《家庭、私有制和国家的起源》中对马克思关于国家和制度的观点进行了补充，指出国家决不是从外部强加于社会的一种力量，"确切地说，国家是社会在一定发展阶段上的产物；国家是承认：这个社会陷入了不可解决的自我矛盾，分裂为不可调和的对立面而又无力摆脱这些对立面。而为了使这些对立面，这些经济利益互相冲突的阶级，不致在无谓的斗争中把自己和社会消灭，就需要有一种表面上凌驾于社会之上的力量，这种力量应当缓和冲突，把冲突保持在'秩序'的范围以内；这种从社会中产生但又自居于社会之上并且日益同社会相异化的力量，就是国家。"②这一段话清晰地表达了马克思主义关于国家的历史作用和意义的基本思想，认为国家是阶级矛盾不可调和的产物和表现。反过来说，国家的存在证明了阶级矛盾的不可调和，如果阶级矛盾是可以调和的，那么国家既不可能产生，也不可能保持。同时这一论断向我们指明：随着生产力的发展与生产关系的复杂，人们相互之间的交往随之扩大，因此彼此之间发生冲突是不可避免的，为了保证各阶级的经济利益，人们就需要通过一种"秩序"来缓和各方冲突，协调各阶级的矛盾，这种"秩序"就是国家（制度）。因此，从这种意义上来说，马克思和恩格斯认为，制度就是随着生产力的发展和人们交往的扩大，人们需要一系列普遍认同的规则来约束个体行为、化解冲突和维系交往，这些规则就逐步演变成为制度。

（二）关于政治制度与经济制度的关系

马克思和恩格斯认为，政治制度产生于并反作用于经济制度。一切的生产关系都依赖于物质资料的生产和交换，当旧的、过时的、封建的生产关系不能适应当前的社会生产力时，就会成为社会进步的阻

---

① 《马克思恩格斯选集》(第一卷)，人民出版社，2012，第168页。

② 《马克思恩格斯选集》(第四卷)，人民出版社，2012，第186-187页。

碍，就应该被新的、先进的、自由的新生产关系所取代，这种生产关系对生产力的进步发挥助推作用。"由此可见，资产阶级赖以形成的生产资料和交换手段，是在封建社会里造成的。在这些生产资料和交换手段发展的一定阶段上，封建社会的生产和交换在其中进行的关系，封建的农业和工厂手工业组织，一句话，封建的所有制关系，就不再适应已经发展的生产力了。这种关系已经在阻碍生产而不是促进生产了。它变成了束缚生产的桎梏。它必须被炸毁，它已经被炸毁了。"①"起而代之的是自由竞争以及与自由竞争相适应的社会制度和政治制度、资产阶级的经济统治和政治统治。"②

马克思和恩格斯指出，政治制度对于经济制度的反作用主要朝两个方向发挥作用——"政治权力在对社会独立起来并且从公仆变为主人以后，可以朝两个方向起作用。或者它按照合乎规律的经济发展的精神和方向发生作用，在这种情况下，它和经济发展之间没有任何冲突，经济发展加快速度。或者它违反经济发展而发生作用，在这种情况下，除去少数例外，它照例总是在经济发展的压力下陷于崩溃。"③当统治阶级获取国家政权之后，作为其统治手段的政治制度便开始对经济社会发挥反作用，这种反作用主要体现在：当政治制度与社会经济发展水平相适应时，能够加速经济的发展；但当政治制度与社会发展水平发生冲突，违背了经济发展规律时，便会对社会经济发展形成桎梏，产生阻碍作用。对于这一观点，恩格斯在1890年10月27日致康拉德·施米特的回信中也提到："总的来说，经济运动会为自己开辟道路，但是它也必定要经受它自己所确立的并且具有相对独立性的政治运动的反作用，即国家权力的以及和它同时产生的反对派的运动的反作用。"④

---

① 《马克思恩格斯选集》（第一卷），人民出版社，2012，第405页。
② 《马克思恩格斯选集》（第一卷），人民出版社，2012，第405页。
③ 《马克思恩格斯选集》（第三卷），人民出版社，2012，第563页。
④ 《马克思恩格斯选集》（第四卷），人民出版社，2012，第609–610页。

（三）关于君主制度与民主制度的比较

马克思恩格斯生活的时期，正是旧的传统的君主制度向新的现代的民主制度的转换期，因此，在其政治制度思想中，论述了君主制与民主制的相互关系。在《黑格尔法哲学批判》一章中，马克思抨击了黑格尔关于政治制度的思辨唯心主义的论述，并将民主制与君主制加以区别，论述了其不同特点："民主制是君主制的真理，君主制却不是民主制的真理……在民主制中，任何一个环节都不具有与它本身的意义不同的意义。每一个环节实际上都只是整体人民的环节。在君主制中，则是部分决定整体的性质。在这里，国家的整个制度构成必须适应一个固定不动的点。民主制是国家制度的类。君主制则只是国家制度的种，并且是坏的种。"① "在君主制中，整体，即人民，从属于他们的一种存在方式，即政治制度。在民主制中，国家制度本身只表现为一种规定，即人民的自我规定。在君主制中是国家制度的人民；在民主制中则是人民的国家制度。"②马克思认为，黑格尔从国家出发，把人变成了主体化的国家，而民主制则是从人出发，把国家变成了客体化的人，我们应该明确——是人民创造了国家制度，而不是国家制度创造了人民，就国家制度的本质来说，国家制度是人民的作品，是人的自由产物。马克思不仅强调了人民至上的历史决定性作用，而且对民主制度给予了肯定与赞扬。"专制制度的唯一思想就是轻视人，使人非人化，而这一思想比其他许多思想好的地方，就在于它也是事实。"③在这里，马克思痛斥了黑暗的专制制度（君主制）的非人性和压迫性，以严密的逻辑论证了专制制度并非天经地义的，从根本上推翻了专制制度存在的根基与合法性。

（四）无产阶级的政治制度是人民民主制度

在对旧的政治制度特别是资产阶级政治制度批判的基础上，马克思明确指出，无产阶级取得政权后建立的无产阶级专政的政治制度应

---

① 《马克思恩格斯全集》（第三卷），人民出版社，2002，第39页。

② 《马克思恩格斯全集》（第三卷），人民出版社，2002，第39页。

③ 《马克思恩格斯全集》（第四十七卷），人民出版社，2004，第58页。

当是人民民主制度。马克思在《黑格尔法哲学批判》中，在分析家庭和市民社会的关系时指出，人民是国家及国家制度形成的物质前提，强调了人民对于国家和国家制度形成的决定性和主体性作用，同时揭示了现代国家中人的个人存在与社会存在相分离的矛盾，他指出"只有真正的民主制"才能消除政治国家同市民社会、政治领域同社会领域、国家公民和作为市民社会成员的市民的分离。"在民主制中，不是人为法律而存在，而是法律为人而存在；在这法律是人的存在，而在其他国家形式中，人是法定的存在。民主制的基本特点就是这样。"[①]马克思认为，民主制度是所有政治制度中唯一能够实现人的尊严与价值的形式，在民主制度的国家中，法律存在的目的是保障人的利益和自由，一切其他制度都是为人而服务的，这就是民主制度的基本特点。"在民主制中，国家制度、法律、国家本身，就国家是政治制度来说，都只是人民的自我规定和人民的特定内容。"[②]"必须使国家制度的实际承担者——人民成为国家制度的原则。"[③]既然人民就是国家制度的创造者与国家制度运行的实际承担者，那么国家制度必须体现人民的意志，而且人民有权自行来制定自己国家的法律及其他一切国家制度，也绝对有权为自己制定新的国家制度。

马克思在回答无产阶级革命过程是如何发生的问题时提到："首先无产阶级革命将建立民主的国家制度，从而直接或间接地建立无产阶级的政治统治。"[④]"公社一开始想必就认识到，工人阶级一旦取得统治权，就不能继续运用旧的国家机器来进行管理；工人阶级为了不致失去刚刚争得的统治，一方面应当铲除全部旧的、一直被利用来反对工人阶级的压迫机器，另一方面还应当保证本身能够防范自己的代表和官吏，即宣布他们毫无例外地可以随时撤换。"[⑤]马克思认为，无产

[①]《马克思恩格斯全集》（第三卷），人民出版社，2002，第40页。

[②]《马克思恩格斯全集》（第三卷），人民出版社，2002，第41页。

[③]《马克思恩格斯全集》（第三卷），人民出版社，2002，第72页。

[④]《马克思恩格斯文集》（第一卷），人民出版社，2009，第685页。

[⑤]《马克思恩格斯文集》（第三卷），人民出版社，2009，第110页。

阶级在夺取革命的胜利之后，应当立即用民主作为手段来保障无产阶级的生存，并进一步直接向私有制发起进攻，彻底摧毁资产阶级所建立的旧制度和旧的国家机器，建立民主的制度以保证无产阶级自己的统治。同时，为了防止新建立的国家也同以往的国家一样，随着时间的推移，国家政权及其机关为了追求自身的特殊利益而背离维护社会共同利益的目的，从社会的公仆变成社会的主人，新的国家政权应当采取一些可靠的方法来保证社会大众的利益。"为了防止国家和国家机关由社会公仆变为社会主人——这种现象在至今所有的国家中都是不可避免的——公社采取了两个可靠的办法。第一，它把行政、司法和国民教育方面的一切职位交给由普选选出的人担任，而且规定选举者可以随时撤换被选举者。第二，它对所有公职人员，不论职位高低，都只付给跟其他工人同样的工资……也能可靠地防止人们去追求升官发财了。"[①]

(五）关于政治制度的消亡

依据马克思主义的国家理论，国家最终会消亡。恩格斯在《家庭、私有制和国家的起源》中指出，"阶级不可避免地要消失，正如它们从前不可避免地产生一样。随着阶级的消失，国家也不可避免地要消失"[②]。同样，恩格斯在《法兰西内战》1891年版导言中指出："实际上，国家无非是一个阶级镇压另一个阶级的机器，而且在这一点上民主共和国并不亚于君主国。国家再好也不过是在争取阶级统治的斗争中获胜的无产阶级所继承下来的一个祸害；胜利了的无产阶级也将同公社一样，不得不立即尽量除去这个祸害的最坏方面，直到在新的自由的社会条件下成长起来的一代有能力把这国家废物全部抛掉。"[③]随着生产的快速发展，人类社会终将在某一天步入高度发达的文明社会，在这一阶段，在生产者自由平等的联合体的基础上按新方式来组织生产的社会中，阶级将会成为生产发展的障碍，将不再有存在的必要，国家以及一切的社会制度都将随着阶级的消失而消亡。

[①]《马克思恩格斯选集》（第三卷），人民出版社，2012，第55页。

[②]《马克思恩格斯选集》（第四卷），人民出版社，2012，第190页。

[③]《马克思恩格斯选集》（第三卷），人民出版社，2012，第55页。

二、列宁的政治制度观

列宁的政治制度观集中体现在其经典著作《国家与革命》一书中。在这本书中，首先，列宁根据恩格斯的《家庭、私有制和国家的起源》阐述了马克思、恩格斯关于国家问题的最基本观点，论述了国家的起源和本质、国家的基本特征和职能、暴力革命与国家的消亡等一系列问题，指出国家是阶级矛盾不可调和的产物，是暴力统治的机关，是阶级统治的工具；无产阶级国家若想代替资产阶级国家，只能通过暴力革命，而无产阶级国家最终也将"自行消亡"。其次，列宁通过法国大革命和巴黎公社的经验，论述了无产阶级必须彻底地打碎资产阶级的国家机器，建立无产阶级专政的国家，才能够实现无产阶级的历史使命；强调从资本主义向社会主义过渡时期必须坚持无产阶级的专政。无产阶级专政的国家要最大限度地发展社会主义民主，探索民主发展的形式，并用实践来检验这些形式。最后，列宁依据马克思在《哥达纲领批判》中提出的基本理论，论述了未来共产主义社会的发展与国家消亡的关系，指出资产阶级的民主只是少数富人的民主和对绝大多数劳动人民实行的镇压，而无产阶级的民主是绝大多数劳动人民享受的民主和对少数剥削者实行的镇压，只有共产主义才能实现真正的、完全的人民民主，而共产主义高度发展的结果就是国家的消亡。列宁的国家观、政治制度观为国家无产阶级革命和俄国十月革命的胜利指明了方向。

（一）列宁的国家观

列宁关于国家的观点继承了马克思恩格斯的国家观，从理论和政治实践层面厘清了无产阶级革命对国家的态度问题，并依据马克思恩格斯的国家学说对当时俄国资产阶级和小资产阶级民主派的错误观点进行了强烈的批判，有力捍卫和恢复了马克思主义的国家学说，矫正了国内的机会主义者和无政府主义者对马克思学说的歪曲，为国际和国内的无产阶级革命提供了有力的思想武器。列宁坚持国家是阶级矛盾不可调和的产物，是统治阶级剥削和压迫被统治阶级的工具，而

"资产阶级的思想家，特别是小资产阶级的思想家——他们迫于无可辩驳的历史事实不得不承认，只有存在阶级矛盾和阶级斗争的地方才有国家——这样来'稍稍纠正'马克思，把国家说成是阶级调和的机关"①。"在小资产阶级政治家看来，秩序正是阶级调和，而不是一个阶级对另一个阶级的压迫；缓和冲突就是调和，而不是剥夺被压迫阶级用来推翻压迫者的一定的斗争手段和斗争方式。"②列宁认为将国家的概念和意义论述清楚是必要的，尤其在1917年的革命当中，作为立刻行动而且是大规模行动的问题在实践上提出来的时候，国家这一问题显得极为重要，而"全体社会革命党人和孟什维克一下子就完全滚到'国家''调和'阶级这种小资产阶级理论方面去了"③。另一方面，列宁也批判了"考茨基主义"对马克思主义的歪曲，并揭露了考茨基对暴力革命途径的忽视和抹杀——"'在理论上'，它既不否认国家是阶级统治的机关，也不否认阶级矛盾不可调和。但是，它忽略或抹杀了以下一点：既然国家是阶级矛盾不可调和的产物，既然它是凌驾于社会之上并且'日益同社会相异化'的力量，那么很明显，被压迫阶级要求得解放，不仅非进行暴力革命不可，而且非消灭统治阶级所建立的、体现这种'异化'的国家政权机构不可"④。

列宁指出，常备军和警察是国家政权的主要强力工具，"恩格斯在这里阐明了被称为国家的那种'力量'的概念，即从社会中产生但又自居于社会之上并且日益同社会相异化的力量的概念。这种力量主要是什么呢？主要是拥有监狱等等的特殊的武装队伍"⑤。自从人类社会产生了阶级以后，居民的自动的武装组织已经成为不可能了，因此特殊的公共权力被人类社会所需要，而这种公共权力只服务于资产阶级，资产阶级国家中的统治阶级正是通过各种公共权力的设立来实现统治

---

①《列宁全集》(第三十一卷)，人民出版社，2017，第6页。
②《列宁全集》(第三十一卷)，人民出版社，2017，第6页。
③《列宁全集》(第三十一卷)，人民出版社，2017，第6页。
④《列宁全集》(第三十一卷)，人民出版社，2017，第7页。
⑤《列宁全集》(第三十一卷)，人民出版社，2017，第8页。

的巩固和稳定。"为了维持特殊的、凌驾于社会之上的公共权力，就需要捐税和国债。"①统治阶级要使庞大的国家机器持续运转，必须从被统治阶级那里搜刮财富，利用凌驾于社会之上、人民之上的这种特殊的公共权力剥夺大多数劳动人民的利益，这也是国家的特征之一。恩格斯十分肯定地认为，普选制是资产阶级统治的工具经……小资产阶级民主派，如我国的社会革命党人和孟什维克……却正是期待从普选制中得到"更多的东西"。他们自己相信而且要人民也相信这种荒谬的想法：普选制"在现今的国家里"能够真正体现大多数劳动者的意志，并保证实现这种意志。列宁在这里批判了小资产阶级民主派对普选制抱有能实现劳动者意志的不切实际的幻想，讽刺其对资产阶级真实面目认识不清。

（二）资本主义民主共和制的本质是资产阶级统治的工具

在列宁看来，虽然资产阶级就其国家形式而言是多种多样各不相同的，但其本质却都是一样的，即都是资产阶级专政。即便在资本主义社会矛盾相对缓和、资本主义最为顺利的发展条件下，比较普遍的民主制度就是民主共和制，但这种民主共和制依旧无法摆脱资本主义剥削制度的限制，它本质上仍然是属于少数有产者和富人的民主制度。资本主义社会的自由与古希腊共和制城邦的自由即奴隶主阶级的自由在本质上是相同的，由于资本主义私有制下阶级剥削的本性，大多数无产者、穷人被排斥在社会政治生活之外。"不仅古代国家和封建国家是剥削奴隶和农奴的机关，'现代的代议制的国家'也'是资本剥削雇佣劳动的工具'。"②"我们赞成民主共和国，因为这是在资本主义制度下对无产阶级最有利的国家形式。但是，我们绝不应该忘记，即使在最民主的资产阶级共和国里，人民仍然摆脱不了当雇佣奴隶的命运。"③他认为资产阶级的民主共和制也只是为扩张的资本披上了掩护的外壳而已，"'财富'的无限权力在民主共和制下更可靠，因为它不

①《列宁全集》（第三十一卷），人民出版社，2017，第10页。

②《列宁全集》（第三十一卷），人民出版社，2017，第11页。

③《列宁全集》（第三十一卷），人民出版社，2017，第18页。

依赖政治机构的某些缺陷，不依赖资本主义的不好的政治外壳。民主共和制是资本主义所能采用的最好的政治外壳，所以资本一掌握（通过帕尔钦斯基、切尔诺夫、策列铁里之流）这个最好的政治外壳，就能十分巩固十分可靠地确立自己的权力，以致在资产阶级民主共和国中，无论人员、无论机构、无论政党的任何更换，都不会使这个权力动摇"①。列宁在这里的解释是，民主共和国将资本主义的本质夯进了国家的根基之中，将其融入了国家运作的基本原则中，正如他所言，国家的基础是商品交换以及平等的个人法律权利，一旦建立了这个基础，政党、人民以及各种组织都将受限于国家宪法条文的规定，也就是资本主义制度的运行规则，因此说民主共和制是资本主义最好的外壳。"无论在共和制的国家（法国、美国、瑞士），还是在君主制的国家（英国、一定程度上的德国、意大利、斯堪的纳维亚国家等），都逐渐形成'议会权力'；另一方面，在不改变资产阶级制度基础的情况下，各资产阶级政党和小资产阶级政党瓜分着和重新瓜分着官吏职位这种'战利品'，为争夺政权进行着斗争；最后，'行政权力'，它的官吏和军事机构，日益完备和巩固起来……无论在君主制的国家，还是在最自由的共和制的国家，由于要加强高压手段来对付无产阶级，'国家机器'就大大强化了，它的官吏和军事机构就空前膨胀起来了。"②即使是在民主共和制国家，为了强化资产阶级的统治，行政机构不断膨胀，最终使得国家机器发展得愈发完备，无产阶级要推翻资产阶级的统治也会愈发艰难。

（三）以公社来替代旧的国家机器

马克思在《共产党宣言》中提出，真正的人民的革命包含了工人阶级和农民阶级在内的受到资产阶级和"官僚军事国家机器"压迫、剥削的绝大多数，而打碎和摧毁这个机器（国家）就是人民，人民的大多数，即工人阶级和农民阶级的真正利益，这也是这两个阶级自由联盟的"先决条件"。如果没有这个联盟，那么就不会有民主，社会主

①《列宁全集》（第三十一卷），人民出版社，2017，第12-13页。

②《列宁全集》（第三十一卷），人民出版社，2017，第30页。

义改造更是无从谈起。"'打碎'国家机器是工人和农民双方的利益所要求的，这个要求使他们联合起来，在他们面前提出了铲除'寄生物'、用一种新东西来代替的共同任务。究竟用什么东西来代替呢?"①马克思对于究竟用什么东西来代替旧的、被打碎的国家机器这一问题的回答并未明确，只是提出"以无产阶级组织成为统治阶级来代替，以争得民主"，这算是给这一问题一个抽象化的答案，期待以实践的群众运动的经验来寻求这一问题的最终答案，并且马克思在《法兰西内战》中对巴黎公社的经验进行了详细的分析和总结。列宁在此基础上认为，马克思所提出的用公社来代替被打碎的国家机器，通过"废除常备军、一切公职人员完全由选举产生并完全可以撤换"这种形式来实现更为彻底的民主，在事实上意味着两类完全不同的机构的更替，"民主实行到一般所能想象的最完全最彻底的程度，就由资产阶级民主转化成无产阶级民主，即由国家（=对一定阶级的特殊的镇压力量）转化成一种已经不是原来意义上的国家的东西"②。

　　列宁大量引用了马克思对于公社制度的论述，为人们更加深刻而详细地揭示了这个代替旧的国家机器的新形式，马克思用这样的说法评价公社制度——"'消灭国家政权'这个'寄生赘瘤'，'铲除'它，'破坏'它；'国家政权现在已经被取代'……公社的真正秘密就在于：它实质上是工人阶级的政府，是生产者阶级同占有者阶级斗争的产物，是终于发现的可以使劳动在经济上获得解放的政治形式"③。由此可见，列宁完全肯定了马克思对于公社制度的分析和评价，并且在马克思对公社经验的观察、分析和总结的基础上，充分明确指出公社就是未来代替国家的政治形式，"公社就是无产阶级革命'终于发现的'可以使劳动在经济上获得解放的形式。公社就是无产阶级革命打碎资产阶级国家机器的第一次尝试和'终于发现的'、可以而且应该用来代替

---

　　①《列宁全集》(第三十一卷)，人民出版社，2017，第38页。

　　②《列宁全集》(第三十一卷)，人民出版社，2017，第40页。

　　③《列宁选集》(第三卷)，人民出版社，2012，第159页。

已被打碎的国家机器的政治形式"①。

（四）坚持无产阶级专政

列宁引证了马克思在《共产党宣言》中的观点，阐明了无产阶级革命的目标和历史使命，"工人革命的第一步就是使无产阶级上升为统治阶级，争得民主。无产阶级将利用自己的政治统治，一步一步地夺取资产阶级的全部资本，把一切生产工具集中在国家即组织成为统治阶级的无产阶级手里，并且尽可能快地增加生产力的总量"②。无产阶级必须用暴力推翻资产阶级的统治，使自己成为统治阶级，为自己争取民主和权利。然后无产阶级要利用自己所获得的国家政权摧毁资产阶级遗留的残余，掌握生产工具，集中发展国家经济。"剥削阶级需要政治统治是为了维持剥削，也就是为了极少数人的私利，去反对绝大多数人。被剥削阶级需要政治统治是为了彻底消灭一切剥削，也就是为了绝大多数人的利益，去反对极少数的现代奴隶主——地主和资本家。"③无产阶级革命的目的和最终的目标都在于消灭一切剥削，实现绝大多数人的利益，并且"只有无产阶级才能推翻资产阶级的统治，因为无产阶级是一个特殊阶级，它的生存的经济条件为它推翻资产阶级的统治作了准备，使它有可能、有力量达到这个目的"④。资产阶级掠夺的本性使得绝大多数劳动群众沦为无产者和被剥削阶级，无产阶级在大生产中所发挥的经济作用，使得他们所遭受的资产阶级的剥削、压迫和摧残相对来说比普通被剥削群众少一些，因此无产阶级能够成为一切被剥削劳动群众的领袖，领导他们实现自身独立与解放的斗争。"只有懂得一个阶级的专政不仅对一般阶级社会是必要的，不仅对推翻了资产阶级的无产阶级是必要的，而且对介于资本主义和'无阶级社会'即共产主义之间的整整一个历史时期都是必要的。"⑤无产阶级推

①《列宁全集》（第三十一卷），人民出版社，2017，第53页。

②《马克思恩格斯文集》（第二卷），人民出版社，2009，第52页。

③《列宁选集》（第三卷），人民出版社，2012，第130页。

④《列宁选集》（第三卷），人民出版社，2012，第131页。

⑤《列宁选集》（第三卷），人民出版社，2012，第140页。

翻和消灭资产阶级的时期以及资本主义向共产主义过渡的时期恰好也是阶级矛盾空前激化、阶级斗争空前激烈、阶级斗争形势空前复杂的时期，因此我们必须从思想上认识到坚持一个阶级——无产阶级专政是非常必要和重要的。

三、马克思主义关于政治制度观的基本特点

（一）在社会矛盾运动中认识政治制度

马克思在确立辩证唯物主义世界观的基础上，创立了历史唯物主义学说，提出了对人类社会包括社会制度在内的一系列科学理论。马克思认为应当把制度纳入人类社会大环境和发展方式中进行思量，在《德意志意识形态》中就指出，制度的本质不过是"个人之间迄今所存在的交往的产物"[①]。这一言简意赅的经典性论断表明，制度不是天然的、神造的，而是人类社会人们活动和交往的产物。此后，马克思在此基础上不断丰富制度的内涵，认为制度的形成和发展是在生产力和生产关系的矛盾运动中不断推进的，是由社会物质生产条件及经济基础和上层建筑之间的结构体系构成的，主要是人作为实践主体在客观环境中不断推动而形成的。随着社会的进步和生产力的提高，社会财富更加充足，物质产品更加丰富，各项制度也会更加稳定和成熟，由此衍生出社会经济制度、政治制度、文化制度等不同形态的制度体系，而政治制度就是建立在经济基础之上的上层建筑，是用以规范人们社会政治关系的一系列原则、规则、方式的总和。其中，经济基础决定上层建筑，有什么样的经济基础，就有什么样的上层建筑；上层建筑对经济基础具有反作用，适应经济基础要求的上层建筑对社会发展具有积极推动作用，不适应自己经济基础的上层建筑对社会发展具有消极阻碍作用。当上层建筑完全不能适应自己的经济基础时，就需要对上层建筑进行变革。在上层建筑中，政治制度处于核心地位，上层建筑中的法律制度、意识形态都是围绕政治制度、服务于政治制度的。在国家时代，政治制度主要是围绕国家政权而建立的一系列政治规范

---

① 《马克思恩格斯选集》（第一卷），人民出版社，1972，第78页。

的总和。

（二）用阶级观点和阶级分析方法认识政治制度

马克思主义用社会矛盾运动的辩证规律认识人类社会，必然会进一步发现社会关系、生产关系中的阶级关系，即认为人类发展到一定阶段，必然会产生阶级，"所谓阶级，就是这样一些大的集团"，"其中一个集团能够占有另外一个集团的劳动"①。阶级的出现意味着社会关系、社会结构、生产关系发生了深刻变化。一个基本的事实就是社会分化为统治阶级与被统治阶级，经济上占统治地位从而在政治上也占统治地位的阶级就是统治阶级，经济上处于被统治地位从而政治上也必然处于被统治地位的阶级就是被统治阶级。统治阶级和被统治阶级的矛盾和斗争是阶级社会的主要矛盾和斗争。因此，对于阶级社会的分析，必须坚持阶级的观点和阶级分析方法。阶级观点和阶级分析方法是马克思主义认识阶级社会、分析阶级社会的主要观点和方法。

用阶级观点和阶级分析方法推演政治制度，马克思主义认为所谓政治制度，就是"在特定社会中统治阶级为实现阶级专政而采取的统治方式、方法的总和"②。这一定义表明：建构政治制度的背景是特定社会，不同性质的社会其政治制度各不相同；建构政治制度的主体是统治阶级，即社会各种力量中，占统治地位的那一方；建构政治制度的目的是实现阶级统治，即社会中占统治地位的那一方对处于被统治地位的那一方的控制和支配；建构政治制度的方式主要是通过法律将维护统治阶级权力和利益的行为上升为国家意志；建构政治制度的内容主要包括国家政权性质、政权组织形式、国家结构形式、官僚制度、政党制度以及其他政治制度等。

用阶级的观点和阶级的方法认识政治制度是马克思主义政治学的重要贡献，它超越了历史上以往思想家往往用政体类型（如君主制、贵族制、民主制）、治理手段（如王道和霸道）的观点和方法认识政治制度的简单化做法，也是马克思主义指导无产阶级进行社会革命实践

---

① 《列宁选集》（第四卷），人民出版社，2012，第11页。

② 邹瑜：《法学大辞典》，中国政法大学出版社，1991，第12页。

的理论真谛。正因为如此，马克思主义认为，一切革命的根本问题是国家政权问题。马克思明确地指出："首先无产阶级革命将建立民主的国家制度，从而直接或间接地建立无产阶级的政治统治。"①因此，无产阶级统治的政权需要建立无产阶级的政治制度。

（三）在国体、政体中认识政治制度

马克思主义的政治制度观，是从宏观的历史视野，也即大历史角度来认识政治制度，认为物质资料的生产方式决定人类社会发展，由此观点进一步推演出人类社会生产力和生产关系、经济基础和上层建筑的矛盾运动，政治制度则是上层建筑的核心部分。如果进一步分析上层建筑中的政治制度，则可以发现政治制度与国家政权密切相关，政治制度其实主要是对国家政权的性质与形式进行规范的制度体系。在这一制度体系中各项制度并不是等量齐观的，其中规定国体和政体的制度则是政治制度体系中最重要的政治制度。

所谓国体就是国家的性质、国家的本质或者国家的实质，是说这个国家到底是谁的国家，是哪些人的国家，用阶级分析则是说这个国家是哪个阶级的国家，这个国家哪个阶级占统治地位，哪些阶级处于被统治地位。历史上的奴隶制度国家、封建制度国家、资本主义国家、社会主义国家，就是基于国体划分的。所谓政体就是国家的形式，是说这个国家是如何进行统治的、如何进行治理的，用阶级分析则是说这个国家占统治地位的阶级采用什么样的方式、方法进行统治与治理。历史上的君主制与共和制就是基于政体进行划分的，君主制与共和制又有许多类型，如君主制中有绝对君主制、相对君主制，共和制中有总统共和制、议会共和制。在国体与政体的关系上，马克思主义认为，国体决定政体，政体服务于国体。因此，认识一个国家的政治制度首先要从根本上抓住最重要的体现国体与政体这两个方面的政治制度，在国体与政体中又要抓住国体方面的政治制度。

当然，政治制度是复杂的，国体和政体并不能涵盖政治制度的全部。特别是随着人类社会的发展和政治关系、政治活动的复杂化，政

---

① 《马克思恩格斯选集》（第一卷），人民出版社，1995，第239页。

治制度越来越多、越来越复杂。从类型学视角看，马克思主义将政治制度划分为总政治制度、根本政治制度、基本政治制度、重要政治制度、具体政治制度等。所谓总政治制度就是"特定国家的所有政治制度的总根据。总的根据规定着特定国家的所有政治制度的发展方向"①。所谓根本政治制度就是众多政治制度中具有决定性、全局性、根本性的政治制度，它导源于总的政治制度并直接决定基本政治制度、重要政治制度、具体政治制度的性质、内容和方向。所谓基本政治制度就是长期稳定存在并表现出基础性地位的政治制度，它是根本政治制度在国家治理中的整体框架和具体表现。所谓重要政治制度是指涉及国家的管理形式与机构设置等方面的制度，是对根本政治制度和基本政治制度的有益补充。所谓具体政治制度是对上述一系列政治制度所做的更加详细、更加具体的政治体制、机制。

（四）政治制度不是一成不变的

马克思主义坚持用唯物的辩证的观点看问题，认为世界上没有一成不变的事物，万事万物都是发展变化的。联系的观点、发展的观点是唯物辩证法的总特征。人类社会也总是在社会基本矛盾运动中不断发展变化的，政治制度也是如此，世界上没有永恒的一成不变的政治制度。马克思主义坚持政治制度不是绝对的、孤立的、静止的，总是随着生产力与生产关系、经济基础与上层建筑的矛盾运动不断发展变化的。特定生产方式形成特定社会形态，特定社会形态产生特定的政治制度。如果产生特定政治制度的这些社会历史条件发生变化，政治制度或迟或早要发生变化。政治制度的变化是根本性的还是非根本性的，是质变、巨变还是量变、渐变，是主动变化还是被动变化，体现了政治制度变化的性质、内容与方式。政治制度如果不能适应经济基础和生产关系的变化，不能有效调控社会关系和阶级矛盾，不能顺应生产力发展和科技变革的要求，固守不变，要么是统治集团的主动变革、调整与改革，要么是被统治者以起义、政变、革命的方式推翻。

---

① 牟成文、洪子琳：《论新时代新阶段中国特色社会主义政治制度优势》，《党政研究》2021第4期，第68页。

因此，改革、革新、变革、改良、调整等应当是政治制度存在的常态，固守、守成、不变、复辟等则是政治制度存续的非常态。

第三节
新制度主义政治学的探索与
中国政治制度学的构建①

　　马克思主义的政治制度观是科学的政治制度观，是对以往政治制度思想的重大超越，是我们理解政治制度问题的科学理论。20世纪以来，随着生产力的发展和新科技革命的不断变革，人类政治生活也发生巨大变化。为此，政治学尤其是西方政治学对政治制度的探索也不断推进，形成了一些新思想、新成果，需要我们加以重视，取其精华，去其糟粕，丰富和发展马克思主义政治制度观，建构具有中国特色的政治学理论体系。

　　应当说，政治制度研究既是西方传统政治学的主题，也是西方政治学最重要的理论贡献。在二战结束后的二十年间，由于受到西方行为主义革命的强烈冲击，对政治制度的研究逐渐走向衰落。直到20世纪80年代，马奇（James March）与欧森（Johan Olsen）在新制度主义浪潮中重申了制度问题的重要性，政治制度研究又重新步入复苏。1989年，马奇与欧森出版了《重新发现制度——政治的组织基础》一书，该书第一章旨在分析"政治生活的制度视角"，并提出"本书余下章节将探讨政治领域的制度，尤其关注行政制度如何为政治生活赋予秩序并影响变迁"②，由此，西方学术界对政治制度的研究开始逐渐复苏。但是马奇与欧森并没有给出制度的详细定义，直到20世纪90年

---

　　① 本部分内容见作者《新制度政治学的理论缘起、发展脉络与创新路径》一文，《国外社会科学前沿》2021第3期，第56—67页。

　　② March J G, Olsen J P, "The New Institutionalism: Organizational Factors in Political Life", *American Political Science Review*, Vol. 78, No 3, 1998, pp.734–749.

代，对制度的界定才被列入研究日程。罗斯坦（Bo Rothstein）于1996年发表的观点："无论政治学者讲述何种故事，它都必然与制度相关；政治学的一项核心议题是，现实生活不过是制度随时空变化而呈现的各式变体。"①兰恩（Erik Lane）与厄森（Svante Ersson）在2000年出版了《新制度政治学——偏好与后果》，以政治学者的身份对制度概念进行全面界定。

从政治学的学科历程来看，亚里士多德创建政治学便是以城邦制度比较为切入点来展开的，此后制度研究长期占据着传统政治学研究的主流地位，在传统政治学向现代政治学的发展演进过程中，制度分析也一直是政治学研究的关键议题。在现代政治学发展初期，制度研究在政治学研究中日益形成了压倒性的优势，并且几乎涉及了国家治理研究中的所有重大问题。虽然在20世纪中期制度主义政治学受行为主义革命冲击出现了一个短暂曲折的回落，但是旋即又得到了政治学者的重视和青睐。从理论发展趋势来看，新制度主义政治学在经由萌芽或重新发现时期（20世纪50—70年代）与分化与范式确立时期（20世纪80—90年代）后，当下进入了理论发展与流派整合的黄金时期。近年来，新制度主义政治学逐渐突破新旧之争，走出流派纷乱，不断融合发展，已成长为21世纪政治学研究的主流范式之一。作为一门年轻而充满生命力的学问，新制度主义政治学方兴未艾，在国际学界大行其道，在国内学界也愈发受到重视，尤其是近十年来译介性的文献逐渐增多，新制度主义政治学中国化研究也日益呈现出在引进中吸收和在范式中创新两副面孔。

一、新制度主义政治学的演进逻辑

新制度主义政治学的兴起具有复杂的理论背景。理论根植并服务于实践，各国政治发展的实践图景与理论需求是新制度主义政治学发展的现实根基。同时，政治学的学科发展具有自身的成长规律，是一

---

① Goodin R E, Klingemann H D, "A New Handbook of Political Science," *Oxford: Oxford University Press*, 1996, pp.134-135.

个从萌芽、初创到成熟的成长过程。理顺新制度主义政治学的演进脉络，关键是要理解旧制度主义政治学二元割裂、议题窄化、过度赋魅的内生困境，明晰行为主义革命在理论拓展、方法更新、学科交叉等方面的有益拓展，以及轻忽正式制度等政治学研究的重大问题、过分强调价值中立、宏观制度与微观行为研究缺乏中层理论衔接而发生断裂的客观局限，并清晰认识到新制度主义政治学本质上乃是政治制度这一历史主题的回归和复兴。

（一）旧制度主义失势与回落引致行为主义革命的反动与拓展

旧制度主义政治学走向衰落是多重因素综合作用的结果：一是研究取向的过度赋魅与方法更新的固化滞后；二是二元化的逻辑窠臼使得研究议题趋于窄化和内卷；三是政治学学科建设初期理论发展转型迷茫。旧制度主义失势与回落的结果就是正式政治制度研究陷入了长达四十年的回落期，政治行为成为政治学研究的中心议题，政治制度则沦为政治学研究的"策略性背景"。而行为主义的"范式革命"作为对旧制度主义及其衰落的"反动性"回应，具有冲击与拓展的双重效应，在加速旧制度主义政治学衰落的同时，又形成了一种"创造性破坏"，客观上有利于克服和打破旧制度主义政治学存在的逻辑窠臼与内在困境。

从研究主题的聚焦点来看，旧制度主义作为政治学科体系建立初期最为主要的理论流派，研究议题聚焦于国家（政府）及其正式政治制度，形成了以国家为中心，侧重于描述高阶宏观制度框架及其整体运行机制的研究取向，正式制度、宪法文本、政体类型等成为重点研究对象；结构主义、法规主义与整体主义是其典型特征，强调结构的重要性，认为政治结构决定政治行为，关注法律法规、政策文本及其在国家治理中的中心地位，并以此为据来对整个政治系统进行比较[①]。然而，对正式政治制度过度赋魅，限于对同质议题的重复研究，旧制度主义政治学发生了内卷且逐步边缘化，并一度出现了背景论、简化

① Munck G. L., Snyder. R. Passion, Graft, *and Method in Comparative Politics.Maryland：JHU Press*，2008：pp. 39-40.

论、工具论等扭曲论调。行为主义革命对"结构高于主体"的批判又导致了对政治制度的极端祛魅①，加速了旧制度主义的衰落。与此同时也必须看到，作为对旧制度主义政治学的回应，行为主义政治学提出了"行为塑造结构"的能动议题来回应"结构决定行为"的结构议题，政治学研究由宏观转入微观，除了政治体系及正式制度之外，非正式制度和政治行为成为行为主义革命时期政治学研究的核心议题，研究议题窄化的困境得以有效解决。

从理论发育的成熟度来看，旧制度主义政治学具有规范分析与历史分析的一般特点，在研究取向上偏重宏大议题的描述性陈述和学理性思辨，并未形成元理论或成效突出的中层理论，因而盖伊·彼得斯认为旧制度主义政治学是"非理论"和"描述性的"②。客观上看，旧制度主义的理论优势在于为学科发展建立了特定的研究主题，长期聚焦于重大制度问题的探讨，孕育和蕴藏着不少重要而有待发掘的"元理论"③；其理论缺陷则在于仅仅将国家政治生活中的正式制度研究作为理论生成与内容聚焦的路径，极大缩减了理论生长创新的空间，研究视野趋于窄化，成为政治学学科发展初期的一大困境。从这个角度来看，行为主义的"革命性"效应是非常显著的，行为主义政治学发展出了"结构功能主义"理论，并以结构功能主义作为元理论将多元社会行动者吸纳到政治学的研究视域中；政治结构、民主化与稳定等传统议题的中层理论初步发展成熟，政党、利益集团、官僚、军队等新兴议题的中层理论也开始不断兴起和成长。行为主义革命使得政治学研究的理论化程度大大提高。

从研究方法的科学性来看，旧制度主义政治学存在研究取向固化与研究方法滞后的弊端。旧制度主义主要采取案例研究和小样本比较

---

① 詹姆斯·马奇、约翰·奥尔森、允和：《新制度主义详述》，《国外理论动态》2010年第7期，第41-49页。

② 盖伊·彼得斯：《政治科学中的制度理论："新制度主义"》（第二版），王向民、段红伟译，上海世纪出版社，2011，第6-11页。

③ 曾毅：《把国家组织起来——旧制度主义政治学的"十字结构"政体理论》，《教学与研究》2014年第7期，第70-78页。

的方法，其研究取向侧重于政体类型的形式比较、政治价值的空洞论述、政治伦理的刻板说教，对于现实政治中的利益网络、公民的政治心理与行为偏好等新兴议题关注不够；重视政治制度的历史建构而轻忽现实政治制度的发展变迁，呈现出制度分析、法律分析与历史分析交杂演进的特点，研究方法的科学性不高，无法有效满足学科发展的现实需求，体现出典型的二元化思维，现今耳熟能详的"联邦制—单一制""内阁制—总统制""民主制—威权制"便是旧制度主义二分法的直接产物。更为严重的是旧制度主义政治学在主体与客体、整体与个体以及公共与私人之间的界限划分上过于绝对，宏观与微观、理性与情感、事实与价值之间的断裂难以弥合，结构与能动、同一与差异、中心与边缘之间的协调过于机械，政治学研究结构性地陷入了二元化的逻辑窠臼之中。行为主义革命的发生则以彻底的实证研究精神弥补了旧制度主义研究方法科学性不高的短板，行为主义政治学与社会学、心理学以及人类学的学科融合，以及内容分析法、群组分析法、量图分析法、因素分析法、心理测定法、精神分析法、多元回归法、相关性分析、计算机分析等多元方法的引入，有力地拓展了政治学的研究范围，丰富了政治学的研究手段，提高了政治学研究结果的有效性，彰显了鲜明的实证优势[①]。

（二）后行为主义的拨正与调校推动新制度主义的勃兴与发展

政治的主体是人，根基在于制度，任何将人与制度割裂的理论都无法真正理解政治。旧制度主义强调"结构高于主体"，而行为主义则强调"主体高于结构"，两者实际上为后行为主义时期新制度主义有机统合"结构—主体"的关系奠定了基础。制度主义与行为主义之间并非此消彼长，而是互促互进的，实际上形成了"正—反—合"及否定之否定的逻辑结构。

行为主义政治学对旧制度主义进行有益拓展的同时也有自身的局限性。一方面，行为主义对现实政治进行动态性、过程性、细致性研

[①] 陈明明：《行为主义革命与政治发展研究的缘起》，《复旦学报》(社会科学版)1999年第4期，第122-128页。

究并将政治文化和社会参与等"低政治"因素引入政治学研究，对旧制度主义政治学进行了有益拓展。其一，张扬了人的主体性，被结构遮蔽的主体性得到解蔽，主体与结构之间的关系认知更加深化，个体分析与制度分析成为政治研究的两条主要路径。其二，推动了研究方法的更新，政治学在实证研究方法上迈出了重要一步，实证研究与规范研究形成了协调共进的格局。其三，政治学的理论性与科学性大大提高，结构功能主义成为政治学的经典理论之一，中层理论的拓展极大丰富了制度研究的内容。其四，学科交流融合更进一步，固守学科传统的研究取向得到纠正，多学科、多流派相互融合、交织演化的格局为后行为主义时期制度研究的复归提供了充足的理论养分和学理资源。另一方面，行为主义政治学自身存在缺陷，对传统政治学的矫枉过正也显示出其倒退的一面①。其一，"主体高于结构"的取向存在矫枉过正的危险，制度研究无助于实现政治目的，无助于解释政治现实，无助于理解治理绩效的谬论一度甚嚣尘上，重视微观行为研究而轻忽宏观制度的重大问题导致微观与宏观之间出现新的割裂。其二，政治系统的转换过程被视为"黑箱"，结构功能主义的有效性和科学性缺乏验证，还原论和简化论色彩较为明显，理论的科学性与成熟度还有待提高。其三，政治学是一门研究公共价值和"公共善"的学问，"价值中立"的研究主张难以贴合政治现实，逻辑实证主义哲学指导下一味强调价值与事实相互剥离造成了目的与手段的颠倒，导致了对政治价值的僭越和异化。其四，行为主义政治学过于重视个体分析，在学科融合上拒绝与历史学理论相融合，传统政治学的学科资源未被充分开发。

行为主义矫枉过正又引致后行为主义政治学的拨正和调校，制度主义重新回归舞台。其一，后行为主义政治学对旧制度主义和行为主义进行了批判性反思和创新性融合，除了正式政治制度和国家行为之外，国家理论以及国家—社会关系开始成为新制度主义政治学研究的

---

① 高春芽：《方法论范式变迁视野中的新制度主义政治学》，《政治学研究》2010年第5期，第119-128页。

重要主题，极大拓展了传统政治学研究的狭窄视野。其二，后行为主义政治学时期，国家理论成为继结构功能主义之后的新兴元理论，民主崩溃与转型、威权主义的类型与民主化等中层理论不断发展，在批驳和反思简化主义与功能主义的过程中，政治学研究的理论水平显著提升，关注政治过程和政治变迁的动态研究激活了制度研究的生命力。其三，国内区域统计分析以及形式理论成为新的研究方法，长时段的历史分析、多维度的比较分析、行动者的行为选择以及制度分析彰显出独特的方法优势，马克思主义、历史社会学、依附论、政治经济学等成为后行为主义时期政治学研究可资借鉴的重要学理资源。其四，后行为主义时期孕育了第二次政治科学革命，博弈论、理性选择理论以及制度主义三种元理论交互发展，国家衰败、民主多样性、政治文化、政治态度、政治参与、发展型国家等中层理论快速兴起，为新制度主义的发展夯实了理论基础。

　　新制度主义勃兴与发展标志着制度研究在经历旧制度主义的过度复魅和行为主义的极端祛魅后迎来了合理复魅的复兴时期。1984年经典开创性文献《新制度主义：政治生活中的组织因素》的发表标志着新制度主义政治学正式登场[①]，成为凝聚融汇分支流派的鲜明旗帜，积累了丰富的理论势能。新制度主义成为第二次政治科学革命发生以来备受关注的主流政治理论。随后，Kenneth A. Shepsle 在1989年发表《制度研究：理性选择方法的一些教训》一文，提出了"理性选择制度主义"[②]，Kathleen Thelen 以及 Sven Steinmo 则于1992年在《建构政治：比较政治中的历史制度主义》一书中以类似理性选择制度主义的叙事方式提出了"历史制度主义"[③]；而随着 Walter W. Powell 主编的《组织分析中的新制度主义》以及 John W. Mery 和 W. R. Scott 的《组织环境：仪

---

　　① James G. March, Johan P. Olsen. "The New Institutionalism: Organizational Factors in Political Life," *American Political Science Review*, 1984(3): pp.734-749.

　　② Kenneth A. Shepsle. "Studying Institutions: Some Lessons from the Rational Choice Approach," *Journal of Theoretical Politics*, 1989(2): pp.131-147.

　　③ Sven Steinmo, Kathleen Thelen, Frank Longstreth. *Structuring Politics: Historical Institutionalism in Comparative Politics*. New York: Cambridge University Press, 1992: p.3.

式和理性》等文献的出版，社会学制度主义也开始兴盛①。作为标志，Peter A.Hall 和 Rosemary C.R.Taylor 于 1996 年发表的《政治科学与三种新制度主义》一文成为经典流派划分的权威文献，为新制度主义持续深化发展指明了方向②。进入 21 世纪以来，以建构制度主义为旗帜的新兴流派不断创新拓展，与经典流派之间呈现出深化与分化、借鉴与争鸣的竞合特征。新制度主义政治学在议题深化、理论建构、方法更新、学科融合、领域延展等方面呈现出欣欣向荣的局面，已经成为当下的主流政治理论，并且从长期来看，制度政治学也将成为未来政治学研究的主流范式。

（三）发展变迁中的制度主义政治学：新旧之争的突破与超越

新旧分野一直是学界考察制度政治学的重要视角，但是新旧争议也引发了诸多问题。新制度主义作为一种有必要的"话术"，成为凝聚各制度流派的重要旗帜，但是简单将传统制度研究归纳概括为旧制度主义政治学的做法，也导致制度研究过度局限于新旧之分并缩减了制度政治学更好发展的可能性空间。对此，R.A.W.Rhodes 质疑并批评了政治制度研究中喜新厌旧的做法，并对政治制度研究的各种传统及当代范例进行了梳理，认为新制度主义的发展应寓新于旧、互通有无、取长补短，而不应执着于追求差异以至于牺牲共识③，这实际上指出了流派整合的必要性和可能性。对于政治制度研究的新旧之争，德国海德堡大学的克劳斯·冯·拜梅（Klausvon Beyme）教授也指出政治制度的学术研究遵循"从后到新"的逻辑理路，在取而代之或分道扬镳两条路径之外要致力于寻求寓新于旧的可能性，并将新制度主义置于整个社会科学中进行审视，以便于充分汲取理论发展的养分，而不能纯

---

① 朱德米：《新制度主义政治学的兴起》，《复旦学报》（社会科学版）2001年第3期，第107-113页。

② Peter A.Hall, Rosemary C.R.Taylor."Political Science and the Three New Institutionalisms,"*Political Studies*, 1996(4): pp.936-957.

③ R.A.W.罗德斯、马雪松：《旧制度主义：政治科学中制度研究的诸传统》，《上海行政学院学报》2015年第4期，第105-111页。

粹进行理论替代或否定①。

　　制度主义政治学正处于发展变迁之中，推进理论发展需要突破和超越政治制度研究中生硬的新旧之分，正确认识新之于旧的补充、修正功能，不能简单从超越和替代视角出发，因为从学科发展规律来看，范式沿革中的知识更新并不会使得原有知识立刻消逝②。从学科发展经验来看，社会科学各学科的制度分析路径具有循环往复的反潮流特点，略显陈旧的主题常常会东山再起③。正确认识新旧之争，应回归学理性常识。其一，以旧制度主义来概括传统制度研究及其不足存在标签化、偏误性的问题，新旧制度主义之间具有新陈代谢的关系，在新旧嬗变之中应把握好旧传统与新取向的关联，标新立异的求新癖与超越癖不可取④，求同存异、适度更新才是合理选择。其二，新旧之间的批判性继承是学理层面的，解构更要建构，不能因为新旧嬗变便将重大制度问题排挤出研究视野，学理创新应立足政治现实、坚持问题导向、回应现实需求，不能沦为自娱自乐的话术游戏。其三，新旧制度主义在根本目的上应始终坚持贯彻"公共善"的政治价值导向，要将方法取向上的"价值中立"与目的指向上的"价值向善"相结合。因为政治学从来不是、也不会成为一门纯粹的"科学"，刨除价值底色的政治学是没有前途的或者至少是前途不大的政治学。其四，新旧制度主义的本位立场应保持在一定限度之内，要摒弃以新代旧、无视传统的单线思维，从整体社会科学的内在构造和板块运动、不同学科的分化组合和交织交汇、学术脉络内部的历史传承与理论更新等来推进制度政治

　　① 克劳斯·冯·拜梅、张贤明：《政治制度的旧与新：演化历程及其理论映射》，《学习与探索》2019年第8期，第49-57页。

　　② Robert E.Goodin, Hans-Dieter Klingemann."A New Handbook of Political Science," *Oxford:Oxford University Press*, 1996:pp.25-26.

　　③ Dorothy Ross."The Many Lives of Institutionalism in American Social Science," *Polity*, 1995(1):pp.117-123.

　　④ 乔万尼·萨托利：《民主新论》，冯克利、阎克文译，上海人民出版社，2009，第749-753页。

学的发展①，积极回应社会科学的观念转向、语言转向、数字转向。

二、新制度主义政治学的流派整合

在新制度主义政治学的发展历程和演进脉络中呈现出经典流派持续深化发展、新兴流派不断拓展创新的格局。但是，流派划分混乱、流派校准缺失以及流派整合不力，也极大地限制了新制度主义政治学的进一步发展。因此，要化解分散分化的张力以积蓄交汇交融的动力，以视域重合和共识重叠来推进新制度主义政治学各流派的创新式整合，夯实流派划分以及流派校准的基础性工作，明晰流派交汇整合的方向与路径。

（一）新制度主义政治学流派划分的整体审视

新制度主义政治学的流派划分仍是制度政治学发展的未竟事业。究其原因，不仅是因为新制度主义政治学来源广泛、构成复杂导致流派划分认知上充满分歧，更为重要的是尚处于不断发展之中的现实增加了流派划分的困难。综合来看，国外学者关于新制度主义的流派划分形成了七分法、四分法、三分法、二分法四种主要分类②（表1）。流派纷乱使得新制度主义政治学内部充满张力，随着经典三分法成为主流共识，繁乱的流派之争才有所消退。在对国外几种典型划分方式进行引介的基础上，国内学界也提出了几种较为前沿的划分路径，具有代表性的主要包括杨光斌提出的"制度环境（Situation）→制度安排（System）→制度绩效（Performance）"③路径，以及何俊志提出的以事件为中心和以制度为中心的新制度主义④（表2）。相较于国外纷乱繁多

---

① 马雪松：《超越新与旧：新制度主义政治学的传统渊源与演进脉络》，《理论探索》2019年第2期，第23-28页。

② 段宇波：《新制度主义政治学理论研究述评》，《比较政治学研究》2014年第2期，第3-106页。

③ 杨光斌：《新制度主义政治学在中国的发展》，《教学与研究》2005年第1期，第45-52页。

④ 何俊志：《新制度主义政治学的流派划分与分析走向》，《国外社会科学》2004年第2期，第8-15页。

的流派划分，国内学者几乎未受到"流派本位"的拘束，形成了较为清晰的理论脉络，凸显出鲜明的问题意识和实用主义导向。

表1　国外学者关于新制度主义政治学的流派划分

流派划分	主要内容	核心指向	代表人物
七分法	规范制度主义	制度普遍性规范约束作用	B.Guy Peters
	历史制度主义	历史学与制度转向的融合	
	经验制度主义	具体制度带来的具体结果	
	理性选择制度主义	理性行为与制度约束互动	
	社会学制度主义	结构在社会生活中的意义	
	利益代表制度主义	非正式制度的重要作用	
	国际制度主义	制度在国际政治中的作用	
四分法	历史制度主义	再分配型政策	Simon Reich
	新经济学制度主义	调节型政策	
	规范制度主义	现代化政策	
	制度行动者主义	自由化政策	
三分法	理性选择制度主义	算计路径	Peter A.Hall & Rosemary C.R.Taylor
	社会学制度主义	文化路径	
	历史制度主义	折中路径	
二分法	以行动者为中心	行动者受制度结构的限制	William Roberts Clark
	以结构为基础	制度结构为行动者所创造	

资料来源：根据相关文献整理。

表2　国内学者关于新制度主义政治学的流派划分

流派划分	主要内容	核心指向	代表人物
一元论	SSP路径	环境、制度与绩效的关联	杨光斌
二分法	以事件为中心	事件中制度与行为的关系	何俊志
	以制度为中心	重点关注制度本身的情况	

资料来源：根据相关文献整理绘制。

近年来，观念制度主义、话语制度主义、修辞制度主义不断发展，成为新制度主义的新兴流派[①]。以"观念+制度""话语+制度""修辞+制度"为主要路径的建构制度主义的兴起，标志着以事件为中心的研究旨趣开始转向关注制度本身的内在内容[②]。总的来看，建构制度主义的兴起撼动了经典流派三足鼎立的局面，经典流派与新兴流派交织演化，共同推动着新制度主义政治学向前发展。

（二）新制度主义政治学流派主张的多维比较

以经典的三分法为基础，将建构制度主义作为有益的补充，当下新制度主义政治学主要包括社会学制度主义、历史制度主义、理性选择制度主义、建构制度主义四个主要流派。从认知基础、制度界定、理论假定、理论路径、研究设计、逻辑方法、制度作用、制度创设、制度演化与理论弱点十个维度来进行梳理和比较，可以为深入理解新制度主义各流派的异同提供一个较为全面的分析框架，有利于对新制度主义政治学进行流派整合和校准分析（表3）。

表3　新制度主义政治学的流派比较

	社会学制度主义	历史制度主义	理性选择制度主义	建构制度主义
认知基础	整体主义，建构主义，群体认同，共同经历	修正的利己主义、行动由共同协议约束和形塑	方法论个人主义、利益最大化和策略性行为	建构主义，相对主义
制度界定	文化习俗、规范、认知框架	程序、规范、惯例与习俗	社会中的博弈规则	观念及其编码系统

① Sandy Edward Green Jr and Yuan Li. "Rhetorical Institutionalism: Language, Agency, and Structure in Institutional Theory since Alvesson 1993," *Journal of Management Studies*, 48: 1662-1697.

② 马雪松：《观念、话语、修辞：政治科学中建构制度主义的三重取向》，《湖北社会科学》2017年第6期，第31-39页。

续表3

	社会学制度主义	历史制度主义	理性选择制度主义	建构制度主义
理论假定	文化途径：遵循规范与习俗的行动者	文化逻辑与算计逻辑相复合的行动者	算计途径：工具性的理性行动者	策略性和社会性的行动者，表现多样的行为方式
理论路径	基于文化或制度对能动性予以情境化，社会适宜性逻辑	基于历史或制度对能动性予以情境化，路径依赖逻辑	具体情境下的理论建模，适用于简约分析	制度变迁的关键时刻与现存的复杂条件
研究设计	文化与认知的案例研究	历史社会学的案例研究	理性人、宏观定量测量	制度规则文本内容的语言学分析
逻辑方法	演绎、归纳逻辑，通常为统计性，有时为叙述性	演绎、归纳逻辑，理论指导，历史性、叙述性	演绎逻辑，数学建模	演绎、归纳逻辑，理论指导的过程，跟踪和话语分析
制度作用	主要自变量，文化性约束	干预性变量，密布性约束和机会	干预性变量，情境性的约束和机会	在自变量与干预性变量间切换
制度创设	演进式，由新事件或解释引起的偶然性突变	委托式，自我维持并潜在拓展	冲突分布、交易成本降低、集体行动困境驱动	观念、话语、修辞的能动性建构
制度演化	关注制度模板扩散和适应性逻辑	关注制度创设及演化的断续均衡	关注制度的积极功能以及制度的理性设计	关注制度创设变迁及其观念前提
理论弱点	静态，偏重制度创设生成而非较少关注制度随后的发展			不清楚物质与观念的相对重要性

注：绘制整理时有所调整。

资料来源：R.A.W.Rhodes, Sarah A.Binder, Bert A. *Rockman.The Oxford Handbook of Political Institutions*. Oxford：Oxford University Press, 2006：58-59. & Aspinwall, M. D., Schneider, G. Same menu, separate tables. "The institutionalist turn in political science and the study of European integration," *European Journal of Political Research*, 2000(1)：pp.1-36.

（三）新制度主义政治学流派校准与整合路径

在流派划分与流派比较的基础上，可以对新制度主义政治学的内部流派进行系统校准：社会学制度主义以整体主义、建构主义、群体认同、共同经历为认知基础，基于社会人（或文化人）假设和适宜性逻辑，以遵循规范与习俗的行动者为理论假定，偏重文化观念和宏观背景，实际上形成了一种强调意义体系的"文化途径"；理性选择制度主义秉持方法论个人主义和经济理性人假设，以利益最大化为出发点，充分利用社会博弈规则来形成策略性行为，偏重利益分析和微观算计，形成了以工具性的理性行动者为主的"算计途径"；历史制度主义秉持一种修正的利己主义，认为行动由共同协议约束和形塑，在宏观与微观之间更偏重宏观叙事，在利益与观念之间更偏重利益分析，以文化逻辑与算计逻辑相复合的行动者为理论假定，遵循路径依赖逻辑，在理性选择制度主义和社会学制度主义之间寻求平衡而形成了一种"折中途径"；新兴的建构制度主义则以相对主义和建构主义的内在哲学基础、语言学转向与制度分析相融合的三条路径，即以"观念+制度""话语+制度""修辞+制度"为核心，从语言学和分析哲学的视角来对制度创设、实施和变迁进行建构，尤其注重对政治制度规则和政策文本内容的微观分析，本质上是一种建构主义的"语言途径"。

实际上，流派校准形成的四条途径并非泾渭分明或截然割裂的，而是暗涌和蓄积着理论整合的力量。对理性选择制度主义（RCI）、历史制度主义（HI）、社会学制度主义（SI）以及建构制度主义（CI）的流派整合进行理想类型分析，可以得到四种整合类型与十四条整合路径。其一，单一式发展，新制度主义政治学各流派沿着已有路径持续深化拓展，通过流派内部的扩充进而前沿拓展来推进流派之间的交汇整合，也即RCI、HI、SI、CI四条路径。其二，两两式整合，分为三个经典流派之间的内部交汇整合以及作为新兴流派的建构制度主义与三个经典流派分别进行交叉组合，共有RCI-HI、RCI-SI、RCI-CI、HI-SI、HI-CI、SI-CI六条整合路径。其三，三三式整合，即三个经典流派的一体化整合以及建构制度主义与经典流派中任意两个流派之间进行组合，形成了

RCI-HI-SI、RCI-HI-CI、HI-SI-CI三条整合路径。其四，一体化整合，也即以RCI-HI-SI-CI为整合路径推进经典流派与新兴流派一体化发展，于交叉地带进行内部整合，同时整体不断向外围拓展。

通过借鉴奥菲欧·菲奥雷托斯等学者提出的"宏观—微观"和"观念—利益"二维连续体框架[①]，可以对新制度主义政治学进行进一步的流派校准、前沿分析和理论整合（图1）。

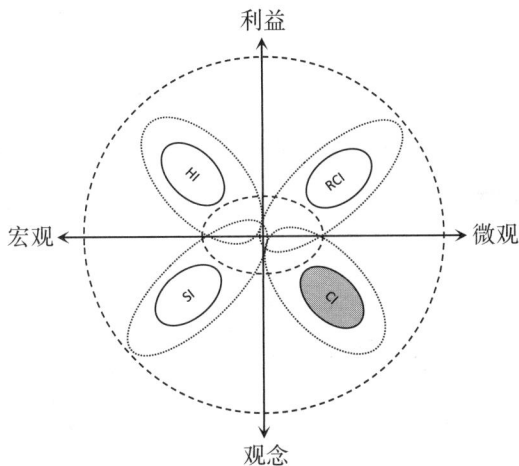

图1　新制度主义政治学的流派校准、学术前沿与整合路径

三、新制度主义政治学的创新发展

国内学界是在新制度主义政治学进入理论发展和流派整合时期才开始进行大规模的理论引介和集中译介的，具有一定的时滞性。可喜的是，国内学界在理论引介与传播运用的同时，也对新制度主义政治学进行了批判反思和创新发展。未来推进新制度主义中国化研究应充分利用理论发展的后发优势，从中国的国家治理现代化场域中汲取丰沛养分，从国家治理本土实践中挖掘新材料、回应新问题、提出新观点、形成新理论，大力推动建立中国特色的制度政治学，为推进国家治理体系和治理能力现代化贡献具有原创性、时代性的制度理论。

[①] 奥菲欧·菲奥雷托斯、图利亚·费勒提、亚当·谢因盖特：《政治学中的历史制度主义》，黄宗昊译，《国外理论动态》2020年第2期，第112-126页。

（一）新制度主义政治学的引介与运用

对国内新制度主义政治学的研究文献进行检视，可以发现自1998年以来新制度主义政治学便开始在中国传播。从文献数量的年代分布来看，1998—2002年国内学界开始对新制度主义进行零星的介绍；2003年以后系统引介与集中译介成效凸显，国内学界加大了对新制度主义政治学的关注力度；2010—2015年新制度主义政治学的前沿译介、流派划分以及运用分析有所增加；近年来国内关于新制度主义政治学研究的文献数量开始跃升。总的来看，相关文献仍然偏少，新制度主义的中国化研究尚处于理论输入和理论学习阶段。通过对高频关键词、高被引文献和主要研究力量分析可以佐证这一判断，高频关键词以及排名前20的高被引文献几乎都是译介性文章，杨光斌、张贤明、何俊志、曾毅、朱德米、马雪松等少数学者构成主要研究力量，尚未形成规模性的核心作者群[①]。当下国内学界关于新制度主义政治学的研究仍然是以引介为主，其整体知识脉络的呈现已经较为清晰，但是理论运用依然相对较少，领域延展范围非常有限。辩证地看，在中国大力推进国家治理体系和治理能力现代化的进程中，制度生成、制度变迁、制度设计、制度体系、制度创新、制度禀赋、制度优势、制度绩效、制度效能、制度伦理、制度有效性、制度化治理、制度现代化等越来越成为国内学界使用的热词，一定程度上表明了新制度主义政治学在中国发展的可能性。

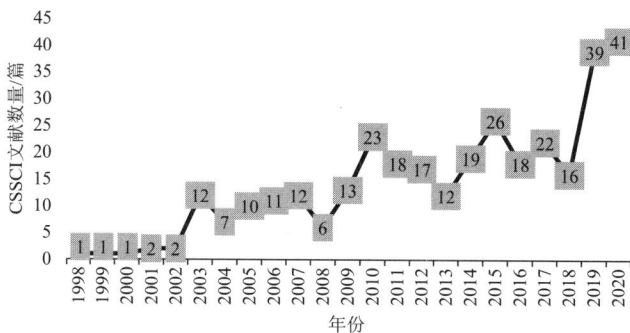

图2　国内新制度主义政治学研究文献数量的年代分布（1998—2020年）

[①] 马雪松、王慧：《国内新制度主义政治学研究的文献检视与发展反思——基于CSSCI(1998—2019)期刊数据的计量分析》，《社会科学研究》2020年第6期，第47-53页。

（二）新制度主义政治学的反思与创新

新制度主义政治学的理论引介与传播运用，并非生搬硬套、依葫芦画瓢，而是将其置于马克思主义理论和中国政治实践中进行审视、反思和创新，体现了国内学者的责任精神、批判精神与开拓精神。一方面，国内学界对西方新制度主义政治学各流派间制度内涵界定不一造成的混乱进行了反思，并对花样繁多的"学问把式"进行了批判，在理论发展上作出了应有的理论贡献。杨光斌与唐世平是理论创新的代表性学者，杨光斌在对新制度主义的中层组织结构决定论以及个体行为偏好决定论进行批判的基础上提出了建立"整体主义制度范式理论"的愿景，提出了"SSP"理论①；唐世平在对制度、社会、结构、权力、观念等核心概念进行统一界定的基础上，从生物学中借鉴"人工变异—选择—遗传"这一社会进化的核心机制，建立了制度变迁的广义理论②。与此同时，张贤明、马雪松等学者近年来持续性、集中性地推进新制度主义政治学的理论译介，将新制度主义政治学的知识脉络清晰地呈现出来，引起了国内学者的关注，为兴起制度政治学的本土化发展潮流积累了势能。另一方面，国内学界对西方新制度主义政治学的形式主义的研究实质、价值中立的理想取向及"制度中性"的浪漫主义进行了批判，并回应了西方学者对马克思主义制度理论的批评。以高兆明和林岗两位学者的制度研究为例，高兆明认为制度"善"是形式"善"与内容"善"的有机统一，政治制度研究不仅要关注和考察制度技术层面的自洽性、严密性和有效性，还要看制度内容实质上是否具有现实合理性根据的价值精神，基本制度的"善"与非基本制度的"善"之间是否平衡③。西方新制度主义政治学的学术研究中偏重、局限于非基本制度的"善"并以之代替、遮蔽基本制度的"善"的取向实为歧路。林岗则肯定和重申了马克思历史唯物主义原理及其

---

① 杨光斌：《新制度主义政治学在中国的发展》，《教学与研究》2005年第1期，第45-52页。

② 唐世平：《制度变迁的广义理论》，沈文松译，北京大学出版社，2016，第5-6页。

③ 高兆明：《制度伦理与制度"善"》，《中国社会科学》2007年第6期，第41-52页。

制度思想在内在逻辑一致性和历史事实可验证性方面的优势，系统批评了西方将制度研究奉为圭臬的制度变迁路径依赖理论，认为"诺斯的路径依赖学说是一个东拼西凑、牵强附会、在逻辑上根本不成立，并且对实际历史进程的解释力几乎为零的理论。它不仅无助于破解历史上的社会制度变迁之谜，而且本身就是一团理不清的乱麻"①。

四、推动建立中国特色的制度政治学②

人类政治文明史是一部政治制度创制调校和演化变迁的历史。在国家治理的历史长河中，政治制度对于规范、塑造、调整、优化政治行为与政治关系起到了不可替代的作用。制度分析一直是当代政治学研究的关键议题和核心内容，并在发展脉络中呈现出"过度赋魅—极端祛魅—合理复魅"的演进逻辑：旧制度主义政治学的失势回落引致了行为主义革命的反动性拓展，后行为主义的拨正调校则又推动了新制度主义政治学的勃兴发展。近年来，制度主义政治学逐渐突破新旧之争，走出流派纷乱的窘境，不断融合发展，已成长为21世纪政治学研究的重要范式。立足于新时代，要在理论引介与传播运用过程中进行反思创新、合理借鉴，以推动建立中国特色制度政治学。

（一）推动建立中国特色制度政治学是大势所趋

合理借鉴新制度主义政治学的理论养分，扎根中国国家治理场域，大力推动建立中国特色制度政治学是一项任重道远的学术事业。一方面，新制度主义政治学在中国的发展已经呈现出理论引介与本土创新一体推进的趋势。一是在马克思主义原理指导下政治制度的内容"善"与形式"善"、基本制度的"善"与非基本制度的"善"之间的学理认知持续深化；二是充分汲取了新制度主义政治学前期发展中新旧之争与流派纷乱的经验教训，识别并突破了西方新制度主义政治学研究中

---

① 林岗：《诺斯与马克思：关于制度变迁道路理论的阐释》，《中国社会科学》2001年第1期，第55–69页。

② 本部分内容参见作者《推动建立中国特色制度政治学》，《中国社会科学报》2021年9月29日第8版。

的多重困境；三是整体主义的制度理论或广义统一的制度理论的建构已初显成效；四是初步形成了多源流交织演化、多流派互促互进、多取向细化深化、多学科交汇融通的发展格局，批判性反思、选择性吸纳与创新性整合相统一的研究立场得以确立。可以说，中国特色制度政治学的建立已经迈出了重要一步。另一方面，党的十八大以来，制度现代化成为推动中国国家治理现代化的核心内容，党的一系列重要会议一再强调国家制度在国家治理中的重要性，国家治理迎来了新一轮"制度高潮"，制度研究进入了黄金时期。加快构建中国特色制度政治学在推进国家建设、国家治理、国际竞争、国家现代化的基础上被提了出来。

从国家建设逻辑来看，我国进入了政治制度建设完善期，这为制度政治学的发展提供了坚实基础。从国家治理逻辑来看，通过建立中国特色制度政治学来为国家治理提供制度智慧成为我国超大型国家治理的客观要求。从国际竞争逻辑来看，当下"科技+制度"的新兴国际竞争相比于"资本+强权"的传统国际竞争显得更为重要，国家制度与国家治理能力已然成为国际竞争的新领域，大国竞争实际上已成为一场国家治理现代化的综合竞赛。从现代化逻辑来看，建设中国特色制度政治学成为中华民族伟大复兴的长远考虑和推进建成社会主义现代化强国的内在要求。

（二）推动建立中国特色制度政治学的有效路径

一是要坚持以习近平新时代中国特色社会主义思想为指引，立足国家治理现代化场域，把握好制度研究的历史机遇，加强对我国政治制度的内容、结构、特点、内在逻辑与显著优势进行系统性的学理阐释，在"本质层面"提高国家制度体系的合目的性、合规律性、合道德性，在"技术层面"提升国家制度体系建设的整体性、系统性、协同性，用政治制度研究成果为党和国家提供相关决策服务。

二是增强制度理论研究的自主性，将中国特色社会主义制度坚持好、巩固好、遵守好、执行好、完善好、发展好，将我国政治制度的制度禀赋、显著优势更好转化为国家治理的政治效能、治理效能，指导新时代中国特色社会主义政治改革与政治建设的实践，为国家治理效能得到新提升贡献制度智慧、提供制度动力。

三是中国特色社会主义制度的科学性、创新性、人民性为制度政治学进行自主性、原创性、本土性研究提供了源头活水和丰沃土壤。要以制度政治学的理论建设来推动完善制度建构、宣传制度优势、强化制度权威、优化制度执行、增强制度自信，让人民群众树立对我国政治制度的理论自信、制度自信，为同心合力实现中华民族伟大复兴的中国梦而努力奋斗。

四是紧扣加快"三大体系"建设目标，发掘传统国家治理中积累的制度资源，学习借鉴国际社会制度理论研究的有益成果，推动制度政治学与田野政治学、历史政治学、科技政治学融合发展，推进构建具有中国特色、中国风格、中国气派的中国特色社会主义政治制度学派。

第四节
中国特色社会主义政治制度研究的
热点与趋势

近年来，随着国家治理体系和治理能力现代化的推进，提升国家治理效能上升为党和国家的改革发展战略，关于中国特色社会主义政治制度的研究逐渐引起国内学界的关注。促进政治制度优势向制度效能的转换、推动政治制度的现代化，既是党和国家迫切需要解决的重大战略问题，也是学术界需要着力探讨的重大理论问题。经过多年的学术积累和发展，中国特色社会主义政治制度研究有哪些成果，核心研究者和机构都是谁，研究热点在什么范围，其动态演变和趋势是什么，厘清这些问题对于进一步从学理上完善和发展中国特色社会主义政治制度研究具有重要意义。鉴于此，研究中运用科学文献计量学分析方法，借助CNKI数据库和CiteSpace等软件，以中国特色社会主义政治制度研究文献为对象，系统梳理其研究的整体发文趋势、主要研究机构与研究者、学科分布等特征，以及关键词共现和聚类、突现词和时区图，绘制相关可视化图谱，从定量视角进行系统整理和分析，力求完整翔实地展示和说明中国特色社会主义政治制度研究的现状、热点和趋势，进而为其理论研究与实践探索提供参考借鉴。

一、数据来源与研究方法

本书采用CNKI数据库为数据检索来源，该数据库在中文期刊完整性方面具有代表性。为了全面掌握中国特色社会主义政治制度研究领域的相关文献，在CNKI期刊数据库的"高级检索功能"中，以"中国特色社会主义政治制度"为主题，以"CSSCI"为来源类别（检索范围），并设定筛选的时间范围为"不限"，检索到了1998年至2021年共872篇文献（检索时间为2021年8月13日）。为确保研究数据的总体质量，提高其精确性和科学性，又通过人工筛选，剔除综述、会议报告、书评等非研究类的无效或无关文献共计45篇，最终得到有效文献827篇。

本书采用文献计量学的研究方法对相关文献数据进行分析研究。目前，文献计量学研究方法被广泛应用于探索某一研究领域的数量关系、研究现状、发展脉络、研究热点、研究前沿和未来趋势等研究中，其内含的子方法主要包括统计分析法和共现分析法[1]。目前在信息统计、共现分析领域运用广泛的可视化分析工具为CiteSpace软件，该软件主要基于共引分析理论和寻径网络算法对特定领域文献进行计量，以探寻学科领域演化的关键路径及知识转折点，并通过一系列可视化图谱的绘制，形成对学科演化潜在动力机制的分析和学科发展前沿的探测[2]。因此，为了顺利实现本文的研究方法和研究目的，笔者主要采用基于Java运行环境下的CiteSpace软件（5.7.R2版本）对中国特色社会主义政治制度相关文献进行统计和共现可视化分析；辅助利用Bicomb（书目共现分析系统/2.02版本）和Ucinet（社会网络分析软件/

---

① 王贤文、方志超、胡志刚：《科学论文的科学计量分析：数据、方法与用途的整合框架》，《图书情报工作》2015年第16期，第74—82页。

② 陈悦：《引文空间分析原理与应用：CiteSpace使用指南》，科学文献出版社，2014，第12页。

6.212版本）生成关键词共现矩阵和绘制社会网络关系图谱。同时利用Excel软件对中国特色社会主义政治制度研究的年度发文量和学科分布等外部特征进行整体性描述。

通过以上方法和工具，绘制出包括整体发文量和学科分布、研究者、研究机构、关键词聚类、突现词、时区图在内的动态知识图谱，对我国学界在中国特色社会主义政治制度研究领域中的主要内容和研究热点以及研究趋势做出直观呈现并分析说明。

二、分析结果与讨论

（一）整体描述分析

1.年度文献量分析

国内有关中国特色社会主义政治制度研究的历年发文数量，见图3。不难看出，该研究的数量整体呈上升趋势，说明对于学术界来说，中国特色社会主义政治制度研究逐渐成为热点话题。根据发文数量，可以将中国特色社会主义政治制度研究大致划分为三个阶段：

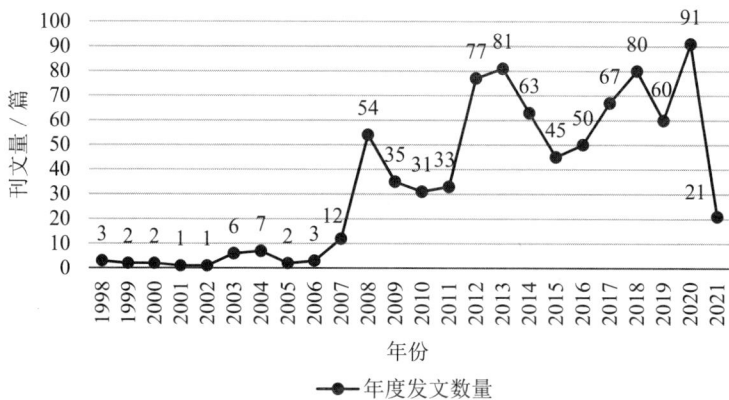

图3　1998—2021年中国特色社会主义政治制度研究历年发文数量

第一阶段是平缓萌芽期，自1998年第一篇关于中国特色社会主义政治制度研究文献的发表①，直到2006年。这一时期关于该研究的文献

---

① CNKI收录的第一篇是1998年发表，由于CNKI未收录等原因，不代表我国实际的第一篇此类研究是1998年。

数量较少，年发文数量一直在 7 篇以内，期刊文献发表量总计 27 篇，占总体样本量不足 5%，研究力量和关注度明显不足。这一阶段以林尚立[①]（2004）等对社会主义政治文明建设研究、李慎明[②]（2005）和房宁[③]（2006）等对党的领导与人民当家作主的研究为代表。这些研究较为系统地探讨了中国特色社会主义民主政治的运作模式，提出了对社会主义政治文明本质、内涵和建设路径等方面的思考。

　　第二阶段是持续关注期，从 2007 年到 2012 年，相关研究文献数量增长较快，呈波动上升趋势，学术界开始重视中国特色社会主义政治制度研究。其间虽有部分年份的发文量减少，但是与上一个时期相比，仍然大幅度增长。这一阶段的学者们对政治制度的研究更加细化：以施雪华和孙发锋[④]（2008）、郑慧和王英[⑤]（2008）等为代表的学者，对中国特色社会主义政治发展道路的内涵、目标、模式、动力、政治体制改革等具体问题进行了详细分析；以刘淑华和郭颖[⑥]（2008）、杨光

---

　　① 林尚立：《社会主义政治文明建设：理论与战略探讨》，《政治学研究》2004 年第 2 期，第 34-41 页。

　　② 李慎明：《坚持党的领导是发展社会主义民主政治能力的关键》，《马克思主义研究》2005 年第 3 期，第 2-8 页。

　　③ 房宁：《中国特色社会主义民主政治发展道路——中国社会主义政治改革若干思考》，《科学社会主义》2006 年第 3 期，第 28-32 页。

　　④ 施雪华、孙发锋：《改革开放 30 年中国共产党对中国特色社会主义政治发展道路的理论探索——关于中国政治发展的目标、战略和模式》，《马克思主义与现实》2008 年第 6 期，第 47-53 页。

　　⑤ 郑慧、王英：《深化政治体制改革，坚定不移地走中国特色社会主义政治发展道路》，《政治学研究》2008 年第 6 期，第 18-23 页。

　　⑥ 刘淑华、郭颖：《论人大代表专职化与我国人民代表大会制度的完善》，《法学杂志》2008 年第 4 期，第 114-116 页。

斌和尹冬华①（2008）、李龙②（2008）、潘传表③（2011）等为代表的学者，探讨了我国根本政治制度的民主理论基础和历史必然性；以刘焕明和陈思④（2009）、吴秀兰⑤（2010）、程竹汝⑥（2011）、包心鉴⑦（2011）等为代表的学者侧重尝试回答我国基本政治制度发展和建设中出现的问题。

第三阶段是总体高峰期，从2013年至今，关于中国特色社会主义政治制度的研究文献迅速增加，年发文数量持续在45篇以上⑧；在这9年中有多达6年的年发文量在60篇以上（不含预计达到97篇的2021年）。这一时期的发文总量之所以快速走高，与顶层意志和实践实际有很大关联：胡锦涛同志在党的十八大报告中指出推进中国特色社会主义政治制度建设的重要性；党的十八届三中全会确立了完善和发展中国特色社会主义制度、推进国家治理体系和治理能力现代化的全面深化改革总目标；习近平总书记在庆祝全国人民代表大会成立六十周年大会上强调，制度自信首先是对政治制度自信，在新的历史起点上要

---

① 杨光斌、尹冬华：《我国人民代表大会制度的民主理论基础》，《中国人民大学学报》2008年第6期，第93-99页。

② 李龙、潘传表：《论人民代表大会制度在中国的必然性和优越性》，《湘潭大学学报》（哲学社会科学版）2008年第1期，第29-33页。

③ 潘传表：《中西民主制度的两次历史分野——兼论人民代表大会制度在中国的必然性》，《理论月刊》2011年第1期，第46-49页。

④ 刘焕明、陈思：《论我国基层群众自治制度的特点和完善途径》，《社会科学家》2009年第6期，第97-99页。

⑤ 吴秀兰：《论新形势下我国民族区域自治制度的发展与完善》，《青海民族研究》2010年第2期，第149-151页。

⑥ 程竹汝：《中国共产党领导的多党合作和政治协商制度基本理论问题思考》，《政治学研究》2011年第2期，第19-28页。

⑦ 包心鉴：《中国共产党与中国特色社会主义政治发展道路》，《山东社会科学》2011年第7期，第90-98页。

⑧ 由于本次检索时间为2021年8月13日，2021年度文献并未检索完整，数量21篇并不代表2021年此类研究的文献总量，CNKI的自动预测功能显示：2021年总量将达97篇。

不断坚持和完善人民代表大会制度，推进中国特色社会主义政治制度建设。这些都促使学界对中国特色社会主义政治制度产生持续的高度关注。张浩[①]（2013）将制度移植和制度逻辑相结合，提出我国政治制度发展的新方向。彭定光和陈新[②]（2020）从政治伦理的角度分析了我国的制度优势。裴德海[③]（2013）指出，中国特色社会主义制度自信源于其科学性、先进性、优越性，科学性是对现实社会的准确反映、先进性是对以人民为中心的正确表达、优越性是对资本主义制度的伟大超越。贾绘泽[④]（2014）则提出了研究中国特色社会主义制度自信的六维分析框架。吕普生[⑤]（2020）、汪仕凯[⑥]（2020）、刘红凛[⑦]（2021）等为代表学者探讨了我国人大制度、政党制度、民族制度和基层制度在内的制度优势转化为治理效能的内在机理、理论逻辑和实现机制等。

2.学科分布统计

有关中国特色社会主义政治制度研究的学科分布，见图4，其突出特点是"一超多强"，即政治学学科占据绝对主导地位，理论经济学、法学、马克思主义、国民经济、公共管理相对均匀；其他学科发文量很少，交叉学科和跨学科研究有待发展。同时，结合图4可以看出，近七成的文献（共计827篇）来自政治学，可见，该研究领域的主流是从

---

① 张浩：《制度移植与本土资源：中国政治发展的制度逻辑》，《青海社会科学》2013年第3期，第30-35页。

② 彭定光、陈新：《论中国制度优势的政治伦理基础》，《伦理学研究》2020年第4期，第102-108页。

③ 裴德海：《社会主义制度自信何以可能》，《毛泽东邓小平理论研究》2013年第3期，第12-16页。

④ 贾绘泽：《中国特色社会主义制度自信研究框架分析》，《理论探讨》2014年第2期，第37-40页。

⑤ 吕普生：《我国制度优势转化为国家治理效能的理论逻辑与有效路径分析》，《新疆师范大学学报》（哲学社会科学版）2020年第3期，第18-33页。

⑥ 汪仕凯：《党和国家机构改革与政治体制能力重塑：制度优势转化为治理效能的中国逻辑》，《南京社会科学》2020年第2期，第1-9页。

⑦ 刘红凛：《制度优势与治理效能何以实现？——论中国特色社会主义制度优势背后的政治保障、实现机制与价值归依》，《教学与研究》2021年第5期，第65-74页。

政治学角度探讨中国特色社会主义政治制度。

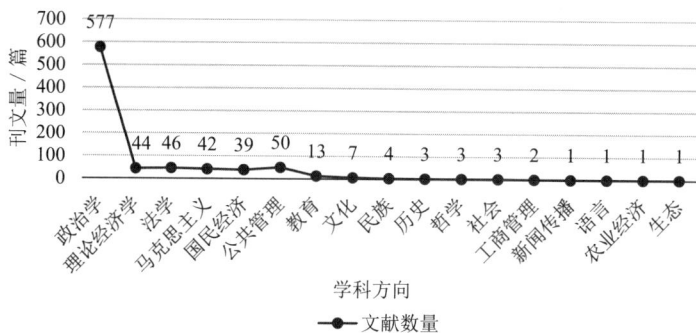

图4　中国特色社会主义政治制度研究相关学科文献数量

（二）研究者及研究机构分析

通过可视化社会网络图谱分析，可以找出在该研究领域成果较为突出的研究者和研究机构，可以直观反映出这些研究者和研究机构的研究能力与合作情况。同时，社会网络的研究结果也为科学评价这些研究作者和机构的影响力提供了参考。如前文所述，CNKI数据库收录的关于中国特色社会主义政治制度的研究文献始于1998年，经过二十余年的探索和发展，学界已经对该研究领域形成广泛持续关注之势，并形成了一定的热门研究学者和热门研究机构。

1.研究者的分布统计和社会网络分析

对827篇文献进行研究者的文本统计和可视化分析，具体操作如下：Time Slicing 设定为1998年1月至2021年12月，Years Per Slice 设置为1；Node Types 选择 "Author"；Selection Criteria 选择 "Top N"，设置为50；其他选项为系统默认。运行 CiteSpace 软件，处理后可得到各研究者的发文数量倒序统计表，以及各研究者的分布网络。

在发文数量倒序统计表中，为了界定核心研究者，本文参考 Price Law[①]，即核心研究者至少发表的文献数为 x_p：

$$x_p = 0.749 \sqrt{y_{p\max}}$$

该表达式内均为时段统计值。$y_{p\max}$ 为发文最多者的发表文章数，为

---

① 丁学东：《文献计量学基础》，北京大学出版社，1992，第220-236页。

正整数。x_p 为核心研究者至少发表的文献数，结果四舍五入保留整数位。根据对827篇文献的研究者统计，发文量最高的研究者为肖贵清，发文篇数为20篇，即 $y_{p\,max} = 20$，则 x_p=3.35，故 x_p 取4，统计结果如表4所示。根据表4，进一步得出所有核心研究者的发文量为140篇，占总发文量（827篇）的17%，说明中国特色社会主义政治制度研究领域并没有形成核心研究学者群体。

表4　中国特色社会主义政治制度主题核心研究者和发文量

姓名	发文量	姓名	发文量	姓名	发文量
肖贵清	20	秦宣	6	郑慧	4
包心鉴	11	刘伟	5	韩振峰	4
顾钰民	7	齐卫平	5	贾绘泽	4
李婧	7	周叶中	5	张明军	4
房宁	6	辛向阳	5	周文	4
石仲泉	6	王立胜	5	高帆	4
王永贵	6	邹升平	4	张雷声	4
田克勤	6	程竹汝	4	伊士国	4

　　研究者的分布网络（合作图谱），见图5，其中 N（网络结点）的数值为816，小于样本文献总量827篇，说明"中国特色社会主义政治制度"研究主题合著现象不明显；E（结点连接线）的数值是275，Density（网络密度）为0.0008，说明这一研究主题下的研究者没有明显的合作关系，作者分布比较分散。进一步研究可以发现，"中国特色社会主义政治制度"研究主题的核心作者亦存在一个较大的研究网络，即以清华大学肖贵清为核心结点，以刘仓、于江涛、田桥、贾绘泽、夏敬芝、刘玉芝等为分支结点的研究网络；存在众多较小的研究网络，如"房宁—王炳权—周少来—张君"网络、"李婧—田克勤—张泽强"网络、"王永贵—陈雪—郑海祥—路媛"网络等，但是独立研究者众多，如包心鉴和邹升平，且各小型研究网络之间没有联系。

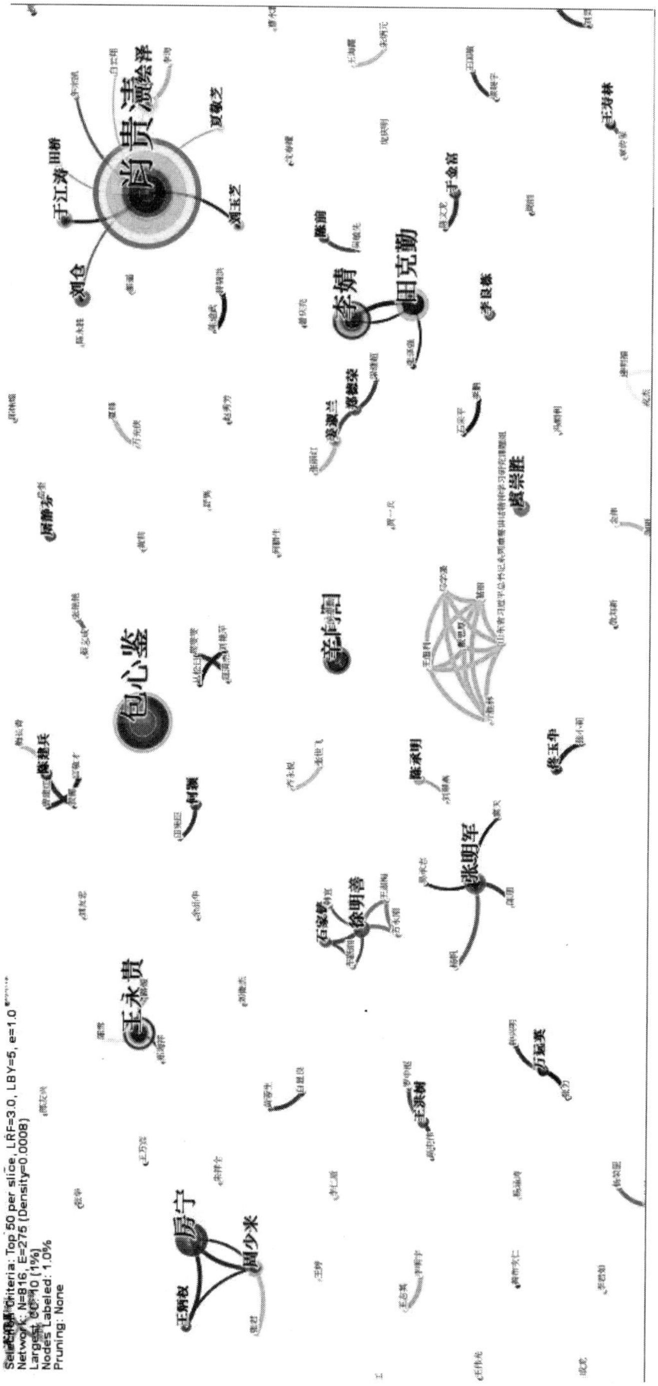

图5　研究者合作图谱

2.研究机构的分布统计和社会网络分析

对827篇文献进行研究机构的文本统计和可视化分析,具体操作如下:Time Slicing设定为1998年1月至2021年12月,Years Per Slice设置为1;Node Types选择"Institution";Selection Criteria选择"Top N",设置为50;其他选项为系统默认。运行CiteSpace软件,处理后可得到各研究机构的发文数量倒序统计表,以及各研究机构的分布网络。

在发文数量倒序统计表中,发文数量排名前十的研究机构见图6,其中,清华大学马克思主义学院发文最多,共30篇,据x_p公式计算所得,只要发文数量大于等于5的研究机构即为该领域的核心研究机构。根据发文数量倒序统计表计算出发文数量大于等于5的研究机构共发布了204篇文献,占总文献的24.7%,说明"中国特色社会主义政治制度"研究领域没有形成核心研究机构群体。

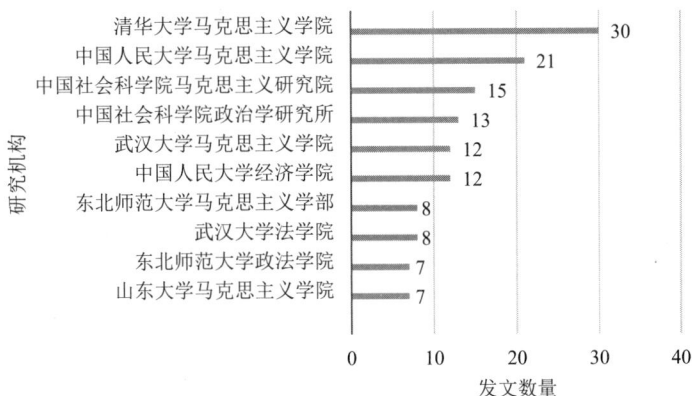

图6 发文量前十名机构和发文量

研究机构的分布网络(合作图谱),见图7,其中N(网络结点)的数值为643,E(结点连接线)的数值是261,Density(网络密度)为0.0013,说明这一研究主题下的研究机构较多,但机构分布比较分散,未形成强势的合作关系网络,合作强度有待进一步提高。进一步研究网络分布图谱可以发现,"中国特色社会主义政治制度"研究主题下存在两个较大的研究网络。第一个是以清华大学马克思主义学院为核心结点,以中国社会科学院当代中国研究所、天津科技大学法政学院、

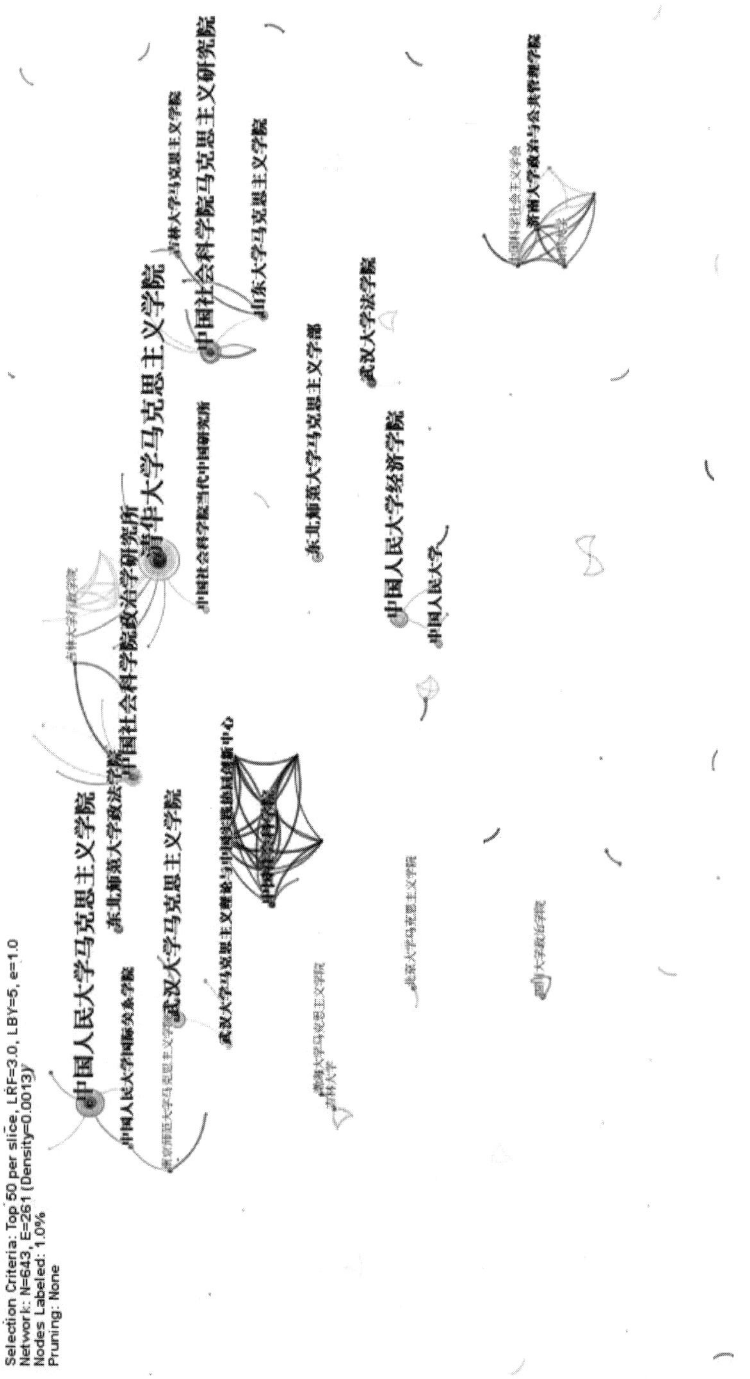
Selection Criteria: Top 50 per slice, LRF=3.0, LBY=5, e=1.0
Network: N=643, E=261 (Density=0.0013)
Nodes Labeled: 1.0%
Pruning: None
中国人民大学马克思主义学院
东北师范大学政法学院
中国社会科学院政治学研究所
清华大学马克思主义学院
中国社会科学院马克思主义研究院
吉林大学马克思主义学院
山东大学马克思主义学院
武汉大学马克思主义学院
中国社会科学院当代中国研究所
东北师范大学马克思主义学部
中国人民大学经济学院
中国人民大学
武汉大学法学院
中国人民大学国际关系学院

图7　研究机构合作图谱

河北师范大学公共管理学院等研究机构为分支结点研究网络；第二个是以中国人民大学马克思主义学院为核心结点，以中国人民大学国际关系学院、同济大学马克思主义学院、中央财经大学马克思主义学院等研究机构为分支结点的研究网络。图7中的其他研究机构虽然没有形成较大的研究网络，但基本存在以自身为核心结点的小型研究网络。比如中国社会科学院马克思主义研究院、山东大学马克思主义学院等的研究网络。

（三）研究热点、演化趋势和前沿分析

关键词（Keyword）是整篇文章的精简提炼，是完整文献的必备要点，同时也是探析某一研究领域热点的关键指标。采用一定的研究工具进行关键词共现分析法，能够直观且清晰地显示出该研究模块所共同出现的关键词聚类，有利于学者快速掌握该研究领域的总体热点分布情况[①]。

1.关键词共现分析

利用Bicomb软件对文献样本进行处理，共提取了3443个关键词。高频词选择的标准一般为截取的高频词累积频次达到总频次的40%左右[②]，因此，在关键词统计时，本节以词频阈值8选取高频关键词64个，词频累积百分比占40.4879%，如图8所示。

高频关键词代表该领域学者使用最频繁的专业名词，是反映该领域研究热点的重要指标之一，因此由图8可以看出，中国特色社会主义政治制度的研究热点主要涉及以下高频关键词：整体研究主要是科学社会主义、中国特色社会主义、中国特色社会主义制度、国家治理；政治制度研究主要是政治体制改革、制度自信、制度体系、制度建设、制度优势；根本政治制度研究主要是人民当家作主、人民代表大会制度；基本政治制度研究主要是政党制度、协商民主、民主政治；党建

---

① 张海涛、宋拓、孙彤等：《知识聚合研究的脉络与展望》，《情报科学》2020年第4期，第163-170页。

② 陈瑜林：《我国教育技术主要研究领域的历史演进——基于CNKI两刊关键词、主题词的聚团分析》，《电化教育研究》2020年第8期，第36-42页。

序号	关键字段	出现频次	累计百分比
1	中国特色社会主义	255	7.4063
2	中国特色社会主义制度	105	10.456
3	中国特色	51	11.9373
4	中国特色社会主义政治经济学	50	13.3895
5	制度自信	44	14.6674
6	中国特色社会主义道路	41	15.8583
7	社会主义	38	16.962
8	中国共产党	30	17.8333
9	改革开放	30	18.7046
10	政治体制改革	29	19.5469
11	制度	25	20.273
12	民主政治	25	20.9991
13	新时代	24	21.6962
14	制度优势	22	22.3352
15	人民当家作主	21	22.9451
16	中国特色社会主义理论体系	20	23.526
17	习近平	20	24.1069
18	中国特色社会主义政治发展道路	20	24.6878
19	习近平新时代中国特色社会主义思想	19	25.2396
20	政治发展道路	18	25.7624
21	社会主义民主政治	17	26.2562
22	社会主义制度	16	26.7209
23	依法治国	15	27.1565
24	政治制度	15	27.5922
25	政治发展	15	28.0279
26	中国特色社会主义民主政治	14	28.4345
27	人民代表大会制度	14	28.8411
28	协商民主	14	29.2477
29	邓小平	14	29.6544
30	中国特色社会主义民主	14	30.061
31	理论体系	14	30.4676
32	基本经济制度	13	30.8452

图8 高频关键词统计图

序号	关键字段	出现频次	累计百分比
33	科学社会主义	13	31.2228
34	制度体系	13	31.6003
35	马克思主义	13	31.9779
36	国家治理	12	32.3265
37	人民民主	12	32.675
38	政党制度	12	33.0235
39	制度建设	12	33.3721
40	发展	12	33.7206
41	党的领导	12	34.0691
42	现代化	11	34.3886
43	新时代中国特色社会主义	11	34.7081
44	理论逻辑	11	35.0276
45	中国特色社会主义政治制度	11	35.3471
46	社会主义基本经济制度	11	35.6666
47	政治文明	11	35.9861
48	道路	11	36.3055
49	坚持和完善	10	36.596
50	政治经济学	10	36.8864
51	政治体制	10	37.1769
52	毛泽东	10	37.4673
53	多党合作和政治协商制度	10	37.7578
54	马克思主义政治经济学	9	38.0192
55	理论	9	38.2806
56	中国共产党领导	9	38.542
57	毛泽东思想	9	38.8034
58	多党合作	9	39.0648
59	按劳分配	9	39.3262
60	生产关系	8	39.5585
61	历史逻辑	8	39.7909
62	制度创新	8	40.0232
63	实践逻辑	8	40.2556
64	道路自信	8	40.4879

续图8　高频关键词统计图

研究主要是党的领导、领导人思想（马克思主义、毛泽东、邓小平、习近平）；配套知识研究主要是基本经济制度、中国特色社会主义道路、依法治国、政治经济学研究；多维度研究主要是理论逻辑、实践逻辑、历史逻辑等。

为进一步分析其所有研究热点之间的关系，在高频关键词提取的基础上，利用Bicomb软件生成共词矩阵（频次阈值的范围：8～255），然后利用Ucinet软件进行高频词共现分析，生成社会网络关系图谱，然后进行"Centrality measures"操作，选择"betweenness"为设置结点大小的选项，最终如图9所示，中国特色社会主义、中国特色社会主义制度、政治制度效能、制度自信、理论逻辑、民主政治、中国共产党、政治体制改革等高频关键词相对集中且构成了关系图谱的中心区域，这些关键词是中国特色社会主义政治制度研究中的核心高频关键词。

2. 关键词聚类分析

对样本文献进行关键词聚类分析，具体操作如下：Time Slicing设定为1998年1月至2021年12月，Years Per Slice设置为1；Node Types选择"Keyword"；Selection Criteria选择"g-index"，k设置为25；Pruning选择"Pathfinder"和"Pruning sliced networks"，其他选项为系统默认。运行CiteSpace软件经相关调整后得到图10，其中Q值（聚类模块值/Modularity）为0.6466，表明该聚类结构显著；S值（聚类平均轮廓值/Mean Silhouette）为0.8755，表明该聚类令人信服。当Q值＞0.3时意味着聚类结构显著，当S值＞0.5时意味着聚类合理，当S值＞0.7时意味着聚类令人信服[1]。由图10可知，共有14个聚类（"＃"为聚类标识符），按照同类别标准对这14个聚类进行整合，得到图11。

---

① 陈悦、陈超美、刘则渊等：《CiteSpace知识图谱的方法论功能》，《科学学研究》2015年第2期，第242–253页。

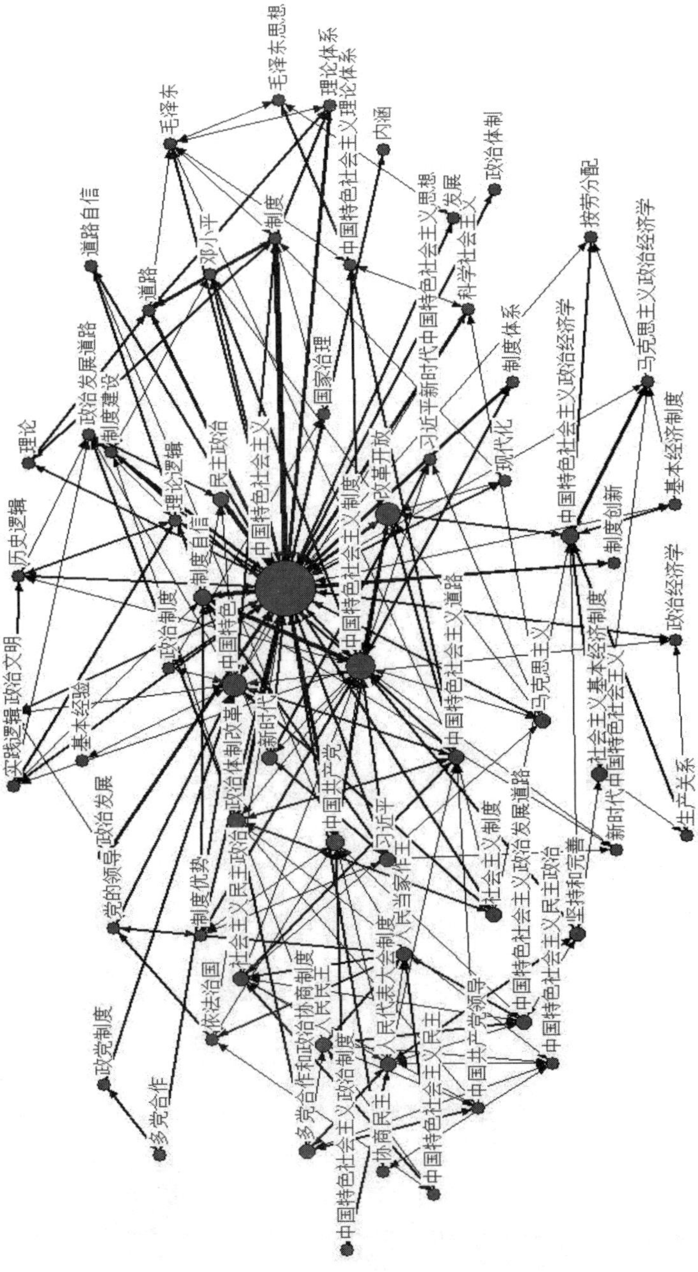

图9　高频词社会网络分析图

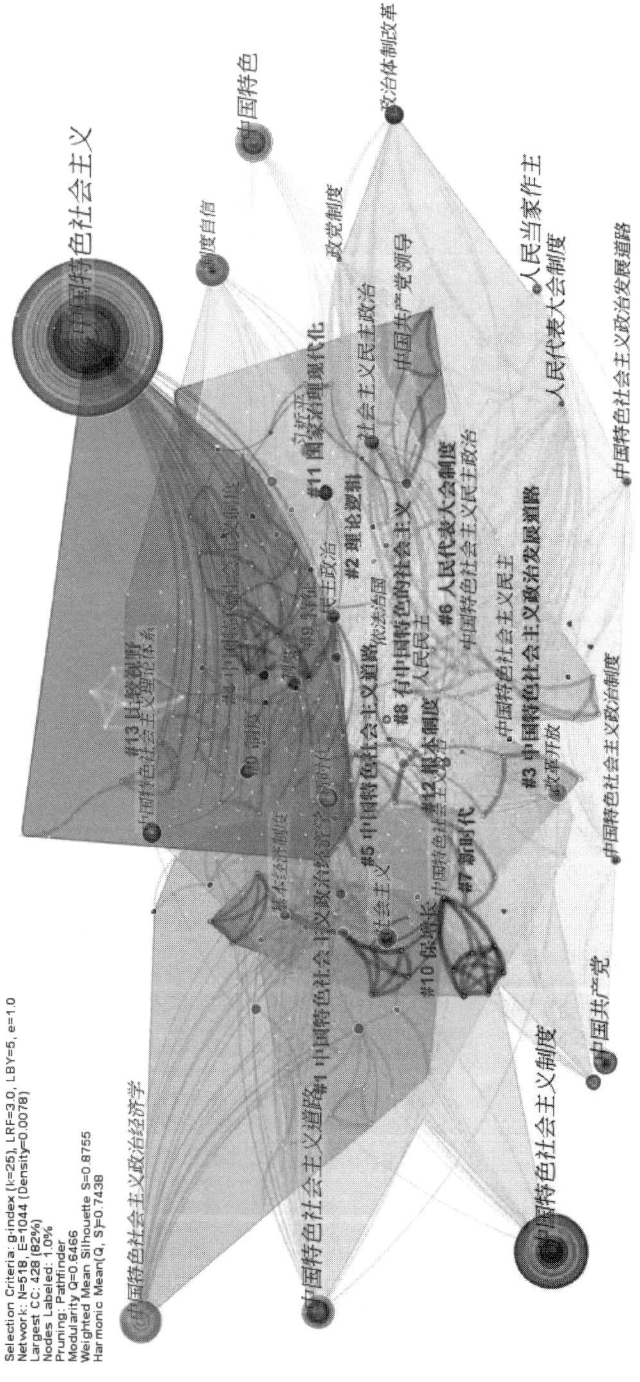

Selection Criteria: g-index (k=25), LRF=3.0, LBY=5, e=1.0
Network: N=518, E=1044 (Density=0.0078)
Largest CC: 428 (82%)
Nodes Labeled: 1.0%
Pruning: Pathfinder
Modularity Q=0.6466
Weighted Mean Silhouette S=0.8755
Harmonic Mean(Q, S)=0.7438

图10　关键词聚类图

类型	聚类号	聚类名称	数量
整体制度研究	#0	制度	58
	#4	中国特色社会主义制度	39
根本制度研究	#6	人民代表大会制度	34
	#12	根本制度	15
制度理论研究	#2	理论逻辑	47
	#9	特征	19
	#13	比较视野	5
政治道路研究	#3	中国特色社会主义政治发展道路	42
	#5	中国特色社会主义政治道路	39
制度效能研究	#11	国家治理现代化	16
辅助知识研究	#1	中国特色社会主义政治经济学	50
	#7	新时代	24
	#8	有中国特色的社会主义	23
	#10	保增长	17

图 11　关键词聚类统计图

在整体制度研究这一类型中，聚类＃0（制度）和聚类＃4（中国特色社会主义制度）包含的关键词主要有制度内容、制度体系、制度内涵、民主政治等。例如，齐卫平（2020）在《中国特色社会主义制度体系：框架建构和结构层次——兼论根本制度、基本制度、重要制度的关系》一文中，分析指出中国特色社会主义制度体系具有完整性、层次性和结构性等典型特征，是统筹一体的有机框架，对此需要从功能上阐明根本制度、基本制度和重要制度之间的相互关系[①]。王长江（2020）认为从制度体系和制度内涵的角度，尤其是从政治制度体系和内涵去看民主政治，是推进国家治理现代化、促进中国特色社会主义民主政治科学发展的重要视角[②]。马润凡（2014）认为"制度认同"在政治制度建设中十分关键，它是隐藏在丰富、推进中国特色社会主义

[①] 齐卫平：《中国特色社会主义制度体系：框架建构和结构层次——兼论根本制度、基本制度、重要制度的关系》，《思想理论教育》2020年第3期，第4-9页。

[②] 王长江：《制度体系视野下的民主政治》，《理论与改革》2020年第2期，第131-140页。

政治制度背后的隐性动力①。

在根本制度研究这一类型中，聚类＃6（人民代表大会制度）和聚类＃12（根本制度）包含的关键词主要有社会主义制度、根本政治制度、政党制度、党的领导等。如顾华详（2011）在《论当代中国发展进步的根本制度——关于中国特色社会主义制度的若干问题探讨》一文中，将根本政治制度、基本政治制度、基本经济制度和法律制度统筹兼顾，认为人民代表大会制度是根本政治保障，党领导的多党合作和政治协商制度是重要力量源泉，民族区域自治制度是重要基石之一，基层群众自治制度是群众活力来源，公有制为主体、多种所有制经济共同发展是经济基础，中国特色社会主义法律体系是法治根基②。蔡文成（2020）认为彰显社会主义根本制度优势、发挥根本制度效能，必须树立根本制度意识、坚持根本制度地位、维护根本制度权威、推动根本制度实践③。伍业兵（2003）分析了我国政党制度的主要功能，即政治稳定，既坚持了制度本质，又回应了政治需求④。

在制度理论研究这一类型中，聚类＃2（理论逻辑）、聚类＃9（特征）和聚类＃13（比较视野）包含的关键词主要有制度理论逻辑、制度特征、多维度比较等。例如解丽霞（2020）从基本原则、内在动力、根本方向和价值取向等几个方面来分析其理论逻辑，探讨符合社会主义发展规律的制度建设体系⑤。任宝玉（2019）认为我国协商民主制度

---

① 马润凡：《制度认同：中国特色社会主义政治制度完善与发展的隐性动力》，《郑州大学学报》（哲学社会科学版）2014年第5期，第7-9页。

② 顾华详：《论当代中国发展进步的根本制度——关于中国特色社会主义制度的若干问题探讨》，《毛泽东思想研究》2011年第6期，第100-109页。

③ 蔡文成：《中国特色社会主义根本制度的制度价值及治理意义》，《晋阳学刊》2020年第6期，第3-10页。

④ 伍业兵：《有中国特色的政党制度与政治稳定》，《社会主义研究》2003年第1期，第43-45页。

⑤ 解丽霞：《中国特色社会主义制度建设的逻辑、实践与经验》，《广东社会科学》2020年第3期，第14-22页。

的最突出特征是两个基本规定性，分别是党的领导和民主集中制①。康晓强（2021）指出我国根本制度的本质特征主要体现在四个方面：一是在方向层面以中国共产党为"中轴结构"实现对一切工作的有效领导；二是在立场层面坚持以人民为中心的价值取向；三是在方略层面坚持守正与创新的有机统一；四是结构层次层面的延展性②。朱大鹏（2020）从历史（历史根脉和经验）、现实（百年未有之大变局）、理论（中国特色社会主义理论体系）、价值（初心和使命）四个方面比较了中国特色社会主义制度的建设逻辑③；刘勇（2020）在此基础上，创造性地提出了世界逻辑（符合人类社会的演进方向）这个比较方面④。王伟（2014）从中西方政治发展对比的角度分析了我国的协商民主制度，表明其不仅具有一般含义还具有本身的特殊规定性⑤。

　　在政治道路研究这一类型中，聚类＃3（中国特色社会主义政治发展道路）和聚类＃5（中国特色社会主义道路）包含的关键词主要有中国特色社会主义道路、政治道路、民主政治等。例如秦国民（2014）在《政治共识的凝聚：社会主义政治发展道路运行的价值机制》一文中指出，要保障中国特色社会主义政治发展道路的健康有序运行，必须凝聚政治共识以增强政治发展动力，政治共识主要包括价值共识、改革共识、利益共识等⑥。余品华（2010）认为发展中国特色社会主义道路的核心是中国共产党的领导，其出发点是社会主义初级阶段这一

① 任宝玉：《中国特色社会主义协商民主理论"特色"研究——比较的视角》，《社会主义研究》2019年第6期，第36-44页。

② 康晓强：《论中国特色社会主义制度的本质特征》，《浙江大学学报》（人文社会科学版）2021年第1期，第10-21页。

③ 朱大鹏：《中国特色社会主义制度建设的四重逻辑》，《思想理论教育导刊》2020年第11期，第29-33页。

④ 刘勇：《论中国特色社会主义制度自信的四重逻辑意蕴》，《山东社会科学》2020年第5期，第5-11页。

⑤ 王伟：《中西方政治发展比较研究——以协商民主为视角》，《郑州大学学报》（哲学社会科学版）2014年第5期，第12-13页。

⑥ 秦国民：《政治共识的凝聚：社会主义政治发展道路运行的价值机制》，《郑州大学学报》（哲学社会科学版）2014年第5期，第5-7页。

基本国情，其政治依托是以人民为中心的社会主义制度，其基本特征是立足实践的科学和谐发展，这是这条道路的总的价值内涵①。

在制度效能研究这一类型中，聚类＃11（国家治理现代化）包含的关键词主要有制度效能、制度绩效、制度优势、治理体系和治理能力现代化等。如齐卫平（2020）在《体系与效能：中国特色社会主义制度的国家治理优势》一文中指出，根本政治制度、基本政治制度、基本经济制度、其他重要制度以及具体制度共同构成了中国特色社会主义制度体系的结构，只有始终坚持党的领导，回答好"坚持和巩固什么、完善和发展什么"的重大政治问题，注重制度体系建构并不断提升行政人员素质，才能更好地在新时代推进制度体系优势转化为国家治理效能②。刘红凛（2021）主张从党的领导、民主集中制与群众路线的统一和以人民为中心这三个方面实现我国的制度优势和提升治理效能③。

在辅助知识研究这一类型中，聚类＃1（中国特色社会主义政治经济学）、聚类＃7（新时代）、聚类＃8（有中国特色的社会主义）和聚类＃10（保增长）的相关文献主要是结合中国特色社会主义制度和中国特色社会主义政治制度的相关外围知识进行论述，不仅体现了该领域研究的全面性，也保证了研究的时代性。

3.关键词突现分析

突现词不仅能反映某个领域内研究的热点，更能反映出该领域的热点趋势。这里仍按照"关键词聚类"的软件操作设置，运行CiteSpace软件④，在"Control Panel"中，将"Burstness"选项卡里的"γ（伽马）"设置为0.5，将"Minimum Duration（最小持续时长）"设置为2，共得到59个突现词，见图12。

① 余品华：《实现现代化的一条崭新道路——略论中国特色社会主义道路的基本内涵和特征》，《思想理论教育导刊》2010年第9期，第30-36页。

② 齐卫平：《体系与效能：中国特色社会主义制度的国家治理优势》，《行政论坛》2020年第1期，第5-11页。

③ 刘红凛：《制度优势与治理效能何以实现？——论中国特色社会主义制度优势背后的政治保障、实现机制与价值归依》，《教学与研究》2021年第5期，第65-74页。

④ 因为CiteSpace5.7.R2版本有不能计算突现词截止的时间bug，因此这里改用CiteSpace5.6.R4版本，不影响效果；后文除特殊说明外，仍运用CiteSpace5.7.R2版本。

Keywords	Year	Strength	Begin	End	1998 - 2021
中国特色社会主义政治	1998	2.057	1998	2010	
政党制度	1998	4.0213	1998	2008	
多党合作和政治协商制度	1998	2.4171	1998	2007	
人民代表大会制度	1998	2.333	1998	2011	
中国共产党领导	1998	1.778	1999	2011	
政治文明	1998	5.1863	2002	2008	
中国特色	1998	5.7541	2003	2011	
多党合作	1998	2.3027	2003	2008	
社会主义政治文明	1998	1.8002	2003	2011	
民主政治	1998	3.3237	2004	2012	
科学社会主义	1998	3.4007	2005	2008	
发展道路	1998	3.6157	2006	2008	
政治发展	1998	3.4569	2007	2009	
和谐社会	1998	2.4314	2007	2008	
中国特色社会主义道路	1998	5.2715	2008	2010	
中国特色社会主义理论体系	1998	5.6715	2008	2012	
政治发展道路	1998	3.5254	2008	2013	
社会主义民主政治	1998	4.7991	2008	2010	
实践	1998	2.3481	2009	2013	
基本经验	1998	2.0299	2009	2011	
中国特色社会主义民主	1998	2.3273	2010	2011	
人民民主专政	1998	1.7526	2010	2011	
法律体系	1998	2.2619	2011	2012	
制度体系	1998	3.1221	2011	2013	
中国模式	1998	1.666	2011	2013	
胡锦涛	1998	2.8294	2011	2012	
社会主义制度	1998	2.4978	2011	2015	
制度	1998	4.6988	2012	2015	
道路	1998	3.4463	2012	2013	
理论体系	1998	3.6135	2012	2013	
中国特色社会主义理论	1998	2.1128	2012	2015	
理论	1998	3.4463	2012	2013	
政治体制改革	1998	2.1735	2012	2013	
中国特色社会主义制度	1998	7.7741	2012	2015	
中国梦	1998	1.9424	2013	2018	
毛泽东	1998	2.8556	2013	2014	
协商民主	1998	3.805	2013	2016	
全面深化改革	1998	1.7365	2014	2015	
习近平	1998	4.089	2015	2019	
基本经济制度	1998	2.0876	2016	2017	
生产关系	1998	2.4657	2016	2017	
马克思主义政治经济学	1998	4.5575	2016	2017	
市场经济	1998	2.8422	2016	2017	
习近平总书记	1998	2.2258	2016	2018	
制度自信	1998	3.7929	2016	2021	
按劳分配	1998	3.6949	2016	2018	
中国特色社会主义政治经济学	1998	13.8681	2016	2021	
五大发展理念	1998	1.7028	2016	2017	
现代化	1998	3.2504	2017	2018	
政治经济学	1998	2.462	2017	2021	
习近平新时代中国特色社会主义思想	1998	6.2	2017	2021	
《资本论》	1998	2.3745	2017	2019	
改革开放	1998	7.8063	2018	2019	
新时代	1998	8.3851	2018	2019	
新时代中国特色社会主义	1998	4.2532	2018	2021	
理论逻辑	1998	4.0534	2019	2021	
实践逻辑	1998	2.5278	2019	2021	
党的领导	1998	3.1678	2019	2021	
人民当家作主	1998	1.696	2019	2021	

图12　关键词突显图

从图12可知，首先在"中国特色社会主义政治制度"这一主题中，"人民代表大会制度"关键词的研究时长（突现时长）最长，从1998年开始到2011年结束，总计14年。其次是"中国特色社会主义政治"和"中国共产党领导"，分别从1998年开始到2010年结束和从1999年开始到2011年结束，总计13年。最后是"政党制度"，从1998年开始到2008年结束，总计11年。这三个词也表明了中国特色社会主义民主政治制度的最核心要素，即中国特色社会主义最本质的特征（党的领导）和根本政治制度（人民代表大会制度），因此受到学者长时间的关注。

在以上59个突现词当中，"中国特色社会主义政治经济学""新时代""习近平新时代中国特色社会主义思想""中国特色社会主义理论""中国特色社会主义道路"的突现强度（Strength）均超过5，为突现强度较强的突现词。这几个词表明：中国特色社会主义政治制度研究不是闭门造车，而是随时代发展而发展的创新研究，政治制度作为经济基础的上层建筑，需要时刻与经济实际相适应，中国特色社会主义政治制度研究就是在中国特色社会主义政治经济学这一经济实践下所开展的研究，就是在习近平新时代中国特色社会主义思想这一行动指南下所开展的研究；坚定中国特色社会主义制度自信，首先要坚定对中国特色社会主义政治制度的自信[1]，政治制度自信作为制度自信的一部分，是"四个自信"的重要组成部分，与中国特色社会主义理论和中国特色社会主义道路有机统一。因此，在新时代背景下，这五个词自然受到学者的普遍关注。

因为关键词的突发性是连续的，所以在2021年仍然具有突发性的关键词有能力在未来继续成为研究热点和前沿。因此，从未来发展趋势的角度看，"制度自信""中国特色社会主义政治经济学""习近平新时代中国特色社会主义思想""新时代中国特色社会主义""理论逻辑""实践逻辑""党的领导"和"人民当家作主"是中国特色社会主

---

① 习近平：《坚定制度自信 自觉坚持和完善人民代表大会制度——学习习近平总书记在庆祝全国人民代表大会成立60周年大会上的重要讲话》，《求是》2015年第5期，第8-10页。

义政治制度主题下的研究热点。

4.关键词时区图分析

通过关键词共现和聚类图谱以及关键词时区图，已经了解了中国特色社会主义政治制度研究领域的热点和方向，为了进一步探讨1998年至2021年间该领域研究热点的动态变化和演化趋势，了解不同时期该研究领域的重点，这里仍按照"关键词聚类"的软件操作设置，将时间切片改为2，运行 CiteSpace 软件，在 Layout 中选择"Timezone view"，得到1998年至2021年中国特色社会主义政治制度研究领域的时区图谱，如图13所示。

纵观整个24年的研究历程，"中国特色社会主义"和"中国特色社会主义制度"作为最宏观的语素表达始终贯穿其中。在图13中，其高频节点按出现时间顺序依次为"政治体制改革""人民代表大会制度""政党制度""中国共产党""政治制度""中国特色社会主义民主政治""中国特色社会主义政治发展道路""制度自信""制度优势""制度逻辑""政治经济学""习近平新时代中国特色社会主义思想""治理效能""治理体系和治理能力现代化"等，结合各阶段的高频关键词信息，按时间动态可将中国特色社会主义政治制度研究划分为三个阶段：第一阶段是1998年至2013年，主要是对中国特色社会主义政治制度内容本身的研究，侧重单个政治制度的探讨；第二阶段是2014年至2017年，在中国特色社会主义政治经济学这一重要原则指导下，围绕政治制度体系、优势和运行机制进行研究，从而最大限度增强制度自信；第三阶段是2018年至今，在习近平新时代中国特色社会主义思想指导下，一方面侧重对包括制度理论逻辑、实践逻辑、历史逻辑在内的政治制度内在逻辑的研究，另一方面是对制度效能的研究，探讨如何更好地将中国特色社会主义制度内在优势转化为治理效能，推进国家治理体系和治理能力现代化。这三个阶段的研究成果和深度是辩证统一的螺旋式上升，即通过了解制度自身提高其认知和自信，然后将优秀的制度内容转化为"即战力"的治理效能。为了更加清晰地厘清中国特色社会主义政治制度相关研究的演进过程，还需要结合时

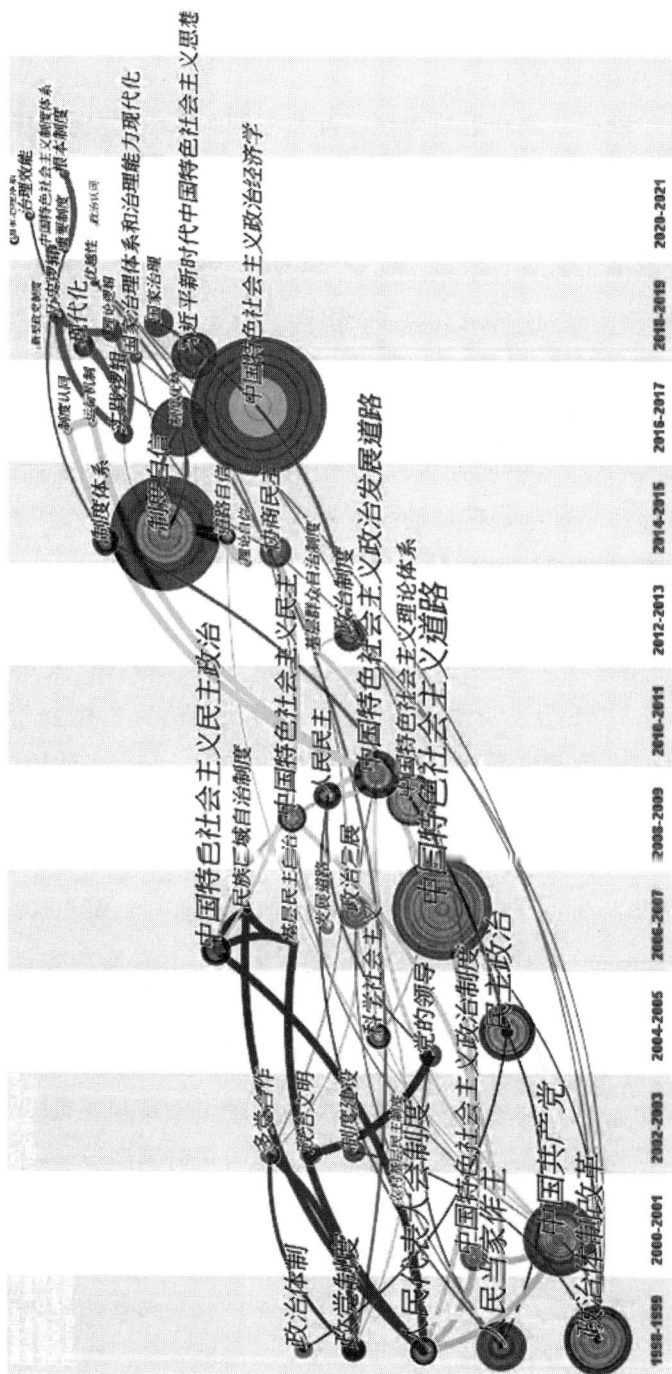

图13 关键词共现时区图谱

代背景进一步对图谱和文献进行诠释梳理。

1998年至2013年主要为中国特色社会主义政治制度内容本身的阐释阶段。由图13可知，研究逻辑主要是将中国特色社会主义政治制度统一升华到中国特色社会主义政治发展道路之中，其热点不仅在根本政治制度（人民代表大会制度），还包括民族区域自治制度、党领导的多党合作和政治协商制度、基层群众自治制度等基本政治制度。此外，还有党的领导、人民当家作主、政治体制改革、政治文明、发展道路等，这些热点高频词并不是孤立存在的，而恰恰是对中国特色社会主义政治制度内容的解构与建构，并且这种多维解构与建构趋势还在持续扩张。在学术解构层面，各个时期的热点词汇有很大变化，它们大致沿着三条路径拓展：第一条是本体结构的疏解线索，即"中国特色社会主义政治制度—中国特色社会主义—社会主义政治制度"和"中国特色社会主义政治发展道路—科学社会主义—中国特色社会主义道路"，对中国特色社会主义政治制度进行了全方位的本体意义剖析；第二条是内容结构的解读线索，即"中国特色社会主义政治制度—根本政治制度—人民代表大会制度"和"中国特色社会主义政治制度—基本政治制度—政党制度—民族区域自治制度—基层制度"，对中国特色社会主义政治制度进行了深层次的描绘；第三条是目标导向的核心线索，即"政治体制—政治体制改革—制度建设—政治发展—政治文明"，对中国特色社会主义政治制度进行了本质目标的引导。在国家建构层面，江泽民同志在2002年中央党校省部级干部进修班毕业典礼上指出，"党的领导、人民当家作主和依法治国的统一性，是社会主义政治制度的重要优势。发展社会主义民主政治，最根本的是要坚持党的领导、人民当家作主和依法治国的有机结合和辩证统一。推进政治体制改革，要从我国国情出发，坚定不移地走自己的政治发展道路，坚持社会主义政治制度的自我完善和发展"[①]。2012年胡锦涛同志在十八

[①] 江泽民：《江泽民在中央党校省部级干部进修班毕业典礼上强调 高举邓小平理论伟大旗帜 全面贯彻"三个代表"要求 与时俱进 努力开创建设有中国特色社会主义事业新局面》，《求是》2002年第12期，第3-6页。

大报告中指出，要坚持走中国特色社会主义政治发展道路和推进政治体制改革，注重健全民主制度，充分发挥我国社会主义政治制度优越性，支持和保证人民通过人民代表大会行使国家权力，健全社会主义协商民主制度和工作机制，完善基层民主制度①；2013年习近平总书记在党的十八届三中全会上强调，在全面深化改革中要加强社会主义民主政治制度建设，推动人民代表大会制度与时俱进，推进协商民主广泛多层制度化发展，发展基层民主制度化②。国家领导人的顶层设计为中国特色社会主义政治制度研究提供了根本指导和方向，实现了由概念话语到理论体系的飞跃。

2014年至2017年主要是提高中国特色社会主义政治制度自信阶段。这一阶段的关键词开始出现"简短化"趋势，如"制度体系""制度优势""制度认同"，不再注重政治制度本身，而是将研究的目光向"制度与人"转移，其研究内容（热点）是对上一阶段的深化，而提高中国特色社会主义政治制度自信是提高中国特色社会主义制度自信的关键一环，当全面了解中国特色社会主义政治制度内容本身之后，我们有理由相信这一制度具有不可比拟的优越性。2015年习近平总书记在中央经济工作会议上提出，要坚持中国特色社会主义政治经济学的重大原则③。这是"中国特色社会主义政治经济学"首次出现在党和国家领导人的论述中，这一重大原则将为政治制度体系建设和运行提供强大的思想保障和基础动力，推动制度本身的内部优势外化为国民的制度自信，增强制度认同，从而继续深化"四个自信"。

2018年至今主要为政治制度内在逻辑研究和制度效能研究阶段。这一阶段又是对上一阶段的深化，探讨如何将制度特别是民主政治制

---

① 胡锦涛：《坚定不移沿着中国特色社会主义道路前进 为全面建成小康社会而奋斗——在中国共产党第十八次全国代表大会上的报告》，《求是》2012年第22期，第3-25页。

② 习近平：《中共中央关于全面深化改革若干重大问题的决定》，《求是》2013年第22期，第3-18页。

③《中央经济工作会议举行 习近平、李克强作重要讲话》，中华人民共和国中央人民政府网，http://www.gov.cn/ldhd/2013-12/13/content_2547546.htm，2013年12月13日。

度的优越性转化为推进国家发展的强大动力，既是中国特色社会主义政治制度自身完善的需求，也是对时代特别是新时代的回应。2019年党的十九届四中全会审议通过的《中共中央关于坚持和完善中国特色社会主义制度　推进国家治理体系和治理能力现代化若干重大问题的决定》指出，我国的国家治理体系和治理能力是中国特色社会主义制度及其执行能力的集中体现①。其政治制度作为中国特色社会主义制度的核心，对社会主义制度自身和执行能力有着重大影响。如何转化？从政治制度的内在逻辑入手，回顾历史、立足当下、继往开来，是化解这一难题的方向之一；当然也需要将政治制度与经济制度、文化制度、社会制度、生态制度等放在一起统筹考量；坚持和完善人民当家作主制度体系，从而更好地推进国家治理体系和治理能力现代化。

关键词共现时区图谱反映了中国特色社会主义政治制度研究二十多年来的推进状况，热点关键词随着研究的深入不断增多，由集中单点向阶段性扇形发散。从内容本身到人的影响，从结果作用到治理现代化，对中国特色社会主义政治制度的研究经历了从宏观论述到微观细描、从制度优势到治理效能的各个阶段，形成了内容研究逐渐丰富、主体研究逐渐聚焦、效能研究日益透彻的理论体系。

三、研究结论与展望

（一）研究结论

本书以CNKI数据库（CSSCI为来源类别）里"中国特色社会主义政治制度"为主题的共827篇文献为样本，借助CiteSpace、Bicomb、Ucinet等软件对其进行数据挖掘和图谱分析，研究发现：一是关于中国特色社会主义政治制度研究的文献数量整体呈上升趋势，但没有形成该研究领域的核心研究学者群体和核心研究机构群体，学者间和机构间的合作较为分散。此外，中国特色社会主义政治制度研究以政治学

---

①《中共中央关于坚持和完善中国特色社会主义制度　推进国家治理体系和治理能力现代化若干重大问题的决定》，中华人民共和国中央人民政府网，http://www.gov.cn/zhengce/2019-11/05/content_5449023.htm，2019年11月5日。

学科研究为主导，跨学科和交叉学科研究有待发展，尤其是在治理体系和治理能力现代化背景下，要加大与法学、经济学、管理学等学科的合作力度。二是从研究热点看，高频关键词主要有中国特色社会主义、根本政治制度、基本政治制度、政治体制改革、制度逻辑、制度自信、制度效能、治理现代化等；而制度特征、制度理论逻辑、根本制度、中国特色社会主义政治经济学等共同构成了中国特色社会主义政治制度研究的14个子领域（聚类），这说明学界对政治制度的研究紧紧围绕国家大政方针而动，体现了理论与实际政策的结合。三是从热点动态变化和趋势来看，二十多年来我国关于政治制度的研究大致经历了单个政治制度的探讨—总体政治制度自信的提高—制度优势转化为治理效能从而推进国家治理体系和治理能力现代化三个阶段的演变。预计未来，在习近平新时代中国特色社会主义思想和中国特色社会主义政治经济学重大原则的共同指导下，对这些问题的回答：党领导下如何更好推进中国特色社会主义制度建设、如何提高国民的制度自信、政治制度的内在和运行逻辑是什么、制度优势如何高效转化为治理效能、怎样更好地保障人民当家作主、发展全过程人民民主，将是研究的重点问题。

（二）研究展望

虽然中国特色社会主义政治制度的研究在学术上取得了较好成果，但是结合研究现状和未来发展趋势来看，仍需直面以下挑战并展开突破。

首先，在政治制度内容本身方面，因为我国是社会主义国家，所以相关文献对根本政治制度关注较多；因为我党是中国特色社会主义最本质特征，所以学者更加侧重政党制度的研究，但对民族区域自治制度、基层群众自治制度和"一国两制"中的政治制度部分关注较少。少数民族地区发展状况如何，基层尤其是偏远落后地区发展状况如何，"一国两制"方针下港澳台地区的政治稳定与发展状况，这些都事关我国治理体系和治理能力现代化的实现，因此需要额外关注。此外，要加大对爱国统一战线的研究力度。2019年习近平总书记在党的十九届四中全会上强调，要巩固和发展最广泛的爱国统一战线，做好民族宗教工作和同胞侨胞工作，谋求最大公约数，画出最大同心圆①。

其次，在中国特色社会主义政治制度的理论体系方面，学者们将关注焦点更多地放在了单个制度、制度自信培养、制度优势塑造和制度效能转化的阐释论述上，而缺乏政治制度本身内在的结构性和变迁性的概念体系、政治制度创新性和发展性的框架体系研究，这些都与最终的制度效能转化密切相关。过于注重制度外在形式而轻视制度内在内容，使得中国特色社会主义政治制度研究处于不同程度的发散状态，导致不能很好适应当下尤其是新时代的实际需要，使得在推进制度优势转化为制度效能、政治效能和治理效能时受阻。

再次，目前的研究仍以中国特色社会主义政治制度的学理分析和规范研究为主，实证研究和实证分析的研究不足。尽管有部分学者基于不同政策文本和制度建设实践做出了理论回应与建构，但此类成果仍然较少。当前中国特色社会主义政治制度研究已经进入深化阶段，并形成了以完善中国特色社会主义政治制度为主线的民主政治道路指向，学术研究也应注重微观实证研究。因此，通过田野调查、运用科学实证分析方法和借助量化的数据运算工具进行实证研究分析，为中国特色社会主义政治制度研究提供必要的实证数据支撑，将成为协同学理性研究的重要补充。

最后，在加强多学科交叉研究的同时要促进研究者和研究机构的交流与合作。中国特色社会主义政治制度研究不是政治学学科内部自话自说的学术术语，而是一个涉及多方面知识的综合性领域，这就需要具有不同学科背景与知识的研究者和研究机构进行交流与融合，注重理论和实践、工具理性和价值理性的统一，从更宏广的视野反思、构建、应用中国特色社会主义政治制度。

---

①《中共中央关于坚持和完善中国特色社会主义制度　推进国家治理体系和治理能力现代化若干重大问题的决定》，中华人民共和国中央人民政府网，http://www.gov.cn/zhengce/2019-11/05/content_5449023.htm，2019年11月5日。

第一章

党和国家领导人的中国特色社会主义政治制度思想

作者按：本章和下一章较为系统地梳理新中国成立以来党和国家主要领导人有关中国特色社会主义政治制度的思想，以时间顺序分别阐述了毛泽东、邓小平、江泽民、胡锦涛、习近平的政治制度思想。为了行文与论述方便，以他们的名字表述那个时期、那个时代党和国家主要领导人、领导集体在政治制度思想与实践方面探索、发展与完善中取得的成果。由于政治制度是一个由地位功能不同的各项具体政治制度组成的复杂制度体系，基于突出研究主题的需要，我们重点阐述根本政治制度和重要政治制度。另外，由于中国特色社会主义政治制度是一个不断发展和完善的过程，时间越往后，政治制度越成熟，对今天的政治实践作用越大，因此，进入21世纪以来特别是新时代，党和国家主要领导人关于中国特色社会主义政治制度的思想论述就越充分。习近平新时代中国特色社会主义政治制度思想专列一章。

第一节
毛泽东的中国特色社会主义政治制度思想

新中国的政治制度，是以毛泽东为核心的第一代党的领导集体，以马克思列宁主义思想为指导，结合中国革命实践，在对中外政治制度比较借鉴的基础上作出的符合中国国情的制度设计与安排。毛泽东是新中国政治制度最主要的创建人和伟大实践者。人民民主专政的国体和人民代表大会制度、中国共产党领导的多党合作和政治协商制度以及民族区域自治制度、基层群众自治制度，都是以毛泽东为代表的中国共产党人将马克思列宁主义与中国具体实际相结合的创造性成果。

一、创造性地确定了新中国的国体和政体

人民民主专政的社会主义国家是我国的国体，是我国社会主义制度中最根本的制度，决定和制约着包括政治制度在内的其他一切制度。在新民主主义革命中，以毛泽东为代表的中国共产党人创造性地提出了人民民主专政的思想，确立了新中国的国体和政权组织形式。

无产阶级在取得政权之后，采取什么样的形式来巩固统治、管理国家和社会，是无产阶级政党必须解决的问题。马克思主义政党主张在革命后建立人民代表大会这一政权组织形式，不赞同资产阶级的三权分立和议会制，由此，列宁在苏联建立了苏维埃和中央执行委员会的政权形式。中国共产党成立后，以俄为师，对建立新型人民民主政权进行了长期的探索和实践，最后得出结论，即："新民主主义革命胜利后建立的政权只能是工人阶级领导的、以工农联盟为基础的人民民主专政；而同这一国体相适应的政权组织形式只能够是民主集中制的人民代表大会制度。"[①]1940年，毛泽东在《新民主主义论》中集中论述了新民主主义国家的国体与政体的问题，他明确指出："只有民主集

①《十六大以来重要文献选编》(中)，中央文献出版社，2006，第220页。

中制的政府，才能充分地发挥一切革命人民的意志，也才能最有力量地去反对革命的敌人。……如果没有真正的民主制度，就不能达到这个目的，就叫做政体和国体不相适应。"①1948年9月，中央政治局会议在讨论新中国采用什么样的政体时，毛泽东明确指出："我们采用民主集中制，而不采用资产阶级议会制"。"不必搞资产阶级的议会制和三权鼎立等。"②他还强调："新民主主义的政权组织，应该采取民主集中制，由各级人民代表大会决定大政方针，选举政府。它是民主的，又是集中的。只有这个制度，才既能表现广泛的民主，使各级人民代表大会有高度的权力；又能集中处理国事，使各级政府能集中地处理被各级人民代表大会所委托的一切事务，并保障人民一切必要的民主活动。"③毛泽东的新民主主义理论为新中国成立以后的政权建设以及人民代表大会制度的确立奠定了理论基础。

中国社会的具体国情、历史背景决定了中国的新民主主义革命是无产阶级领导的、人民大众的，反对帝国主义、封建主义和官僚资本主义的革命。因此，中国新民主主义革命所要建立的国家政权只能是人民民主专政。人民民主专政这种国家制度的实质，就是社会上绝大多数人享有管理国家和社会的一切权力，就是人民当家作主。毛泽东关于人民民主政权建设的思想写进了1949年的《共同纲领》，《共同纲领》规定："中华人民共和国为新民主主义即人民民主主义的国家，实行工人阶级领导的，以工农联盟为基础的、团结各民主阶级和国内各民族的人民民主专政。"④"中华人民共和国的国家政权属于人民。人民行使国家政权的机关为各级人民代表大会和各级人民政府。各级人民代表大会由人民用普选方法产生之。各级人民代表大会选举各级人民政府。……国家最高政权机关为全国人民代表大会。全国人民代表大

①《毛泽东选集》(第二卷)，人民出版社，1991，第677页。

②《毛泽东著作专题摘编》(上)，中央文献出版社，2003，第755页。

③《毛泽东选集》(第三卷)，人民出版社，1991，第1057页。

④ 中共中央文献研究室：《建国以来重要文献选编》(第一册)，中央文献出版社，1992，第2页。

会闭会时间，中央人民政府为行使国家政权的最高机关。"①1954年9月，第一次全国人民代表大会通过的《中华人民共和国宪法》（简称《宪法》），又对此作了明确规定，我国的国家性质是"工人阶级领导的、以工农联盟为基础的人民民主专政的社会主义国家"。1954年以后，毛泽东又对人民代表大会制度的建设进行了积极的探索，并在实践中发展了人民代表大会制度。实践证明，新中国确立的国体和政体，既保证了国家权力机关能够有效地领导和管理各项国家事务，又充分体现了国家的一切权力属于人民，是实现人民当家作主的根本制度保障。

二、建立并成功实行了中国特色的政党制度

一个国家的政治制度是否健全并顺利运行，很大程度上取决于是否有健全而稳定的政党制度。中国实行的是中国共产党领导的多党合作和政治协商制度，以毛泽东为核心的第一代领导集体为这一制度的确立和实施奠定了基础。

中国特色政党制度首先是确立中国共产党的领导地位。毛泽东指出："自从有了中国共产党，中国革命的面目就焕然一新了。"②他强调："离开了中国共产党，任何革命都不能成功。"③他还指出："判断一个地方的社会性质是不是新民主主义的，主要是以那里的政权是否有人民大众的代表参加以及是否有中国共产党的领导为原则。"④毛泽东强调："在'五四'以后，中国产生了完全崭新的文化生力军，这就是中国共产党人所领导的共产主义的文化思想，即共产主义的宇宙观和社会革命论。"⑤"新民主主义制度是在无产阶级的领导之下，在共产党的领导之下建立起来的"⑥毛泽东认为："所谓领导权，不是要一

①《建国以来重要文件选编》（第一册），中央文献出版社，1992，第4页。

②《毛泽东选集》（第四卷），人民出版社，1991，第1357页。

③《毛泽东选集》（第二卷），人民出版社，1991，第651页。

④《毛泽东选集》（第二卷），人民出版社，1991，第785页。

⑤《毛泽东选集》（第二卷），人民出版社，1991，第697页。

⑥《毛泽东选集》（第三卷），人民出版社，1991，第1062页。

天到晚当作口号去高喊，也不是盛气凌人地要人家服从我们，而是以党的正确政策和自己的模范工作，说服和教育党外人士，使他们愿意接受我们的建议。"①在抗日根据地的政权问题上，毛泽东说："必须保证共产党员在政权中占领导地位，因此，必须使占三分之一的共产党员在质量上具有优越的条件。"②在长期战争和艰难环境中，毛泽东强调："只有共产党员协同友党友军和人民大众中的一切先进分子，高度地发挥其先锋的模范作用，才能动员全民族一切生动力量，为克服困难、战胜敌人、建设新中国而奋斗。"③新中国成立后，以毛泽东为核心的中央领导集体战胜了一系列严峻挑战，进行了社会各方面的民主改革。政治上，领导建立和巩固了工人阶级领导的、以工农联盟为基础的人民民主专政的国家政权，为国家迅速发展创造了条件；领导建立并不断发展人民代表大会制度、中国共产党领导的多党合作和政治协商制度、民族区域自治制度等政治制度，为人民当家作主提供了制度保证。经济上，领导人民实行了国家的社会主义工业化，并逐步实现了国家对农业、手工业和资本主义工商业的社会主义改造；实现生产资料公有制和按劳分配，创立了社会主义经济制度。法律上，在与社会主义经济制度相适应的基础上，领导创建社会主义一系列基本政治制度的同时，制定和颁布实施了中华人民共和国第一部《宪法》，并以《宪法》为指导制定颁布了政治、经济、文化以及党的建设等领域的相关法律法规，初步形成了我国的社会主义法律体系④。军事与外交方面，赢得抗美援朝战争伟大胜利，捍卫了新中国安全，毛泽东提出了"互相尊重主权和领土完整、互不侵犯、互不干涉内政、平等互利、和平共处"的五项原则，确立了新中国处理国际关系的根本原则。民族关系方面，领导实现和巩固了全国各族人民的大团结，形成和发展各民

---

① 《毛泽东选集》（第二卷），人民出版社，1991，第742页。

② 《毛泽东选集》（第二卷），人民出版社，1991，第742页。

③ 《毛泽东选集》（第二卷），人民出版社，1991，第523页。

④ 王伟光：《毛泽东是中国特色社会主义的伟大奠基者、探索者和先行者》，《中国社会科学》2013年第12期，第6—23页。

族平等互助的社会主义民族关系，实现和巩固全国工人、农民、知识分子和其他各阶层人民的大团结，加强和扩大了广泛的统一战线。毛泽东强调：“中国共产党是全国各族人民的领导核心，是领导中国社会主义建设事业的核心力量，任何时候都必须坚持党的领导。”①

其次是实行多党合作与政治协商问题。毛泽东早在1939年《中国革命和中国共产党》中就指出：“中国无产阶级应该懂得：他们自己虽然是一个最有觉悟性和最有组织性的阶级，但是如果单凭自己一个阶级的力量，是不能胜利的。而要胜利，他们就必须在各种不同的情形下团结一切可能的革命的阶级和阶层，组织革命的统一战线。”②他既不赞成别的党派的一党专政，也不主张共产党的一党专政，而主张各党、各派、各界、各军的联合专政。在抗日战争时期，中国共产党人与党外民主人士建立亲密的合作关系，这为中国共产党领导的多党合作制度打下了坚实的基础。中国共产党“主导”和多党派“参与”的“三三制”政权形式，成为中国共产党领导的多党合作和政治协商制度的雏形。1949年1月，多位民主人士联合发表《对时局的意见》，表示愿意在中共领导下为独立、自由、和平、幸福的新中国之早日实现而奋斗。民主党派和无党派民主人士第一次以共同声明的形式公开而明确地表示要在中国共产党领导下为建设新中国而共同努力，中国共产党领导的多党合作和政治协商制度的格局由此形成。1949年3月，毛泽东在中共七届二中全会的报告中明确提出：“我党同党外民主人士长期合作的政策，必须在全党思想上和工作上确定下来。”③为中国共产党领导的多党合作与政治协商制度的正式形成奠定了理论基础。1949年9月，中国人民政治协商会议第一次全体会议召开，标志着中国共产党领导的多党合作和政治协商制度正式确立。实行中国共产党领导的多党合作和政治协商制度，是中国共产党运用马克思主义政党学说，深

① 王伟光：《毛泽东是中国特色社会主义的伟大奠基者、探索者和先行者》，《中国社会科学》2013年第12期，第6—23页。

② 《毛泽东选集》（第二卷），人民出版社，1991，第645页。

③ 《毛泽东选集》（第四卷），人民出版社，1991，第1437页。

刻总结国内外历史教训，探索建立中国特色政党制度方面的一大创造。在新中国成立以后，毛泽东还根据新中国成立初期的客观情况，确定了共产党对各民主党派的基本方针，即"团结、建设、进步"。在这一方针的指导下，各民主党派不仅巩固了自己的组织，还积极参政议政，在国家建设中发挥了重要的作用。1956年4月，毛泽东在《论十大关系》的讲话中强调："究竟是一个党好，还是几个党好？现在看来，恐怕是几个党好。不但过去如此，而且将来也可以如此，就是长期共存，互相监督。"[1]之后，中共八大第一次以党的文件的形式确立了今后共产党和各民主党派采取"长期共存、互相监督"的"八字方针"。"八字方针"的确立，不仅发挥了各民主党派在参政议政上的积极作用，也为中共领导的多党合作和政治协商成为一项长期的基本制度奠定了理论和政策基础。1982年，党的第十二次全国代表大会将其发展为"十六字方针"，即"长期共存，互相监督，肝胆相照，荣辱与共"，体现了多党合作和政治协商在新时期对我国政治制度的重要意义。

三、确立并积极实践了民族区域自治制度

解决民族问题，实现民族间的平等与团结，是中国新民主主义革命的重要内容之一，中国共产党对其进行了长期的探索。1922年，中共二大根据马克思主义关于民族问题的一般原理，提出在蒙古、西藏、新疆实行自治。1931年11月中华苏维埃第一次全国代表大会通过的《宪法大纲》和1936年5月毛泽东签发的《中华苏维埃中央政府对回族人民的宣言》均对民族区域自治加以确立。抗日战争时期，中国共产党又对民族政策进行了调整，其中主要内容是坚持民族平等，实行民族区域自治。1938年10月，毛泽东在中共六届六中全会上的讲话中，比较系统地阐述了民族区域自治的思想。他提出："允许蒙、回、藏、苗、瑶、夷、番各民族与汉族有平等权利，在共同对日原则之下，有

---

[1]《毛泽东文集》(第七卷)，人民出版社，1999，第34页。

自己管理自己事务之权，同时与汉族联合建立统一的国家。"①1941年5月，经毛泽东改写、中央政治局批准的《陕甘宁边区施政纲领》对民族区域自治作出了具体规定："依据民族平等原则，实行蒙、回民族与汉族在政治经济文化上的平等权利，建立蒙、回民族的自治区，尊重蒙、回民族的宗教信仰与风俗习惯。"②在考虑新中国采取什么样的民主制度时，毛泽东选择建立民族区域自治和统一的多民族的人民共和国，并把民族区域自治制度作为一项基本政治制度正式写入《共同纲领》和《宪法》之中，使之法律化和制度化。

民族区域自治制度的选择，是符合中国国情的，是代表了中华民族根本利益的政治制度。毛泽东不仅在《共同纲领》中明确把民族区域自治作为我国处理民族关系问题的制度选择，而且强调要认真贯彻执行《共同纲领》的有关规定，把推行民族区域自治作为民族工作的中心任务之一。1955年，新疆维吾尔自治区成立；1958年3月，广西壮族自治区成立；1958年10月，宁夏回族自治区成立；1965年9月9日，西藏自治区正式成立，标志着全国范围内民族区域自治格局的形成。经过历史的检验，民族区域自治制度已经成为中国解决民族问题的基本政治制度，对于维护国家稳定、加强民族团结具有重大的意义。

第二节
邓小平的中国特色社会主义政治制度思想

在建设中国特色社会主义的伟大征程中，以邓小平为核心的中央领导集体对中国特色社会主义的创建和发展做出了重要贡献，起到了关键性作用。邓小平认为，坚持和发展中国特色社会主义是总结我国革命、建设的历史经验所得出的必然结论，是我国社会主义现代化建

---

① 中共中央文献研究室 中央档案馆：《建党以来重要文献选编（1921—1949）》（第十五册），中央文献出版社，2011，第621页。

②《毛泽东文集》（第二卷），人民出版社，1993，第337页。

设的必然要求，是社会主义发展历史进程中的一项长期任务。因此，改革开放后，以邓小平为核心的中央领导集体坚持发展中国特色社会主义思想和理论，开启并推进政治体制改革，发展和完善了中国特色社会主义政治制度。

一、创建和发展中国特色社会主义制度

自"文化大革命"之后，党和国家开始反思社会主义制度的建设问题，邓小平指出："我们今天再不健全社会主义制度，人们就会说，为什么资本主义制度所能解决的一些问题，社会主义制度反而不能解决呢？这种比较方法虽然不全面，但是我们不能因此而不加以重视。"①邓小平认为，我们不能因为过去所犯的错误就否认社会主义制度，而是应该创建和发展中国特色社会主义制度，只有社会主义制度才能够使中国摆脱困境。

邓小平认为，创建和发展中国特色社会主义制度是一项长期性的任务，这项任务的长期性是由我国处于并将长期处于社会主义初级阶段的基本国情所决定的。早在1992年的南方谈话中，邓小平就明确指出："恐怕再有三十年的时间，我们才会在各方面形成一整套更加成熟、更加定型的制度。"②

二、实行政治体制改革

通过推进党和国家领导制度的改革，启动了政治体制改革，这是邓小平对改革开放的重大历史性贡献。在总结"文化大革命"的教训时，邓小平尤其重视制度的问题，他认为是由于没有在实际层面上解决领导制度问题，才导致了"文化大革命"的十年浩劫，并指出"这个教训是极其深刻的。不是说个人没有责任，而是说领导制度、组织制度的问题更带有根本性、全局性、稳定性和长期性"③。在分析问题

---

① 《邓小平文选》(第二卷)，人民出版社，1994，第333页。
② 《邓小平文选》(第三卷)，人民出版社，1993，第372页。
③ 《邓小平文选》(第二卷)，人民出版社，1994，第333页。

时，邓小平指出了领导制度改革的目的是充分发挥社会主义制度的优越性，加速现代化建设，坚持和加强党的领导。

1980年8月，在中央政治局召开的扩大会议上，邓小平作了《党和国家领导制度改革》的重要讲话。他指出："领导制度、组织制度问题更带有根本性、全局性、稳定性和长期性。""这些方面的制度好可以使坏人无法任意横行，制度不好可以使好人无法充分做好事，甚至会走向反面。"①他强调："改革党和国家的领导制度，不是要削弱党的领导，涣散党的纪律，而正是为了坚持和加强党的领导，坚持和加强党的纪律。"②这个讲话，为党和国家领导制度的改革明确了基本的指导思想③。《党和国家领导制度改革》是改革开放以来首次对我国原有的政治体制中存在的问题进行剖析并明确指出政治体制改革思路的文献。因此，在某种意义上来说，《党和国家领导制度改革》真正开辟了中国政治体制改革的道路，为推进党和国家政治生活的民主化和社会主义民主政治建设奠定了坚实的理论基础。

三、不断发展和完善各项基本政治制度

为了完善和发展中国特色社会主义政治制度，邓小平主持修订了《宪法》，1982年12月4日，五届全国人大五次会议通过了新修改的《宪法》。这部《宪法》以1954年的《宪法》为基础，纠正1978年《宪法》中存在的缺点，内容更加完备。修订后的"八二《宪法》"，对于推进政治体制改革，加强法制建设，推进体制机制改革，不断丰富和发展中国特色社会主义政治制度，提供了根本法律保障。邓小平以新修订的《宪法》为蓝图，完善和发展了中国特色社会主义政治制度。

1989年12月，按照邓小平的批示，《中共中央关于坚持和完善中国共产党领导的多党合作和政治协商制度的意见》出台。该文件明确提出"中国共产党领导的多党合作和政治协商制度是我国一项基本政治

① 《邓小平文选》（第二卷），人民出版社，1994，第333页。

② 《邓小平文选》（第二卷），人民出版社，1994，第341页。

③ 《中国共产党简史》，人民出版社、中共党史出版社，2021，第239页。

制度"①，这成为新时期推进中国共产党领导的多党合作和政治协商制度的理论纲领和行动指南。

发展了民族区域自治制度。1981年6月，邓小平主持起草《中国共产党中央委员会关于建国以来若干历史问题的决议》明确规定："必须坚持实行民族区域自治，加强民族区域自治的法制建设，保障各少数民族地区根据本地区实际情况贯彻执行党和国家政策的自主权。"②1984年，全国人大根据《宪法》的规定，制定了《中华人民共和国民族区域自治法》，标志着我国民族区域自治制度的实行进入了一个新时期。1987年10月，邓小平再次指出："解决民族问题，中国采取的不是民族共和国联邦的制度，而是民族区域自治制度。"③

政治与法律密不可分。为了发展和完善中国特色社会主义政治制度，推进政治体制改革，邓小平特别重视加强法制建设。邓小平指出："现在的问题是法律很不完备，很多法律还没有制定出来。往往把领导人说的话当作'法'，不赞成领导人说的话就叫作'违法'，领导人的话改变了，'法'也就跟着改变。"④为了改变这种情况，邓小平认为："应该集中力量制定刑法、民法、诉讼法和其他各种必要的法律，……做到有法可依，有法必依，执法必严，违法必究。"⑤正是邓小平的这些思想，为中国特色社会主义法律体系的形成奠定了基础。

邓小平在改革开放条件下创建和发展的中国特色社会主义政治制度思想和实践，为党和国家在新的历史起点上坚持和发展中国特色社会主义政治制度，构建系统完备、科学规范、运行有效的政治制度体系，打下了坚实基础。

---

① 《十三大以来重要文件选编》（中），人民出版社，1991，第821页。

② 《三中全会以来重要文献选编》（下），人民出版社，1982，第843页。

③ 《邓小平文选》（第三卷），人民出版社，1993，第257页。

④ 《邓小平文选》（第二卷），人民出版社，1994，第146页。

⑤ 《邓小平文选》（第二卷），人民出版社，1994，第146–147页。

第三节
江泽民的中国社会主义政治制度思想

以江泽民同志为核心的党的第三代中央领导集体，在中国特色社会主义政治制度的实践发展中，对中国特色社会主义政治发展道路的坚持与开拓、中国特色社会主义政治制度的发展完善、社会主义政治文明建设作出了重要贡献。

一、坚持社会主义方向，坚持走社会主义道路

以江泽民同志为核心的党的第三代中央领导集体治国理政时期，正值苏东社会主义国家发生历史性巨变，苏东各国放弃共产党的领导，放弃社会主义道路，科学社会主义事业进入十月革命以来前所未有的低潮期。西方政客和学界普遍认为资本主义最终战胜了社会主义，"历史终结论"大行其道。当时，国内一些人也对社会主义产生极大的怀疑，中国的社会主义道路面临前所未有的挑战。社会主义向何处去？改革开放向何处去？成为党和国家必须做出回答的历史性问题。

针对上述挑战，在国家发展的方向和道路问题上，以江泽民同志为核心的党的第三代中央领导集体沉着应对，保持战略定力，坚定社会主义方向，坚持社会主义道路。1990年5月，江泽民在首都青年纪念"五四运动"报告会上说："社会主义是中国人民的历史选择，是中国走向现代化的必由之路。"①后来，他在许多场合多次强调："经济发展了，综合国力提高了，人民生活不断改善了，国家更加强大了，社会主义制度的巨大优越性就会更加充分地显示出来，我们抵御和平演变的斗争就会有更加坚实深厚的物质文化基础，我们的社会主义制度就会更加立于不败之地。"②因此，在国内外形势极为严峻的环境下，

---

①《江泽民文选》(第一卷)，人民出版社，2006，第122页。

②《江泽民文选》(第一卷)，人民出版社，2006，第161页。

他一再强调要继续坚持和开辟中国特色社会主义道路，并明确提出中国特色社会主义道路是实现中华民族伟大复兴的正确道路。

二、创立"三个代表"重要思想

江泽民指出："马克思主义是科学，是我们的思想政治信仰。"[1]"坚持马克思列宁主义、毛泽东思想的指导地位，是我们立党立国的根本"[2]。江泽民在坚持邓小平理论，坚持"一个中心、两个基本点"基本路线的基础上，丰富和发展了建设有中国特色社会主义的思想理论。江泽民说："我们党所以能够取得这样的胜利，根本原因是在十四年的伟大实践中，坚持把马克思主义基本原理同中国具体实际相结合，逐步形成和发展了建设有中国特色社会主义的理论。"[3]江泽民在坚持邓小平理论的同时，创立了"三个代表"重要思想，丰富和发展了邓小平理论。2000年2月25日，江泽民在广东省考察工作时，在全面总结党的历史经验的基础上，从如何适应新形势新任务的要求出发，首次提出了"三个代表"重要思想。2001年7月1日，江泽民说："总结我党80年的奋斗历程和基本经验，……归结起来，就是必须始终代表中国先进生产力的发展要求，代表中国先进文化的前进方向，代表中国最广大人民的根本利益。"[4]历史已经证明，"三个代表"重要思想是我们党的立党之本、执政之基、力量之源，集中概括、体现了党和国家的全部理论活动、实践活动，包括一切工作的根本方向、根本准则、根本依据，成为指引党和国家新世纪社会主义事业的行动指南。中国共产党第十六次全国代表大会，高度评价"三个代表"重要思想的历史地位和重要作用，把"三个代表"重要思想同马克思列宁主义、毛泽东思想、邓小平理论一道确立为中国共产党必须长期坚持的指导思想，实现了中国共产党指导思想的又一次与时俱进。

---

[1]《江泽民文选》(第三卷)，人民出版社，2006，第49页。

[2]《江泽民思想年编(1989—2008)》，中央文献出版社，2010，第65页。

[3]《江泽民文选》(第一卷)，人民出版社，2006，第218页。

[4]《江泽民文选》(第三卷)，人民出版社，2006，第272页。

三、坚持和完善中国特色社会主义政治制度

江泽民强调要通过改革来完善中国特色社会主义制度。1991年7月1日，江泽民在庆祝中国共产党成立70周年大会上说："社会主义制度已经在中国大地上扎根并初步显示出优越性，但由于它是一个新生的制度，还不成熟、不完善，生产关系和上层建筑中还存在不适应生产力发展的方面和环节，必须通过深化改革来逐步解决这个问题。"①

江泽民强调，要建设社会主义民主政治。他认为："人民代表大会制度和中国共产党领导的多党合作、政治协商制度以及民族区域自治制度，适合中国国情，鲜明地体现了有中国特色社会主义民主政治的本质和特点，具有自己的优势和强大生命力。……只有保持和完善我国社会主义政治制度，才能始终保持国家统一、民族团结、社会稳定和经济发展。"②江泽民指出："建设社会主义民主政治，最重要的是坚持和完善人民代表大会制度。"③

中国共产党领导的多党合作和政治协商制度是我国的一项基本政治制度，不同于西方的多党制或两党制，它是历史长期形成的，适合我国国情，是我国政治制度的一大优势。它确定了中国共产党在国家政治生活中的领导地位，民主党派在国家政权中处于同中国共产党合作共事和参政议政的地位。江泽民指出："这既避免了多党竞争、相互倾轧造成的政治动荡，又避免了一党专制、缺少监督导致的种种弊端。我国政党制度的巨大优势就在这里，同国外一党制和多党制的根本区别也在这里。"④

坚持和完善民族区域自治制度这一基本政治制度。我国是个多民族国家，实行民族区域自治是我国一项基本政治制度。1994年7月，江泽民在第三次西藏工作座谈会上指出："民族区域自治制度是我们党解决我国民族问题的基本制度。西藏和其他民族区域自治地方的长期实

---

① 《江泽民文选》(第一卷)，人民出版社，2006，第152页。
② 《江泽民文选》(第二卷)，人民出版社，2006，第257页。
③ 《江泽民文选》(第一卷)，人民出版社，2006，第111页。
④ 《江泽民文选》(第三卷)，人民出版社，2006，第144页。

践证明，它完全适合我国国情，具有强大生命力。"①

基层群众自治制度是我国基本政治制度的重要内容。江泽民指出："在共产党领导下，人民当家作主，建设和管理自己的国家，这是社会主义民主的核心内容。"②

第四节
胡锦涛的中国特色社会主义政治制度思想

以胡锦涛同志为总书记的党中央，在进入21世纪的前十年，继续坚持改革开放的基本国策，坚持和拓展中国特色社会主义政治发展道路，继续推进政治体制改革，不断推进中国特色社会主义政治制度的自我完善和发展。

一、关于发展社会主义民主政治，建设社会主义政治文明

进入21世纪，我国的国内外形势发生了很大变化，一方面随着中国入世需要深化社会主义市场经济体制改革，需要不断调整和转变政府职能，另一方面需要在改革逐渐进入深水区的情况下，需要在讲政治的基础上明确我国政治改革的性质和方向。为此，胡锦涛强调："我们要始终牢记，发展社会主义民主政治是党始终不渝的奋斗目标，必须更高举起人民民主旗帜。"③他指出："我们要始终牢记，中国特色社会主义政治发展道路是我国发展社会主义民主政治的正确道路，必须更加坚定不移走中国特色社会主义政治发展道路。"④他认为："坚持中国特色社会主义政治发展道路，关键是要坚定不移坚持党的领导、人民当家作主、依法治国有机统一。党的领导是人民当家作主和依法治

---

①《江泽民文选》（第一卷），人民出版社，2006，第395页。

②《江泽民文选》（第一卷），人民出版社，2006，第122页。

③《胡锦涛文选》（第三卷），人民出版社，2016，第72页。

④《胡锦涛文选》（第三卷），人民出版社，2016，第73页。

国的根本保证，人民当家作主是社会主义民主政治的本质和核心，依法治国是党领导人民治理国家的基本方略。中国共产党的领导，人民当家作主，依法治国基本方略，决定了我国社会主义国家政权的性质，什么时候都不能动摇。我们发展社会主义民主政治，需要借鉴人类政治文明有益成果，但绝不照搬西方政治制度模式，绝不放弃我国社会主义政治制度的根本。我们一定要从发展中国特色社会主义全局出发，始终坚持党的领导、人民当家作主、依法治国有机统一，积极推进社会主义民主政治建设，使中国特色社会主义政治发展道路越走越宽广。"①胡锦涛还指出："我们要始终牢记，政治体制改革是社会主义政治制度自我完善和发展，必须深化政治体制改革。"②"积极稳妥推进政治体制改革，不断完善党和国家领导制度、人民代表大会制度、中国共产党领导的多党合作和政治协商制度、民族区域自治制度、基层民主制度、行政管理体制、司法制度、决策机制、权力制约监督制度。"③他还强调："我们进行政治体制改革，目的是不断推进社会主义政治制度自我完善和发展。"④

　　政治文明建设是胡锦涛时期政治建设的一项重要内容，关于政治文明建设的问题，胡锦涛作出过许多重要论述。他指出："发展人民民主是我们党始终不渝的奋斗目标，提出建设社会主义政治文明是我们党对自己一贯坚持和实行的发展人民民主的方针的新总结新概括。"⑤"建设社会主义政治文明，必须坚持社会主义方向。纵观人类政治文明发展史，任何一种类型的政治文明都具有鲜明的阶级性。我们要建设的是社会主义政治文明，这是由我国社会主义性质决定的。"⑥"推进社会主义政治文明建设，是一个内容广泛的系统工程，需要我们进行多方面长期努力。……要大力加强政治制度建设，不断完善社会主义

①《胡锦涛文选》(第三卷)，人民出版社，2016，第74页。
②《胡锦涛文选》(第三卷)，人民出版社，2016，第74页。
③《胡锦涛文选》(第三卷)，人民出版社，2016，第74页。
④《胡锦涛文选》(第三卷)，人民出版社，2016，第75页。
⑤《胡锦涛文选》(第二卷)，人民出版社，2016，第31页。
⑥《胡锦涛文选》(第二卷)，人民出版社，2016，第32页。

民主政治各项制度，丰富民主形式，扩大公民有序政治参与，保证人民实行民主选举、民主决策、民主管理、民主监督，依法管理国家和社会事务，管理经济和文化事业，维护和实现人民群众根本利益。要坚持依法治国，建设社会主义法治国家。"①

胡锦涛认为要坚持政治文明建设的正确方向。"坚持政治文明建设的正确方向，要把握好以下三点。一是，推进政治文明建设，最根本的是要坚持党的领导、人民当家作主、依法治国有机统一。……二是，推进政治文明建设，要坚持走中国特色政治发展道路。……三是，推进政治文明建设，要坚持和发展我国社会主义政治制度特点和优势。"②

二、关于坚持和完善人民代表大会制度

人民代表大会制度作为我国的根本政治制度，不同于西方的代议制，是必须坚持同时又不断发展完善的制度。在如何认识和理解人民代表大会制度、如何坚持和发展人民代表大会制度的问题上，胡锦涛在许多重大会议、场合、谈话中作出过十分明确的指示和要求。他强调："人民代表大会制度是我国的根本政治制度，在我国实行人民代表大会制度，是我们党把马克思主义基本原理同中国具体实际相结合的伟大创造，是近代以来中国社会发展的必然选择，是中国共产党带领全国各族人民长期奋斗的重要成果，反映了全国各族人民共同利益和共同愿望。"③他明确指出："人民代表大会制度是符合中国国情、体现中国社会主义国家性质、能够保证中国人民当家作主的根本政治制度，也是党在国家政权中充分发扬民主、贯彻群众路线的最好实现形式，同国家和人民的命运息息相关。"④

胡锦涛对坚持党的领导、人民当家作主和依法治国的关系进行了深入探索。他指出："坚持和完善人民代表大会制度，是我们发展社会主

①《胡锦涛文选》（第二卷），人民出版社，2016，第33-34页。
②《胡锦涛文选》（第二卷），人民出版社，2016，第32-33页。
③《胡锦涛文选》（第二卷），人民出版社，2016，第225页。
④《胡锦涛文选》（第二卷），人民出版社，2016，第230页。

义民主政治、建设社会主义政治文明的重要内容。""坚持党的领导、人民当家作主、依法治国统一于社会主义民主政治建设实践，统一于社会主义现代化建设全过程，推动人民代表大会制度与时俱进。"①

关于人民代表大会制度的优越性，他有这样的论述："人民代表大会制度保障了人民当家作主。……各级人民代表大会都对人民负责，受人民监督，有力保证了全国各族人民依法实行民主选举、民主决策、民主管理、民主监督，享有宪法和法律规定的广泛的民主、自由和权利。人民代表大会制度动员了全体人民以国家主人翁的地位投身社会主义建设。人民代表大会制度广泛调动了人民群众建设社会主义的积极性、主动性、创造性，把全国各族人民的力量凝聚起来。……人民代表大会制度保证了国家机关协调高效运转。人民代表大会制度作为国家权力机关统一行使国家权力，实行民主集中制，集体行使职权，集体决定问题；国家行政机关、审判机关、检察机关由人民代表大会产生、对它负责、受它监督，合理分工、协调一致工作，保证了国家统一有效组织各项事业。人民代表大会制度维护了国家统一和民族团结。在中央统一领导下，合理划分中央和地方的职权，充分发挥中央和地方两个积极性；各少数民族聚居的地方实行区域自治，巩固和发展平等团结互助的社会主义民族关系，实现全国各族人民的大团结。"②

在如何坚持和完善人民代表大会制度上，胡锦涛提出了明确的要求："坚持和完善人民代表大会制度，是全党全社会的共同责任。……要进一步加强和改进立法工作，提高立法质量。全国人民代表大会及其常务委员会要围绕党和国家的工作大局，根据经济社会发展客观需要，特别是要适应建设完善的社会主义市场经济体制的需要进一步突出经济立法这个重点，着眼于确立制度、规范权责、保障权益，全面推进经济法制建设。同时，要抓紧制定和完善发展社会主义民主政治的法律，保障公民权利，维护社会安定的法律，促进社会全面进步的法律。……坚持把立法同改革发展稳定的重大决策紧密结合起来，为

---

① 《胡锦涛文选》(第二卷) 人民出版社,2016,第231页。

② 《胡锦涛文选》(第二卷),人民出版社,2016,第229-230页。

促进社会主义物质文明、政治文明和精神文明的协调发展服务。要坚持走群众路线，充分发扬民主，广泛听取各方面意见，力求使制定的法律法规严谨周密、切实可行。要进一步加强和改进人民代表大会的监督工作，增强监督实效。……要以依法行政、公正司法为主要内容，进一步健全监督机制、完善监督制度，增强对行政机关、审判机关、检察机关工作监督的针对性和实效性，支持和督促它们严格按照法定的权限和程序办事，保证把人民赋予的权力真正用来为人民谋利益。……要进一步密切各级人民代表大会同人民群众的联系，更好发挥人民代表大会代表作用。……人民代表大会是各方面代表组成的具有广泛代表性的国家权力机关，是党和国家联系群众的重要桥梁，也是人民群众表达意愿、实现有序政治参与的重要渠道。……要进一步加强各级人民代表大会及其常务委员会组织制度和工作制度建设。……要完善适合国家权力机关特点的、充满活力的组织制度和运行机制，不断促进人民代表大会及其常务委员会工作制度化、法制化、规范化。要优化人民代表大会常务委员会组成人员结构，完善各级人民代表大会及其常务委员会议事程序和工作制度，更好坚持民主集中制原则，保证人民代表大会代表和人民代表大会常务委员会组成人员依法履行权利。"①

三、关于中国共产党领导的多党合作和政治协商制度

进入新世纪以来，中国一方面经济高速发展，另一方面，国内外质疑、否定党的领导制度的声音也时隐时现。为此，坚持和完善我国的政党制度成为一项重要政治任务。胡锦涛强调："要坚持和完善中国共产党领导的多党合作和政治协商制度，坚持'长期共存、互相监督、肝胆相照、荣辱与共'的方针，加强同民主党派合作共事，更好发挥我国社会主义政党制度特点和优势，保证人民政协围绕团结和民主两大主题，发挥政治协商、民主监督、参政议政作用，巩固和发展最广

---

① 《胡锦涛文选》(第二卷)，人民出版社，2016，第234–237页。

泛的爱国统一战线。"①

我国既不是一党制国家，也不是多党制国家，而是以共产党领导的多党合作和政治协商制度的社会主义国家，为此，处理好社会主义政党关系是一个重要的理论与实践问题。在这一问题上胡锦涛也进行了诸多探索与发展。他指出："巩固和发展我国社会主义政党关系，实现我国政党关系长期和谐，根本在于坚持走中国特色社会主义政治发展道路，关键在于坚持和完善中国共产党领导的多党合作和政治协商制度。……中国共产党领导的多党合作和政治协商制度，是中国共产党和各民主党派、无党派人士的共同选择，具有历史必然性和巨大优越性，为正确处理我国政党关系提供了基本制度保证。我们要坚持和遵循我国多党合作和政治协商长期实践形成的基本政治制度和重要政治准则。同时，我们要立足国情，继续积极稳妥推进政治体制改革，推进中国共产党领导的多党合作和政治协商制度化、规范化、程序化。我们要借鉴人类政治文明有益成果，但绝不照搬别国政治制度和政党制度模式，绝不搞西方式的多党制和议会制。"②胡锦涛认为："巩固和发展我国社会主义政党关系，要注重把握好以下几个方面。一是既要坚持中国共产党领导，又要促进多党派团结合作。坚持中国共产党领导，是我国社会主义多党合作事业取得成功的根本保证，任何时候都不能动摇。……中国共产党对民主党派的领导是政治领导，政治协商是实现这种领导的重要民主形式，要坚持重大决策协商于决策之前和决策执行之中，不断完善协商内容、方式、程序，广泛听取民主党派和无党派人士意见，使党的主张充分体现各方面智慧和意见，使党的领导在团结合作和民主协商中得到加强，从而实现广泛民主和高度集中的统一充满活力和富有效率的统一。二是既要提高党的执政能力，又要发挥民主党派参政议政作用。……我们党作为执政党，必须加强执政能力建设，不断提高治国理政水平。……支持民主党派和无党派人士发挥参政议政作用，拓宽民主党派和无党派人士参政议政渠道，

①《胡锦涛文选》(第二卷)，人民出版社，2016，第28页。

②《胡锦涛文选》(第二卷)，人民出版社，2016，第472页。

认真贯彻执行中央关于党外人士在各级人大、政协中占有比例和数量的规定，积极培养选拔符合条件的优秀党外人士担任政府和司法机关领导职务，并保证他们有职有权有责。三是既要重视做好民主党派思想引导工作，又要真诚接受他们的民主监督。……要主动在接受民主党派和无党派人士监督的制度建设上多作努力，使民主监督机制更加健全、程序更加规范、成效更加显著。四是既要全面推进党的建设新的伟大工程，又要积极支持民主党派加强自身建设，克服党内存在的消极现象和突出问题，保持和发展党的先进性，使党始终充满蓬勃生机和旺盛活力。……同时，我们要支持各民主党派按照参政党建设的目标和原则，以思想建设为核心、组织建设为基础、制度建设为保障，全面加强参政党建设，使他们始终成为同中国共产党通力合作、致力于中国特色社会主义事业的参政党"。①

四、关于民族区域自治制度

民族宗教问题是社会政治总问题的一部分。中国共产党历来十分重视民族宗教工作。进入新世纪，如何在新的历史条件下解决民族宗教问题，如何坚持、发展和完善民族区域自治制度，防止和反对国内外分裂势力的图谋，确保国家统一，是21世纪头十年我国面临的重大课题。为此，胡锦涛对民族区域自治的制度作了许多论述。胡锦涛明确指出："新世纪新阶段的民族工作必须把各民族共同奋斗、共同繁荣发展作为主题。"②"我们要始终坚持和贯彻以下重要指导原则。坚持从实际出发，充分认识我国多民族的国情和民族问题的长期性和复杂性，根据我国民族问题特点和规律，着眼于党和人民事业发展全局，正确处理我国民族问题，做好民族工作，促进各民族共同团结奋斗、共同繁荣发展。坚持巩固和发展平等、团结、互助、和谐的社会主义民族关系，大力弘扬爱国主义精神，牢固树立汉族离不开少数民族、少数民族离不开汉族、各少数民族之间也相互离不开的思想观念，促进各民族互相尊重、互相学

---

① 《胡锦涛文选》(第二卷)，人民出版社，2016，第472-474页。

② 《胡锦涛文选》(第二卷)，人民出版社，2016，第314页。

习、互相合作、互相帮助，始终同呼吸、共命运、心连心。坚持和完善民族区域自治制度，切实贯彻民族区域自治法，充分保证民族自治地方依法行使自治权，切实尊重和保障少数民族合法权益。坚持因地制宜、因族施策、分类指导，制定并实施符合少数民族和民族地区实际的政策措施。全面贯彻党的宗教政策，尊重少数民族宗教信仰。坚持把加快少数民族和民族地区经济社会发展作为解决我国民族问题的根本途径，坚持国家帮助、发达地区支援、民族地区自力更生相结合，不断改善各族群众生产生活条件，不断提高各族群众思想道德素质、科学文化素质和身体素质。坚持维护法律尊严，维护各族人民利益，依法妥善处理影响民族关系的各种矛盾和问题，依法打击民族分裂主义势力及其活动，坚决反对境内外敌对势力利用民族问题进行的渗透破坏活动，坚决维护民族团结、祖国统一、国家安全、社会稳定。"①

胡锦涛指出："民族区域自治制度，是我国的一项基本政治制度，是发展社会主义民主、建设社会主义政治文明的重要内容，是党团结带领各族人民建设中国特色社会主义、实现中华民族伟大复兴的重要保证。在国家统一领导下实行民族区域自治，体现了国家尊重和保障少数民族自主管理本民族内部事务的权利，体现了民族平等、民族团结、各民族共同繁荣发展的原则，体现了民族因素和区域因素、政治因素和经济因素、历史因素和现实因素的统一。实践证明，这一制度符合我国国情和各族人民根本利益，具有强大生命力。民族区域自治，作为党解决我国民族问题的一条基本经验不容置疑，作为我国的一项基本政治制度不容动摇，作为我国社会主义的一大政治优势不容削弱。坚持和完善民族区域自治制度，必须全面贯彻落实民族区域自治法。"②胡锦涛认为："民族工作的主要任务是：坚持以邓小平理论和'三个代表'重要思想为指导，以科学发展观统领经济社会发展全局，围绕全面建设小康社会宏伟目标，牢牢把握各民族共同团结奋斗、共同繁荣发展的主题，全面贯彻执行党和国家的民族政策和民族法律法

①《胡锦涛文选》(第二卷)，人民出版社，2016，第315-316页。
②《胡锦涛文选》(第二卷)，人民出版社，2016，第322-323页。

规，坚持和完善民族区域自治制度，巩固和发展社会主义民族关系，大力培养少数民族干部和各类人才，加快少数民族和民族地区经济社会发展，为我国社会主义物质文明、政治文明、精神文明与和谐社会建设全面发展作出贡献。为实现这一任务，当前和今后一个时期要着重抓好以下几项工作。第一，牢固树立和全面落实科学发展观，加快少数民族和民族地区经济社会发展。……把发挥社会主义制度优势和民族区域自治制度的优越性落实到发展先进生产力、发展先进文化、实现各族人民根本利益上来。……第二，加强民族地区人才资源开发和少数民族干部队伍建设。……建设一支政治坚定、业务精通、善于领导改革开放和社会主义建设、深受各族群众拥护的高素质少数民族干部队伍，对于加快少数民族和民族地区经济社会发展、推动我国民族团结事业、维护祖国统一和社会稳定具有决定性意义。……第三，加强民族团结、维护祖国统一。……要广泛开展民族团结宣传教育活动，……引导各族干部群众增强珍惜和维护民族团结的决定性和自觉性。……依法管理宗教事务，坚持独立自主自办的原则，积极引导宗教与社会主义社会相适应，尊重少数民族群众和民族地区各族群众宗教信仰，……对于极少数蓄意挑拨民族关系、破坏民族团结、制造恶性事件的犯罪分子，要坚决依法打击。……第四，坚持和完善民族区域自治制度，……全面贯彻落实民族区域自治法。"①

关于正确认识和处理民族关系问题，胡锦涛作出过许多重要指示，如他指出："正确认识和处理各民族特别是汉族和少数民族的关系，促进各民族共同团结奋斗、共同繁荣发展。……平等、团结、互助、和谐的社会主义民族关系，体现了中华民族多元一体的基本格局，体现了中华民族大家庭的根本利益。平等是社会主义民族关系的基石，各民族只有一律平等才能共同行使当家作主的权力，更好参与国家事务和地方事务的管理。团结是社会主义民族关系的主线，各民族只有同心同德、携手共进，才能巩固和发展民主团结、生动活泼、安定和谐的政治局面，形成中华民族强大凝聚力和牢固向心力。互助是社会主

① 《胡锦涛文选》（第二卷），人民出版社，2016，第316—323页。

义民族关系的保障，各民族只有互相支持、互相帮助、优势互补，才能实现共同发展、共同富裕。和谐是社会主义民族关系的本质，各民族只有和睦相处、亲如一家，才能充分发挥中华民族共同体优势和创造活力，更好实现中华民族伟大复兴。正确认识和处理我国民族关系，最根本的就是要始终不渝坚持民族平等，加强民族团结，推动民族互助，促进民族和谐。我们要牢牢把握各民族共同团结奋斗、共同繁荣发展的主题，充分发挥民族区域自治制度优越性。"①

如何处理好新时期的宗教工作，胡锦涛也提出了许多明确要求："要正确认识和处理信教群众和不信教群众、信仰不同宗教群众的关系，积极引导宗教与社会主义社会相适应。我国是一个多宗教的国家，……引导宗教与社会主义社会相适应，是构建社会主义和谐社会的重要工作。我们要高度重视宗教问题，增强做好宗教工作的责任感和使命感，全面贯彻党的宗教工作基本方针，努力实现宗教与社会和谐相处，各宗教和谐相处，信教群众和不信教群众、信仰不同宗教群众和谐相处。"②胡锦涛强调："做好信教群众工作是宗教工作的根本任务。要坚持以人为本，最大限度把信教群众团结起来，把他们的智慧和力量凝聚到实现全面建设小康社会、加快推进社会主义现代化的共同目标上来。要坚持政治上团结合作、信仰上互相尊重，努力使宗教界人士和信教群众在拥护中国共产党领导和社会主义制度、热爱祖国、维护祖国统一、促进社会和谐等重大问题上增进共识，增强党在信教群众中的吸引力和凝聚力。要加强对信教群众的思想政治工作，深入进行爱国主义、集体主义、社会主义教育，进行社会主义荣辱观教育，普及科学文化知识特别是现代科学知识，塑造理性平和、积极向上的健康心态，使信教群众更好为中国特色社会主义事业贡献力量。要通过教育和引导，增强信教群众的国家意识、公民意识、法治意识，在行使宗教信仰自由权利的同时，切实履行宪法和法律法规规定的义务。……加强宗教教职人员队伍建设。广大爱国宗教界人士特别是宗教教

①《胡锦涛文选》(第二卷),人民出版社,2016,第474-476页。
②《胡锦涛文选》(第二卷),人民出版社,2016,第477页。

职人员，可以在宣传政策、协调关系、沟通思想、理顺情绪、化解矛盾等方面发挥重要作用。"①胡锦涛指出："我们一定要准确把握和认真对待宗教问题，既不能用行政手段压制宗教，也不能放弃对宗教事务的管理，而是要全面理解和认真贯彻党的宗教工作基本方针，落实《宗教事务条例》，重点做好以下几方面的工作。一是要全面正确贯彻党的宗教信仰自由政策。既尊重群众信仰宗教的自由，又尊重群众不信仰宗教的自由，是我们党的一项长期的基本政策，是宪法赋予公民的一项基本权利。……二是要坚持依法管理宗教事务。这是我们党依法执政和推进依法治国、建设社会主义法治国家的必然要求。……我们的工作原则是，要保护合法，制止非法，打击犯罪，确保宗教活动规范有序进行。宗教必须在宪法法律范围内活动，宗教活动不得干预行政、司法、教育等国家职能实施，不得妨碍正常的社会秩序、工作秩序、生活秩序。三是要坚持独立自主自办的原则。这是我国信教群众的自主选择，是我国宗教团体和宗教事务不受外国势力支配和控制的重要保障。……四是要积极引导宗教与社会主义社会相适应。宗教既然在我国社会将长期存在，我们就要正视它、引导它，促使我国宗教界和信教群众朝着与社会主义社会相适应的总方向前进。"②

①《胡锦涛文选》(第三卷)，人民出版社，2016，第23-24页。

②《胡锦涛文选》(第二卷)，人民出版社，2016，第478-479页。

第二章

习近平关于中国特色社会主义政治制度的系列论述

习近平总书记关于中国特色社会主义政治制度的论述，是我国社会基本矛盾发生重大变化、改革开放进入全面深化期、中国特色社会主义事业进入新时代并朝着"两个一百年"奋斗目标和开创社会主义现代化建设新征程、实现中华民族伟大复兴中国梦的历史进程中，以习近平同志为核心的党中央提出的一系列有关中国特色社会主义政治制度的思想。

第一节
习近平的政治制度观

党的十八大以来，习近平总书记从全面深化改革，推进国家治理体系和治理能力现代化的角度，结合新时代中国特色社会主义治国理政的实践，就政治制度、中国特色社会主义政治制度发表了一系列重要观点和论述，形成了丰富、深刻的新时代政治制度观。

一、高度重视政治制度在国家治理中的作用①

制度建设是实现制度化治理的重要内容，任何新型国家、新型政权的制度建设，都是一个较长的历史过程，需要在历史进程中不断加以完善建设。我国的国家制度是新中国成立后创立的新型制度，包括根本制度、基本制度、重要制度，这些制度对于新中国的主权独立、政权稳定、国家建设、改革发展，起到了根本性保障作用。

中华人民共和国的制度化治理源于新中国的成立，开启制度化建设则是党的十一届三中全会，在党的十一届三中全会上首次提出了"制度化"的概念和要求，其中指出"为了保障人民民主，必须加强社会主义法制，使民主制度化、法律化，使这种制度和法律具有稳定性、连续性和极大的权威"②。之后，邓小平在总结"文化大革命"的教训时就重点提出制度问题是带有根本性和全局性的问题，并在《党和国家领导制度改革》一书中指出"制度好可以使坏人无法任意横行，制度不好可以使好人无法充分做好事，甚至会走向反面"③。关于如何实现民主制度化的问题，邓小平总结党内过去的经验教训，并结合改革开放和社会主义现代化的实际提出了进行政治体制改革的思想。随后，以江泽民同志为核心的党的第三代中央领导集体也很重视制度化的问题，并把重点放在干部制度化问题上，指出"要坚持党管干部的原则，改进干部管理方法，加快干部人事制度改革步伐，努力推进干部工作的科学化、民主化、制度化"④。胡锦涛在庆祝中国共产党成立九十周年大会上的讲话中明确指出："在新的历史条件下提高党的建设科学化水平，必须坚持用制度管权管事管人，健全民主集中制，不断推进党

① 本部分内容参见丁志刚、于泽慧：《论国家制度化治理与国家治理现代化》，《新疆师范大学学报》(哲学社会科学版)2021年第1期，第87-96页。

②《中国共产党第十一届中央委员会第三次全体会议公报》，中华人民共和国中央人民政府网，http://www.gov.cn/govweb/test/2009-10/13/content_1437683.htm，2009年10月13日。

③《邓小平文选》(第二卷)，人民出版社，1994，第333页。

④《江泽民文选》(第三卷)，人民出版社，2006，第289页。

的建设制度化、规范化、程序化。"①

党的十八大以来，以习近平同志为核心的党中央把制度建设和提高制度化水平摆到了更加突出的位置，不仅提出要继续推进党的领导的制度化、法治化，还更加重视其他工作领域的制度化。他指出"真正实现社会和谐稳定、国家长治久安，还是要靠制度"②。他强调："我国的实践向世界说明了一个道理：治理一个国家，推动一个国家实现现代化，并不只有西方制度模式这一条道，各国完全可以走出自己的道路来。"③这表明，在习近平看来，走向制度化治理是我国治理现代化的必然逻辑。

习近平把我国国家制度建设分为"前半程"和"后半程"两个时期："前半程"主要指自改革开放到党的十八大之前，为社会主义基本制度建设时期；"后半程"指党的十八大以来至今，为中国特色社会主义制度的完善和发展时期。也就是"为党和国家事业发展、为人民幸福安康、为社会和谐稳定、为国家长治久安提供一整套更完备、更稳定、更管用的制度体系。"④前半程的制度建设巩固了我国的根本制度，使基本制度更加定型，具体制度更加完善，中国特色社会主义制度体系基本成型。后半程的制度建设则是在牢牢把握中国特色社会主义制度的基础上，把制度建设与国家治理现代化结合起来，走制度化治理之路，从而以制度现代化推动国家治理体系和治理能力的现代化。为此，党的十八届三中全会提出："全面深化改革的总目标是完善和发展中国特色社会主义制度，推进国家治理体系和治理能力现代化。"⑤这

①《胡锦涛文选》(第三卷)，人民出版社，2016，第533-534页。

② 习近平：《切实把思想统一到党的十八届三中全会精神上来》，载《十八大以来重要文献选编》(上)，中央文献出版社，2014，第548页。

③ 中共中央文献研究室：《习近平关于社会主义政治建设论述摘编》，中央文献出版社，2017，第7页。

④ 中共中央文献研究室：《习近平关于全面深化改革论述摘编》，中央文献出版社，2014，第27页。

⑤《中国共产党第十八届中央委员会第三次全体会议公报》，人民出版社，2013，第4页。

意味着我国进入了全面系统的国家制度建设完善期。党的十九届四中全会提出了"坚持和完善中国特色社会主义制度、推进国家治理体系和治理能力现代化，是全党的一项重大战略任务"①，并提出了未来的总体目标和要求。这既符合中国国家制度建设的客观实际与现实要求，也符合国家制度建设的一般规律。

可见，党的十八大以来，以习近平同志为核心的党中央把制度建设和制度化水平摆到了更加突出的位置，不仅提出要继续推进党的领导的制度化、法治化，还更加重视其他工作领域的制度化。习近平指出："治理国家，制度是起根本性、全局性、长远性作用的"②。国家的制度化治理归根结底就是要实现国家制度的现代化，从而推动国家治理的现代化。为此，在改革开放取得巨大成就和我国全面建成小康社会的基础上，面向未来，党的十八大以来以习近平同志为核心的党中央，提出全面推进我国国家制度和国家治理体系现代化，标志着我国国家治理走向了制度化治理的新时代、新阶段。进行制度化治理是新时代实现国家治理现代化的重要内容和必然逻辑。

二、政治制度是历史和现实、理论和实践、内容和形式的有机统一

习近平认为政治制度必须注重历史和现实、理论和实践、形式和内容有机统一。要坚持从国情出发、从实际出发，既要把握长期形成的历史传承，又要把握走过的发展道路、积累的政治经验、形成的政治原则，还要把握现实要求、着眼解决现实问题，不能割断历史，不能突然就搬来一座政治制度上的"飞来峰"。在庆祝全国人民代表大会成立六十周年大会上，习近平指出："政治制度是用来调节政治关系、建立政治秩序、推动国家发展、维护国家稳定的，不可能脱离特定社

---

① 《中共中央关于坚持和完善中国特色社会主义制度 推进国家治理体系和治理能力现代化若干重大问题的决定》，人民出版社，2019，第42页。

② 中共中央文献研究室：《习近平关于全面深化改革论述摘编》，中央文献出版社，2014，第28页。

会政治条件来抽象评判，不可能千篇一律、归于一尊。"①世界上不存在完全相同的政治制度，也不存在适用于一切国家的政治制度模式。中国古话道："物之不齐，物之情也。"各国国情不同，每个国家的政治制度都是独特的，都是由这个国家的人民决定的，都是在这个国家历史传承、文化传统、经济社会发展的基础上长期发展、渐进改进、内生性演化的结果。正所谓"橘生淮南则为橘，生于淮北则为枳"，习近平认为："中国特色社会主义政治制度之所以行得通、有生命力、有效率，就是因为它是从中国的社会土壤中生长起来的。中国特色社会主义政治制度过去和现在一直生长在中国的社会土壤之中，未来要继续茁壮成长，也必须深深扎根于中国的社会土壤。""我们需要借鉴国外政治文明有益成果，但绝不能放弃中国政治制度的根本。……照抄照搬他国的政治制度行不通，会水土不服，会画虎不成反类犬，甚至会把国家前途命运葬送掉。"②习近平强调，设计和发展国家政治制度，必须注重历史和现实、理论和实践、形式和内容有机统一。

三、政治制度的评价标准

政治制度的好与坏、优与劣，总是有一定的评价标准。不同历史时期不同国家的政治制度评价标准也各不相同。进入新时代，如何科学地评价政治制度，既是一个理论问题，更是一个实践问题。

习近平总书记基于新时代的历史方位与实践特点，用八个"能否"来评价一个国家政治制度是不是民主的、有效的，即："国家领导层能否依法有序更替，全体人民能否依法管理国家事务和社会事务、管理经济和文化事业，人民群众能否畅通表达利益要求，社会各方面能否有效参与国家政治生活，国家决策能否实现科学化、民主化，各方面人才能否通过公平竞争进入国家领导和管理体系，执政党能否依照宪

---

① 习近平：《在庆祝全国人民代表大会成立六十周年大会上的讲话》，载《十八大以来重要文献选编》（中），中央文献出版社，2016，第59页。

② 习近平：《在庆祝全国人民代表大会成立六十周年大会上的讲话》，载《十八大以来重要文献选编》（中），中央文献出版社，2016，第60页。

法法律规定实现对国家事务的领导，权力运用能否得到有效制约和监督。"①这八个标准既是习近平总书记政治制度观的具体体现，也是对新时代我国政治制度的高度自觉与自信。新时代以来，在以习近平同志为核心的党中央领导下，我们坚持中国特色社会主义政治发展道路，坚持制度自信，坚持社会主义政治建设，全面深化政治体制改革，推进国家治理体系和治理能力现代化，是与这八个"能否"的标准密切相关的。

四、坚定对中国特色社会主义政治制度的自信

习近平多次强调，要坚定对中国特色社会主义制度与道路、中国特色社会主义政治制度的自信。他对之所以要坚定对中国特色社会主义政治制度的自信解释道："这样一套制度安排，能够有效保证人民享有更加广泛、更加充实的权利和自由，保证人民广泛参与国家治理和社会治理；能够有效调节国家政治关系，发展充满活力的政党关系、民族关系、宗教关系、阶层关系、海内外同胞关系，增强民族凝聚力，形成安定团结的政治局面；能够集中力量办大事，有效促进社会生产力解放和发展，促进现代化建设各项事业，促进人民生活质量和水平不断提高；能够有效维护国家独立自主，有力维护国家主权、安全、发展利益，维护中国人民和中华民族的福祉。"②因此，习近平反复强调："要坚定对中国特色社会主义政治制度的自信，增强走中国特色社会主义政治发展道路的信心和决心。"③制度自信不是自视清高、自我满足，更不是裹足不前、固步自封，而是要把坚定制度自信和不断改革创新统一起来，在坚持根本政治制度、基本政治制度的基础上，不断推进制度体系完善和发展。

---

① 习近平:《坚定对中国特色社会主义政治制度的自信》,载《习近平谈治国理政》（第二卷）,外文出版社,2017,第287页。

② 习近平:《在庆祝全国人民代表大会成立六十周年大会上的讲话》,载《十八大以来重要文献选编》（中）,中央文献出版社,2016,第61-62页。

③ 习近平:《在庆祝全国人民代表大会成立六十周年大会上的讲话》,载《十八大以来重要文献选编》（中）,中央文献出版社,2016,第62页。

五、全面依法治国

在习近平总书记的政治制度观中，全面依法治国是重要内容，在多次讲话中都有所提及，并且着重强调："推进国家治理体系和治理能力现代化，必须坚持依法治国，为党和国家事业发展提供根本性、全局性、长期性的制度保障。"①

我国是社会主义国家，法治是社会主义的基本属性，坚持中国特色社会主义法治道路，最根本的是坚持中国共产党的领导。为此，习近平强调："党的领导是中国特色社会主义最本质的特征，是社会主义法治最根本的保证。坚持中国特色社会主义法治道路，最根本的是坚持中国共产党的领导。"②"我国社会主义制度保证了人民当家作主的主体地位，也保证了人民在全面推进依法治国中的主体地位。这是我们的制度优势，也是中国特色社会主义法治区别于资本主义法治的根本所在。"③"平等是社会主义法律的基本属性，是社会主义法治的基本要求。坚持法律面前人人平等，必须体现在立法、执法、司法、守法各个方面。任何组织和个人都必须尊重宪法法律权威，都必须在宪法法律范围内活动，都必须依照宪法法律行使权力或权利、履行职责或义务，都不得有超越宪法法律的特权。任何人违反宪法法律都要受到追究，绝不允许任何人以任何借口任何形式以言代法、以权压法、徇私枉法。"④"法律是成文的道德，道德是内心的法律，法律和道德都具有规范社会行为、维护社会秩序的作用。治理国家、治理社会必须一手抓法治、一手抓德治，既重视发挥法律的规范作用，又重视发

① 中共中央文献研究室：《习近平关于社会主义政治建设论述摘编》，中央文献出版社，2017，第85页。

② 习近平：《加快建设社会主义法治国家》，载《十八大以来重要文献选编》（中），中央文献出版社，2016，第183页。

③ 习近平：《加快建设社会主义法治国家》，载《十八大以来重要文献选编》（中），中央文献出版社，2016，第183–184页。

④ 习近平：《加快建设社会主义法治国家》，载《十八大以来重要文献选编》（中），中央文献出版社，2016，第184页。

挥道德的教化作用，实现法律和道德相辅相成、法治和德治相得益彰。"①中国古语道："为国也，观俗立法则治，察国事本则宜。不观时俗，不察国本，则其法立而民乱，事剧而功寡。"走什么样的法治道路、建设什么样的法治体系，是由一个国家的基本国情决定的。因此，习近平专门谈道："全面推进依法治国，必须从我国实际出发，同推进国家治理体系和治理能力现代化相适应，既不能罔顾国情、超越阶段，也不能因循守旧、墨守成规。"②

六、要通过深化行政体制改革不断发展和完善政治制度

行政体制改革是经济体制改革和政治体制改革的重要内容，其中，转变政府职能是深化行政体制改革的核心，实质上要解决的是在社会主义市场经济环境下，政府应该做什么、不应该做什么的问题，重点是要理顺政府、市场、社会三者的关系，即哪些事应该由市场、社会、政府各自分担，哪些事应该由三者共同承担。为此，习近平总书记指出："推进机构改革和职能转变，要处理好大和小、收和放、政府和社会、管理和服务的关系。"③"要强化制约，合理分解权力，科学配置权力，不同性质的权力由不同部门、单位、个人行使，形成科学的权力结构和运行机制。"④"建立健全多层次监督体系，完善各类公开办事制度，保证党和国家领导机关和人员按照法定权限和程序行使权力。"⑤习近平对之所以要推进行政体制改革专门解释道："不是因为中

---

① 习近平：《加快建设社会主义法治国家》，载《十八大以来重要文献选编》(中)，中央文献出版社，2016，第185页。

② 习近平：《加快建设社会主义法治国家》，载《十八大以来重要文献选编》(中)，中央文献出版社，2016，第186页。

③ 中共中央文献研究室：《习近平关于全面深化改革论述摘编》，中央文献出版社，2014，第53页。

④ 中共中央文献研究室：《习近平关于全面深化改革论述摘编》，中央文献出版社，2014，第80页。

⑤ 习近平：《坚定对中国特色社会主义政治制度的自信》，载《习近平谈治国理政》(第二卷)，外文出版社，2017，第287页。

国特色社会主义制度不好，而是要使它更好；我们说坚定制度自信，不是要固步自封，而是要不断革除体制机制弊端，让我们的制度成熟而持久。"①

第二节
习近平关于中国特色社会主义政治制度的论述

中国特色社会主义进入新时代，如何推进中国特色社会主义政治体制改革，如何加强政治建设，如何推进国家治理体系和治理能力现代化，如何在完善和发展中国特色社会主义政治制度的基础上充分发挥社会主义政治制度的优势，以习近平同志为核心的党中央以全面深化改革的勇气与智慧，在理论与实践上都进行了积极探索与创新。

一、以人民为中心，坚持人民主体地位

以人民为中心的发展思想是习近平总书记在新时代对历史唯物主义、科学社会主义理论的重大发展，是新时代治国理政的基本方针。在习近平新时代中国特色社会主义思想中，以人民为中心的发展思想居于基础性的突出位置，贯穿于习近平新时代中国特色社会主义思想的各个方面，其本身也具有系统的理论体系，有着丰富和深刻的思想内涵，包含着一系列相互联系、相辅相成的思想和观念。其丰富内涵可以从以下方面加深学习理解，这些方面既相互联系，又侧重不同角度，共同形成有机整体②。

以人民为中心就是将人民置于国家主体地位，发挥人民的积极性和创造性，以人民满不满意、答不答应、高不高兴作为评价党和国家工作的价值原则和衡量依据。2015年10月29日，习近平总书记在党的

---

① 中共中央文献研究室：《习近平关于社会主义政治建设论述摘编》，中央文献出版社，2014，第28页。

② 于向东：《以人民为中心思想的深刻内涵》，《光明日报》2018年7月26日第6版。

十八届五中全会上明确提出了坚持以人民为中心的发展思想。他强调："我国经济发展的'蛋糕'不断做大，但分配不公问题比较突出，收入差距、城乡区域公共服务水平差距较大。在共享改革发展成果上，无论是实际情况还是制度设计，都还有不完善的地方。为此，我们必须坚持发展为了人民、发展依靠人民、发展成果由人民共享，作出更有效的制度安排，使全体人民朝着共同富裕方向稳步前进，绝不能出现'富者累巨万，而贫者食糟糠'的现象。"[1]2017年10月18日，习近平总书记在党的十九大报告中指出："人民是历史的创造者，是决定党和国家前途命运的根本力量。必须坚持人民主体地位，坚持立党为公、执政为民，践行全心全意为人民服务的根本宗旨，把党的群众路线贯彻到治国理政全部活动之中，把人民对美好生活的向往作为奋斗目标，依靠人民创造历史伟业。"[2]2018年12月18日，习近平总书记在庆祝改革开放40周年大会上指出，必须坚持以人民为中心，不断实现人民对美好生活的向往。习近平总书记强调："我们党来自人民、扎根人民、造福人民，全心全意为人民服务是党的根本宗旨，必须以最广大人民根本利益为我们一切工作的根本出发点和落脚点，坚持把人民拥护不拥护、赞成不赞成、高兴不高兴作为制定政策的依据，顺应民心、尊重民意、关注民情、致力民生，既通过提出并贯彻正确的理论和路线方针政策带领人民前进，又从人民实践创造和发展要求中获得前进动力，让人民共享改革开放成果，激励人民更加自觉地投身改革开放和社会主义现代化建设事业。"[3]在党的二十大报告中，习近平总书记强调："坚持以人民为中心的发展思想。维护人民根本利益，增进民生福祉，不断实现发展为了人民、发展依靠人民、发展成果由人民共享，

---

[1] 习近平：《以新的发展理念引领发展，夺取全面建成小康社会决胜阶段的伟大胜利》，载《十八大以来重要文献选编》(中)，中央文献出版社，2016，第827页。

[2] 习近平：《决胜全面建成小康社会 夺取新时代中国特色社会主义伟大胜利——在中国共产党第十九次全国代表大会上的报告》，人民出版社，2017，第21页。

[3] 习近平：《习近平谈治国理论》(第三卷)，外文出版社，2020，第182页。

让现代化建设成果更多更公平惠及全体人民。"①

以人民为中心，主要源于党的初心和使命。中国共产党人的初心和使命，就是为中国人民谋幸福，为中华民族谋复兴，要坚持人民至上、以人民为中心的发展思想和理念。中国共产党这一百年大党领导中国人民干事创业的成功历史实践，证明了以人民为中心既是中国共产党的执政理念，也是中国共产党领导中国人民推进中国式现代化的发展理念。从执政理念来讲，诞生于马克思列宁主义思想的中国共产党，一以贯之地坚持以人民为中心的执政理念，是确保国家性质不改变、党的执政地位不动摇的核心所在。"我国是工人阶级领导的、以工农联盟为基础的人民民主专政的社会主义国家，国家一切权力属于人民。"②我国的国家性质决定了以人民为中心是中国共产党必须坚持和发展的执政理念，尤其是在当今国际形势高度复杂多变、国内多种风险考验并存的时代背景下，中国共产党"必须坚定不移走中国特色社会主义政治发展道路，坚持党的领导、人民当家作主、依法治国有机统一，坚持人民主体地位，充分体现人民意志、保障人民权益、激发人民创造活力"③。一方面要继续坚持和完善以人民为中心的制度体系，在坚持根本政治制度、基本政治制度和重要政治制度的基础上听取人民心声，完善包括协商民主、基层民主和爱国统一战线的各项制度体系，开辟以人民为中心的执政理念的新境界。另一方面，要提升以人民为中心的执政能力。从发展理念来讲，以人民为中心是推进中国式现代化事业的出发点和落脚点，也是中国式现代化的意义所在。

---

① 习近平:《高举中国特色社会主义伟大旗帜 为全面建设社会主义现代化国家而团结奋斗——在中国共产党第二十次全国代表大会上的报告》，《人民日报》2022年10月26日第1版。

② 习近平:《高举中国特色社会主义伟大旗帜 为全面建设社会主义现代化国家而团结奋斗——在中国共产党第二十次全国代表大会上的报告》，《人民日报》2022年10月26日第1版。

③ 习近平:《高举中国特色社会主义伟大旗帜 为全面建设社会主义现代化国家而团结奋斗——在中国共产党第二十次全国代表大会上的报告》，《人民日报》2022年10月26日第1版。

党的二十大明确提出"加快构建新发展格局，着力推动高质量发展"的战略方针，并专门进行了系统论述，其核心要义和本质规定依然是坚持以人民为中心的发展理念①。

以人民为中心，就要坚持人民主体地位。进入新时代以来，习近平总书记始终强调将人民装在心里，"干部要把人民放在心中最高位置。同人民风雨同舟、血脉相通、生死与共，是我们党战胜一切困难和风险的根本保证。离开了人民，我们就会一事无成"②。因此，习近平总书记提出要发展全过程人民民主的重要思想。这一思想坚持认为，实现民主的形式是丰富多样的，没有一种放之四海而皆准的民主评判标准。民主重在内容而非形式，重在实践而非空谈，关键是看能否真正落实人民的主体地位，保障人民真正当家作主。同时，习近平认为社会主义民主不仅需要完整的制度程序，而且需要完整的参与实践。"人民当家作主必须具体地、现实地体现到中国共产党执政和国家治理上来，具体地、现实地体现到中国共产党和国家机关各个方面、各个层级的工作上来，具体地、现实地体现到人民对自身利益的实现和发展上来。"③习近平在第十八届中央纪律检查委员会第七次全体会议上谈道："无论是党委换届还是人大、政府、政协换届，都要体现工人阶级领导的、以工农联盟为基础的人民民主专政的国体，要保证基本群众代表比例。"同时强调："在中国共产党领导的社会主义国家，一切权力属于人民，决不能依据地位、财富、关系分配政治权力！"④

① 丁志刚、熊凯：《理解中国式现代化的四重逻辑：基于中西方现代化的比较》，《新疆师范大学学报》（哲学社会科学版），2023年第2期，第52-61页。

② 习近平：《在常学常新中加强理论修养 在知行合一中主动担当作为》，《人民日报》2019年3月2日第1版。

③ 习近平：《在庆祝中国人民政治协商会议成立六十五周年大会上的讲话》，载《十八大以来重要文献选编》（中），中央文献出版社，2016，第73页。

④ 中共中央文献研究室：《习近平关于社会主义政治建设论述摘编》，中央文献出版社，2017，第49页。

二、坚持和加强党的全面领导

古人云"六合同风，九州共贯"。习近平反复强调："中国最大的国情就是中国共产党的领导。"① 他指出："我国宪法以根本法的形式反映了党带领人民进行革命、建设、改革取得的成果，确立了在历史和人民选择中形成的中国共产党的领导地位。"②中国共产党是中国特色社会主义事业的领导核心，处在总揽全局、协调各方的地位。在当今中国，没有大于中国共产党的政治力量或其他什么力量。古人讲"令之不行，政之不立"，放眼中国大地，党政军民学，东西南北中，党是领导一切的，是最高的政治领导力量。习近平在多次讲话中谈道："中国共产党是执政党，党的领导是做好党和国家各项工作的根本保证，是我国政治稳定、经济发展、民族团结、社会稳定的根本点，绝对不能有丝毫动摇。"③在庆祝中国共产党成立九十五周年大会上的讲话，习近平说："历史和人民选择中国共产党领导中华民族伟大复兴的事业是正确的，必须长期坚持、永不动摇；中国共产党领导中国人民开辟的中国特色社会主义道路是正确的，必须长期坚持、永不动摇；中国共产党和中国人民扎根中国大地、吸纳人类文明优秀成果、独立自主实现国家发展的战略是正确的，必须长期坚持、永不动摇。"④关于如何加强党的全面领导，习近平解释道："中央委员会，中央政治局，中央政治局常委会，这是党的领导决策核心。党中央作出的决策部署，党的组织、宣传、统战、政法等部门要贯彻落实，人大、政府、政协、法院、检察院的党组织要贯彻落实，事业单位、人民团体等的党组织

① 中共中央文献研究室：《习近平关于社会主义政治建设论述摘编》，中央文献出版社，2017，第28页。

② 习近平：《关于〈中共中央关于全面推进依法治国若干重大问题的决定〉的说明》，载《十八大以来重要文献选编》（中），中央文献出版社，2016，第147页。

③ 中共中央文献研究室：《习近平关于青少年和共青团工作论述摘编》，中央文献出版社，2017，第102页。

④ 习近平：《在庆祝中国共产党成立九十五周年大会上的讲话》，载《十八大以来重要文献选编》（下），中央文献出版社，2018，第343-344页。

也要贯彻落实，党组织要发挥作用。各方面党组织应该对党委负责、向党委报告工作。"①

总体来看，坚持党的领导、人民当家作主、依法治国有机统一，最根本的是坚持党的领导。习近平谈道："坚持党的领导，就是要支持人民当家作主，实施好依法治国这个党领导人民治理国家的基本方略。党的领导和社会主义法治是一致的，只有坚持党的领导，人民当家作主才能充分实现，国家和社会生活制度化、法治化才能有序推进。不能把坚持党的领导同人民当家作主、依法治国对立起来，更不能用人民当家作主、依法治国来动摇和否定党的领导。那样做在思想上是错误的，在政治上是十分危险的。"②"坚持党总揽全局、协调各方的领导核心作用，坚持依法治国基本方略和依法执政基本方式，善于使党的主张通过法定程序成为国家意志，善于使党组织推荐的人选成为国家政权机关的领导人员，善于通过国家政权机关实施党对国家和社会的领导，支持国家权力机关、行政机关、审判机关、检察机关依照宪法和法律独立负责、协调一致地开展工作。"③

我国是中国共产党领导的人民民主专政的社会主义国家，与西方资本主义国家相比，最大的区别就是党的领导。习近平曾提到："党的领导是中国特色社会主义法治之魂，是我国的法治同西方资本主义国家的法治最大的区别。离开了中国共产党的领导，中国特色社会主义法治体系、社会主义法治国家就建不起来。我们全面推进依法治国，绝不是要虚化、弱化甚至动摇、否定党的领导，而是为了进一步巩固党的执政地位、完善党的执政方式、提高党的执政能力，保证党和国

---

① 习近平：《严明党的组织纪律，增强组织纪律性》，载《十八大以来重要文献选编》（上），中央文献出版社，2014，第772页。

② 中共中央文献研究室：《习近平关于全面依法治国论述摘编》，中央文献出版社，2015，第19页。

③ 习近平：《在首都各界纪念现行宪法公布施行三十周年大会上的讲话》，载《十八大以来重要文献选编》（上），中央文献出版社，2014，第91—92页。

家长治久安。"①坚持党的领导，发挥党总揽全局、协调各方的领导核心作用，是我国社会主义政治制度的一个重要特征。改革开放四十多年来，我国经济社会发展之所以能够取得历史性成就，人民生活水平之所以能够大幅度提升，都同坚定不移坚持党的领导、充分发挥各级党组织和全体党员的作用是分不开的。习近平认为，在我国，党的坚强有力领导是政府发挥作用的根本保证。为此，他要求："在全面深化改革过程中，我们要坚持和发展我们的政治优势，以我们的政治优势来引领和推进改革，调动各方面积极性，推动社会主义市场经济体制不断完善、社会主义市场经济更好发展。"②

"党的历史、新中国发展的历史都告诉我们：要治理好我们这个大党、治理好我们这个大国，保证党的团结和集中统一至关重要，维护党中央权威至关重要。"③习近平谈道："我们必须坚持党总揽全局、协调各方的领导核心作用，通过人民代表大会制度，保证党的路线方针政策和决策部署在国家工作中得到全面贯彻和有效执行。要支持和保证国家政权机关依照宪法法律积极主动、独立负责、协调一致开展工作。""要不断加强和改善党的领导，善于使党的主张通过法定程序成为国家意志，善于使党组织推荐的人选通过法定程序成为国家政权机关的领导人员，善于通过国家政权机关实施党对国家和社会的领导，善于运用民主集中制原则维护党和国家权威、维护全党全国团结统一。"④

保障党的路线方针政策贯彻执行，一方面要通过人民代表大会制度，另一方面则要通过推进国家治理体系和治理能力现代化，最核心

① 中共中央文献研究室：《习近平关于社会主义政治建设论述摘编》，中央文献出版社，2017，第30-31页。

② 中共中央文献研究室：《习近平关于社会主义政治建设论述摘编》，中央文献出版社，2017，第29页。

③ 中共中央文献研究室：《习近平关于社会主义政治建设论述摘编》，中央文献出版社，2017，第36页。

④ 习近平：《在庆祝全国人民代表大会成立六十周年大会上的讲话》，载《十八大以来重要文献选编》（中），中央文献出版社，2016，第54页。

的是要坚持中国共产党的领导。习近平认为："国家治理体系是由众多子系统构成的复杂系统，这个系统的核心是中国共产党，人大、政府、政协、法院、检察院、军队，各民主党派和无党派人士，各企事业单位，工会、共青团、妇联等群团组织，都要坚持中国共产党领导。"[1]习近平要求："要坚持党中央集中统一领导，在各级党组织和广大党员、干部中强化政治意识、大局意识、核心意识、看齐意识，确保在思想上政治上行动上始终同党中央保持高度一致。"[2]党中央制定的理论和路线方针政策，是全党全国各族人民统一思想、统一意志、统一行动的依据和基础。只有党中央有权威，才能把全党牢固凝聚起来，进而把全国各族人民紧密团结起来，形成万众一心、无坚不摧的磅礴力量。反之，习近平谈道："如果党中央没有权威，党的理论和路线方针政策可以随意不执行，大家各自为政、各行其是，想干什么就干什么，想不干什么就不干什么，党就会变成一盘散沙，就会成为自行其是的'私人俱乐部'，党的领导就会成为一句空话。"[3]因此，习近平反复强调，必须坚持党的领导，"坚持党中央集中统一领导，确立和维护党的领导核心，是全党全国各族人民的共同愿望，是推进全面从严治党、提高党的创造力凝聚力战斗力的迫切要求，是保持党和国家事业发展正确方向的根本保证"[4]。

三、与时俱进坚持和完善人民代表大会制度

人民代表大会制度是中国特色社会主义制度的重要组成部分，也是支撑中国国家治理体系和治理能力的根本政治制度。习近平在庆祝全国人民代表大会成立六十周年大会上讲："在中国实行人民代表大会

① 中共中央文献研究室：《习近平关于社会主义政治建设论述摘编》，中央文献出版社，2017，第34页。

② 习近平：《在纪念红军长征胜利80周年大会上的讲话》，人民出版社，2016，第20页。

③ 中共中央文献研究室：《习近平关于社会主义政治建设论述摘编》，中央文献出版社，2017，第36页。

④ 习近平：《习近平谈治国理政》（第二卷），外文出版社，2017，第20页。

制度，是中国人民在人类政治制度史上的伟大创造，是深刻总结近代以后中国政治生活惨痛教训得出的基本结论，是中国社会一百多年激越变革、激荡发展的历史结果，是中国人民翻身作主、掌握自己命运的必然选择。"①他提出："新形势下，我们要毫不动摇坚持人民代表大会制度，也要与时俱进完善人民代表大会制度。"②放眼世界，纵观历史，"古今中外的实践都表明，保证和支持人民当家作主，通过依法选举、让人民的代表来参与国家生活和社会生活的管理是十分重要的，通过选举以外的制度和方式让人民参与国家生活和社会生活的管理也是十分重要的。"③在中国，发展社会主义民主政治，保证人民当家作主，保证国家政治生活既充满活力又安定有序，关键是要坚持党的领导、人民当家作主、依法治国有机统一，习近平总结道："人民代表大会制度是坚持党的领导、人民当家作主、依法治国有机统一的根本制度安排。"④

众所周知，我国国家的名称、各级国家机关的名称，都冠以"人民"的称号，习近平讲，这是对中国社会主义政权的基本定位。他认为人民代表大会制度之所以具有强大生命力和显著优越性，关键在于它深深植根于人民之中。与此同时，他强调："中国二百六十多万各级人大代表，都要忠实代表人民利益和意志，依法参加行使国家权力。"⑤

习近平认为，与时俱进完善人民代表大会制度，必须毫不动摇坚

① 习近平：《在庆祝全国人民代表大会成立六十周年大会上的讲话》，载《十八大以来重要文献选编》（中），中央文献出版社，2016，第53页。

② 习近平：《在庆祝全国人民代表大会成立六十周年大会上的讲话》，载《十八大以来重要文献选编》（中），中央文献出版社，2016，第56页。

③ 习近平：《在庆祝中国人民政治协商会议成立六十五周年大会上的讲话》，载《十八大以来重要文献选编》（中），中央文献出版社，2016，第74页。

④ 习近平：《在庆祝全国人民代表大会成立六十周年大会上的讲话》，载《十八大以来重要文献选编》（中），中央文献出版社，2016，第54页。

⑤ 习近平：《在庆祝全国人民代表大会成立六十周年大会上的讲话》，载《十八大以来重要文献选编》（中），中央文献出版社，2016，第58页。

持中国共产党的领导，中国共产党的领导是中国特色社会主义最本质的特征。"没有共产党，就没有新中国，就没有新中国的繁荣富强。"习近平说："坚持中国共产党这一坚强领导核心，是中华民族的命运所系。中国共产党的领导，就是支持和保证人民实现当家作主。"①他强调，"必须保证和发展人民当家作主"，并对此解释道："人民当家作主是社会主义民主政治的本质和核心。人民民主是社会主义的生命。没有民主就没有社会主义，就没有社会主义的现代化，就没有中华民族伟大复兴。我们必须坚持国家一切权力属于人民，坚持人民主体地位，支持和保证人民通过人民代表大会行使国家权力。要扩大人民民主，健全民主制度，丰富民主形式，拓宽民主渠道，从各层次各领域扩大公民有序政治参与，发展更加广泛、更加充分、更加健全的人民民主。国家各项工作都要贯彻党的群众路线，密切同人民群众的联系，倾听人民呼声，回应人民期待，不断解决好人民最关心最直接最现实的利益问题，凝聚起最广大人民智慧和力量"②。习近平强调，必须全面推进依法治国，对此他解释道："发展人民民主必须坚持依法治国、维护宪法法律权威，使民主制度化、法律化，使这种制度和法律不因领导人的改变而改变，不因领导人的看法和注意力的改变而改变。宪法是国家的根本法，坚持依法治国首先要坚持依宪治国，坚持依法执政首先要坚持依宪执政。我们必须坚持把依法治国作为党领导人民治理国家的基本方略、把法治作为治国理政的基本方式，不断把法治中国建设推向前进。要通过人民代表大会制度，弘扬社会主义法治精神，依照人民代表大会及其常委会制定的法律法规来展开和推进国家各项事业和各项工作，保证人民平等参与、平等发展权利，维护社会公平正义，尊重和保障人权，实现国家各项工作法治化。"③习近平强调："必

① 习近平：《在庆祝全国人民代表大会成立六十周年大会上的讲话》，载《十八大以来重要文献选编》（中），中央文献出版社，2016，第54页。

② 习近平：《在庆祝中国人民政治协商会议成立六十五周年大会上的讲话》，载《十八大以来重要文献选编》（中），中央文献出版社，2016，第54-55页。

③ 习近平：《在庆祝全国人民代表大会成立六十周年大会上的讲话》，载《十八大以来重要文献选编》（中），中央文献出版社，2016，第55页。

须坚持民主集中制。"对此他解释道:"民主集中制是中国国家组织形式和活动方式的基本原则。人民代表大会统一行使国家权力,全国人民代表大会是最高国家权力机关,地方各级人民代表大会是地方国家权力机关。我们必须坚持人民通过人民代表大会行使国家权力;各级人民代表大会都由民主选举产生,对人民负责、受人民监督;各级国家行政机关、审判机关、检察机关都由人民代表大会产生,对人大负责、受人大监督;国家机关实行决策权、执行权、监督权既有合理分工又有相互协调;在中央统一领导下,充分发挥地方主动性和积极性,保证国家统一高效组织推进各项事业。"①

习近平在首都各界纪念现行宪法公布施行三十周年大会上强调:"我们要坚持国家一切权力属于人民的宪法理念,最广泛地动员和组织人民依照宪法和法律规定,通过各级人民代表大会行使国家权力,通过各种途径和形式管理国家和社会事务、管理经济和文化事业,共同建设,共同享有,共同发展,成为国家、社会和自己命运的主人。"②

四、发展全过程人民民主

发展全过程人民民主是习近平总书记的重要政治思想。2019年11月2日,习近平总书记考察上海市长宁区虹桥街道基层立法联系点时指出"我们走的是一条中国特色社会主义政治发展道路,人民民主是一种全过程的民主"③,首次提出了"全过程民主"的重大论断。2021年7月在建党一百周年大会上习近平总书记再次提出要"践行以人民为中心的发展思想,发展全过程人民民主",在其中加入了"人民"二字,这是对全过程人民民主的理论升华。2021年10月,习近平总书记在中央人大工作会议上深刻阐明了"我国全过程人民民主不仅有完整的制

① 习近平:《在庆祝全国人民代表大会成立六十周年大会上的讲话》,载《十八大以来重要文献选编》(中),中央文献出版社,2016,第55—56页。

② 习近平:《在首都各界纪念现行宪法公布施行三十周年大会上的讲话》,载《十八大以来重要文献选编》(上),中央文献出版社,2014,第89页。

③ 全国人民代表大会常务委员会办公厅:《中华人民共和国第十三届全国人民代表大会第四次会议文件汇编》,人民出版社,2021,第355页。

度程序，而且有完整的参与实践"，同时强调了民主的评价评判问题，这是对全过程人民民主的全面概括与总结。党的十九届六中全会通过的《中共中央关于党的百年奋斗重大成就和历史经验的决议》中曾三次提到"全过程人民民主"。2022年3月的两会期间，习近平总书记在参加内蒙古代表团审议时再次强调"人民民主是一种全过程的民主"。

全过程人民民主是社会主义民主政治的本质属性。党的十八大以来，以习近平为主要代表的中国共产党人，深化对民主政治发展规律的认识，提出的全过程人民民主的重大理念，推动我国人民民主发展到了一个新的阶段。2021年，习近平在中央人大工作会议上讲："坚持以人民为中心，坚持国家一切权力属于人民，支持和保证人民通过人民代表大会行使国家权力，健全民主制度，丰富民主形式，拓宽民主渠道，保证人民平等参与、平等发展权利，发展更加广泛、更加充分、更加健全的全过程人民民主。"①全过程人民民主以彻底的人民主体性，实现了对资本主义精英民主、选举民主的超越，也实现了对社会主义民主政治理论与实践的重大创新。

党的二十大报告在党的历次党代会报告中首次以专篇的形式论述了"发展全过程人民民主，保障人民当家作主"这一重大时代课题，作出了全过程人民民主是社会主义民主政治的本质属性这一重大判断，并且将发展全过程人民民主确定为中国式现代化本质要求的一项重要内容，进行了全面部署和安排。这充分体现了以习近平同志为主要代表的中国共产党人对人民民主理论认识和实践探索的新升华，对于新时代新征程全面发展全过程人民民主、推进中国式现代化与构建人类政治文明新形态提供了根本遵循。

历史与实践证明，我国全过程人民民主是中国共产党团结带领人民创造的新型民主形态，"是最广泛、最真实、最管用的民主"②。全

① 习近平：《在中央人大工作会议上的讲话》，《求知》2022年第3期，第4—10页。
② 习近平：《高举中国特色社会主义伟大旗帜 为全面建设社会主义现代化国家而团结奋斗——在中国共产党第二十次全国代表大会上的报告》，《人民日报》2022年10月26日第1版。

过程人民民主具有比西方式民主更巨大的优越性。在以中国式现代化全面推进中华民族伟大复兴的历史进程中，如何发展全过程人民民主，保障人民当家作主，既是一个理论问题，也是实践问题，既需要破除西方式民主的迷思，更需要我们在发展全过程人民民主上下功夫。为此，党的二十大报告指出，发展全过程人民民主，保障人民当家作主，"必须坚定不移走中国特色社会主义政治发展道路，坚持党的领导、人民当家作主、依法治国有机统一，坚持人民主体地位，充分体现人民意志、保障人民权益、激发人民创造活力"[①]。要加强人民当家作主制度保障、全面发展协商民主、积极发展基层民主、巩固和发展最广泛的爱国统一战线。以全过程人民民主思想和党的二十大精神为指导，我国全过程人民民主必将在人类民主形态中展现更大的优越性，创造人类民主新形态。

五、坚持和发展政治协商制度

尊重人民主体地位，保证人民当家作主，是中国共产党的一贯主张。习近平指出："我们要毫不动摇走中国特色社会主义政治发展道路，长期坚持、全面贯彻、不断发展人民代表大会制度、中国共产党领导的多党合作和政治协商制度、民族区域自治制度、基层群众自治制度，发展社会主义协商民主，巩固和发展最广泛的爱国统一战线，扩大人民群众有序政治参与，保证人民广泛参加国家治理和社会治理，形成生动活泼、安定团结的政治局面。"[②]

习近平在多次讲话中反复强调："协商民主是我国社会主义民主政治的重要组成部分，是我国社会主义民主政治的特有形式和独特优势，

---

① 习近平：《高举中国特色社会主义伟大旗帜 为全面建设社会主义现代化国家而团结奋斗——在中国共产党第二十次全国代表大会上的报告》，《人民日报》2022年10月26日第1版。

② 习近平：《在庆祝中国共产党成立95周年大会上的讲话》，人民出版社，2016，第19页。

也是中国共产党执政和决策的重要方式。"①俗语道："众人拾柴火焰高。"对于为什么要坚持和发展政治协商制度政治协商，习近平谈道："推进协商民主，有利于完善人民有序政治参与、密切党同人民群众的血肉联系、促进决策科学化民主化。"②另外，他还指出："坚持和完善中国共产党领导的多党合作和政治协商制度，发挥人民政协协调关系、汇聚力量、建言献策、服务大局的重要作用，促进政党关系、民族关系、宗教关系、阶层关系、海内外同胞关系的和谐，最大限度调动一切积极因素，共同致力于实现中华民族伟大复兴。"③总之，政治协商制度是中国特色社会主义制度的重要特征，"在中国社会主义制度下，有事好商量，众人的事情由众人商量，找到全社会意愿和要求的最大公约数，是人民民主的真谛"④。

中国古语道："名非天造，必从其实。"纵观世界各国，其实实现民主的形式是丰富多样的，我们不能拘泥于刻板的模式，更不能说只有一种放之四海而皆准的评判标准。为此，习近平指出："人民当家作主必须具体地、现实地体现到中国共产党执政和国家治理上来，具体地、现实地体现到中国共产党和国家机关各个方面、各个层级的工作上来，具体地、现实地体现到人民对自身利益的实现和发展上来。"⑤发展社会主义民主，切实保障和不断发展工人阶级和广大劳动群众的民主权利。如何坚持和完善政治协商制度，习近平谈道："要坚持党的领导、人民当家作主、依法治国有机统一，坚持工人阶级的国家领导阶级地位，加快推进社会主义民主政治制度化、规范化、程序化，坚

---

① 中共中央文献研究室：《习近平关于社会主义政治建设论述摘编》，中央文献出版社，2017，第54页。

② 习近平：《关于〈中共中央关于全面深化改革若干重大问题的决定〉的说明》，载《十八大以来重要文献选编》（上），中央文献出版社，2014，第504页。

③ 习近平：《在全国政协新年茶话会上的讲话》，《人民日报》2013年1月2日第2版。

④ 习近平：《在庆祝中国人民政治协商会议成立六十五周年大会上的讲话》，载《十八大以来重要文献选编》（中），中央文献出版社，2016，第73页。

⑤ 习近平：《在庆祝中国人民政治协商会议成立六十五周年大会上的讲话》，载《十八大以来重要文献选编》（中），中央文献出版社，2016，第73页。

持和完善人民代表大会制度，推进协商民主广泛多层制度化发展，促进人民依法、有序、广泛参与管理国家事务和社会事务、管理经济和文化事业。要推进基层民主建设，健全以职工代表大会为基本形式的企事业单位民主管理制度，更加有效地落实职工群众的知情权、参与权、表达权、监督权。"①他强调："我们要坚持和完善中国共产党领导的多党合作和政治协商制度，加强社会各种力量的合作协调，切实防止出现党争纷沓、相互倾轧的现象。"②

习近平对政治协商制度作过专门阐释："人民政协以宪法、政协章程和相关政策为依据，以中国共产党领导的多党合作和政治协商制度为保障，集协商、监督、参与、合作于一体，是社会主义协商民主的重要渠道。"③其中，对人民政协，习近平说："做好人民政协工作，必须坚持中国共产党的领导。中国共产党的领导是包括各民主党派、各团体、各民族、各阶层、各界人士在内的全体中国人民的共同选择，是中国特色社会主义最本质的特征，也是人民政协事业发展进步的根本保证。"④习近平强调："必须坚持人民政协的性质定位。"对此他解释道："人民政协是统一战线的组织，是多党合作和政治协商的机构，是人民民主的重要实现形式，体现了中国特色社会主义制度的鲜明特点。"⑤习近平强调："必须坚持大团结大联合。"对此他解释道："大团结大联合是统一战线的本质要求，是人民政协组织的重要特征。要坚持在热爱中华人民共和国、拥护中国共产党的领导、拥护社会主义事

---

① 习近平：《在庆祝"五一"国际劳动节暨表彰全国劳动模范和先进工作者大会上的讲话》，人民出版社，2015，第6页。

② 习近平：《在庆祝全国人民代表大会成立六十周年大会上的讲话》，载《十八大以来重要文献选编》（中），中央文献出版社，2016，第63页。

③ 习近平：《在庆祝中国人民政治协商会议成立六十五周年大会上的讲话》，载《十八大以来重要文献选编》（中），中央文献出版社，2016，第69页。

④ 习近平：《在庆祝中国人民政治协商会议成立六十五周年大会上的讲话》，载《十八大以来重要文献选编》（中），中央文献出版社，2016，第67页。

⑤ 习近平：《在庆祝中国人民政治协商会议成立六十五周年大会上的讲话》，载《十八大以来重要文献选编》（中），中央文献出版社，2016，第68页。

业、共同致力于实现中华民族伟大复兴的政治基础上，最大限度调动一切积极因素，团结一切可以团结的人，汇聚起共襄伟业的强大力量。"[1]习近平强调："必须坚持发扬社会主义民主。"对此他解释道："人民民主是社会主义的生命。人民政协是人民民主的重要形式。要适应推进国家治理体系和治理能力现代化的要求，坚持改革创新精神，推进人民政协理论创新、制度创新、工作创新，丰富民主形式，畅通民主渠道，有效组织各党派、各团体、各民族、各阶层、各界人士共商国是，推动实现广泛有效的人民民主。"[2]

习近平对如何坚持和完善政治协商制度作了专门部署和要求，他认为必须在党的领导下，以经济社会发展重大问题和涉及群众切身利益的实际问题为内容，在全社会开展广泛协商，坚持协商于决策之前和决策实施之中。他提出："要构建程序合理、环节完整的协商民主体系，拓宽国家政权机关、政协组织、党派团体、基层组织、社会组织的协商渠道；深入开展立法协商、行政协商、民主协商、参政协商、社会协商；发挥统一战线在协商民主中的重要作用，发挥人民政协作为协商民主重要渠道作用，完善人民政协制度体系，规范协商内容、协商程序，拓展协商民主形式，更加活跃有序地组织专题协商、对口协商、界别协商、提案办理协商，增加协商密度，提高协商成效。"[3]

政治协商，主要是中国共产党同民主党派协商。开展政党协商，则需要中国共产党和各民主党派共同努力。习近平引用了中国古语"虚心公听，言无逆逊，唯是之从"，他认为"这是执政党应有的胸襟"。而"凡议国事，惟论是非，不徇好恶"，习近平讲，"这是参政党

① 习近平：《在庆祝中国人民政治协商会议成立六十五周年大会上的讲话》，载《十八大以来重要文献选编》(中)，中央文献出版社，2016，第68页。

② 习近平：《在庆祝中国人民政治协商会议成立六十五周年大会上的讲话》，载《十八大以来重要文献选编》(中)，中央文献出版社，2016，第68页。

③ 习近平：《关于〈中共中央关于全面深化改革若干重大问题的决定〉的说明》，载《十八大以来重要文献选编》(上)，中央文献出版社，2014，第504页。

应有的担当"①。习近平强调:"对中国共产党来讲,要加强对政党协商的领导,增强协商意识,更加善于协商。对民主党派而言,要努力提高政党协商能力,担负起政党协商参与者、实践者、推动者的政治责任。"②因此,他要求完善政党协商的内容和形式,建立健全知情和反馈机制,增加讨论交流的平台和机会。"协商前,党委和政府有关部门要向民主党派和无党派人士通报有关情况,让他们知情,知情才能真协商。协商中不要各说各话、流于形式,要有互动、有商量,使协商对凝聚共识、优化决策起到作用。"③使得政治协商制度真正落到实处,真正发挥作用,真正产生效果。

六、坚持和发展民族区域自治制度

多民族是我国的一大特色,也是我国发展的一大有利因素。在我国五千多年文明发展史上,曾经有许多民族登上过历史舞台,这些民族经过诞育、分化、交融,最终形成了今天的五十六个民族。习近平在2014年中央民族工作会议上谈到中华民族多元一体格局,他说:"各民族共同开发了祖国的锦绣河山、广袤疆域,共同创造了悠久的中国历史、灿烂的中华文化。秦汉雄风、盛唐气象、康乾盛世,是各民族共同铸就的辉煌。"④"我们讲中华民族多元一体格局,一体包含多元,多元组成一体,一体离不开多元,多元也离不开一体,一体是主线和方向,多元是要素和动力,两者辩证统一。"⑤他认为,我国五十六个

---

① 中共中央文献研究室:《习近平关于社会主义政治建设论述摘编》,中央文献出版社,2017,第76页。

② 中共中央文献研究室:《习近平关于社会主义政治建设论述摘编》,中央文献出版社,2017,第76页。

③ 中共中央文献研究室:《习近平关于社会主义政治建设论述摘编》,中央文献出版社,2017,第75页。

④ 中共中央文献研究室:《习近平关于社会主义政治建设论述摘编》,中央文献出版社,2017第149页。

⑤ 中共中央文献研究室:《习近平关于社会主义政治建设论述摘编》,中央文献出版社,2017,第150页。

民族是历史形成的客观存在，是不以人的意志为转移的存在。因此，"我国少数民族有一亿多人，处理好民族关系始终是国家政治生活极为重要的内容"①。

我国是一个多民族的社会主义国家，民族关系是中国共产党治国理政的重中之重，正确认识和处理民族关系，最根本的是要坚持民族平等，加强民族团结，推动民族互助，促进民族和谐。习近平强调："我们要坚持各民族共同团结奋斗、共同繁荣发展的主题，深入开展民族团结宣传教育，牢固树立汉族离不开少数民族、少数民族离不开汉族、各少数民族之间也相互离不开的思想观念，打牢民族团结的思想基础。"②

民族区域自治制度是我国的一项基本政治制度，是中国特色解决民族问题的正确道路的重要内容和制度保障，要坚定不移坚持党的民族政策、坚持民族区域自治制度。习近平认为坚持和完善民族区域自治制度，要做到"两个结合"。对此他作了专门解释："一是坚持统一和自治相结合。团结统一是国家最高利益，是各族人民共同利益，是实行民族区域自治的前提和基础。没有国家团结统一，就谈不上民族区域自治。同时，要在确保国家法律和政令实施的基础上，依法保障自治地方行使自治权，给予自治地方特殊支持，解决好自治地方特殊问题。二是坚持民族因素和区域因素相结合。民族区域自治，既包含了民族因素，又包含了区域因素。民族区域自治不是某个民族独享的自治，民族自治地方更不是某个民族独有的地方。"③

发展是解决民族地区各种问题的总钥匙。根据我国基本国情，民族地区是我国的资源富集区、水系源头区、生态屏障区、文化特色区、边疆地区、贫困地区。因此，习近平认为民族地区发展必须遵循："坚

---

① 中共中央文献研究室：《习近平关于社会主义政治建设论述摘编》，中央文献出版社，2017，第147页。

② 中共中央文献研究室：《习近平关于社会主义政治建设论述摘编》，中央文献出版社，2017，第147页。

③ 习近平：《习近平谈治国理政》（第二卷），外文出版社，2017，第300页。

持就业第一，增强就业能力，拓宽就业渠道，扩大就业容量；民族地区发展二、三产业，开发项目、建设重点工程，无论谁投资，都要注重增加当地群众就业、促进当地群众增收。"①另外，习近平十分重视民族地区教育问题，他认为民族地区抓团结、抓发展，都离不开教育这个基础性工作，因此"要全面贯彻党的教育方针，搞好民族地区各级各类教育，造就更多适应民族地区发展需要的有用人才"②。"加强中华民族大团结，长远和根本的是增强文化认同，建设各民族共有精神家园，积极培养中华民族共同体意识。文化认同是最深层次的认同，是民族团结之根、民族和睦之魂。文化认同问题解决了，对伟大祖国、对中华民族、对中国特色社会主义道路的认同才能巩固。"③

民族工作涉及方方面面，方方面面都有民族工作。习近平指出，要形成党委领导、政府负责、有关部门协同配合、全社会通力合作的民族工作格局。他认为做好民族工作，少数民族干部是重要桥梁和纽带。他强调："民族地区要重视基层党组织建设，使之成为富裕一方、团结一方、安定一方的坚强战斗堡垒，使每一名党员都成为维护团结稳定、促进共同富裕的一面旗帜。"④谈到民族则离不开宗教，习近平认为宗教工作本质上是群众工作，并且要求"要全面贯彻党的宗教信仰自由政策，依法管理宗教事务，坚持独立自主自办原则，积极引导宗教与社会主义社会相适应"⑤。

在参加十二届全国人大五次会议新疆代表团审议时，习近平强调：

---

① 中共中央文献研究室：《习近平关于社会主义社会建设论述摘编》，中央文献出版社，2017，第68-69页。

② 中共中央文献研究室：《习近平关于社会主义政治建设论述摘编》，中央文献出版社，2017，第156页。

③ 中共中央文献研究室：《习近平关于社会主义政治建设论述摘编》，中央文献出版社，2017，第157页。

④ 中共中央文献研究室：《习近平关于社会主义政治建设论述摘编》，中央文献出版社，2017，第161页。

⑤ 中共中央文献研究室：《习近平关于社会主义政治建设论述摘编》，中央文献出版社，2017，第163页。

"要全面贯彻党的民族政策，高举各民族大团结旗帜，引导各族群众增强对伟大祖国、中华民族、中华文化、中国共产党、中国特色社会主义的认同，像爱护自己的眼睛一样爱护民族团结，像珍视自己的生命一样珍视民族团结，像石榴籽那样紧紧抱在一起。"他要求要持续开展好"民族团结一家亲"和民族团结联谊活动，把民族团结落实到日常生活工作学习中，贯穿到学校教育、家庭教育、社会教育各环节各方面，让民族团结之花常开长盛[1]。习近平认为，民族工作也是统战工作的一部分，因此提到"必须明确，民主党派工作、党外知识分子工作、非公有制经济人士工作，民族工作、宗教工作，港澳工作、对台工作、侨务工作，都是统战工作的重要组成部分。要坚持党委统一领导、统战部牵头协调、有关方面各负其责的大统战工作格局，形成工作合力。各有关部门和人民团体要增强统战意识，搞好分工协作"[2]。

七、坚持和发展基层群众自治制度

基层群众自治制度也是中国特色社会主义政治制度之一，习近平在多次讲话中强调，要健全充满活力的基层群众自治制度。他提出要"健全基层党组织领导的基层群众自治机制"。具体来说："在城乡社区治理、基层公共事务和公益事业中广泛实行群众自我管理、自我服务、自我教育、自我监督，拓宽人民群众反映意见和建议的渠道，着力推进基层直接民主制度化、规范化、程序化。全心全意依靠工人阶级，健全以职工代表大会为基本形式的企事业单位民主管理制度，探索企业职工参与管理的有效方式，保障职工群众的知情权、参与权、表达权、监督权，维护职工合法权益。"[3]

在庆祝全国人民代表大会成立六十周年大会上，习近平强调："我

[1] 中共中央文献研究室：《习近平关于社会主义政治建设论述摘编》，中央文献出版社，2017，第173页。

[2] 中共中央文献研究室：《习近平关于社会主义政治建设论述摘编》，中央文献出版社，2017，第138页。

[3]《中国共产党第十九届中央委员会第四次全体会议文件汇编》，人民出版社，2019，第31页。

们要坚持和完善基层群众自治制度，发展基层民主，保障人民依法直接行使民主权利，切实防止出现人民形式上有权、实际上无权的现象。"①在庆祝中国人民政治协商会议成立六十五周年大会上，习近平继续强调："凡是涉及群众切身利益的决策都要充分听取群众意见，通过各种方式、在各个层级、各个方面同群众进行协商。要完善基层组织联系群众制度，加强议事协商，做好上情下达、下情上传工作，保证人民依法管理好自己的事务。"②他认为坚持和发展基层群众自治制度，就必须在人民内部采取广泛协商的方式，为此，他解释道："在人民内部各方面广泛商量的过程，就是发扬民主、集思广益的过程，就是统一思想、凝聚共识的过程，就是科学决策、民主决策的过程，就是实现人民当家作主的过程。这样做起来，国家治理和社会治理才能具有深厚基础，也才能凝聚起强大力量。"③

八、坚持和完善"一国两制"

"一国两制"是中国特色社会主义政治制度的重要组成部分，坚持和完善"一国两制"同样是习近平政治观的重要内容。习近平认为"一国两制"是党领导人民实现祖国和平统一的一项重要制度，是中国特色社会主义的一个伟大创举。因此，他提出，必须坚持"一国"是实行"两制"的前提和基础，"两制"从属和派生于"一国"并统一于"一国"之内④。中国古语言："大厦之成，非一木之材也；大海之阔，非一流之归也。"人类社会发展的事实证明，依法治理是最可靠、最稳定的治理，因此，要善于运用法治思维和法治方式进行治理，强化法

① 习近平:《在庆祝全国人民代表大会成立六十周年大会上的讲话》,载《十八大以来重要文献选编》(中),中央文献出版社,2016,第63页。

② 习近平:《在庆祝中国人民政治协商会议成立六十五周年大会上的讲话》,载《十八大以来重要文献选编》(中),中央文献出版社,2016,第78页。

③ 习近平:《在庆祝中国人民政治协商会议成立六十五周年大会上的讲话》,载《十八大以来重要文献选编》(中),中央文献出版社,2016,第73-74页。

④《中国共产党第十九届中央委员会第四次全体会议文件汇编》,人民出版社,2019,第58页。

治意识。习近平指出，法治是香港长期繁荣稳定的重要基石①。中国共产党十八届四中全会提出了全面推进依法治国总目标，强调依法保障"一国两制"实践，保持香港、澳门长期繁荣稳定，依法保护港澳同胞利益。这是我国推进国家治理体系和治理能力现代化迈出的重要一步，对全面准确贯彻"一国两制"方针和基本法、促进香港、澳门的长治久安具有重要意义。

习近平强调，要坚定不移贯彻"一国两制""港人治港""澳人治澳"高度自治的方针，推动全面准确落实《中华人民共和国香港特别行政区基本法》（简称《基本法》），推动内地同香港、澳门的交流合作，维护香港、澳门长期繁荣稳定。具体来说，要健全中央依照《宪法》和《基本法》对特别行政区行使全面管治权的制度。完善中央对特别行政区行政长官和主要官员的任免制度和机制、全国人大常委会对基本法的解释制度，依法行使《宪法》和《基本法》赋予中央的各项权力。建立健全特别行政区维护国家安全的法律制度和执行机制，支持特别行政区强化执法力量。健全特别行政区行政长官对中央政府负责的制度，支持行政长官和特别行政区政府依法施政②。

习近平非常重视推进祖国和平统一进程，推动两岸关系和平发展。他强调："要加强同海外侨胞、归侨侨眷的联系，维护他们的合法权益，支持他们积极参与和支持祖（籍）国现代化建设与和平统一大业，促进中国同世界各国的文化交流。要高举和平、发展、合作、共赢旗帜，按照国家对外工作总体部署，加强同各国人民、政治组织、媒体智库等友好往来，为促进人类和平与发展的崇高事业作出积极贡献。"③

---

① 中共中央文献研究室：《习近平关于全面依法治国论述摘编》，中央文献出版社，2015，第63页。

②《中共中央关于坚持和完善中国特色社会主义制度 推进国家治理体系和治理能力现代化若干重大问题的决定》，人民出版社，2019，第36-37页。

③ 习近平：《在庆祝中国人民政治协商会议成立六十五周年大会上的讲话》，载《十八大以来重要文献选编》（中），中央文献出版社，2016，第70-71页。

九、加强和改进新形势下党的群团工作

群团事业是党的事业的重要组成部分。党的群团工作是党通过群团组织开展的群众工作，是党组织动员广大人民群众为完成党的中心任务而奋斗的重要工作。习近平认为群众工作是党的一项根本性、基础性工作，他在2015年中央党的群团工作会议上谈道："由于党的群众工作对象众多、层次多样，党需要建立旨在广泛联系各方面群众的群团组织来帮助党做群众工作。"①习近平指出，要切实保持和增强党的群团工作的政治性。政治性是群团组织的灵魂，是第一位的，必须自觉坚持中国共产党的领导。党的群团工作的政治性，主要体现在工会、共青团、妇联等群团组织要承担起引导群众听党话、跟党走的政治任务，为夯实党执政的阶级基础和群众基础作出贡献。这是群团组织同一般社会组织的根本区别，也应该成为衡量群团组织工作做得好不好的政治标准。因此，必须把正方向、引对道路，绝不能犯方向性错误。习近平强调，做好党的群团工作，必须毫不动摇坚持中国特色社会主义群团发展道路，全面把握"六个坚持"的基本要求和"三统一"的基本特征。对此他作了专门解释："六个坚持"就是坚持党对群团工作的统一领导，坚持发挥桥梁和纽带作用，坚持围绕中心、服务大局，坚持服务群众的工作生命线，坚持与时俱进、改革创新，坚持依法依章程独立自主开展工作。"三统一"就是各群团自觉接受党的领导、团结服务所联系的群众、依法依章程开展工作相统一②。

群众性是群团组织的根本特点，习近平认为要切实保持和增强群团组织的群众性。保持和增强群团组织的群众性，必须克服重精英轻草根的倾向，更多关注、关心、关爱普通群众。必须大力健全组织特别是基层组织。组织是群团凝聚群众的阵地，必须建立健全联系群众

① 中共中央文献研究室：《习近平关于青少年和共青团工作论述摘编》，中央文献出版社，2017，第103页。

② 中共中央文献研究室：《习近平关于青少年和共青团工作论述摘编》，中央文献出版社，2017，第71页。

的长效机制，密切联系群众是群团组织建设的永恒主题。"群众流动频繁、分布不断变化，群团组织设置必须及时调整。要巩固已有的组织基础，加快新领域新阶层组织建设，形成完善的组织体系，实现有效覆盖。"①

联系和引导相关社会组织，是群团组织发挥桥梁和纽带作用的一项重要任务。2013年在同全国劳动模范代表座谈时，习近平说："中国工会是中国共产党领导的工人阶级群众组织，是党联系职工群众的桥梁和纽带，是社会主义国家政权的重要社会支柱。"②2013年，习近平在同团中央新一届领导班子成员集体谈话时谈道："共青团作为党和政府联系青年的桥梁和纽带，必须密切联系青年、有效吸引青年、广泛团结青年，把最大多数青年紧紧凝聚在党的周围。"③2013年，习近平在同全国妇联新一届领导班子集体谈话时指出："中国特色社会主义妇女发展道路是中国特色社会主义道路的重要组成部分，符合我国国情，适应我国妇女事业发展要求，是实现妇女平等依法行使民主权利、平等参与经济社会发展、平等享有改革发展成果的正确道路。"④2014年，习近平在北京市海淀区民族小学主持召开座谈会时谈道："少先队要坚持开展组织教育、自主教育、实践活动，更好为少年儿童培育和践行社会主义核心价值观服务，把广大少年儿童团结好、教育好、带领好。"⑤

习近平始终认为，办好中国的事情，关键在党。他在多次讲话中

① 中共中央文献研究室：《习近平关于社会主义政治建设论述摘编》，中央文献出版社，2017，第199页。

② 习近平：《在同全国劳动模范代表座谈时的讲话》，《人民日报》2013年4月29日第2版。

③ 中共中央文献研究室：《习近平关于青少年和共青团工作论述摘编》，中央文献出版社，2017，第62页。

④ 中共中央文献研究室：《习近平关于社会主义政治建设论述摘编》，中央文献出版社，2017，第182页。

⑤ 习近平：《从小积极培育和践行社会主义核心价值观》，《人民日报》2014年5月31日第2版。

强调："中国特色社会主义最本质的特征是中国共产党领导，中国特色社会主义制度的最大优势是中国共产党领导。坚持和完善党的领导，是党和国家的根本所在、命脉所在，是全国各族人民的利益所在、幸福所在。"[1]他提出："我们要坚持党的领导和我国社会主义制度的优越性，增强中国特色社会主义道路自信、理论自信、制度自信、文化自信，同时也要有所发现、有所发明、有所创造、有所前进，决不能因自信而自满，因自满而停滞不前。"[2]

---

[1] 习近平：《在庆祝中国共产党成立95周年大会上的讲话》，人民出版社，2016，第22页。

[2] 中共中央文献研究室：《习近平关于社会主义政治建设论述摘编》，中央文献出版社，2017，第35页。

第三章

中国特色社会
主义政治制度的
形成、发展
与历史经验

中国特色社会主义政治制度是中国近代以来社会历史发展的必然产物，是中国共产党带领全国各族人民，在不断推动马克思主义中国化的历史进程中进行理论创新和实践探索的伟大成果。

中国特色社会主义政治制度是以马克思主义为指导的、具有鲜明中国特征的、立足中国国情实际的、充满活力和优越性的政治制度体系。中国特色社会主义政治制度的形成和发展不是一蹴而就的，而是在长期的社会主义革命、建设和改革实践中逐步确立、发展和完善起来的，具有鲜明的以世界历史为参照、以中国历史为土壤的历史逻辑。一方面，中国特色社会主义政治制度以世界历史为参照，是近代中国在世界历史潮流中向西方学习并遇到挫折的结果。洋务运动的失败和中日甲午战争的战败，人们开始彻底意识到清政府的政治制度（封建君主专制制度）已经彻底腐朽，仅仅学习西方制枪造炮的技术还不足以挽救国家的危亡，中国衰败的真正原因不在技术，而在制度。从此，中国开启了学习西方先进政治制度的进程，在变革过程中不断参照西方制度历史发展的模式。1898年的戊戌变法是近代以来中国在世界历史潮流中模仿西方进行制度变革的首次尝试，但由于资产阶级的软弱性和守旧势力过于强大，戊戌变法仅实行了103天便以失败而告终。1911年以孙中山为代表的资产阶级革命派发动辛亥革命，成立中华民国临时政府（南京国民政府），实行西式民主共和制度。这是近代中国参照世界历史进程的首次初步胜利，但好景不长，不顾国情和实际，盲目照搬世界政治制度模式必然会带来失败。另一方面，中国特色社会主义政治制度以中国历史为土壤，是近代以来中国社会历史发展的产物。在古代中国，文化对政治的影响主要表现为道统（意识形态领域的儒家学说）对政统（君主专制）的制约，道统一直是政统建构中最为基本的理论来源。1926年郭沫若的《马克思进文庙》借孔子之口表示社会主义理想与儒家的大同社会理想不谋而合，为马克思主义在中国的广泛传播减少了传统阻力并奠定了思想基础。在近代中国，农民阶级和资产阶级学习西方政治制度的失败、领导中国革命的失败，使得中国工人阶级登上历史舞台，中国共产党领导下的中国人民开始了在我国这样半殖民地半封建社会探索政治制度和政权组织形式的伟大历程。抗日战争时期，以毛泽东为核心的党的第一代领导集体以国情实际为基础提出了在未来实行人民代表大会制度的伟大设想并在建国后得以实现；同时，反复强调要正确处理好民族矛盾和阶级矛盾，要让抗日战争的胜利变成人民的胜利，阐述了成立联合政府的构想，这是日后中国共产党领导的多党合作和政治协商制度的前身；解放战争时期，我国第一个民族自治区——内蒙古自治区的成立，实现了党探索民族区域自治制度的初步成功。这样，中国特色社会主义政治制度在中国历史发展进程中得以初探、建设、发展和完善。基于此，确立了以国家制度为基础和统领，形成了由根本政治制度、基本政治制度、重要政治制度、具体政治制度组成的中国特色社会主义政治制度体系。

第一节
中国特色社会主义政治制度的形成与发展

中国共产党领导下中国特色社会主义政治制度在实践层面的形成与发展，大致可以分为以下几个阶段：新中国成立前的探索与实践期；从1949年新中国成立到1978年是确立期；1978年到1989年是改革起步期；1989年到2002年是改革探索期；2002年到2012年是改革深化期；2012年至今是全面深化改革期。经过长期的探索与实践，中国特色社会主义政治制度发展呈现出制度内容不断丰富、制度逻辑逐渐清晰、制度层次更加分明、制度体系更加完善的总体特征，已经形成了一套具有中国特色、符合中国国情、体现现代政治文明的政治制度体系。

一、新中国成立前的探索与实践期

中国共产党成立至新中国成立，中国共产党领导革命的伟大历史进程中，中国共产党人就积极探索中国的社会主义政治制度，大致经历了以下几个时期的探索与实践：

（一）土地革命时期的工农民主政权

1927年大革命失败后，中国共产党逐步走上了土地革命的道路，以毛泽东为代表的共产党人率领工农革命军进入广大农村地区，进行了农村包围城市的革命探索。随着红军武装力量的不断壮大和革命形势的日渐发展，各地纷纷建立了革命根据地。其间，中国共产党以赣南闽西革命根据地为依托，建立起了苏维埃中央政府。1931年11月，中华苏维埃第一次全国代表大会在江西瑞金举行，会议通过了《中华苏维埃共和国宪法大纲》，中国第一个全国性的工农苏维埃政权由此诞生。大会通过的《宪法大纲》共有17条，其中对苏维埃共和国的国家性质、选举制度和政权组织形式等一系列国家政治制度体系作了规定，这对于保障无产阶级劳苦大众的政治权利，促进中国革命运动的发展具有重要意义。这一时期，工农民主政权在政治制度设计安排上的探索为后期中国共产党从局部执政走向国家执政积累了宝贵的经验。

在政权属性上，苏维埃政权坚持无产阶级属性，国家实行工人与农民的民主专政，坚决反对帝国主义和封建主义。在苏维埃国家中，地主、军阀、剥削者和反革命者等阶级和主体无法享受政治权利和政治自由，苏维埃国家的权力属于工农兵以及一切劳苦大众。在最高政权所属上，《宪法大纲》第三条指出："中华苏维埃共和国之最高政权为全国工农兵会议（苏维埃）的大会，在大会闭会的期间，全国苏维埃临时中央执行委员会为最高政权机关，中央执行委员会下组织人民委员会处理日常政务，发布一切法令和决议案。"[1]在地方政权机关设置上，革命初期，由于各革命根据地之间存在地域和联系上的阻隔，不同根据地在地方政权机关层级设置上存在一定的差异，存在三级地方国家机构、五级地方国家机构和六级地方国家机构等不同类型。在中华苏维埃统一的中央国家机构建立之后，为加强对苏维埃国家政权的统一领导和指挥，统一各根据地的纵向层级机构，1931年11月，《划分行政区域暂行条例》颁布出台，将地方苏维埃划分为省、县、区、乡四级。1933年7月，中央又作出《重新划分行政区域的决议》[2]，进一步完善了苏区的政权层级机构。

在选举制度上，苏维埃选举法规定，十六岁以上的苏维埃公民皆享有选举权和被选举权，有权选派代表参加各级苏维埃会议，参与讨论国家以及各级地方的政治事务。在选举方式上，苏维埃共和国采取了直接选举与间接选举相结合的方式。1933年颁布实行的《苏维埃暂行选举法》规定，"上一级的苏维埃代表大会代表由下一级苏维埃代表大会、苏维埃组织和辖区内的红军选举产生，而最基层的乡苏维埃代表大会代表则由基层选民直接选举产生"[3]。除了选举主体和选举形式

---

① 《建党以来重要文献选编（1921—1949）》（第八册），中央文献出版社，2011，第650页。

② 袁瑞良：《人民代表大会制度形成发展史》，人民出版社，1994，第106页。

③ 耿显家：《共产国际与中国苏维埃政权》，人民出版社，2020，第155页。

外，苏维埃共和国在候选人制度、妇女参与、工农代表所占比例上都进行了相关的规定，充分保障了人民当家作主的权利。

苏维埃政权作为土地革命时期中国共产党带领工农大众建立的政权，其代表了无产阶级的利益，在政治制度的设计上坚持无产阶级属性，关注劳苦大众的切身利益。通过党政制度、代表大会制度、选举制度等一系列政治制度的设计，中国共产党赢得了根据地广大人民群众的真心拥护，这也为党夺取革命的最终胜利，实现人民群众的解放提供了丰富的制度经验。

（二）抗日战争时期的抗日民主政权

抗日战争时期，中国共产党为了团结一切可以团结的力量共同抵御外敌，争取抗日战争的最后胜利，建立起了最广泛的抗日民族统一战线。不同于土地革命时期的工农民主专政，抗日战争时期，中国共产党在根据地政权建设上坚持抗日统一战线，提出根据地内建立的政权是抗日民族统一战线的政权，"这种政权，即是一切赞成抗日又赞成民主的人们的政权；即是几个革命阶级联合起来对于汉奸和反动派的民主专政"①。

这一时期在政权组织形式上，中国共产党提出并实行了"三三制"的政权体制模式。具体来看，即在政权组织的人员构成上，"共产党员占三分之一，他们代表无产阶级和贫农；左派进步分子占三分之一，他们代表小资产阶级；中间分子及其他分子占三分之一，他们代表中等资产阶级和开明绅士"②。但从本质上讲，抗日民主政权仍是中国共产党领导下的民主政权，党在政权中的核心地位不曾改变。"三三制"模式的推行适应了建立抗日民族统一战线的需要，有利于团结社会各界广大群众参与抗日救亡活动，对于加强党的根据地建设，缓解阶级矛盾并一致对外具有重要意义。

在选举制度上，中国共产党坚持民主原则，在民族矛盾上升为社会主要矛盾的时代背景下，党因时对选举制度作出调整，扩大了选举

①《毛泽东选集》(第二卷)，人民出版社，1991，第750页。

②《毛泽东选集》(第二卷)，人民出版社，1991，第750页。

主体的范围，推行了更加普遍、平等和直接的选举制度。1939年，"陕甘宁边区第一届参议会通过新的《陕甘宁边区选举条例》，标志着抗日民主选举制度在陕甘宁边区率先正式形成"[1]，陕甘宁边区在进行民主选举时，坚持普遍的、直接的、平等的、民主的和无记名的选举原则，充分调动了社会各阶层的参政热情。选举制度的完善和优化较好地增进了群众对中国共产党的认知，树立了党的良好形象。

整体而言，在抗日战争时期，中国共产党领导的抗日民主政权秉持民族大义，团结各阶层爱国群众同仇敌忾，在政治制度的设计上凸显了团结、民主和爱国的原则，建立起了广泛牢固的爱国统一战线，这对于整合民族力量，抵抗外来侵略者发挥了积极的作用。同时，中国共产党因时调整政治制度也表现出了政党维护民族利益，坚持爱国主张的光辉形象，这对于中国共产党后期执政国家，领导全国各族人民建立新的政权奠定了良好的群众基础。

（三）解放战争时期的人民民主政权

解放战争时期，解放区革命政权的性质是无产阶级领导的、以工农联盟为基础的、人民大众的、反对帝国主义、封建主义和官僚资本主义的人民民主政权。关于解放战争时期革命政权的性质，也就是毛泽东1948年《在晋绥干部会议上的讲话》中全面、系统地提出的新民主主义革命的总路线和总政策，即"无产阶级领导的，人民大众的，反对帝国主义、封建主义和官僚资本主义的革命"。[2]时任陕甘宁边区政府主席的林伯渠同志，在中共西北局召开的地委书记联席会议上的报告中也明确指出，"中国现阶段革命的性质决定了现阶段革命政权的性质是无产阶级领导的、人民大众的、反对帝国主义封建主义和官僚资本主义的革命政权，是无产阶级及其政党（中国共产党）领导的以劳动人民为主体（工、农、兵、手工业者等一切体力劳动者和不剥削人而受人剥削的脑力劳动者）、并联合受压迫损害或限制的自由资产阶级（商）、知识分子（学）及其他爱国分子（包括赞成土改的开明绅

---

① 唐宝富：《抗日根据地政治制度研究》，人民出版社，2001，第99页。

② 《毛泽东选集》第四卷，人民出版社，1991年6月第2版，第1313页。

士）为推翻帝国主义封建主义官僚主义资本主义，建立中华人民共和国及人民民主政府的人民民主专政的政权"。①

（四）中华人民共和国的成立与人民民主专政国体的确立

在抗战结束后，中共中央随着全国局势的变化，在各地设置中央局或分局。各中央局或分局是接受中共中央的委托、代表中央执行其所委托的任务的机关。它们必须与中央具有高度密切的联系，各省党委和区党委也必须同中央和分局保持密切的联系。因此，上下级之间实行严格的报告制度，报告的内容包括该区的军事、政治、土地改革、政党、经济、宣传和文化等各项活动的动态。之所以设置中央局或分局和大区，毛泽东在1948年4月10日指出，原因之一是为了将来在此基础上成立中央人民政府。

在三大决战胜利之后，成立中央人民政府被提上日程。新成立的中央人民政府必须体现新政权的性质。毛泽东在1948年9月中央政治局会议上指出："我们政权的阶级性是这样：无产阶级领导的，以工农联盟为基础，但不是仅仅工农，还有资产阶级民主分子参加的人民民主专政。"②毛泽东对于阶级政权性质的界定，覆盖了城市和农村中的各个阶层，中华人民共和国的国名，"共和"体现了我国的政体，而"人民"体现出在这个国家占据统治地位的是工、农、小资产阶级和民族资产阶级四个阶级以及爱国民主分子，这种特定的解释就将人民民主专政的思想表达了出来。在确定了政权性质即国体后，就要确定政体。周恩来于1949年9月7日在新政协一届会议上指出，"辛亥革命后，袁世凯、曹锟、段祺瑞等都搞议会制、总统制的方式，结果换来了封建买办的专政"，因此在中国推行主席制，主席是在民主集中制的原则之下通过民主的选举方式产生的，主席指导中央人民政府委员会的日常工作，主席下面的组织，除了政务院，还有人民革命军事委员会、最高人民法院和最高人民检察署等；同时，以政务院为最高行政机关。政务院首长称为总理，政务院下设30个单位。为了加强对这30个单位

① 《林伯渠文集》，华艺出版社1996年版，第561–562页。

② 《毛泽东著作专题摘编》（上），中央文献出版社，2003，第727页。

的领导，设置了4个委员会（政治法律委员会、财政经济委员会、文化教育委员会、人民监察委员会）来协助政务院办理事务。

1949年10月1日，中华人民共和国宣告成立。同日，举行中央人民委员会第一次会议，中央人民政府宣告成立。10月21日，政务院宣告成立。11月1日，政务院各部、会、院、署、行开始正式办公，中国社会主义政治制度的历史揭开了一页新的篇章。

二、中国特色社会主义政治制度的确立期

新中国成立后，以毛泽东为核心的第一代领导集体高度重视中国特色社会主义政治制度建设问题，通过开展积极的制度探索，在这一时期正式确立了中国特色社会主义政治制度。如何保持国家政治稳定是新中国成立初期的重大任务，也是当时建立的中国特色社会主义政治制度的重要作用和功能。"中国人民在几十年中积累起来的一切经验，都叫我们实行人民民主专政，或曰人民民主独裁，总之是一样，就是剥夺反动派的发言权，只让人民有发言权。"[1]在人民民主专政理论指导下，人民代表大会制度、政治协商制度和民族区域自治制度三大中国特色社会主义政治制度在这一时期正式确立。"人民代表大会制度是中国共产党在总结长期政权建设的经验的基础上作出的历史性创造，适应人民民主专政的国家性质。毛泽东在倡导和确立人民代表大会制度方面作出了杰出贡献。"[2]人民代表大会制度从产生到形成到确立经历了长期的发展过程，这一制度的名称也经历了多次变化，从最初的工农兵士贫民代表会议、国民大会、省民大会、县民大会到《论联合政府》中毛泽东首次明确使用人民代表大会，人民代表大会是经过实践检验符合中国实际的政治制度。"毛泽东倡导和确立的人民代表大会制度，由人民选举代表组成充分代表人民意愿的国家权力机关，统一领导国家事务，保证国家一切权力属于人民。它遵循社会主义原

---

[1]《毛泽东选集》(第四卷)，人民出版社，1991，第1475页。

[2] 成林萍：《毛泽东民主政治思想及实践研究》，博士学位论文，中共中央党校，2011，第78页。

则、民主选举原则、最高国家权力原则和民主集中制原则。这种制度符合中国的实际情况和人民民主专政的政权性质，是行之有效的。"[1]政治协商制度作为中国特色社会主义政治制度的重大创新，不同于西方资本主义国家的两党制和多党制，其中中国共产党是执政党，各民主党派是参政党的新型民主政党制度，对于进一步充分发挥政党制度优势，避免政党斗争、政党腐败，保障人民当家作主的根本地位具有重要意义。1949年第一届中国人民政治协商会议的召开标志着政治协商制度的正式确立，此后，随着我国对政治协商制度认识的深化和实践的发展，这一制度也在不断的发展和完善之中。早在1947年在中国共产党的领导下我国就建立了第一个民族自治区，这一实践不仅为建立民族区域自治制度指明了方向，同时也积累了宝贵的经验。在此基础上，1949年《中国人民政治协商会议共同纲领》中明确规定："各少数民族聚居的地区，实行民族区域自治，按照民族聚居的人口多少和区域大小，分别建立各种民族自治机关。"作为多民族的国家，如何解决民族问题是新中国成立后面临的重大政治问题。1954年宪法明确规定："各少数民族聚居的地方实行区域自治。各民族自治地方都是中华人民共和国不可分离的部分。"在民族区域自治制度引领下，我国各民族像石榴籽一样紧紧团结在一起，保持了国家长期的繁荣、稳定和发展。

三、中国特色社会主义政治制度的改革起步期

党的十一届三中全会以来，以邓小平为核心的第二代中央领导集体恢复了"文化大革命"期间被破坏的政治制度建设，在总结正反两方面经验教训的基础上大力推行改革开放，逐步形成中国特色社会主义制度体系。邓小平作为我国改革开放的总设计师，对于发展中国特色社会主义政治制度作出了具有历史性的贡献。邓小平通过对新中国成立以来社会主义民主政治实践的总结，认为形成一套具有中国特色

---

[1] 成林萍：《毛泽东民主政治思想及实践研究》，博士学位论文，中共中央党校，2011，第79页。

的政治制度对于我国的重要性，他指出："我国的制度基本上是从苏联照搬过来的。它很落后，只解决表面问题，造成机构重叠，助长官僚主义。"①对于当时中国的政治制度来说正是如此，由于受到苏联政治体制的影响，中国社会主义政治制度存在一系列的缺陷和不足。因此，邓小平提出要把马克思主义的普遍真理同我国的具体实际结合起来，走自己的路，建设有中国特色的社会主义。在党的十二大上，邓小平首次提出了"建设有中国特色的社会主义"，标志着中国特色社会主义政治制度发展进入了新阶段。正是在邓小平关于政治制度建设思想的指导下，中国特色社会主义政治制度的发展进一步明确了方向，提出了新的总任务，即"团结全国各族人民，自力更生，艰苦奋斗……把我国建设成为具有高度文明、高度民主的社会主义现代化强国"②。党的十三大提出"社会主义应当有高度的民主"，同时也强调"人民民主专政不能削弱"。

四、中国特色社会主义政治制度的改革探索期

党的十三届四中全会以来，以江泽民为核心的党的第三代中央领导集体系统回答了"什么是社会主义、怎样建设社会主义"和"建设什么样的党、怎样建设党"的历史问题，丰富了中国特色社会主义政治制度体系。

随着东欧剧变、苏联解体等重大国际政治事件的发生，这一阶段中国特色社会主义政治制度的改革在吸取经验的基础上主要围绕着政治体制改革进行。通过推进政治体制改革继续深化中国特色社会主义政治制度的发展完善。党的十四大上提出"建设有中国特色社会主义的理论"，在关于中国特色社会主义政治制度的发展上强调"坚持社会主义道路、坚持人民民主专政、坚持中国共产党的领导、坚持马克思列宁主义毛泽东思想"，坚持四项基本原则解决了涉及发展中国特色社

---

① 傅高义：《邓小平时代》，冯克利译，生活·读书·新知三联书店出版社，2013，第230页。

② 奚洁人：《党的先进性建设系列研究》（下卷），人民出版社，2012，第531页。

会主义政治制度的根本性、方向性问题。党的十五大提出进一步推进政治体制改革，将发展社会主义民主政治作为中国特色社会主义政治制度的奋斗目标，强调民主和法治的紧密联系，通过不断健全民主制度、加强法治建设、推进机构改革和完善民主监督等为着力点推动中国特色社会主义政治制度不断向前发展。党的十六大继续深化政治体制改革，并指出政治体制改革是社会主义政治制度的自我完善和发展，中国特色社会主义政治制度的发展逐渐形成了以实现社会主义人民民主为目标，以政治体制改革为手段的总体布局。在具体内容上，除了继续和深化坚持党的十五大提出的内容外，改革和完善党的领导方式和执政方式、改革和完善决策机制、深化行政管理体制改革、推进司法体制改革和深化干部人事制度改革等内容也受到了重视。可以这样说，中国特色社会主义政治制度的发展在这一阶段更加注重科学性、系统性。

随着政治制度改革的不断探索，党和国家更加重视社会主义民主政治与政治文明建设。党的十六大提出了发展社会主义民主政治，建设社会主义政治文明的重要思想，并明确指出发展社会主义民主政治，建设社会主义政治文明，最根本的是要坚持党的领导、人民当家作主和依法治国的有机结合和辩证统一。其中，党的领导是人民当家作主和依法治国的根本保证，人民当家作主是社会主义民主政治的本质要求，依法治国是党领导人民治理国家的基本方略。这是党的十六大对中国特色社会主义政治制度的重大发展。党的十六大同时提出了发展社会主义民主政治，建设社会主义政治文明的主要途径，包括：积极推进政治体制改革，坚持和完善社会主义的民主制度，充分发挥社会主义民主制度的特点和优势，保证人民群众依法实行民主选举、民主决策、民主管理、民主监督；加强社会主义法治，使整个国家的经济、政治、文化生活在法治的轨道上健康发展；不断改革和完善党的领导方式和执政方式，按照党总揽全局、协调各方的原则，规范党委与人大、政府、政协、各人民团体的关系。

五、中国特色社会主义政治制度的深化改革期

党的十六大以来，以胡锦涛同志为总书记的党中央提出"在新形势下实现什么样的发展、怎样发展"的时代命题并进行了深刻回答，进一步完善中国特色社会主义政治制度。

随着我国发展进入新世纪，如何在更加复杂的国内外背景下继续深化包括政治制度在内的各项改革以适应国家发展的新情况和新问题，这是党和国家需要科学谋划和奋力实现的重大历史任务。总体来讲，这一时期中国特色社会主义政治制度始终以高举中国特色社会主义伟大旗帜，以马克思列宁主义、毛泽东思想、邓小平理论、"三个代表"重要思想、科学发展观为指导，以完善和发展中国特色社会主义政治制度为总目标，这也是中国特色社会主义政治制度深化改革的科学指南。为此，胡锦涛在党的十六届二中全会上首次提出"走中国特色社会主义政治发展道路"这一重大命题，为中国特色社会主义政治制度进一步改革深化指明了方向。党的十六届四中全会讨论了关于加强党的执政能力建设的若干问题，提出要"按照推动社会主义物质文明、政治文明、精神文明协调发展的要求，不断提高驾驭社会主义市场经济的能力、发展社会主义民主政治的能力、建设社会主义先进文化的能力、构建社会主义和谐社会的能力、应对国际局势和处理国际事务的能力"。这说明党对于政治制度改革的视野更加宽阔、具体内容也在不断扩展。党的十六届六中全会勾画了到2020年社会主义和谐社会的蓝图，其中就包括要更加完善社会主义民主法治和充分发挥党的作用这两项重要内容。党的十七大关于发展中国特色社会主义政治制度的观点更加成熟，系统地论述了中国特色社会主义政治发展道路的内涵、原则、目标等各方面的内容，提出"要坚持中国特色社会主义政治发展道路，坚持党的领导、人民当家作主、依法治国有机统一，坚持和完善人民代表大会制度、中国共产党领导的多党合作和政治协商制度、民族区域自治制度以及基层群众自治制度，不断推进社会主义政治制度自我完善和发展"。为此，不断建立健全和完善各项政治制度，主要

是：坚持和完善各项民主制度，加强社会主义法治建设；完善人民代表大会制度，使其真正发挥国家权力机构的职能；重视人民政治协商会议制度，发挥其桥梁、纽带和参政议政的作用；推进行政管理体制和干部人事制度改革，按精简、统一、高效的原则，进一步推行政府机构改革，转变政府职能；实现政治管理和决策的现代化、民主化、科学化、高效化，健全宏观调控机制；探讨行政程序和行政法治问题，行政执法与行政监督问题；推进司法体制改革；完善各类监督、监察机制和权力制衡机制。

2012年至今为全面深化改革期，我们将在第二节中全面阐释。

第二节
党的十八大以来中国特色社会主义
政治制度的新发展

党的十八大以来，以习近平同志为核心的党中央从理论和实践结合上系统回答了"新时代坚持和发展什么样的中国特色社会主义、怎样坚持和发展中国特色社会主义"这一重大时代课题，中国特色社会主义政治制度的发展进入了新的阶段，各项政治制度更加发展和完善，中国特色社会主义政治制度所蕴含的制度优势更加明显，制度效能更加显现。

一、中国特色社会主义政治制度的发展更加成熟化、规范化和科学化

中国特色社会主义政治制度发展更加成熟化是指这一制度在更加完善的指导思想和理论体系指引下发展更加全面。党的十八大以来中国特色社会主义政治制度在以马克思列宁主义、毛泽东思想、邓小平理论、"三个代表"重要思想、科学发展观、习近平新时代中国特色社会主义思想的指导下，统筹"五位一体"的总体布局和"四个全面"战略布局，中国特色社会主义政治制度体系不断健全、各项具体制度

不断完善、制度优势不断显现、功能定位更加明确。习近平总书记指出："推动中国特色社会主义制度更加成熟更加定型，为党和国家事业发展、为人民幸福安康、为社会和谐稳定、为国家长治久安提供一整套更完备、更稳定、更管用的制度体系。"①中国特色社会主义政治制度发展更加规范化是指为中国特色社会主义政治制度的建立健全和完善发展提供的法律依据和保障更加定型、更加完善。党的十八大提出"系统完备、科学规范、运行有效"是对这一制度规范化的最精炼总结。同时，中国特色社会主义政治制度是包括根本政治制度、重要政治制度和基本政治制度在内的制度体系，要明确不同制度的重要性和相互关系，形成规范化的制度关系，确保中国特色社会主义政治制度正确地发挥作用。中国特色社会主义政治制度发展更加科学化是指在中国特色社会主义理论指导下，在以习近平总书记为核心的党中央提出的一系列新论断、新观点的指导下，中国特色社会主义政治制度以"坚持和完善中国特色社会主义制度，推进国家治理体系和治理能力现代化"为目标不断向前发展。习近平总书记提出的"八个能否"可以看作是检验中国特色社会主义政治制度科学化水平的科学指南，即"主要看国家领导层能否依法有序更替，全体人民能否依法管理国家事务和社会事务、管理经济和文化事业，人民群众能否畅通表达利益要求，社会各方面能否有效参与国家政治生活，国家决策能否实现科学化、民主化，各方面人才能否通过公平竞争进入国家领导和管理体系，执政党能否依照宪法法律规定实现对国家事务的领导，权力运用能否得到有效制约和监督。"②同时，包括人民代表大会制度、中国共产党领导的多党合作和政治协商制度、民族区域自治制度以及基层民主制度在内的各项政治制度更加重视科学化、精准化，各项政治制度形成了从决策、执行到监督反馈等各环节在内的一系列科学化制度体系。

---

① 习近平：《完善和发展中国特色社会主义制度 推进国家治理体系和治理能力现代化》，《人民日报》2014年2月18日第1版。

② 习近平：《在庆祝全国人民代表大会成立60周年大会上的讲话》，《人民日报》2014年9月6日第2版。

二、中国特色社会主义政治制度的制度优势充分发挥

党的十八大以来，特别是党的十九届四中全会首次在党的中央全会上讨论国家制度和治理体系的问题，系统概括了我国国家制度和治理体系具有的十三个方面的显著优势，其中就包括中国特色社会主义政治制度的优势。具体来说，中国特色社会主义政治制度优势主要体现在以下三个方面。首先，中国特色社会主义政治制度是由各项具体政治制度有机组成的制度体系，各项政治制度都具有相应的独特制度优势。目前，中国特色社会主义政治制度已经形成了由根本政治制度、基本政治制度和重要政治制度组成的制度体系，不同层次的各项制度相互配合、优势互补。其次，中国共产党的领导是中国特色社会主义政治制度的最本质特征，也是中国特色社会主义政治制度最大优势之所在。"必须坚持党政军民学、东西南北中，党是领导一切的，坚决维护党中央权威，健全总揽全局、协调各方的党的领导制度体系，把党的领导落实到国家治理各领域各方面各环节。"①正是在党的领导下，中国特色社会主义政治制度的发展坚定前进方向；正是在党的领导下，社会主义民主政治不断发展，积极调动各方面积极性，确保了人民当家作主的地位。习近平总书记指出："国家治理体系是在党的领导下管理国家的制度体系，国家治理能力则是运用国家制度管理社会各方面事务的能力。"再次，在坚持和完善中国特色社会主义制度、推进国家治理体系和治理能力现代化的总目标下，中国特色社会主义政治制度优势进一步充分发挥。党的十九届四中全会提出："坚持和完善中国特色社会主义制度、推进国家治理体系和治理能力现代化的总体目标是，到我们党成立一百年时，在各方面制度更加成熟更加定型上取得明显成效；到二〇三五年，各方面制度更加完善，基本实现国家治理体系和治理能力现代化；到新中国成立一百年时，全面实现国家治理体系和治理能力现代化，使中国特色社会主义制度更加巩固、优越性充分

①《中共中央关于坚持和完善中国特色社会主义制度　推进国家治理体系和治理能力现代化若干重大问题的决定》,《人民日报》2019年11月6日第6版。

展现。"①中国特色社会主义政治制度的发展也要严格按照这一总目标，不断完善政治制度、推进政治体制改革，进一步发挥社会主义民主政治的优势。

三、中国特色社会主义政治制度的理论创新和实践探索继续发展

中国特色社会主义政治制度的出现本身就是理论创新和实践探索的双重结合。中国特色社会主义政治制度的理论来源是马克思列宁主义，正是将马克思列宁主义的普遍原理与中国国情、世情相结合，中国特色社会主义政治制度才得以诞生。从党的十八大以来，中国特色社会主义政治制度在理论和实践层面的创新与探索都出现了新的发展。党的十九大提出："经过长期努力，中国特色社会主义进入了新时代，这是我国发展新的历史方位。"②进入新时代，中国特色社会主义政治制度也要有新发展，这样才能适应时代要求。以习近平新时代中国特色社会主义思想为指导继续进行理论和实践的创新与探索，"必须坚持中国特色社会主义政治发展道路，坚持和完善人民代表大会制度、中国共产党领导的多党合作和政治协商制度、民族区域自治制度、基层群众自治制度，巩固和发展最广泛的爱国统一战线，发展社会主义协商民主，健全民主制度，丰富民主形式，拓宽民主渠道，保证人民当家作主落实到国家政治生活和社会生活之中"③。党的十九届四中全会首次作出"中国特色社会主义制度是党和人民在长期实践探索中形成的科学制度体系"这一新论断。因此，可以说，中国特色社会主义政治制度也是党和人民在长期实践探索中形成的科学制度体系。

从理论创新来说，党的十九届四中全会将中国特色社会主义政治制度按照功能和作用划分为根本制度、基本制度和重要制度，并强调

①《中共中央关于坚持和完善中国特色社会主义制度 推进国家治理体系和治理能力现代化若干重大问题的决定》，《人民日报》2019年11月6日第6版。

② 习近平：《决胜全面建成小康社会 夺取新时代中国特色社会主义伟大胜利》，《人民日报》2017年10月28日第1版。

③ 习近平：《决胜全面建成小康社会 夺取新时代中国特色社会主义伟大胜利》，《人民日报》2017年10月28日第1版。

党的领导的重要性。习近平总书记明确指出，"中国特色社会主义制度的最大优势是中国共产党领导，党是最高政治领导力量"。①也就是说，中国特色社会主义政治制度在坚持党的领导这一根本原则的基础上形成了以人民代表大会制度为根本制度，以中国共产党领导的多党合作和政治协商制度、民族区域自治制度和基层群众自治制度为基本制度，以根本政治制度和基本政治制度派生而来，在民主政治各领域各环节各方面发挥具体作用的主体性制度的理论体系。同时，党中央提出的"五位一体"总体布局和"四个全面"战略布局，将中国特色社会主义政治制度囊括在国家治理总体布局当中，从理论上明确了中国特色社会主义政治制度的发展方向，这是中国特色社会主义政治制度发展的重要理论创新。

从实践探索来说，中国特色社会主义政治制度经历了几十年的发展，已经取得了举世公认的伟大成就。特别是党的十八大以来，以习近平总书记为核心的党中央对中国特色社会主义政治制度的实践探索高度关注，明确提出要在立法工作中发挥人民代表大会及其常委会的主导作用；对于党领导的多党合作和政治协商制度，党中央印发并实施了包括《关于加强社会主义协商民主建设的意见》在内的一系列文件，将我国协商民主实践进一步向前推进；在基层自治方面，党中央和各省市都出台了进一步加强基层自治的若干意见。可以这样说，中国特色社会主义政治制度的实践探索将继续进行下去。但是，我们也要认识到，中国特色社会主义政治制度还不够完善，还有很多需要改进的方面，需要进一步深化改革，进行实践探索，使中国特色社会主义政治制度更加成熟、更加持久。正如习近平总书记指出："我们全面深化改革，不是因为中国特色社会主义制度不好，而是要使它更好；我们说坚定制度自信，不是要固步自封，而是要不断革除体制机制弊端，让我们的制度成熟而持久。"②

---

① 习近平：《决胜全面建成小康社会 夺取新时代中国特色社会主义伟大胜利》，《人民日报》2017年10月28日第1版。

②《习近平关于全面深化改革论述摘编》，中央文献出版社，2014，第22页。

第三节
中国特色社会主义政治制度的历史必然性

中国特色社会主义政治制度是以马克思主义为指导的、具有鲜明中国特色的、立足国情实际的、充满活力和优越性的政治制度，它的建立具有历史的必然性。

一、中国特色社会主义政治制度是马克思主义中国化在中国成功实践的必然产物

理论指导实践，实践反过来也会检验理论。当代中国特色社会主义政治制度的形成和发展也遵从同样的逻辑。

一方面，中国特色社会主义政治制度的理论根源来自马克思主义，正是在马克思主义理论指导下，中国特色社会主义政治制度才得以产生。中国特色社会主义政治制度之所以选择以马克思主义作为理论基础，是因为以西方资产阶级政治学说为理论基础的实践活动无法实现民族独立、人民解放和国家富强的目标。相反，在俄国十月革命后传来的马克思主义却更加符合中国国情，并最终指导了中国特色社会主义政治制度的建立，如同毛泽东指出的那样："十月革命一声炮响，给我们送来了马克思列宁主义。十月革命帮助了全世界的也帮助了中国的先进分子，用无产阶级的宇宙观作为观察国家命运的工具，重新思考自己的问题。"[1]正是从这时起，伴随着马克思主义不断中国化，一代又一代的中国共产党人以马克思主义为理论指导，开始了中国特色社会主义政治制度的探索。

另一方面，中国特色社会主义政治制度是马克思主义同中国实际相结合的产物。马克思主义不是僵化的真理，要将马克思主义的真理与具体实际相结合才能发挥出真理的伟力；马克思主义不是静止的真

①《毛泽东选集》(第四卷)，人民出版社，1991，第1471页。

理，只有不断发展马克思主义理论才能永葆其生命力。毛泽东指出："马列主义的基本原理在实践中的表现形式，各国应有所不同。在中国，马列主义的基本原理要和中国的革命实际相结合。"①后来邓小平明确提出要"把马克思主义的普遍真理同我国的具体实际结合起来，走自己的道路，建设有中国特色的社会主义"②。可以看出，正是在马克思主义理论指导下，中国共产党实事求是地结合中国实践逐步确立了中国特色社会主义政治制度。如邓小平指出："我们坚信马克思主义，但马克思主义必须与中国实际相结合。只有结合中国实际的马克思主义，才是我们所需要的真正的马克思主义。"③因此，中国特色社会主义政治制度是马克思主义基本原理与中国实际相结合的产物，是马克思主义中国化在中国成功实践的必然产物。

二、中国特色社会主义政治制度是中国特色社会主义道路发展的必然结果

道路决定制度，选择什么样的发展道路必然会产生什么样的制度。中国特色社会主义政治制度的形成和发展之所以是历史的必然选择，首先就是因为这一制度是中国特色社会主义道路不断向前发展的必然结果。党的十七大报告首次明确了中国特色社会主义道路的内涵："中国特色社会主义道路，就是在中国共产党领导下，立足基本国情，以经济建设为中心，坚持四项基本原则，坚持改革开放，解放和发展社会生产力，巩固和完善社会主义制度，建设社会主义市场经济、社会主义民主政治、社会主义先进文化、社会主义和谐社会，建设富强民主文明和谐的社会主义现代化国家。"④就是在这样的中国特色社会主义道路的引领下，中国特色社会主义政治制度的形成和发展才会具有

①《毛泽东著作选读》（下册），人民出版社，1986，第747页。

②《邓小平文选》（第三卷），人民出版社，1993，第3页。

③《邓小平文选》（第三卷），人民出版社，1993，第213页。

④ 胡锦涛：《高举中国特色社会主义伟大旗帜 为夺取全面建设小康社会新胜利而奋斗——在中国共产党第十七次全国代表大会上的报告》，《求是》2007年第21期，第3-22页。

理论自觉和制度自觉，同时这一道路也为中国特色社会主义政治制度的创新提供了丰富的实践经验。正如邓小平同志指出的那样："我们现在所干的事业是一项新事业，马克思没有讲过，我们的前人没有做过，其他社会主义国家也没有干过。"[1]也就是说，中国特色社会主义政治制度的形成和发展是没有先例和历史经验可以借鉴的，它完全是在中国特色社会主义道路上不断探索和实践而形成并唯一、正确的政治制度。只有坚持中国特色社会主义道路，才能将中国特色社会主义政治制度发展好、完善好。

三、中国特色社会主义政治制度是我国国家性质的必然要求

回顾中国特色社会主义政治制度的发展历程可以看出，这一制度的形成和发展是我国在政治领域追求现代民主政治目标的必然选择。中国特色社会主义政治制度是由宪法确定的，从根本上来说，也是由我国国体决定的，我国国体是工人阶级领导的、以工农联盟为基础的人民民主专政的社会主义国家。换言之，中国特色社会主义政治制度从设计、形成到发展无不体现着我国国体的理念。我国是社会主义国家这一本质规定性决定了我国不能像西方国家那样搞所谓的"三权分立"，因此，我国采取人民代表大会制度既具有中国特色，又不同于西方的根本政治制度，而且充分保障了人民的主体地位，这一制度"最符合中国实际。如果政策正确，方向正确，这种体制益处很大，很有助于国家的兴旺发达，避免很多牵扯"[2]。采用民族区域自治制度更是解决我国民族自治问题的创造性制度设计，"解决民族问题，中国采取的不是民族共和国联邦的制度，而是民族区域自治的制度。我们认为这个制度比较好，适合中国的情况"[3]。我国国家的性质决定了我国不能实行西方式的多党竞争，而实行中国共产党领导的多党合作和政治协商制度，它不仅有助于发挥参政党参与治理的积极作用，而且有助

---

①《邓小平文选》(第三卷)，人民出版社，1993，第258页。

②《邓小平文选》(第三卷)，人民出版社，1993，第220页。

③《邓小平文选》(第三卷)，人民出版社，1993，第257页。

于增强政治认同。此外，相比西方多党竞争导致的相互掣肘和效率低下，这一制度具有更高的效率和优势。总而言之，中国特色社会主义政治制度不是凭空产生的，也不是随意形成的，而是在我国国家性质这一本质规定性下形成和发展而来的合理、正确的政治制度。

四、中国特色社会主义政治制度是中国共产党人政治实践的结晶

早在土地革命时期，中国共产党就已经十分重视政权建设，并开展了建立政治制度的实践探索。国民革命时期，在苏区召开的中华苏维埃第一次全国代表大会要求实行工农兵代表大会制度，号召召开各级工农兵代表大会，行使民主政治权利。在抗日战争时期，中国共产党在抗日根据地结合当时抗战实际探索建立了各阶层各党派共同合作的"三三制"政治制度，这一政治制度的建立有利于将支持抗战的力量有力地团结起来。毛泽东在《新民主主义论》中明确提出"没有适当形式的政权机关，就不能代表国家"[1]。随着抗战形势的不断发展，中国共产党提出了在将来建立"人民代表大会"这一政治制度的构想，毛泽东在1948年9月的中共中央政治局会议上明确指出："我们就用'人民代表会议'这一名词。我们采用民主集中制，而不采用资产阶级议会制。议会制，袁世凯、曹锟都搞过，已经臭了。在中国采取民主集中制是很适合的……不必搞资产阶级的议会制和三权鼎立等。"[2]同时，以毛泽东为代表的中国共产党人也充分地认识到要根据中国的国情而不能盲目地按照苏联模式进行政治制度建设。他强调"在内容上我们和苏联的无产阶级专政的苏维埃是有区别的，我们是以工农联盟为基础的人民苏维埃"[3]。新中国成立前夕，中国人民政治协商会议通过的《共同纲领》规定："中华人民共和国为新民主主义即人民民主主义的国家，实行工人阶级领导的，以工农联盟为基础的、团结各民主

---

①《毛泽东选集》(第二卷)，人民出版社，1991，第677页。

②《毛泽东著作专题摘编》(上)，中央文献出版社，2003，第755页。

③《毛泽东著作专题摘编》(上)，中央文献出版社，2003，第755页。

阶级和国内各民族的人民民主专政。"①新中国成立后，1954年《中华人民共和国宪法》明确规定，"中华人民共和国是工人阶级领导的、以工农联盟为基础的人民民主国家"，这一本质规定性必然要求形成和发展中国特色社会主义政治制度。此后，中国特色社会主义政治制度不断形成和发展，人民代表大会制度、中国共产党领导的多党合作和政治协商制度和民族区域自治制度的相继确立进一步推动了中国特色社会主义政治制度的形成。这些制度建立后，毛泽东根据我国国情和建设事业的需要进一步完善了中国特色社会主义政治制度，他提出要"造成一个又有集中又有民主，又有纪律又有自由，又有统一意志、又有个人心情舒畅、生动活泼，那样一种政治局面"②，鼓励民主集中制的发展。为了进一步发挥人民代表大会制度的制度优势，毛泽东提出对人民代表大会制度的实践进行发展和探索，他提出："我们的宪法规定，立法权集中在中央。但是在不违背中央方针的条件下，按照情况和工作需要，地方可以搞章程、条例、办法，宪法并没有约束。"③为了完善多党合作和政治协商制度，保证民主党派参政议政，毛泽东提出要坚持"长期共存，相互监督"的工作方针，发挥社会主义民主政治的独特优势。"我们要统一，也要特殊"④，为了促进民族团结和发展，维护少数民族地区的稳定和少数民族群众的利益，他提出，"在少数民族地区，经济管理体制和财政体制，究竟怎样才适合，要好好研究一下"⑤。毛泽东针对社会主义政治制度的实践探索有力地促进了中国特色社会主义政治制度的形成，虽然在当时的探索过程中出现了一些失误和挫折，但这也是开展"前无古人"的伟大事业所难免的。

---

① 《建国以来重要文献选编》(第一册)，中央文献出版社，1992，第2页。

② 《建国以来毛泽东文稿》(第六册)，中央文献出版社，1992，第543页。

③ 《毛泽东著作选读》(下册)，人民出版社，1986，第730页。

④ 《毛泽东著作专题摘编》(上)，中央文献出版社，2003，第998页。

⑤ 《毛泽东著作专题摘编》(上)，中央文献出版社，2003，第1077页。

第四节
中国特色社会主义政治制度的历史经验

一、中国特色社会主义政治制度始终遵循科学理论的指导

任何制度的确立和完善都是在一定的理论指导下形成的，随着国家治理实践的不断发展，原有的理论必然会逐渐产生"遮蔽效应"而在一定程度上阻碍制度的发展完善，只有不断地坚持理论创新才能消除这一负面影响，持续推动制度建设不断现代化。因此，中国特色社会主义政治制度的形成和发展完善之所以能够顺利进行，政治制度优势不断凸显的重要原因就是理论创新一直发挥着支柱作用。从毛泽东思想、邓小平理论、"三个代表"重要思想、科学发展观，发展到现今的习近平新时代中国特色社会主义思想，一脉相承但各具时代特色的马克思主义中国化先进理论一直指导着中国特色社会主义政治制度不断发展。具体来说，人民代表大会制度、多党合作和政治协商制度、民族区域自治制度等政治制度都是在毛泽东思想指引下确立起来并延续至今的。邓小平理论指导下的中国特色社会主义政治制度不仅坚定地继承了上述政治制度，而且创造性地提出了"一国两制"，并首次提出"为了保障人民民主，必须加强法制，必须使民主制度化、法律化，使制度和法律不因领导人的改变而改变，不因领导人的看法和注意力的改变而改变"的观点，对制度化建设的重视和强调为中国特色社会主义政治制度建设指明了发展的方向。江泽民提出的"三个代表"科学诊断，即"中国共产党始终代表中国先进生产力的发展要求，代表中国先进文化的前进方向，代表中国最广大人民的根本利益"，是在总结了中国共产党近八十年奋斗历史的基础上总结提炼出来的，其思想核心在于保持中国共产党的先进性，保持和巩固中国共产党的执政党地位，同时也是对中国特色社会主义政治制度在世纪之交如何继续发

展的又一次明确回答。进入21世纪后，胡锦涛提出的科学发展观强调
以人为本，全面、协调、可持续的发展理念，并首次提出基层群众自
治制度这一基本政治制度。在这一理论指导下明确指出"人民代表大
会制度这一根本政治制度，中国共产党领导的多党合作和政治协商制
度、民族区域自治制度以及基层群众自治制度等构成的基本政治制
度"①。党的十八大以来，以习近平同志为代表的中国共产党人，顺应
时代发展，从理论和实践结合上系统回答了新时代坚持和发展什么样
的中国特色社会主义、怎样坚持和发展中国特色社会主义这个重大时
代课题，创立了习近平新时代中国特色社会主义思想。党的十八届三
中全会提出："坚持和完善人民代表大会制度、中国共产党领导的多党
合作和政治协商制度、民族区域自治制度以及基层群众自治制度，更
加注重健全民主制度、丰富民主形式，从各层次各领域扩大公民有序
政治参与，充分发挥我国社会主义政治制度优越性。"②党的十八届四
中全会首次以中央全会专题形式部署依法治国这一基本治国方略，而
中国特色社会主义政治制度作为中国特色社会主义法治体系建设的重
要内容之一，也受到更多的重视。党的十九大把习近平新时代中国特
色社会主义思想作为党的指导思想，科学地判断了中国特色社会主义进
入了新时代，明确提出全面深化改革的总目标是完善和发展中国特色社
会主义制度、推进国家治理体系和治理能力现代化，中国特色社会主义
政治制度的完善和发展就是这一总目标的重要组成部分。可以看出，理
论创新为中国特色社会主义政治制度的完善发展提供了理论支撑。

二、中国特色社会主义政治制度始终坚持党的领导

中国共产党在领导革命、建设和改革的百年伟大实践中经过不断
艰辛探索，取得了举世瞩目的伟大成就，而中国特色社会主义政治制

---

① 胡锦涛：《在庆祝中国共产党成立90周年大会上的讲话》，《人民日报》2011年7
月2日第2版。

②《中共中央关于全面深化改革若干重大问题的决定》，《人民日报》2013年11月
16日第1版。

度的确立就是其中之一。换句话说，中国共产党的领导是中国特色社会主义政治制度确立和发展的内在规律性使然。办好中国的事，关键在党；确立和完善中国特色社会主义政治制度，关键仍然在党。中国共产党领导全国各族人民立足于中国政治现实，持之以恒地进行政治制度实践和探索，成功开辟了具有中国特色、时代特色和民族特色的政治制度。人民代表大会制度这一根本政治制度、多党合作和政治协商制度、民族区域自治制度和基层群众自治制度等基本政治制度，其目标在于保障我国的发展和进步，体现了科学社会主义原则与当代中国实际的有机结合。具体来讲，中国特色社会主义政治制度始终坚持党的领导主要体现在以下三个方面。第一，无论是应对政治制度发展中出现的困难和挑战，还是推动理论创新引领政治发展方向，或是摸着石头过河进行实践探索，中国共产党都是这一切活动的掌舵者和引领者，党始终是坚强的领导核心，党的宗旨和价值取向决定着中国特色社会主义政治制度的价值取向。正是在党的领导下确立起来的政治制度可以及时、有效、科学地作出各项政治决策。如弗朗西斯·福山指出："中国政治体制最重要的优点就是能够迅速做出众多复杂决定，而且决策结果还不错。"[1]第二，中国共产党的政策走向决定着中国特色社会主义政治制度的发展方向。第三，中国共产党的领导是中国特色社会主义政治制度的最大优势。制度带有根本性、全局性、稳定性、长期性，坚持和发展中国特色社会主义政治制度，必须坚持和加强党的领导。2012年11月，习近平总书记在十八届中央政治局第一次集体学习时，就明确提出了制度建设的目标任务。他深刻地指出："要坚持以实践基础上的理论创新推动制度创新，坚持和完善现有制度，从实际出发，及时制定一些新的制度，构建系统完备、科学规范、运行有效的制度体系，使各方面制度更加成熟更加定型，为夺取中国特色社

---

[1]《时代选择:旗帜与道路——党的十六大以来经验与启示述评之六》,中华人民共和国中央人民政府网,https://www.gov.cn/jrzg/2012-11/02/content_2256189.htm,2012年11月2日。

会主义新胜利提供更加有效的制度保障。"①

三、中国特色社会主义政治制度始终遵循以人民为中心

历史和实践都无可辩驳地证明，中国特色社会主义政治制度的核心价值在于人民，坚持以人民为中心是中国特色社会主义政治制度确立、发展的根本规律。以人民为中心的政治属性深刻地体现了人民的价值主体地位和以人民为中心的价值追求与价值标准。

人民是中国特色社会主义政治制度的价值主体。首先，人民是中国特色社会主义政治制度的创造主体。新中国成立之后，人民当家作主的新政权彻底改变了人民过去被压迫的历史旧貌。"人民创造性主体地位在中国特色社会主义政治制度的构建和执行中的投射就是中国特色社会主义政治制度必须坚持以人民为中心、坚持反映中国人民意愿、坚持维护中国人民权益、坚持实现中国人民利益。"②新中国的政治制度设计充分体现了人民的主人翁地位。

其次，人民是中国特色社会主义政治制度的实践主体。历史唯物主义认为，人民群众是创造历史的决定性力量。毛泽东同志在《论联合政府》中旗帜鲜明地指出："人民，只有人民，才是创造世界历史的动力。"③中国特色社会主义政治制度正是从中国人民的历史实践活动中总结人民的智慧结晶才逐步发展起来，人民群众的伟大创造推动了中国特色社会主义政治制度体系的制度架构。

以人民为中心是中国特色社会主义政治制度确立、发展的价值追求。坚持以人民为中心，就是始终维护人民群众的根本利益，全心全意为人民服务。一直以来，以人民为中心都是党和政府治国理政的基本价值遵循。毛泽东同志指出："我们是站在无产阶级的和人民大众的立场。"邓小平始终把"人民拥护不拥护、人民赞成不赞成、人民高兴

①《习近平谈治国理政》，外文出版社，2014，第10页。

② 王韦君、牟成文：《中国特色社会主义政治制度的突出优势及其形成的内在机理》，《中共南京市委党校学报》2022年第2期，第56-63页。

③《毛泽东选集》（第三卷），人民出版社，1991，第1031页。

不高兴、人民答应不答应"作为改革开放的出发点,强调改革开放的根本是为了给人民最大的实惠和利益,"正是基于以人民为中心的主体论,中国共产党人先后提出了'三个代表'重要思想,强调'代表中国最广大人民群众的根本利益',提出了科学发展观,强调'核心是以人为本',即发展为了人民,发展依靠人民,发展成果由人民共享"[1]。党的十八大以来,习近平总书记把"坚持以人民为中心"作为新时代坚持和发展中国特色社会主义政治制度的重要内容,将"以人民为中心"作为治国理政的根本价值追求。

以人民为中心是中国特色社会主义政治制度确立、发展的价值标准。习近平总书记指出:"时代是出卷人,我们是答卷人,人民是阅卷人。"[2]评价一个国家政治制度的优劣,不能超时空、抽象地离开其政治条件和历史文化传统,那种以旁观者、局外人的身份去评价其他国家政治制度的做法既无"合法性"基础,也无"科学性"依据。中国人民是中国特色社会主义政治制度的价值主体,人民参与了政治制度确立、发展的历史实践,人民能切实感受到中国特色社会主义政治制度始终站在人民的立场上来决定利益取舍,始终坚持以人民为中心来决定政策和行为指向,所以,只能由中国人民来评价中国政治制度。

四、中国特色社会主义政治制度始终服务于国家经济社会发展战略

新中国成立以来,中国经济社会等方面综合发展取得的进步令世人瞩目。实践证明,中国七十余年经济社会发展奇迹得益于不断完善的中国特色社会主义制度,其中最根本在于中国特色社会主义政治制度对国家经济社会发展的服务保障作用。马克思主义政治经济学认为,经济制度是政治制度的基础,政治制度是经济制度的保障。政治是经

---

① 董振华:《"以人民为中心"的理论逻辑和政治价值》,《中共中央党校学报》2017年第6期,第27—33页。

②《以时不我待只争朝夕的精神投入工作 开创新时代中国特色社会主义事业新局面》,《人民日报》2018年1月6日第1版。

济的集中体现，作为上层建筑重要组成部分的政治制度，必然为一定的生产关系、经济基础服务，这是政治制度与国家经济发展之间深刻的辩证关系，也是中国特色社会主义政治制度始终服务于国家经济社会发展战略的内在规律。

中国特色社会主义政治制度的合法性、稳定性、连续性给经济社会发展提供了一个长期、可靠的制度保证。新中国成立七十余年以来，中国特色社会主义政治制度始终遵循人民的主体地位，以人民为中心的根本价值取向保证了制度合法性。此外，我国在新中国成立前后就基本完成了政治制度的整体性制度架构，在党的集中统一领导下，政治制度的改革呈现阶段性、渐进性与稳定性的特点，这为国家经济社会和谐有序繁荣发展奠定了制度基础。

中国特色社会主义政治制度始终服务于国家经济社会发展战略，其制度优势是促进生产力发展、展现国家经济社会等全方位治理效能的根本。制度优势转化为国家治理效能，治理效能"外在表现为国家经济、政治、文化、社会、生态和党的建设所取得的一系列发展进步"[①]。党的十九届四中全会通过的《决定》系统概括了中国国家制度和国家治理体系十三个方面的显著优势，并指出"中国特色社会主义制度和国家治理体系是以马克思为指导、根植于中国大地具有深厚中华文化根基、深得人民拥护的制度和治理体系，是能够持续推动拥有近十四亿人口进步和发展、确保拥有五千多年文明史的中华民族实现'两个一百年'奋斗目标进而实现伟大复兴的制度和治理体系"[②]。这充分表明中华人民共和国成立以来中国经济社会发展得益于中国特色社会主义制度的服务保障，所取得的巨大成就来源于制度优势向治理效能的转化。其中，回顾过去七十余年，中国特色社会主义政治制度在中国大地展现出的制度优势与活力，坚持党的集中统一领导、坚持

---

① 何祖坤：《论国家制度优势与国家治理效能》，《云南社会科学》2020年第1期，第2-9页、185页。

②《〈中共中央关于坚持和完善中国特色社会主义制度、推进国家治理体系和治理能力现代化若干重大问题的决定〉辅导读本》，人民出版社，2019，第3页。

人民当家作主、坚持全面依法治国等制度供给与制度创新，无一不为社会生产能力的提高和国家经济社会发展贡献力量。

五、中国特色社会主义政治制度始终坚持自我完善自我发展

自我完善自我发展是中国特色社会主义政治制度保持旺盛生命力的需要。恩格斯指出："所谓'社会主义社会'不是一种一成不变的东西，而应当和任何其他社会制度一样，把它看成是经常变化和改革的社会。"①同样，我们必须深刻认识到，中国特色社会主义政治制度不可能"毕其功于一役"，必须不断发展创新。历史事实证明，中国特色社会主义政治制度始终坚持自我完善自我发展。以毛泽东同志为核心的党的第一代中央领导集体确立了中国特色社会主义政治制度的总体框架和基本内容。党的十一届三中全会以后，我们党深刻总结正反两方面历史经验，努力推进我国政治制度改革创新，成功发展社会主义民主、健全社会主义法治、建设社会主义政治文明。党的十八大以来，以习近平同志为核心的党中央通过紧紧围绕坚持党的领导、人民当家作主、全面依法治国有机统一，深化政治体制改革。坚持自我完善自我发展，中国特色社会主义政治制度健全了党的集中统一领导和全面领导体制机制，推动了党和国家指导思想与时俱进，加强人民当家作主制度建设，推动人民代表大会制度"完善发展，将全面依法治国纳入'四个全面'战略布局并大力推进，推动社会主义协商民主广泛多层制度化发展，深化党和国家机构改革，深化司法体制综合配套改革，深化国防和军队改革，深化国家监察体制改革，推进群团组织改革，坚持和完善'一国两制'制度体系，有效推进了国家治理体系和治理能力现代化"②。

不断实现自我完善自我发展是中国特色社会主义政治制度确立、发展的内在规律和必然要求。具体来说，政治制度的自我完善自我发

①《马克思恩格斯选集》（第四卷），人民出版社，1995，第643页。

② 王晨：《推进中国特色社会主义政治制度自我完善和发展》，《中国人大》2020年第22期，第21-24页。

展主要表现为政治体制改革及其内含的行政体制改革。1978年党的十一届三中全会开启了政治体制改革的序幕，到1992年的党的十四大，政治体制改革主要涉及："强调民主法制，维护《宪法》和法律的权威，着手建立国家法律体系；改革党和国家领导制度，进行适度的党政分开；废除领导职务终身制，禁止个人崇拜和个人专制；转变党的执政方式，推行基层民主和党内民主。"[①]从1992年党的十四大到2012年党的十八大，我国的政治体制改革以完善和发展社会主义政治制度为主要内容，人民代表大会制度、政治协商制度、民族区域自治制度、基层群众政治制度等均围绕建立社会主义市场经济体制而大踏步向前向善发展。此外，这一时期提出了建设社会主义政治文明新命题，扩大社会主义民主，健全社会主义法治，依法治国，建设社会主义法治国家；还推进了党政机构改革，政府职能转变和法治政府建设取得显著成效。党的十八大以来，开启了中国特色社会主义新时代，明确提出了政治体制改革的七项主要任务，即支持和保证人民通过人民代表大会行使国家权力；健全社会主义协商民主制度；完善基层民主制度；全面推进依法治国；深化行政体制改革；健全权力运行制约和监督体系；巩固和发展最广泛的爱国统一战线。这一时期，政治体制改革中的行政体制改革也经历了七十余年的发展，围绕经济发展改革政府职能体系，厘清政府与市场的职能边界，推进政府机构改革重组，建立中国特色的行政体制，构建中国特色的现代化国家治理体系[②]。中国特色社会主义政治制度从中国的社会土壤中生长起来，努力扎根实践、总结历史经验并面向未来，不断从新的实践中获得生机活力，是能够始终坚持自我完善自我发展的好制度。

---

① 李正华：《新中国政治体制改革和政治文明建设》，《当代中国史研究》2019年第5期，第98–145页、252页。

② 宋世明：《中国行政体制改革70年回顾与反思》，《行政管理改革》2019年第9期，第30–45页。

六、中国特色社会主义政治制度始终朝着政治现代化不断推进

党的十九大报告明确了到本世纪中叶把我国建设成为富强、民主、文明、和谐、美丽的社会主义现代化强国的目标。新中国成立以来，党带领人民以现代化为目标，走出了一条适合我国国情的中国特色社会主义发展道路，其中中国特色社会主义政治制度始终以政治现代化为目标不断自我完善和发展。作为国家现代化的核心，政治现代化是一个国家现代化的最显著的特征。具体来说，民主化与法治化是中国特色社会主义政治制度朝政治现代化发展最显著的规律性特征。

首先，民主政治是贯穿中国特色社会主义政治制度发展的主基调。近代以来，中国共产党领导中国人民实现了人民当家作主的愿望，新政权以人民主体地位设计国家政治制度的总架构和基本内容，这一时期实现的民族独立与国家政权稳定成为追求民主政治的根本。此后一段时期内，政治制度的民主化在摸索中曲折前进。1978年，党的十一届三中全会吹响了现代化的号角，服务于经济现代化的政治体制改革开始对党内民主、人民民主和基层民主等进行反思和调整。邓小平指出："党的十一届三中全会提出一系列新的政策。就国内政策而言，最重大的有两条，一条是政治上发展民主，一条是经济上进行改革。"[1]民主成为社会主义政治现代化的基本要求，民主化成为中国特色社会主义政治制度改革发展的目标。此后，党的十三大至十七大均指出，政治体制改革的目标是建设有中国特色的社会主义民主政治，必须坚持原有的基本政治制度框架，兴利除弊，根据现代化实践的发展不断进行制度创新。党的十八大以来，中国特色社会主义民主政治逐步成熟。习近平总书记强调，党的领导是在新时代民主政治建设的根本前提，提出："中国特色社会主义政治发展道路，是近代以来中国人民长期奋斗历史逻辑、理论逻辑、实践逻辑的必然结果，是坚持党的本质

----

[1]《邓小平文选》(第三卷)，人民出版社，1993，第285页。

属性、践行党的根本宗旨的必然要求。"①新时代党中央坚定对中国特色社会主义政治制度自信,习近平同志创新性指出:我们走的是一条中国特色社会主义政治发展道路,人民民主是一种全过程的民主,要不断巩固发展全过程人民民主。

其次,民主政治是中国特色社会主义政治制度的基石,但实现政治现代化需要法治来保障民主,民主政治法治化是政治现代化的必然要求。然而,新中国成立后,国家政治法治化道路还未曾建立起来,便遇到改革发展的曲折期。党的十一届三中全会以后,邓小平同志提出"为了保障人民民主,必须加强法制,必须使民主制度化、法律化",指出"民主和法制,这两个方面都应该加强,过去我们都不足。要加强民主就要加强法制。没有广泛的民主是不行的,没有健全的法制也是不行的"②。邓小平虽然没有明确提出"依法治国"概念,但其提出的"有法可依,有法必依,执法必严,违法必究"③"十六字方针"的民主法治化思想正是我国依法治国的思想来源。"建设有中国特色社会主义的政治,就是在中国共产党领导下,在人民当家作主的基础上,依法治国,发展社会主义民主政治。"④江泽民继承和发扬了邓小平同志关于民主政治法制思想,在党的十五大提出依法治国战略,并将党的领导、人民民主和依法治国的有机结合和辩证统一概括为社会主义民主政治法制化核心内涵。胡锦涛在完善依法治国战略的同时提出"以保证人民当家作主为根本,以增强党和国家活力、调动人民积极性为目标,扩大社会主义民主,加强建设社会主义法治国家,发展社会主义政治文明"⑤。进入新时代,习近平总书记将人民民主与依

---

① 习近平:《决胜全面建成小康社会 夺取新时代中国特色社会主义伟大胜利》,《人民日报》2017年10月28日第1版。

②《邓小平文选》(第二卷),人民出版社,1994,第189页。

③《邓小平文选》(第二卷),人民出版社,1994,第254页。

④《江泽民文选》(第二卷),人民出版社,2006,第17页。

⑤ 胡锦涛:《坚定不移沿着中国特色社会主义道路前进 为全面建成小康社会而奋斗——在中国共产党第十八次全国代表大会上的报告》,《人民日报》2012年11月18日第1版。

法治国视为政治现代化的"中国方式",在民主政治法治化方面重点阐述了宪法与依法治国的关系和依法治国与坚持党的领导的关系。一方面,依照宪法治国是依法治国的前提和基础。宪法为最高法律规范,推进法治中国建设,首要确保宪法法律具有最高地位和最大权威。另一方面,党的领导与依法治国相互联系又相互区别。党作为中国特色社会主义事业的领导核心,是实现人民当家作主、实施依法治国的推动者和保卫者;而依法治国是党的领导方式,在法律的框架下履行职能,依法执政有利于保证人民有序行使民主权利。

第四章

中国特色社会主义
政治制度的
主要内容与
内在结构

中国之"治"源于中国之"制","经国序民"在于"正其制度"。从国家治理的制度逻辑来看，国家治理现代化的核心是制度现代化，而国家制度体系的关键又在于政治制度，政治制度在国家制度体系中发挥着主轴性和支柱性作用。党的十八大以来，国家治理迎来新一轮"制度转向"，政治制度建设提速增效，更加成熟定型。党的十九届四中全会进一步对政治制度进行了系统提炼和拓展完善，从学理上进行理论更新已成为国家治理研究的一项重要课题。本章以根本政治制度、基本政治制度、重要政治制度和具体政治制度为总体框架，对我国政治制度的主要内容进行了梳理，并从规律结构、价值结构、层次结构与逻辑结构四个维度对我国政治制度的内在结构进行了理论阐释。

第一节
中国特色社会主义政治制度的内容体系

中国特色社会主义政治制度的形成和发展不是一蹴而就的，而是在长期的社会主义革命、建设和改革实践中逐步确立、发展和完善起来的，具有鲜明的以世界历史为参照、以中国历史为土壤的历史逻辑。党的十一届三中全会以来，以邓小平为核心的党的第二代领导集体恢复了"文化大革命"期间被破坏的政治制度建设，在总结正反两方面经验教训的基础上大力推行改革开放，逐步确立中国特色社会主义政治制度体系。党的十三届四中全会以来，以江泽民为核心的党的第三代中央领导集体系统回答了"什么是社会主义、怎样建设社会主义"和"建设什么样的党、怎样建设党"的历史问题，丰富了中国特色社会主义政治制度体系。党的十六大以来，以胡锦涛为总书记的党中央提出"在新形势下实现什么样的发展、怎样发展"的时代命题并进行了深刻回答，进一步完善中国特色社会主义政治制度。党的十八大以来，以习近平为核心的党中央从理论和实践结合上系统回答了"新时代坚持和发展什么样的中国特色社会主义、怎样坚持和发展中国特色社会主义"这一重大时代课题，拓展了中国特色社会主义政治制度的新内涵。基于此，形成了以根本政治制度、基本政治制度、重要政治制度、具体政治制度为主要内容的中国特色社会主义政治制度体系，本书主要集中研究前三种政治制度，具体政治制度其实也就是常讲的政治体制，由于内容广泛，不再展开论述。

一、中国特色社会主义根本政治制度

（一）根本的国体制度

理解我国根本的政治制度，首先要理解我国的国体。《中华人民共和国宪法》第一条规定："中华人民共和国是工人阶级领导的、以工农

联盟为基础的人民民主专政的社会主义国家。"①这一规定明确我国是社会主义国家这一根本国家制度，在这一根本国家制度中，蕴涵着我国的国家性质、国家的阶级本质，即人民民主专政的国体。

人民民主专政制度作为我国的国体，是在中国共产党领导下以马克思列宁主义国家学说尤其是无产阶级专政学说为理论指导，根据中国历史条件、扎根中国特殊国情自觉自主进行创造性发展和创新性运用的伟大制度创造，具有理论与实践的双重创新优势，在理论形态上实现了对无产阶级专政理论的发展创新，在实践形态上是基于中国特殊国情和历史条件的新型民主与新型专政的结合，是有中国特色的无产阶级专政。人民民主专政的国家制度是中国一切制度创设和架构的根本政治前提和制度基础，既是中国最为根本的政治制度，也是中国社会主义制度最根本的制度②。人民民主专政制度是无产阶级专政学说在中国革命过程中形成的独特的制度化产物，核心是规定了国家的根本性质即阶级属性，确定社会各阶级在国家中的地位，体现了国家制度的中国特色③。人民民主专政制度将对人民的民主功能和对敌人的专政功能进行了有机整合，内在规定和集中体现了中国民主政治的社会主义性质，在国家治理中具有根本性、决定性的作用④。

人民民主专政制度是近现代中国社会演化合力的结果。人民民主专政制度于现代化道路探索的焦虑中源起。1840年鸦片战争的爆发将中国卷入西方资本主义体系之中，中国沦为半殖民地、半封建国家，从此中国开始了外生后发型的现代化探索之路。1895年中日甲午战争爆发打破了改良派从封建社会内部寻求改良主义现代化道路的幻想，否定和推翻封建制度成为新兴资产阶级探索资本主义现代化道路的自觉选择。1911年孙中山先生领导的辛亥革命推翻了封建帝制，创建了

① 李铁映：《论民主》，人民出版社，2001，第7页。

② 郝铁川：《人民当家作主的根本保证——论坚持人民民主专政》，《求是》2001年第15期，第33-36页。

③ 李铁映：《国体和政体问题》，《政治学研究》2004年第2期，第1-6页。

④ 张巨成：《人民民主专政理论的历史稽考和当代价值阐释》，《马克思主义研究》2014年第9期，第82-92页。

中华民国，由于没有完成反帝反封建两大历史任务，并且资本主义道路在当时的中国缺乏国情依托，最终走向了失败。从器物层面到体制层面的学习均未实现国家独立、民族解放，于是开始上升到对西方思想文化层面的学习。在俄国十月革命发生以后，以李大钊、蔡和森等为代表的先进知识分子引入推介马克思列宁主义。随着新文化运动的爆发，马克思列宁主义的无产阶级专政思想开始涌入中国，并早在1920年，蔡和森在写给毛泽东的信件中就指出社会主义的重要使命在打破资本经济制度，其方法在无产阶级专政。后来陈独秀、李大钊等"以俄为师"，开始筹备建党。在共产国际的帮助和指导下，李大钊、毛泽东等人以布尔什维克建党原则为指导起草了第一个《中国共产党宣言》，提出要实行无产阶级专政，进而在中国共产党第一次全国代表大会通过的纲领中规定采用无产阶级专政，以达到消灭阶级斗争的目的——消灭阶级。在1921年中国共产党成立以后，中国开始走上了马克思列宁主义与中国革命实际相结合的现代化道路，经由腥风血雨的革命孕育了工农民主专政，基于抗日统一战线发展出了各革命阶级联合专政，到新中国成立前期，毛泽东发表了《论人民民主专政》，系统阐述了人民民主专政制度。新中国成立后，1954年《中华人民共和国宪法》颁布标志着正式确立了人民民主专政制度①。

人民民主专政制度的形成具有历史必然性和发展合理性，鸦片战争以降的中国是一个经济、文化十分落后的半殖民地半封建国家。改良主义和资产阶级的建国方案一一落空后，以毛泽东为代表的中国共产党人创造性地利用马克思列宁主义走出了一条农村包围城市的革命道路，为了推翻"三座大山"和实现国家独立、民族解放和民主自由，中国共产党以无产阶级为领导力量，并最大限度地团结一切可能团结的阶级力量，成功实现了人民民主和人民对极少数敌对分子专政的有机统一。整体而言，在从革命到建设和改革的过程中，中国共产党领导下的多党合作与爱国统一战线是中国人民民主专政的主要特色。

① 于化民：《国共内战中的阶级关系变动与人民民主专政理论的形成——兼论毛泽东对确立新中国国体的贡献》，《中共党史研究》2013年第3期，第54-62页。

从被动学习借鉴到主动发展创新，人民民主专政制度的确立是融理论创新与实践创新于一体、思想创新和制度创新相结合的典范，是中国共产党以马克思列宁主义国家学说尤其是无产阶级专政学说为指引，在革命实践中扎根国情、自主探索、调整完善，为推进国家独立、民族解放和民主自由创造性发展和创新性运用无产阶级专政学说的智慧结晶，是有别于资本主义政治制度（宪政）和俄国十月革命无产阶级专政制度的独特制度创造①。人民民主专政制度是带有根本性、稳定性和不可替代性的重要政治根基②，是我国政治制度之制度也即"元制度"和"母制度"——一切政治制度展开的基础和源泉，是捍卫中国特色社会主义政治制度的最坚强的保障、最坚固的支撑，因此必须巩固中国特色社会主义政治制度的国体基础③。必须始终坚持发展，"禁止任何组织或者个人破坏"，同时在从革命到改革和建设的过程中也要与时俱进推进人民民主专政制度的发展和完善，"在政治立场上坚持、政治理论上完善和政治体制方面健全人民民主专政的国家学说及其制度"④，充分汲取人民民主专政发展历史上正反两方面的教训和经验，关键是要处理好阶级与阶层、民主与专政的关系，不断推进民主制度化和法制化建设⑤。

（二）根本的政体制度

中国特色社会主义的根本政治制度是人民代表大会制度，也就是我国的政体，即国家政权组织形式。人民代表大会制度是指全国各族

---

① 杨晓青：《宪政与人民民主制度之比较研究》，《红旗文稿》2013年第10期，第4-10页。

② 姜武堂：《新中国政治制度的四大根基与毛泽东的历史贡献》，《毛泽东思想研究》2006年第1期，第72-76页。

③ 辛向阳：《中国特色社会主义制度的四个基础问题》，《中国特色社会主义研究》2012年第5期，第58-61页。

④ 罗中枢、王洪树：《再论坚持人民民主专政的国家制度》，《西南民族大学学报》（人文社科版）2009年第2期，第218-221页。

⑤ 徐保军：《人民民主专政制度的确立、发展与完善》，《人民论坛》2014年第8期，第42-45页。

人民按照民主集中制的原则，依法定期选举产生自己的代表，组成各级人民代表大会作为行使国家权力的机关，并由人民代表大会组织其他国家机关，以实现对整个国家和社会的有效管理的一种政治制度。人民代表大会制度作为国家政权的组织形式，遵循人民主权、中国共产党领导、民主集中制和民族平等与民族团结的基本原则。这一制度明确规定了中华人民共和国的一切权力属于人民，人民行使国家权力的机关是全国人民代表大会和地方各级人民代表大会；全国人民代表大会和地方各级人民代表大会都由民主选举产生，对人民负责，受人民监督；国家行政机关、审判机关、检察机关都由人民代表大会产生，对它负责，受它监督；全国人民代表大会是最高国家权力机关，地方各级人民代表大会是地方国家权力机关。

我国《宪法》明确规定了人民代表大会的性质、职能、组织、运行，人民代表大会制度是充分体现国家性质的政权组织形式、人民当家作主的重要途径和最高实现形式以及坚持党的领导、人民当家作主、依法治国有机统一的根本政治制度安排，在国家各项制度中起决定创制作用，成为国家其他各项制度的源泉[1]。

从人民代表大会制度的产生与发展历程来看，中国共产党成立以来可以分为九个阶段：在半封建半殖民地的冻土中萌发嫩芽（1921—1927）、在武装割据血与火的抗争中孕育雏形（1927—1937）、在抗击外敌的黄土地上扎根开花（1937—1945）、在争取解放的斗争中结下硕果（1945—1954）、在欢庆翻身的锣鼓声中发展壮大（1954—1957）[2]、在探索前进的道路上蹒跚和徘徊（1957—1966）、在"文化大革命"的浩劫中遭到严重破坏（1966—1975）[3]、在拨乱反正和改革开放中恢复和发展（1975—2012）、在大国崛起与国家治理中巩固和完善

---

① 许安标：《人民代表大会制度是支撑国家治理体系和治理能力的根本政治制度》，《行政管理改革》2019年第11期，第12-23页。

② 尹中卿：《人民代表大会制度的形成和发展》（上），《人大研究》2004年第9期，第4-10页。

③ 尹中卿：《人民代表大会制度的形成和发展》（下），《人大研究》2004年第10期，第4-10页。

（2012—）。以新中国的成立为界，可以将人民代表大会制度的发展分为新中国成立前的萌芽与酝酿时期以及新中国成立以后的确立、发展和完善时期[①]。

新中国成立前，人民代表大会制度的发展主要包括四个阶段：第一，中国共产党成立之初，学习俄国十月革命的苏维埃政权，建立了简单的工农兵专政权力机构。党的第一个纲领中指出，"我们党承认苏维埃管理制度，要把工人、农民、士兵组织起来，并以社会革命为自己政策的主要目的"。基于此，党在城市和农村局部狭小范围内分别建立了工人代表大会（或市民代表会议）和农民协作会作为劳工专政的权力机关，开启了人民代表大会制度的萌芽时期。第二，土地革命战争时期，中国共产党在革命根据地探索实行工农兵代表会议制度，开启了红色苏维埃政权的建设时期。大革命失败的经验教训直接推动了中国共产党对自身政权建设的关注，秋收起义的发动则成为农民协作会向工农兵代表会议转变的重要契机，1927年11月初，中共中央临时政治局召开扩大会议，确定"一切政权归工农兵士平民代表会议，是武装暴动的总口号"，由此革命根据地相继展开了建设工农兵代表会议政权的活动，并于1931年11月17日在江西瑞金召开了第一次全国工农兵代表大会，审议通过了《中华苏维埃共和国宪法大纲》以及《苏维埃地方政府暂行组织条例》，较为系统地建立了红色苏维埃政权。工农兵代表大会成为中国历史上首次以国家形式出现的劳动人民当家作主的权力机关，已经基本具备人民代表大会制度的基本特征，成为人民代表大会制度的雏形。第三，抗日战争时期，各根据地实行具有鲜明统一战线性质的参议会制度。为了团结全国一致抗日，1937年9月，中共中央宣布正式取消中华苏维埃共和国的称号，工农专政性质的政权转变为抗日民族统一战线性质的政权，政权组织形式也由工农代表大会制度转变为当时中华民国地方政府的政权组织形式——参议会制度，为人民代表大会制度的建构提供了宝贵经验。第四，抗日战争结束到中

[①] 万其刚：《我国人民代表大会制度的形成与发展》，《当代中国史研究》2005年第1期，第33—40页。

华人民共和国成立前，人民代表会议制度是人民代表大会制度的过渡形式，为人民代表大会思想日臻成熟和人民代表大会制度趋于定型提供了实践基础。1945年毛泽东在《论联合政府》中第一次明确提出和阐释了人民代表大会的概念和设想，与此同时，随着抗战胜利，解放区的参议会也开始向人民代表会议过渡，理论和实践的双重准备为人民代表会议制度的发展和推广提供了坚实的基础。1946年4月，《陕甘宁边区宪法原则》规定人民代表会议为人民管理政权机关。1948年，华北临时人民代表大会召开，人民代表会议制度作为地方各级政权的组织形式被正式确定下来，成为人民代表大会制度确立前的"预演"。在第一次全国人民代表大会召开以前，由中国人民政治协商会议全体会议执行全国人民代表大会的职权，各界人民代表会议则暂行地方人民代表大会的职权，人民代表会议制度成为人民代表大会制度形成的过渡形式。

新中国成立后，人民代表大会制度进入了确立、发展和完善时期：第一，确立时期。1954—1957年为人民代表大会制度的正式确立与初步发展时期。1954年9月15日到28日，一届一次全国人民代表大会召开并审议通过了中国历史上第一部社会主义性质的宪法，被称为"五四宪法"。"五四宪法"规定"中华人民共和国的一切权力属于人民。人民行使权力的机关是全国人民代表大会和地方各级人民代表大会"，由此人民代表大会制度被正式确立为我国的政体，并从中央到地方系统建立起来。在后续三年的国家发展中，人民代表大会制度发挥出重要作用，取得了初步发展。第二，发展时期。1957—1966年和1966—1976年分别为人民代表大会制度的曲折发展时期和严重破坏时期。曲折发展时期的主要原因在于反右斗争扩大化，而严重破坏时期则是由于极度"左"倾错误思想指导下民主法治受到严重破坏，人民代表大会制度发生了停滞甚至倒退。第三，完善时期。1976年以来人民代表大会制度进入恢复发展和不断完善时期。1976年10月6日中共中央政治局一举粉碎了"四人帮"，结束了十年"文化大革命"的混乱局面，人民代表大会制度开始恢复发展。1978年第五届全国人大一次会议的召开标志着人民代表大会制度正式恢复运行，并对1975年宪法进行了全面修改，而五届全国人大二次会议的召开则标志着新中国立法工作重新开始，人大制度全面恢复和重建，集中体现就是1982年《宪法》。20世纪90年代，人大制度相应进入第二个发展阶段，全国人民代表大会先后于1988年、1993年、1999年、2004年对宪法进行了部分修正，在此过程中，人民代表大会制度也得到了与时俱进的发展完善。到2012年，人大制度已经初步形成了比较成型的制度体系。党的十八大以来，推进人民代表大会制度的完善和发展成为第三阶段人民代表大会制度建设的主基调[①]。

经过六十多年的发展，人民代表大会制度形成了包括人民代表大会与人民、执政党、人民政府、人民法院、人民检察院等相互关系的一系列原则和机制，建立健全了主权在民制度、民主集中制度、国家选举制度、人大工作制度等基本制度，不断成长为一个完整的、多层面的、统一的政治制度体系，反映了人民、人民代表大会、执政党的关系，建立了人民代表大会与一府一委两院之间的相互关系，体现着中央与地方的关系[②]。经过长期发展，人民代表大会制度形成了较为健全的运行制度[③]。

人民代表大会的职权与组织体系制度。人民代表大会的职权主要指立法权、监督权、人事任免权、重大事项决定权，是人民当家作主权力的体现。组织体系主要包括全国人民代表大会及地方各级人民代表大会，形成了"全国—省级—市级—县级—乡镇"五个层级的人民代表大会。县以上各级人民代表大会设立常务委员会，作为闭会期间同级人大会议的常设国家权力机关，行使除人民代表大会权力以外的其他国家权力，同时设有委员长会议或主任会议，作为本级人民代表大会常委会的日常工作机构；设区的市、自治州以上各级人民代表大

---

① 韩旭：《国家治理视野中的根本政治制度——改革开放40年来人民代表大会制度的发展逻辑》，《政治学研究》2018年第6期，第98—105页。

② 肖金明：《人民代表大会制度的政治效应》，《法学论坛》2014年第3期，第5-15页。

③ 任宝玉：《论人民代表大会制度的运行机制及其完善》，《社会主义研究》2015年第4期，第9-16页。

会还可以设立专门委员会或工作委员会及办事机构。

人民代表大会的代表产生制度。代表产生机制是人民代表大会制度的基础性运行机制，主要包括确定各地区、各民族、各方面的人大代表的数量与结构以及人大代表的选举制度、产生原则、任期规定等。

人民代表大会的会议运行制度。会议运行制度主要指人民代表大会会议的召开与主持、会议形式、会议议程、会议期间代表的履职方式与程序、会议表决方法、会期等。

人民代表大会的监督制度。监督机制是人民代表大会制度的保障性运行机制。监督机制主要包括听取和审议政府、监察委员会、法院、检察院的工作报告来监督其工作，通过审议批准预算报告、国民经济和社会发展计划及其执行情况等来对政府工作报告进行监督，此外还包括审议、质询、检查等监督方式，目前监督机制是人民代表大会制度运行机制的薄弱环节，仍需加强建设。

人民代表大会闭会期间的代表活动制度。代表活动由各级人大常委会组织，主要以视察、执法检查、专题调研、参加代表小组活动、列席有关会议等集体活动为主，其中参加代表小组活动为基本形式。

人民代表大会代表联系群众制度。代表联系群众机制是人民代表大会制度运行机制的重要组成部分。代表联系群众机制体现在人大制度运行过程的各环节，即在人大代表产生、人民代表大会会议与闭会期间履职过程中倾听人民心声、反映人民意愿、回应人民诉求等。

中国共产党对人民代表大会的领导制度。党的领导是人民代表大会运行的重要政治原则。党对人民代表大会的领导机制主要是指党通过法定程序将党的意志转化和上升为国家意志、党组织推荐人民代表大会代表以及推选国家政权机关领导人员等。

人民代表大会制度是中国人民在人类政治制度史上的伟大创造，是我国国家制度的第一制度，具有强大生命力和巨大优越性，保障了人民当家作主，动员了全体人民以主人翁身份投身社会主义建设，保证了国家机关协调高效运转，维护了国家统一和民族团结[①]。早在1940

① 房宁:《中国政治制度》，中国社会科学出版社，2017，第75-107页。

表5　人民代表大会制度的制度单元、框架结构与功能定位

一级制度	二级制度	三级制度	功能定位
人民代表大会制度	人民代表大会的职权与组织体系制度	职权制度、组织制度	权责结构
	人民代表大会的代表产生制度	选举制度、任期制度、工作制度	运行基础
	人民代表大会的会议运行制度	议事制度、会期制度,论证、评估、评议、听证制度	主要内容
	人民代表大会的监督制度	人大对"一府一委两院"监督制度	重要保障
	人民代表大会闭会期间的代表活动制度	视察、执法检查、专题调研、参加代表小组活动、列席有关会议制度	基本形式
	人民代表大会代表联系群众制度	倾听人民心声、反映人民意愿、回应人民诉求的制度	价值指向
	中国共产党对人民代表大会的领导制度	民主集中制、立法制度、推选推荐制度	政治原则

年，毛泽东就说道："没有适当形式的政权机关，就不能代表国家。中国现在可以采取全国人民代表大会、省人民代表大会、县人民代表大会、区人民代表大会直到乡人民代表大会的系统，并由各级代表大会选举政府。"邓小平曾经说过："我们实行的就是全国人民代表大会一院制，这最符合中国实际。如果政策正确，方向正确，这种体制益处很大，很有助于国家的兴旺发达，避免很多牵扯。"江泽民强调，人民代表大会制度"是我们党长期进行人民政权建设的经验总结，也是我们党对国家事务实施领导的一大特色和优势"。胡锦涛也指出："人民代表大会制度是中国人民当家作主的重要途径和最高实现形式，是中国社会主义政治文明的重要制度载体。"在庆祝全国人民代表大会成立六十周年大会上，习近平总书记进一步指出："在新的奋斗征程上，必须充分发挥人民代表大会制度的根本政治制度作用，继续通过人民代

表大会制度牢牢把国家和民族前途命运掌握在人民手中。这是时代赋予我们的光荣任务。"①因此要不断发挥人民代表大会制度的政治效应与治理效应，以完善和发展人民代表大会制度来推进国家治理现代化，尤其是要完善人民代表大会与党的政治领导的关系、完善各级人民代表大会与同级其他国家机关的关系、加强和改进立法工作、加强权力运行制约与监督工作、有序逐步扩大政治参与、平衡强化人大制度的代表功能与治理功能②。

（三）根本的领导制度

从党领导革命、建设、改革和党推进立国、兴国、强国的发展历程与治理实践来看，中国共产党是新中国成立以来国家一切成就的主心骨，中国共产党的领导制度作为国家的根本领导制度，成为国家根本政治制度之一。2018年3月11日第十三届全国人民代表大会第一次会议通过的《中华人民共和国宪法修正案》指出："中国新民主主义革命的胜利和社会主义事业的成就，都是中国共产党领导中国各族人民，在马克思列宁主义、毛泽东思想的指引下，坚持真理，修正错误，战胜许多艰难险阻而取得的。"③并首次将中国共产党的领导从序言中放入宪法的正文第一条，鲜明指出"中国共产党领导是中国特色社会主义最本质的特征"。党的十九届四中全会进一步突出党的领导制度体系的重要性，会议通过的《中共中央关于坚持和完善中国特色社会主义制度、推进国家治理体系和治理能力现代化若干重大问题的决定》第一条就指出，要"坚持和完善党的领导制度体系，提高党科学执政、民主执政、依法执政水平"，认为"中国共产党领导是中国特色社会主义最本质的特征，是中国特色社会主义制度的最大优势，党是最高政治领导力量。必须坚持党政军民学、东西南北中，党是领导一切的，

① 习近平：《在庆祝全国人民代表大会成立60周年大会上的讲话》，《人民日报》2014年9月6日第2版。

② 杨雪冬、闫健：《"治理"替代"代表"？——对中国人大制度功能不均衡的一种解释》，《学术月刊》2020年第3期，第59～67页。

③ 《中华人民共和国宪法》，中国法制出版社，1982，第6页。

坚决维护党中央权威，健全总揽全局、协调各方的党的领导制度体系，把党的领导落实到国家治理各领域各方面各环节"①。对此，习近平总书记指出："中国特色社会主义制度是一个严密完整的科学制度体系，起四梁八柱作用的是根本制度、基本制度、重要制度，其中具有统领地位的是党的领导制度。党的领导制度是我国的根本领导制度。"②从理论层面来看，党的十九届四中全会通过的《决定》作为国家制度的顶层设计方案，对国家制度体系进行了系统部署，党的领导制度作为国家治理体系的"基础的基础""重心的重心""四梁八柱的顶梁柱"被明确下来，标志着党的领导制度被正式上升为国家根本政治制度。从实践层面来看，中国共产党不仅是新中国的缔造者，而且也是现行国家体制的创造者，无论是作为国体的人民民主专政制度，还是作为政体的人民代表大会制度，抑或基本政治制度、重要政治制度以及具体政治制度都是在党的领导下展开的自觉性、自为性的制度创造和制度实践。因此无论是从理论层面还是实践层面都可以得出一个结论：中国共产党是中国国家制度的创设主体，中国共产党的领导制度是国家根本领导制度和根本政治制度，在国家制度体系中具有统领性地位。

在中国共产党从无到有、从有到大、从大到强的一个多世纪的漫长岁月中，党的执政制度与领导制度经由不断探索、建立健全和发展完善，已经形成了一个相对健全的制度体系。将历史制度主义的关键节点与历届党代会作为参照节点相结合，可以将党的领导制度体系的发展历程划分为五个阶段③：

第一阶段：1921年7月—1949年9月，中国共产党成立到新中国成立前的初步探索时期。1921年7月中国共产党第一次全国代表大会的召开标志着中国共产党成立，这是党的领导制度发展的基本前提。党的

---

①《中共中央关于坚持和完善中国特色社会主义制度 推进国家治理体系和治理能力现代化若干重大问题的决定》，《人民日报》2019年11月6日第1版。

②习近平：《坚持和完善中国特色社会主义制度 推进国家治理体系和治理能力现代化》，《求知》2020年第2期，第4—9页。

③周长鲜、韩强：《党的领导制度体系建设的百年探索》，《理论与改革》2020年第6期，第13—28页。

一大审议通过了党的第一个纲领和决议，初步规定了党的名称、性质、任务、纲领、组织和纪律，成为党的二大制定党章的重要基础，实际上初步发挥了党章的作用。1922年党的二大制定了党的最高纲领和最低纲领，出台了《中国共产党章程》，党的领导在形式与内容上初步成型。1925年党的四大提出对群众的领导权问题，但是忽略了对政权和武装力量的领导权，1927年大革命的失败引起了党对革命武装力量领导权的重视，党内展开了批判陈独秀"右倾错误"的运动，随即毛泽东同志领导了著名的"三湾改编"，从政治上、组织上确保了党对武装力量的绝对领导，这为中国革命成功奠定了重要基础。从大革命失败到建立抗日民族统一战线，中国共产党先后以工农兵代表大会制度、"三三制"政权和参议会制度、人民代表会议制等来推进党对革命的领导的制度化建设，在抗日民族统一战线出现分裂和革命形势急剧恶化的背景下，1942年9月1日，中共中央通过了《中共中央关于统一抗日根据地党的领导及调整各组织间关系的决定》提出："党是无产阶级的先锋队和无产阶级组织的最高形式，它应该领导一切其他组织，如军队、政府与民众团体。根据地领导的统一与一元化，应当表现在每个根据地有一个统一的领导一切的党的委员会（中央局、分局、区党委、地委）。"[1]"党领导一切"的提出标志着党的领导制度初步创设，此后党的领导朝着制度化、体系化的方向不断发展。

第二阶段：1949年10月—1978年11月，新中国成立到改革开放前党的领导制度的探索和初创时期。新中国成立以后，战争年代形成的党军关系相应地转化为党政关系，并形成了以中国共产党为核心的国家权力组织体系，党作为国家制度创设的主体和社会主义事业的领导核心，推动"建立了一个真正能治理中国的政府"[2]。1962年1月30日，在扩大的中央工作会议上，毛泽东进一步强调"工、农、商、学、

---

① 《建党以来重要文献选编》（第19册），中央文献出版社，2011，第423页。

② 塞缪尔·P.亨廷顿：《变化社会中的政治秩序》，王冠华等译，上海人民出版社，2008，第280页。

兵、政、党这七个方面，党是领导一切的"①。与此同时，初步创建了
中央政治局常委会集体领导制度②。然而，随后由于"左"倾错误思想
的影响，"党领导一切"在个别领域变为"党统管一切"。1969年党的
九大作出了"无产阶级专政下继续革命的理论"的偏误政策，导致了
1966年提出的"文化大革命"在理论上合法化和实践上扩大化，党的
领导制度在"文化大革命"期间走上了非理性、畸形化发展的曲折道
路。党的十大、十一大继续"左"倾错误更是使得党的领导在思想上、
制度上、政治上、组织上受到了严重破坏，党的领导制度进而整个国
家制度体系和中国社会受到了空前重创，由此引发了对共产党执政经
验的深刻反思。"文化大革命"后，党开启了对共产党执政规律的系统
探索，并于1977年8月在十一大《党章》中新增"民主集中制"来推
进执政党理性和国家理性的协同建设，以此来纠正和避免"党政不分、
以党代政"的非理性发展。这一时期的曲折发展表明党的领导制度的
规范化、体系化建设是一项亟须推进和加强的重大课题。

第三阶段：1978年12月—1992年9月，是党的领导制度建设的改
革和调整时期。从"文化大革命"结束到改革开放，解决"党政不分、
以党代政"和权力过分集中问题，推动党的领导制度的调整和改革成
为决定中国发展的关键议题。为了平衡"党统一领导"和权力过分集
中之间的张力，党的十二大对党的领导内容进行了调整，指出"党的
领导主要是政治、思想和组织的领导"③，进一步强调了民主集中制和
集体领导原则的重要作用。1982年在党的十二大上，邓小平同志提出
了"建设有中国特色的社会主义"的科学命题，对什么是社会主义、
怎样建设社会主义进行了初步探索和回答；1987年党的十三大第一次
系统地阐明了党在社会主义初级阶段的基本路线，强调推动政治体制
改革、加强执政党理性建设，破除权力过分集中、官僚主义、封建主

---

① 《毛泽东文集》（第八卷），人民出版社，1999，第305页。

② 张健彪：《党的领导制度改革：理念演进与原则确立》，《湖北行政学院学报》2019
年第5期，第84-89页。

③ 夏利彪：《中国共产党党章及历次修正案文本汇编》，法律出版社，2016，第242页。

义的影响，党的领导制度建设取得了诸多制度性突破。在苏联解体和东欧剧变的外生冲击下，共产党更是进一步加强党的领导制度建设，在世界共产主义运动遭遇逆流的国际环境中，中国共产党领导下的中国乘风破浪，在改革开放的春风中风景独好，其重要原因是党的领导制度的科学建设。

第四阶段：1992年10月—2012年10月，是党的领导制度建设的明确和规范时期。1992年党的十四大确立了邓小平理论在全党的指导地位，在报告中明确提出并专门论述了要"加强党的建设和改善党的领导"，强调要从多个方面推进把党建设成为领导改革开放和现代化建设事业的坚强核心，党的领导的重要性和科学性得到加强。1997年，党的十五大首次提出"依法治国，建设社会主义法治国家"的治国基本方略，党的领导制度建设也随之开启了法治化建设的进程，"加强党的思想建设、加强党的组织建设、加强党的作风建设"成为加强和改善党的领导的三项基本原则。2000年2月25日，江泽民同志在考察广东省时提出的"三个代表"创造性地回答了"建设什么样的党、怎样建设党"的问题，2002年在党的十六大进一步把"三个代表"确立为全党的指导思想，党的领导制度建设跨出了重要一步[1]。2007年党的十七大报告指出："深入贯彻落实科学发展观，要求我们切实加强和改进党的建设。要站在完成党执政兴国使命的高度，把提高党的执政能力、保持和发展党的先进性，体现到领导科学发展、促进社会和谐上来，落实到引领中国发展进步、更好代表和实现最广大人民的根本利益上来，使党的工作和党的建设更加符合科学发展观的要求，为科学发展提供可靠的政治和组织保障。"[2]在胡锦涛同志提出的科学发展观中，坚持和完善党的领导被放在科学发展的重要位置，党的建设新的伟大工程取得扎实进展。

---

[1] 石本惠：《党的先进性建设与执政党的意识形态建构》，上海人民出版社，2010，第308页。

[2] 胡锦涛：《高举中国特色社会主义伟大旗帜 为夺取全面建设小康社会新胜利而奋斗——在中国共产党第十七次全国代表大会上的报告》，《求是》2007年第21期，第3-22页。

第五阶段：2012年10月以来，党的领导制度建设进入全面规范与体系化构建时期。党的十八大以来，面对错综复杂的国际形势和艰巨繁重的国内改革发展稳定任务，十八大报告高屋建瓴地指出："不断提高党的领导水平和执政水平、提高拒腐防变和抵御风险能力，是党巩固执政地位、实现执政使命必须解决好的重大课题。全党要增强紧迫感和责任感，牢牢把握加强党的执政能力建设、先进性和纯洁性建设这条主线。"①全面从严治党，系统加强党的领导制度建设成为十八大以来党的建设的主题，党的十九届四中全会第一次提出了要坚持和完善党的领导制度体系，提高党科学执政、民主执政、依法执政水平的要求，对党的领导制度体系建设作出系统擘画，党的领导制度体系建设取得了重大进展，形成了科学化的制度体系。

表6　党的领导制度体系的基本单元、框架结构与功能定位②

一级制度	二级制度	三级制度	功能定位
党的领导制度体系	不忘初心、牢记使命的制度	确保全党遵守党章、恪守党的性质和宗旨的制度；确保全党全面贯彻党的基本理论、基本路线、基本方略的制度；理论学习制度和教育培训制度；党内组织生活制度	价值内核思想基础
	坚定维护党中央权威和集中统一领导的各项制度	落实"两个维护"的制度；党中央对重大工作的领导体制；推动党中央重大决策落实机制；向党中央请示报告制度；维护党的集中统一的组织制度	最高原则
	党的全面领导制度	党领导各类组织的制度；党委（党组）工作制度；党领导各项事业的具体制度；党和国家机构职能体系的制度	有效支撑核心目标

① 胡锦涛：《坚定不移沿着中国特色社会主义道路前进 为全面建成小康社会而奋斗——在中国共产党第十八次全国代表大会上的报告》，《求是》2012年第22期，第3—25页。

② 唐皇凤、梁新芳：《党的领导制度体系：构成要素、逻辑结构和优化路径》，《新疆师范大学学报》（哲学社会科学版）2020年第4期，第7—22页。

续表6

一级制度	二级制度	三级制度	功能定位
	为人民执政、靠人民执政各项制度	保证国家治理中人民主体地位的各项制度；党员、干部联系群众制度；群团工作制度	根本目的根本方式
	提高党的执政能力和领导水平制度	发展党内民主和坚持正确集中的制度；健全决策机制的制度；改进党的领导方式和执政方式的制度；全面增强执政本领的制度	基本着力点
	全面从严治党制度	以党的政治建设为统领、全面推进党的各方面建设的制度；党管干部、选贤任能制度；监督执纪制度；党内政治生活制度；全面从严治党责任制度	根本保障

党的领导制度的百年发展已经形成了一套系统严密的制度体系，已经较为成熟和相对定型，是经过时间和人民检验的具有强大生命力、显著优越性和鲜明适应性的科学制度体系，成为推进国家治理现代化的关键支撑制度。然而，相较于实现国家治理体系和治理能力现代化的宏伟目标和满足人民美好生活需要的现实要求，制度体系的内部单元仍然存在有待改进的空间：一是内部制度单元建设力度不均衡，部分制度建设滞后，与发挥制度体系强大合力的理想效果仍然有距离。二是部分内部制度单元的价值定位略高，受现实社会环境制约，制度的适应性和包容性需要提升，制度全面落地仍需长期推进。三是一些制度创新与已有制度的配套性、协同性不强，要发挥实践效能仍需加强制度设计，通过实践磨合增强协同性。因此要坚持推进发展和完善党的领导制度体系：一是要明确党的领导制度作为国家根本领导制度和政治制度的战略地位，增强全党全社会坚持和完善党的领导制度体系的政治定力，把增强"四个意识"、坚定"四个自信"、做到"两个维护"融入党内各项制度之中，以完善党的领导制度为统领带动国家制度体系的整体性建设。二是充分吸收历史经验和外来优秀成果，增强关键性制度单元改革创新的针对性和有效性，提高创新性制度与已

有制度单元和制度环境之间的兼容性、耦合性、协调性、适应性，对于成熟的制度应适时上升为法律法规。三是提高党的领导制度体系的规范力和执行力，防止制度成为"稻草人""橡皮筋"，健全权威高效的制度执行机制、责任机制、监督机制和绩效评价机制，补齐制度执行这一突出短板，切实将党的领导制度优势转化为党的治理效能，进而提升国家整体治理效能。四是要建设高素质专业化干部队伍，贯彻落实党管干部和党管人才原则，实现主抓领导干部这一关键少数和引领人民群众这一绝大多数相结合，为坚持和完善党的领导制度体系提供充足的人力资源支持①。

（四）根本的组织制度

作为马克思主义政党理论中国化实践的标识性成果，民主集中制是党的根本组织原则、我国政权建设和政治制度的根本原则、党和国家最根本的组织制度和领导制度，是贯穿于国家制度体系中的一条主线，成为联结党和国家政权的中介机制②。民主集中制是中国共产党的建党逻辑、执政逻辑，并进一步成为党的法治逻辑、治国逻辑，是党和国家正确决策的必要途径、中国民主的核心内容，是国家治理的根本原则③。作为一项具有正当性、科学性、效率性的政治制度，民主集中制包括"民主作为集中的执行基础"和"民主作为集中的制约基础"两重理论内涵，在当代中国肩负着实现民主正当性和治理有效性的双重目标④。作为党和国家机构的组织原则和领导制度，民主集中制实际上在国家治理中发挥着根本运行制度的作用，可想而知，如果将民主集中制抽离出来，那么国家制度体系将无法运行，至少是无法有效运行。有学者提出要"找回民主集中制"，甚至认为"作为中国模式本身或者最核心制度的民主集中制，不但是一种组织良好的秩序，而且其

---

① 唐皇凤、梁新芳：《党的领导制度体系：构成要素、逻辑结构和优化路径》，《新疆师范大学学报》（哲学社会科学版）2020年第4期，第7-22页。

② 赵俊华：《中国共产党的民主集中制研究》博士论文，《中共中央党校》，2018年。

③ 前线评论员：《论民主集中制》，《前线》2020年第11期，第43页。

④ 王旭：《作为国家机构原则的民主集中制》，《中国社会科学》2019年第8期，第65-87页。

在元理论上有诸多值得重新发掘之处，比如民主集中制所表述的真实的政治关系、民主与集中之间的动态的结构性均衡特征、政治属性上的民主主义、文化机理上的集体之善、政治思想上的民本主义以及运行机制上的民主形式。在实践中，作为政体的民主集中制，不但是宪法上所规定的国家机构和央地关系的组织原则，还是改革开放之后政治经济关系、国家社会关系的事实性组织原则。更重要的是，作为权力结构的民主集中制同时还是决策过程的一般原则，做到了形式与过程的统一，这是其他现代政体所不具有的优势"[①]。民主集中制在国家制度体系中的准确定位应是党和国家机构的根本运行制度，与党的领导制度、人民民主专政制度、人民代表大会制度一同构成国家根本政治制度体系。

马克思主义认为，民主集中制的产生是阶级社会消亡前阶级统治与人民民主有机协调的必然结果。在工人革命胜利夺取政权后如何实现每个人自由而全面的发展？无产阶级成为统治阶级后如何实现民主？对这些问题的理论和实践探索直接导致了民主集中制的创设，列宁是民主集中制的创始人。民主集中制是列宁将马克思主义理论创造性地运用于苏联革命的理论创新和制度创新的成果。在十月革命的影响下，民主集中制也传入中国并成为中国共产党革命、建设和改革的重要法宝。从党章内容规定变迁来看，1928年党的六大将民主集中制定位为"集体决策机制"，1945年党的七大将民主集中制定位为"处理民主与集中关系的制度"，1956年党的八大将民主集中制定位为"集体领导与个人分工负责的制度"，1994年党的十四届四中全会将民主集中制定位为"党的根本组织制度和领导制度"，可见民主集中制实际上是中国共产党领导革命的重要组织原则、运行机制和制度构成，并且在从制度文本向实践形态转型过程中呈现出向民主集中负责制转型的趋势和特征，形成了"民主制+集中制+责任制"的有机统一体[②]。

---

① 杨光斌、乔哲青：《论作为"中国模式"的民主集中制政体》，《政治学研究》2015年第6期，第3-19页。

② 唐亚林：《论民主集中制向民主集中负责制的转型》，《新疆师范大学学报》（哲学社会科学版）2015年第2期，第17-23页。

民主集中制十分重要，对此党和国家领导人先后都有相关论述。"毛泽东强调：'没有民主集中制，无产阶级专政不可能巩固。'邓小平把实事求是、群众路线、民主集中制，称为党的三大传统，指出'民主集中制执行得不好，党是可以变质的，国家也是可以变质的，社会主义也是可以变质的'。江泽民提出，经济上的公有制为主体、政治上的民主集中制、文化上的以马克思主义为指导，缺一不可。他反复强调：'民主集中制不仅不能削弱，而且必须完善和发展'。胡锦涛指出：'巩固全党的团结统一、增强全党的创新活力，关键是要坚持民主集中制。'习近平曾指出：民主集中制是我们党的根本组织制度和领导制度，是科学的合理的有效率的制度，是我们党最大的制度优势。"①实际上，民主集中制决定了中国政治制度的特点和优势：首先是体现了社会主义制度的本质；其次是保证了党的领导、人民当家作主、依法治国的有机统一；再次是有效优化了民主与效率的关系；最后民主集中制在实践中不断健全完善使得社会主义能够持续焕发出新的生机与活力。

民主集中制作为党贯彻组织路线的制度载体和坚持思想政治路线的根本组织保证，是国家的根本运行制度和根本政治制度。民主集中制百年发展的历程和经验表明："民主集中制在中国扎根，成为党和国家的根本组织原则和领导制度，是马克思主义中国化的生动实践"；"组织制度和领导制度带有根本性、全局性、稳定性和长期性，民主集中制是国家治理体系的制度内核，能否正确坚持关系社会主义的兴衰成败"；"民主集中制是科学的、有效率的制度，具有明显的政治优势"；"坚持民主集中制，在发扬民主方面，必须不断扩大人民民主和党内民主"；"必须坚决维护集中统一领导的性质，不断丰富正确集中的内涵"；"坚持民主集中制必须准确把握好体现正确民主、正确集中功能的关键环节"；"党的各级领导必须形成领导核心，正确发挥领导核心的作用"；"必须坚决维护党中央的领导权威，使党始终保持纪律

---

① 王传志：《民主集中制：我国政治制度的核心机制》，《求是》2013年第10期，第33-35页。

严明，思想统一，步调一致"；"必须保证党和国家的最高领导权始终掌握在真正的马克思主义者手中"；"坚持和完善民主集中制必须以领导干部党性素养不断提高为保证"；"要善于适应形势和任务的要求，不断推进制度创新"①。在国家治理体系和治理能力现代化的语境下，要进一步明确民主集中制的制度定位，将民主集中制作为国家的根本运行制度和根本政治制度，充分发挥民主集中制的制度优势，充分释放民主集中制的治理效能。

二、中国特色社会主义基本政治制度

我国的基本政治制度包括中国共产党领导的多党合作和政治协商制度、民族区域自治制度以及基层群众自治制度。《宪法》规定：中华人民共和国是工人阶级领导的、以工农联盟为基础的人民民主专政的社会主义国家。与这种国体相适应的政权组织形式是人民代表大会制度，与这种国体相适应的政党制度是中国共产党领导的多党合作和政治协商制度。人民代表大会制度、中国共产党领导的多党合作和政治协商制度、民族区域自治制度以及基层群众自治制度，构成了中国政治制度的核心内容和基本框架，是社会主义民主政治的集中体现。

胡锦涛《在庆祝中国共产党成立90周年大会上的讲话》指出："人民代表大会制度是根本政治制度，中国共产党领导的多党合作和政治协商制度、民族区域自治制度以及基层群众自治制度等是基本政治制度。"

（一）中国共产党领导的多党合作和政治协商制度

中国共产党领导的多党合作和政治协商制度是中国特色社会主义政党制度，能够保证党的路线方针政策连续性和经济社会发展的稳定性。这一基本政治制度有利于贯彻爱国统一战线重要思想，也有利于发挥集中力量办大事的显著优势。马克思恩格斯在《共产党宣言》中指出："共产党人到处都努力争取全世界民主政党之间的团结和协

---

① 黄百炼:《民主集中制创建百年的历程及重大现实启示——兼论习近平总书记对民主集中制的坚持和发展》,《当代世界与社会主义》2016年第2期,第69-79页。

调。"①中国共产党将马克思列宁主义的政党基本理论作为中国政党制度的理论基础与指导原则，并在中国的历史条件下结合政党属性与政党关系形成符合中国实际的政党制度。中国特色社会主义政党制度的形成是遵循历史发展逻辑的，不仅演绎了中国特色政党制度形成的历史发展过程，也是人类政党文明史上的伟大创新。1948年中国共产党发布"五一口号"，标志着各民主党派自觉接受中国共产党的领导，为这一政治制度奠定了基本政治格局。1949年，人民政协的胜利召开与统一战线和多党合作的确立，标志着这一政治制度的正式确立。1956年中共八大正式宣布中国共产党与各民主党派"长期共存、互相监督"的基本方针。1982年，中共十二大提出坚持"长期共存、互相监督""肝胆相照、荣辱与共"的基本方针。进入新时代，中国共产党领导的多党合作和政治协商制度更加制度化、规范化、程序化，在不断完善中取得新发展。2022年，中共中央印发《中国共产党政治协商工作条例》，作为专门规范政治协商工作的第一部党内法规，《中国共产党政治协商工作条例》为在实践中进一步规范党和政府科学民主决策提供了规范参照，有利于坚持和完善中国新型政党制度。2018年3月4日，习近平总书记在全国政协十三届一次会议上第一次将这一制度概括为新型政党制度，通过阐明新型政党制度的深刻内涵和突出特点，为新时代多党合作和政治协商事业发展提供了根本遵循。中国的发展与成就反复证明，中国共产党领导的多党合作和政治协商制度是植根于、生长于中国土壤的，能够在中国共产党和各民主党派的积极合作和共同努力中解决中国实践问题的重要制度，其有利于凝聚各党派力量推进中华民族伟大复兴征程，为世界政党文明与人类社会文明作出伟大贡献。

（二）民族区域自治制度

民族区域自治制度是中国共产党根据中国的历史文化、制度特点、民族分布、民族关系等关键因素作出的解决民族问题的制度安排，是体现中央与各少数民族和谐关系的基本制度，这一制度对于维系多民

---

① 马克思恩格斯：《共产党宣言》，中共中央马克思恩格斯列宁斯大林著作编译局编译，人民出版社，2017，第65页。

族国家完整统一和保证多民族国家团结繁荣具有重要作用，彰显了政治制度在处理民族关系上的显著优势。马克思主义在处理民族关系问题上产生了一系列经典论述，"民族内部的阶级对抗一消失，民族之间的敌对关系就会随之消失"①。民族平等、民族团结是马克思主义民族理论的基本观点，也是中国共产党在处理民族事务中坚持的基本纲领。中国共产党坚持马克思主义民族观，并实现了与时俱进的发展。目前，我国已经建立了155个民族自治地方，包括5个自治区、30个自治州、120个自治县。中国共产党深刻认识到，中国作为一个多民族国家，处理民族关系、解决民族问题不能一概而论，需要在尊重民族差异、保持民族特性的基础上实行民族区域自治制度。1949年就确立了民族区域自治制度作为我国重要政治制度的地位，1982年的宪法修订对民族区域自治问题进行了充分的讨论和深入研究，标志着民族区域自治进入崭新的发展时期。1984年颁布的《中华人民共和国民族区域自治法》，标志着我国民族区域自治制度已经形成较为完备的形式，这一制度能够在促进民族团结、维护国家统一中发挥更重要的作用。习近平总书记指出："我们创造性地把马克思主义民族理论同中国民族问题具体实际相结合，确立了以民族平等、民族团结、民族区域自治、各民族共同繁荣发展为主要内容的民族理论和民族政策，各民族在社会主义制度下实现了真正意义上的平等团结进步。我们的民族理论和政策是好的、管用的。要坚持走中国特色解决民族问题的正确道路，不断丰富和发展新时代党的民族理论，推进中华民族共同体基础性问题研究。"②我国的民族区域自治制度真正地保障了少数民族当家作主的权利，促进了平等、团结、互助、和谐的民族关系发展。

（三）基层群众自治制度

基层群众自治制度是中国特色社会主义政治制度优势在基层治理

---

①《马克思恩格斯选集》（第1卷），人民出版社，1995，第291页。

②《习近平在新疆考察时强调：完整准确贯彻新时代党的治疆方略　建设团结和谐繁荣富裕文明进步安居乐业生态良好的美好新疆》，新华社，http://www.gov.cn/xinwen/2022-07/15/content_5701239.htm，2022年7月15日。

中的体现，不仅使人民能够依法直接行使民主权利保证切身利益，实行自我管理、自我服务、自我教育、自我监督，而且可以在党和政府的领导下协调基层多方利益关系，保证社会和谐稳定发展。基层群众自治制度是我国人民民主在基层治理中的制度创新，通过广大人民群众在基层治理中展现出的积极性与创造性，不断展现中国特色社会主义民主的广泛性和真实性，使基层群众自治治理体系更加系统完善、人民群众参与基层治理的能力获得提升与增强，能够在实现基层治理现代化的基础上实现国家自下而上的现代化建设。基层群众自治制度作为中国特色社会主义民主政治制度体系的重要组成部分，发端于1954年颁布的《城市居民委员会组织条例》，1982年首次以根本法的形式明确规定了居民委员会的性质、任务和作用，1987年通过了《中华人民共和国村民委员会组织法（试行）》，在1998年正式实施《中华人民共和国村民委员会组织法》。党的十七大之前就已经建立基层群众自治制度，但党的十七大才正式将基层群众自治制度纳入中国基本政治制度。习近平总书记强调："要加强和创新基层社会治理，使每个社会细胞都健康活跃，将矛盾纠纷化解在基层，将和谐稳定创建在基层。"①基层社会治理是国家治理的基础性工程，最主要的是发挥基层群众自治作用。通过制度的刚性约束推进基层群众自治的制度化、常态化、规范化。基层群众自治制度是将广大人民群众作为自治主体，将基层公共事务和公益事业作为自治客体，将居民委员会和村民委员会作为自治组织，将推进基层群众依法自治、促进基层依法治理作为自治目标，将民主选举、民主决策、民主管理和民主监督作为自治手段，将实现基层群众自治作为自治结果。我国的基层群众自治制度不仅是人民当家作主的真实体现，也是以人民为中心的重要表征。

①《习近平在新疆考察时强调:在经济社会领域专家座谈会上的讲话》,中华人民共和国中央人民政府网,http://www.gov.cn/xinwen/2020-08/25/content_5537101.htm,2020年8月25日。

三、中国特色社会主义重要政治制度

中国特色社会主义重要政治制度是指支撑、服务于根本政治制度和基本政治制度的政治制度的总称。中国特色社会主义重要政治制度的内容丰富，下面重点阐述选举制度、行政制度、公务员制度、司法制度、军事制度、监察制度、爱国统一战线制度、特别行政区制度。

（一）选举制度

中国选举制度是指法律规定的关于选举代议机关代表和国家公职人员的各种制度的总称。选举制度是中国人民代表大会中不可缺少的环节。各级人民代表大会的产生，需要选举；国家行政机关、审判机关以及检察机关等国家机关的产生，也需要通过选举产生。

根据《宪法》及其他法律的规定，中国选举制度的基本原则主要有：第一，选举权的普遍性原则。这是主要适用于直接选举人民代表大会代表的基本原则。《宪法》第三十四条规定，在中国享有选举权利的基本条件有三个：一是具有中国国籍；二是年满18周岁；三是未被依法剥夺政治权利。除此之外，其他任何情形均不能导致选举权利的丧失。第二，选举权的平等性原则。选举权的平等性是指选举人在每次选举中只享有一票投票权，并且每一位选举人所投票的价值与效力是相同的。选举权的平等性是法律面前人人平等原则的体现。第三，直接选举和间接选举并用的原则。《中华人民共和国全国人民代表大会和地方各级人民代表大会选举法》（简称《选举法》）第二条规定，全国人民代表大会代表，省、自治区、直辖市、设区的市和自治州人民代表大会代表，由下级人民代表大会选举；县级及乡级人民代表大会代表，由选民直接选举。直接选举相对于间接选举更为民主，但就目前中国的经济、政治和文化发展状况而言，将直接选举推行到乡县级的人民代表大会的代表选举中较为适宜，但随着国家和社会各方面的发展，直接选举范围势必会扩大。第四，选举自由原则。选举自由是指选举人可以按照自己的意愿依法自由地行使选举权。中国法律对选举自由从两个方面加以保障：一是秘密投票，二是自由投票。

（二）行政制度

行政制度是指行政机关为有效执行宪法和法律，履行管理职能，围绕自身制定的一系列有关行政机关的组成、职能权限、结构体系、活动方式等规范准则。行政制度是国家制度体系的重要组成部分，在国家治理效能发挥和国家制度优势体现等方面具有显著作用，良好的行政制度在维护公共利益、保持社会稳定和推动国家发展方面具有重要意义。

从中央—地方的视角看，行政制度可以划分为中央行政制度和地方行政制度两个层面。中央行政制度主要包括国家最高行政机关的构成、职能权限方面的制度规范以及中央行政机关与地方行政机关的关系等方面的问题。地方行政制度是指国家为了方便管理职能的有效发挥而划分不同行政领域、设置地方行政机构的制度和规范。地方行政制度是国家行政制度的有机组成部分，其与中央行政制度一同影响着国家的行政体制，关系着国家治理体系的重要方面。

中国行政制度建立以来，在实践中不断发展和完善，特别是自改革开放以来进行了八次意义重大的行政体制改革，并取得了显著成就。1982年政府机构改革以精兵简政为原则，结合经济体制进行机构调整。1988年政府机构改革重点在转变政府职能。1993年政府机构改革的目的为适应社会主义市场经济。1998年政府机构改革重点在于调节政府与企业关系，消除政企不分。2003年政府机构改革重点在于建立规范、协调、公正和廉洁的政府。2008年政府机构改革重点在于为实现全面建成小康社会而建立比较完善的中国特色行政管理体制。2013年政府机构改革重点在于改革行政审批制度，处理好政府与市场、社会和地方之间的关系。2018年政府机构改革的目的为实现治理能力和治理体系的现代化。2023年机构改革的目的是进一步转变政府职能，加快建设法治政府。

根据我国《宪法》第八十五条规定，中华人民共和国国务院，即中央人民政府是最高国家行政机关，是最高国家权力机关的执行机关。在组织构成方面，国务院由总理、副总理、国务委员、各部部长、各委员会主任、审计长和秘书长组成，国务院实行总理负责制，各部、各委员会实行部长、主任负责制。在与地方国家行政机关的关系上，国务院统一领导全国地方各级国家行政机关的工作。在从中央到地方的行政组织体系中，国务院居于最高地位，其有权改变或者撤销地方各级国家行政机关作出的不当决定和命令，有权批准省、自治区、直辖市的区域划分，批准自治州、县、自治县、市的建置和区域划分。

当前我国宪法对行政区域进行了如下划分：（一）全国分为省、自治区、直辖市；（二）省、自治区分为自治州、县、自治县、市；（三）县、自治县分为乡、民族乡、镇。直辖市和较大的市分为区、县。自治州分为县、自治县、市。在政府的实际运作过程和具体实践中，市级政府往往成为内嵌在地方三级政府架构中的一级政府，从而形成省级行政区、地级行政区、县级行政区、乡级行政区四级行政区划。其中，省级行政区划是中央人民政府直接管辖的最高一级地方行政区域，当前我国共有23个省、5个少数民族自治区、4个直辖市和2个特别行政区，共计34个省级行政区。地级行政区是介于省级和县级之间的行政区域，其主要包括地级市、地区、内蒙古自治区的盟以及为贯彻民族区域自治制度而在少数民族聚居的地方设置的自治州。县级行政区是我国地方第三级行政区，包括市辖区、县级市、县、自治县、旗、自治旗、特区（贵州省六盘山市六枝特区为当前唯一以"特区"命名的县级行政区划）以及林区（湖北省神农架林区是中国唯一以"林区"命名的行政区划，由湖北省直接管辖）。乡级行政区是第四级地方行政单位，包括街道、镇、乡、民族乡、内蒙古自治区特有的苏木与民族苏木（内蒙古自治区呼伦贝尔市陈巴尔虎旗的鄂温克民族苏木为当前我国仅有的民族苏木）以及县辖区。地方各级行政区划实行相应的首长负责制，省长、市长、区（县）长、乡（镇）长分别主持地方各级人民政府的工作。地方各级人民政府对同级人民代表大会及其上一级国家行政机关负责并报告工作。县级以上的地方各级人民政府在本级人民代表大会闭会期间，对本级人民代表大会常务委员会负责并报告工作。全国地方各级人民政府都是国务院统一领导下的国家行政机关，都服从国务院。对于县级以上地方各级政府在工作中面临的重大问题，须经政府常务会议或者全体会议讨论决定。在职能责任方面，依照《宪法》第一百零七条规定，县级以上地方各级人民政府依照法律规定的权限，管理本行政区域内的经济、教育、科学、文化、卫生、体育事业、城乡建设事业和财政、民政、公安、民族事务、司法行政、计划生育等行政工作，发布决定和命令，任免、培训、考核和奖惩行政工作人员。乡、民族乡、镇的人民政府执行本级人民代表大会的决议和上级国家行政机关的决定和命令，管理本行政区域内的行政工作。省、直辖市的人民政府决定乡、民族乡、镇的建置和区域划分。

（三）公务员制度

国家公务员制度是指党和国家对国家公务员进行管理的有关法律、法规、政策等的统称或总称。其内容包括公务员的录用、考核、奖励、纪律、职务升降、培训、交流、回避、工资、保险、福利、辞职辞退、退休制度等。1993年10月1日，《国家公务员暂行条例》开始施行，这标志着中国公务员管理走上了制度化、法制化道路。2005年4月27日，第十届全国人民代表大会常务委员会第十五次会议通过《中华人民共和国公务员法》（简称《公务员法》）。该法自2006年1月1日起施行，标志着公务员制度走向科学化。2019年6月新《公务员法》的颁布标志着公务员制度得到了进一步的发展与完善。

自1978年党的十一届三中全会确立了把全党的工作重心转移到经济建设上来的总路线和加强社会主义民主和法制建设的目标以来，中央出台了一系列政治体制改革的政策。《国家公务员暂行条例》的实施，明确了公务员的招录、绩效考核、培训、奖惩、工资等基本人事制度及考核、晋升和任免的竞争机制，并设计了"凡进必考"的入口机制。但是实践证明，《国家公务员暂行条例》仍然存在很多问题。因此，后续又颁布了一系列法律法规文件进行补充完善，比如《2001—2010年深化干部制度改革纲要》《党政领导干部选拔任用工作暂行条例》和《公开选拔党政领导干部工作暂行规定》等。直至2006年《中华人民共和国公务员法》的实施使得中国公务员制度迈入新的阶段。

《公务员法》的颁布，重新界定了公务员的范围。《国家公务员暂行条例》规定的公务员只限于国家行政机关的工作人员，将中国共产党机关和人大、政协、民主党派机关的工作人员作为参照管理，而2006年颁布的《公务员法》明确规定，公务员是依法履行公职、纳入国家行政编制，由国家财政负担工资福利的工作人员①。公务员队伍作为中国共产党治国理政的重要主体，承担着服务公众和进行国家管理的重要职能。《公务员法》对于公务员的界定具有至关重要的意义。2019年新修订的《公务员法》出台，标志着公务员管理与时俱进，进入了更加科学化和制度化的发展阶段。

公务员制度包含录用制度、考核制度、职务晋升制度、奖惩制度等。中国实行的是公务员职位分类制度，即公务员职位类别按照公务员职位的性质、特点和管理需要，划分为综合管理类、专业技术类和行政执法类。公务员录用制度是指录用担任主任科员以下及其他相当职务层次的非领导职务公务员，采取公开考试、严格考察、平等竞争、择优录取的办法。公务员考核制度指对公务员的考核，考核标准是公务员的德、能、勤、绩、廉五个方面。公务员职务任免制度规定公务员职务实行选任制和委任制。公务员辞职辞退和退休制度规定除规定不得辞职的情形外，公务员辞去公职，须向任免机关提出书面申请。担任领导职务的公务员，因工作变动依法履行辞职手续或因个人或者其他原因，可以自愿辞职。领导成员因工作严重失误、失职造成重大损失或者恶劣社会影响的，或者对重大事故负有领导责任的，应当引咎辞职；本人不提出辞职的，应当责令其辞职。公务员达到国家规定的退休年龄或者完全丧失工作能力的，应当退休②。

（四）司法制度

司法制度是指有关规范司法机关及其他司法性组织的性质、任务、组织体系、组织与活动的原则以及工作制度等一系列制度的总称。中国的司法制度是包括侦查制度、检察制度、审判制度、监狱制度、律

---

① 《〈中华人民共和国公务员法〉解读》，人民出版社，2005，第329页。

② 《〈中华人民共和国公务员法〉释义》，中共党史出版社，2005，第217页。

师制度、仲裁制度、公证制度、国家赔偿制度、法律援助制度等一系列制度在内的人民司法制度体系。

我国的司法机关包括公安机关、检察机关（人民检察院）、审判机关（人民法院）、司法行政机关、国家安全机关，其中公安机关、国家安全机关和司法行政机关属于行政机关，但也承担部分司法方面的职能，人民法院和人民检察院是专门行使审判权和检察权的司法机关。不同司法机关依据相关法律履行相应职责，承担相关责任。

公安机关作为公安行政管理机关，一方面是国家行政机关的组成部分，另一方面公安机关亦是国家侦查机关，具有司法机关的属性，其在维护国家安全、维护社会治安秩序、保护公民的人身安全、人身自由和合法财产，预防、制止和惩治违法犯罪活动等方面承担重要责任，发挥重要作用。

我国宪法规定，"中华人民共和国人民检察院是国家的法律监督机关"，人民检察院依照法律规定有权对国家工作人员履行职务进行监督，对公安机关的侦查、人民法院的审判工作、司法行政机关的监狱工作进行监督。人民检察院是专职行使检察权的司法机关，国家的最高检察机关为最高人民检察院，其由全国人民代表大会产生，对全国人民代表大会及其常委会负责并受它监督，最高人民检察院领导地方各级人民检察院和专门人民检察院的工作，上级人民检察院领导下级人民检察院的工作。地方各级人民检察院由同级人民代表大会产生，对同级人民代表大会及其常委会负责并受它监督，同时地方各级人民检察院还要对上级人民检察院负责。各级人民检察院依法行使检察权，开展监督工作。

人民法院履行国家审判职能，是国家专门行使审判权的司法机关。我国宪法规定，最高人民法院由全国人民代表大会产生，对全国人民代表大会及其常委会负责并受它监督。地方各级人民法院由同级人民代表大会产生，对同级人民代表大会及其常委会负责并受它监督。我国的法院体系由最高人民法院、地方各级人民法院和专门人民法院组成，最高人民法院监督地方各级人民法院和专门人民法院的审判工作，上级人民法院监督下级人民法院的审判工作。

国家安全机关具有国家公安机关的性质，依照法律规定，国家安全机关在办理危害国家安全的刑事案件中行使与公安机关相同的职权，即在国家安全工作中依法行使侦查、拘留、预审和执行逮捕以及法律规定的其他职权。

司法行政机关一方面隶属于行政机关，行使司法方面的行政管理职权，另一方面，其承担辅助国家司法职能实施的任务使其具有司法机关的属性。现阶段，司法行政机关承担的主要任务职责有：监督和指导监狱执行刑罚改造罪犯，监督和指导劳动教养工作；制定法制宣传教育和普及法律常识规划，并组织实施、指导和检查依法治理工作；监督和指导律师工作和法律顾问工作，管理社会法律服务机构和在华设立的外国（境外）律师机构；监督和指导公证机构和公证业务活动，负责委托港澳地区律师办理在内地使用的公证事务；指导人民调解和司法助理员工作；等等。

（五）军事制度

军事制度是指国家、政党或者政治团体培育、组织、管理和发展军事力量的制度，我国的军事制度是指国家武装力量的统帅权、指挥权的归属、国家武装力量结构以及兵役制度。在我国，党领导下的中国特色社会主义军事制度发轫于党创建人民军队的过程中，发展完善于党领导军队进行革命、建设和改革的具体实践中。

在国家武装力量的统帅权和指挥权方面，党作为中国特色社会主义事业的领导核心，党的领导是中国特色社会主义军事制度最本质的特征和最有力的核心，党对于军队拥有绝对领导权。在领导机构上，中央军事委员会是国家军事力量的最高统帅机构，军队最高领导权和指挥权属于党中央和中央军委，中央军委实行主席负责制，中央军委主席由全国人民代表大会选举产生，对全国人民代表大会及其常务委员会负责。

在国家武装力量的构成方面，中国的武装力量由中国人民解放军、中国人民武装警察部队以及民兵组成。中国人民解放军是国家武装力量的主体，其可分为预备役部队和现役部队两部分，其中现役部队是国家的常备军，主要担负防卫作战任务，按照有关规定执行非战争军事行动任务。预备役部队按照规定进行军事训练，执行防卫作战任务和非战争军事行动任务，根据国家发布的动员令，由中央军委下达命令转为现役部队。在领导体制方面，根据中共中央《关于调整预备役部队领导体制的决定》，自2020年7月1日起，我国预备役部队全面纳入军队领导指挥体系，由党中央、中央军委实行集中统一领导。中国人民武装警察部队担负国家赋予的安全保卫任务，在处置突发社会安全事件、防范和处置恐怖活动以及防卫作战等任务方面承担着重要职责，其由内卫部队、机动部队、海警部队和院校、研究机构等组成。自2018年1月1日起，根据中共中央印发的《中共中央关于调整中国人民武装警察部队领导指挥体制的决定》，中国人民武装警察部队由党中央、中央军委集中统一领导，实行中央军委—武警部队—部队领导指挥体制，武警部队归中央军委建制，不列入国务院序列。中国民兵是中国共产党领导下的不脱离生产的群众武装组织，是人民解放军的重要后备力量，《中华人民共和国国防法》规定："民兵在军事机关的指挥下，担负战备勤务、防卫作战任务，协助维护社会秩序。"

在兵役制度方面，中国实行以志愿兵役为主体，志愿兵役与义务兵役相结合的兵役制度，兵役分为现役和预备役，其中，在中国人民解放军服现役的称为军人；预编到现役部队或者编入预备役部队服预备役的称为预备役人员。军人和预备役人员入役时应当依法进行服役宣誓。《中华人民共和国兵役法》第八条的规定，军人必须遵守军队的条令和条例，忠于职守，随时为保卫祖国而战斗。预备役人员必须按照规定参加军事训练、担负战备勤务、执行非战争军事行动任务，随时准备应召参战，保卫祖国。

（六）监察制度

监察制度是国家监察机关和其他具有监察职责的单位对政府公共部门及其行使公权力的工作人员履职情况和承担相应义务等行为进行监督、调查、处置和惩戒的制度。

在监察机关设置上，我国的监察机关经历了数次调整，新中国成立初期曾于中央人民政府政务院下设人民监察委员会，地方各级政府相应设立行政监察机构。党的十八大以来，为适应国家治理体系和治理能力现代化的需要，国家设置各级监察委员会作为国家的监察机关，对行使公权力的公职人员依照法律和相关要求进行监察、调查职务违法和职务犯罪，开展廉政建设和反腐败等有关工作。中华人民共和国国家监察委员会是国家最高监察机关，其由全国人民代表大会产生，负责全国监察工作。地方各级监察委员会由地方同级人民代表大会产生，同时对本级人民代表大会及其常务委员会和上一级监察委员会负责，并接受其监督。在监察事项处理方面，各级监察机关按照管理权限管辖本辖区内有关人员所涉监察事项，但同时上级监察机关可以办理下一级监察机关管辖范围内的监察事项，必要时也可以办理所辖各级监察机关管辖范围内的监察事项。当监察机关之间对监察事项的管辖有争议时，可由其共同的上级监察机关予以确定。

在监察对象和范围方面，根据《中华人民共和国监察法》第三章第十五条的有关规定，监察机关对以下六类人员进行相关监察："（一）中国共产党机关、人民代表大会及其常务委员会机关、人民政府、监察委员会、人民法院、人民检察院、中国人民政治协商会议各级委员会机关、民主党派机关和工商业联合会机关的公务员，以及参照《中华人民共和国公务员法》管理的人员；（二）法律、法规授权或者受国家机关依法委托管理公共事务的组织中从事公务的人员；（三）国有企业管理人员；（四）公办的教育、科研、文化、医疗卫生、体育等单位中从事管理的人员；（五）基层群众性自治组织中从事管理的人员；（六）其他依法履行公职的人员。"《监察法》对监察对象和范围的明晰与确定实现了对行使公权力的所有公职人员的监察全覆盖。

（七）爱国统一战线制度

统一战线概念最早由恩格斯提出，在中国共产党领导革命、建设和改革的历史进程中得到丰富和发展。统一战线是指由不同的阶级、政党乃至民族和国家为了实现某一共同目标，在共同利益的基础上组成的政治联盟。在不同历史时期，统一战线有着不同的任务和范围。具体如下：大革命时期，为推翻北洋军阀统治，完成反对帝国主义和封建主义的历史任务，中国共产党二大提出"民主联合战线"这一概念，中共三大提出在促进国共合作，并建设"革命统一战线"；土地革命时期，为更好地开展各项工作，中国共产党提出建立"工农民主统一战线"；抗日战争时期，为反抗日本侵略，中国共产党提出建立抗日民族统一战线；解放战争时期，为建立一个民主和平的国家，中国共产党建立了人民民主统一战线；改革开放后，为更好地解决历史遗留问题和促进中国发展，中国共产党提出建立"爱国统一战线"。"爱国统一战线"在《关于建国以来党的若干历史问题的决议》中得到明确。《决议》提出："要毫不动摇地团结一切可以团结的力量，巩固和扩大爱国统一战线。""爱国统一战线"的称谓、性质和作用在1982年被写入《中华人民共和国宪法》修正案，并明确了爱国统一战线的范围。在全国政协五届五次会议上通过的《中国人民政治协商会议章程》明确指出，中国人民政治协商会议是爱国统一战线的组织。

在涉及主体方面，"一国两制"的提出与港、澳回归切实扩大了爱国统一战线的范围。到了21世纪，随着改革开放的进一步深化，非公有制经济人士、自由择业党外知识分子等也被纳入了爱国统一战线的范围。

（八）特别行政区制度

特别行政区制度是由特别行政区和制度构成的合成词，指在我国版图内，根据我国《宪法》和《基本法》的规定而设立的具有特殊法律地位、实行特别社会政治经济制度的行政区域，并规定特区政府对所辖区域社会的政治、经济、财政、金融、贸易、工商业、土地、教育、文化等方面享有高度自治权的制度。特别行政区制度是"一国两制"的具体实践。

中央对特别行政区的全面管治是在"一国两制"框架下进行的[1]。

①张建：《国家治理现代化视角下中央对特别行政区的全面管治》，《统一战线学研究》2021年第5期，第79—87页。

"一国两制"是指在中华人民共和国境内，国家的主体实行社会主义，香港、澳门和台湾地区实行资本主义。《中华人民共和国宪法》第三十一条提出，国家在必要时要设立特别行政区。在特别行政区内实行的制度按照具体情况由全国人民代表大会以法律规定[1]。特别行政区制度随着实践的发展而发展，经历了萌芽、形成、成熟和发展四个阶段[2]。新中国成立初期中国共产党提出要和平统一台湾的目标，1979年，全国人大常委会发布了《告台湾同胞书》，确定了"和平统一"的大政方针，叶剑英提出"叶九条"则对这一大政方针进行了更为具体的阐释，并首次提出了"特别行政区"这一概念和实施特别行政区基本设想（即"三个不变"和"六个不受侵犯"），这成为特别行政区制度的雏形。1982年的《宪法》正式将"特别行政区"载入《宪法》。随着香港、澳门先后回归祖国，特别行政区制度在两个地区得到了初步实践并不断完善。

特别行政区享有高度的自治权，主要体现在：行政管理权、立法权、独立的司法权和终审权以及自行处理有关对外事务的权力。但同时，中央对特别行政区具有全面管治权。这种"全面性"集中体现在以下几点：在管治权效力上，中央对特别行政区的管治在特定时间、空间和对象范围内具有普遍性；在管治权内容上，中央对特别行政区拥有广泛的管治权力；在管治权行使方式上，中央既可直接行使权力也可授权其自治[3]。

---

[1]《中华人民共和国宪法》，中国法制出版社，1982，第72页。

[2] 刘文戈：《特别行政区制度在中国特色大国治理中的作用研究》，博士学位论文，武汉大学，2013，第20页。

[3] 杜磊：《论中央对特别行政区全面管治权的"全面性"特征》，《港澳研究》2022年第2期，第3–16页。

第二节
中国特色社会主义政治制度的内在结构

中国特色社会主义政治制度是一个有其科学结构的复合体，对其进行结构化分析，有利于我们全面清晰地理解中国特色社会主义政治制度的结构性特征。本节按照"制度—政治制度—中国特色社会主义政治制度"的逻辑进路进行分析，对中国特色社会主义政治制度的内在结构，从规律结构、价值结构、层次结构与逻辑结构四个维度进行分析。

一、中国特色社会主义政治制度的规律结构

中国特色社会主义政治制度的规律结构是指在我国社会主义民主政治制度建设中，始终以共产党执政规律、社会主义建设规律、人类社会发展规律为规律指引[①]。首先，我国的政治制度建设始终遵循并以人类社会发展规律为指引，实践、捍卫和宣传马克思主义社会形态演变规律，认为"人类社会经过原始社会、奴隶社会、封建社会、资本主义社会，经过社会主义社会的过渡而达到共产主义社会的'五种社会形态'演变发展的一般规律，是人类社会历史发展普遍规律和必然趋势"[②]，并据此确立了社会主义社会的国家形态，树立了实现共产主义的远大目标。其次，我国的政治制度建设始终遵循并以社会主义建设规律为指引，始终把解放和发展生产力作为社会主义初级阶段的根本目标，不断调节和优化生产力与生产关系、经济基础与上层建筑的关系，不断加强政治制度建设和政治体制改革来适应经济基础快速变

[①] 卢国琪：《论"三大规律"与中国特色社会主义制度的成熟定型》，《探索》2021年第1期，第26-36页。

[②] 王伟光：《捍卫和宣传马克思主义社会形态演变规律理论》，《红旗文稿》2019年第9期，第4-8页。

化、生产力极大解放极大发展的现实，始终以解决社会主要矛盾为发展的动力源泉，政治制度体现出结构功能的全面性、内容设计的先进性、系统内部的层次性、相互关系的协调性、运行方式的合理性，走出了一条社会主义民主政治发展的中国道路。再次，我国的政治制度建设还始终遵循并以共产党执政规律为指引，立足世情国情党情民情，脉接于马克思主义国家学说，扎根于古代中国丰富的制度实践，体现出价值导向的人民性、发展进步的指向性、制度文明的连续性。中国共产党不断与时俱进加强制度建设，带领人民创造性地走出了一条人民当家作主的人民民主政治道路，形成了一套科学完备的国家制度体系，终结了西方制度模式阴影下的"历史终结论"，在中国共产党执政规律指引下建成的中国制度堪称人类文明史上的伟大创造，成为中国模式和中国奇迹的核心标识①。

二、中国特色社会主义政治制度的价值结构

体现人民意志、保障人民权益、激发人民创造活力是社会主义民主政治的核心价值，中国特色社会主义政治制度的价值结构具体表现为党的领导、人民当家作主和依法治国的有机统一。首先，党的领导是中国特色社会主义制度的最大优势和中国特色社会主义政治制度建设的最高价值遵循。在中国政治制度建设实践中，党是最高政治领导力量，一切政治制度都是在党的领导下展开的实践成果。在中国共产党的带领下，我国正在走出一条从制度立国到制度富国再到制度强国的中国特色社会主义制度现代化道路。"看一个制度好不好、优越不优越，要从政治上、大的方面去评判和把握"②，党领导下的政治制度建设既实现了救亡图存，又为中华民族伟大复兴提供持续的动力支撑，完全符合"八个能否"的评价标准。其次，人民当家作主是中国特色

---

① 王韶兴：《社会主义国家政党政治百年探索》，《中国社会科学》2017年第7期，第4-28页。

② 习近平：《在庆祝全国人民代表大会成立60周年大会上的讲话》，《人民日报》2014年9月6日第2版。

社会主义政治制度的中心价值遵循。我国政治制度建设始终坚持以人民中心，这不仅体现在人民代表大会制度的代表功能与治理功能上，还体现在根本制度、基本制度、重要制度和具体制度等方方面面的制度体系之中。同时，在党的政策方针中也充分体现了"以人民为中心"的发展思想和"以人民为本位"的政治原则，这是中式人民政治与西式政党政治的最大区别。再次，依法治国是中国特色社会主义政治制度的基本价值遵循。法治国家、法治政府、法治社会一体推进是依法治国的路径选择，中国特色社会主义政治制度必须服从宪法和法律法规的相关规定。进入新时代，党内法规建设也提速增效，党的领导制度体系法治化建设取得突出成就，宪法的修正也进一步以根本大法的形式保证了根本制度、基本制度、重要制度的法治化进程，中国特色社会主义政治制度充分体现了依法治国的价值主张。

三、中国特色社会主义政治制度的层次结构

中国特色社会主义政治制度的层次结构是指根本制度、基本制度、重要制度与具体制度之间的层次关系。首先，从横向结构来看，中国特色社会主义政治制度是一个系统架构，各项政治制度在内容结构上具有整体性、协调性、互补性，作为系统要素发挥着各自的功能作用。其中，根本制度规定了我国民主政治的发展方向，基本制度体现了社会主义的本质特征和重大原则，重要制度和具体制度则在情境性和灵活性方面具有优势，各项制度从内容上体现在治理实践中的各领域各方面，有利于发挥政治制度结构的横向合力。其次，从纵向关系来看，政治制度从宏观到中观再到微观可以分为制度、体制、机制，分别构成我国政治制度的根本规范、现实表达和运行基础，三者环环相扣共同形成和发挥制度结构的纵向合力。根本制度与基本制度是政治制度的顶层结构，对于我国社会主义民主政治的发展具有宏观决定性和根本规定性；重要制度是中国特色社会主义政治制度在我国社会情境中生成的重大制度，反映的主要是政治体制层面内容，具有功能自主性和动态发展性，发挥承上启下的中轴作用，其虽然相对稳固，但并非

一成不变，而是处于发展完善之中；具体制度主要是指根本制度、基本制度以及重要制度在政治生活各领域各方面的具体体现及其运行机制，具有情景依赖性和高度灵活性，发挥基础性和具体性作用，作为制度的组织形态和运行状态在政治生活的基层实践中具有多样性和广泛性特征。再次，从圈层结构来看，根本制度处于同心圆的核心层，基本制度和重要制度处于同心圆的中间层，具体制度则处于同心圆的边缘层，核心层与中间层通过边缘层与制度环境发生间接作用，而边缘层则直接与制度环境相互作用，并将作用力传递到中间层和核心层。一般而言，核心层→中间层→边缘层→制度环境的制度外推力作用较强，而制度环境→边缘层→中间层→核心层的制度内推力作用较弱，制度圈层之间的耦合互动共同生成了政治制度结构的圈层合力。

四、中国特色社会主义政治制度的逻辑结构

中国特色社会主义政治制度的逻辑结构是指政治制度遵循历史逻辑、理论逻辑、实践逻辑的辩证统一。首先，中国特色社会主义政治制度形成与发展遵循历史逻辑，具有深厚的历史底蕴。中国特色社会主义政治制度是在我国历史传承、文化传统、经济社会发展的基础上长期发展、渐进改进、内生性演化的结果，是在历史与现实的有机统一中形成的伟大制度创造。几千年文明演进中国家治理孕育的思想资源、制度资源、文化资源，近现代以来革命、建设、改革道路上积累的政治经验、形成的政治原则、培育的政治文化都为我国政治制度的形成与发展提供了翔实的历史资源和经验支撑。其次，中国特色社会主义政治制度形成与发展遵循理论逻辑，具有先进的理论指引。长期以来，我国政治制度的设计与发展都是以马克思主义中国化理论成果为指引的制度实践，形成了以中国特色社会主义理论体系指引中国特色社会主义制度发展和以中国特色社会主义制度发展丰富中国特色社会主义理论体系的良性循环，理论创新与实践创新的互促互进使得我国政治制度在内容与形式上能够实现有机统一。进入新时代，在习近平新时代中国特色社会主义思想指引下，党和国家对政治制度进行了科学系统的顶层设计，制度建设提质增效，进入快速发展阶段。再次，中国特色社会主义政治制度形成与发展遵循实践逻辑，具有坚实的实践基础。我国的政治制度是经过长期实践探索形成的伟大制度创造，是本来与外来、理论与实践、道路与文化有机统一的成果。在从救亡图存迈向民族复兴的历史征程中，从学习西方的技术器物到制度文化，从试验西方的君主立宪制、议会制、多党制、总统制，再到开创人民当家作主的新型政治制度，制度建设积累了丰富的实践经验。改革开放以来，我国与时俱进不断加强制度建设，走出了一条中国特色社会主义的民主政治发展道路。进入新时代，制度建设被置于更加突出的位置，中国特色社会主义政治制度更加成熟定型。

第五章

中国特色社会主义
政治制度的
逻辑理路

　　逻辑既是事物之间存在的因果关系，也是人们对事物进行思维把握时所遵循的规律和规则。任何事物都有其存在的理由和根据，也就是有其存在的逻辑。当这一事物与人的思维发生关系时，便产生人的思维逻辑。因此，从人的认识和思维的角度讲，所谓事物存在的逻辑就是这一事物的存在在人们思维中的反映。只不过，人们对事物认识的逻辑思维有正确与错误之分，只有当人们形成正确的逻辑思维时才会导向正确的实践，反之，错误的逻辑思维必然会导致错误的实践。要深刻认识和理解中国特色社会主义政治制度，就必须把握和理解其逻辑理路。

第一节
中国特色社会主义政治制度的历史逻辑

党的十九大报告指出："中国特色社会主义政治发展道路，是近代以来中国人民长期奋斗历史逻辑、理论逻辑、实践逻辑的必然结果。"[①]党的十九届四中全会指出："必须坚持人民主体地位，坚定不移走中国特色社会主义政治发展道路，健全民主制度，丰富民主形式，拓宽民主渠道，依法实行民主选举、民主协商、民主决策、民主管理、民主监督，使各方面制度和国家治理更好体现人民意志、保障人民权益、激发人民创造力，确保人民依法通过各种途径和形式管理国家事务，管理经济文化事业，管理社会事务。"[②]中国特色社会主义政治发展道路主要体现为中国特色社会主义一系列政治制度安排。在新时代推进国家治理体系和治理能力现代化的背景下，坚持中国特色社会主义政治制度，充分发挥中国特色社会主义政治制度优势，是实现中国式现代化发展目标的根本保证。坚持和完善中国特色社会主义政治制度，充分发挥社会主义政治制度的优势，首先要遵循中国特色社会主义政治制度的历史逻辑、理论逻辑和实践逻辑。

中国特色社会主义政治制度的形成不是自发的，而是党带领人民进行的历史性选择，其形成过程也不是一蹴而就的，而是具有其自身的历史逻辑。新中国成立以来，中国共产党领导各族人民开辟了中国特色社会主义政治发展道路，建立了中国特色社会主义政治制度，形成了中国特色社会主义政治制度体系。从政治制度探索、政治制度形成、政治制度建设到政治制度发展完善，符合中国历史发展的客观规律。

---

① 习近平:《决胜全面建成小康社会 夺取新时代中国特色社会主义伟大胜利——在中国共产党第十九次全国代表大会上的报告》,人民出版社,2017,第36页。

② 习近平:《〈中共中央关于坚持和完善中国特色社会主义制度、推进国家治理体系和治理能力现代化若干重大问题的决定〉辅导读本》,人民出版社,2019,第9页。

一、选择政治制度的历史基础

"我们是历史唯物主义者，研究和解决任何问题都离不开一定的历史条件。"[①]政治制度的形成、发展与完善是遵循辩证唯物主义和历史唯物主义的。中国共产党牢牢把握历史发展趋势，坚定理想信念的追求，努力发展中国特色社会主义，用历史事实证明了选择和发展社会主义政治制度的历史必然性。在中国特色社会主义政治制度探索初级阶段，中国经历了从传统封建向现代开放的艰难转型，其间所获得的历史经验教训是形成当前中国特色社会主义政治制度体系的宝贵资源。中国特色社会主义政治制度包括萌芽阶段、探索阶段、发展阶段、完善阶段。

第一，辛亥革命推翻了封建君主专制，要求建立现代政治文明的民主共和国，而阶级的不成熟性与国情的不适应性导致中国资产阶级共和的失败，在危急存亡关头，中国共产党应运而生，担负起拯救中华民族、建设中国制度的历史使命。中国人民经历了各种社会制度的选择，而历史证明其他制度在中国是行不通的，只有探索中国特色社会主义制度才是符合国情的正确道路，只有建立中国特色社会主义政治制度才是发展中国的正确制度。

第二，新民主主义革命是反对帝国主义、封建主义和官僚资本主义的人民民主革命，新民主主义对政治制度的初步探索奠定了中国特色社会主义政治制度的基础，以毛泽东为核心的第一代党中央领导集体将马克思主义科学理论与中国革命的实际情况相结合，创造出符合中国革命建设的经济基础与顶层设计，为中国特色社会主义政治制度的形成与发展奠定了政治条件和制度基础。

第三，新中国成立后，在探索什么是社会主义、怎样建设社会主义中完成了社会主义三大改造的伟大变革，新民主主义革命的完全胜利标志着社会主义制度的基本建立，是建设中国特色社会主义政治制度的开端。正确的政治制度是中国共产党带领人民取得一次次革命胜

[①]《邓小平文选》(第二卷)，人民出版社，1994，第119页。

利的基础，正是中国特色社会主义政治制度具有显著优势的历史证明。

第四，1978年邓小平在《解放思想，实事求是，团结一致向前看》的讲话中强调解放思想一个十分重要的条件就是要真正实行无产阶级的民主集中制，为了保证人民民主，必须加强法制，必须使民主制度化、法律化①。从历史逻辑来看，这一时期强调的民主与法制是改革开放后政治建设的核心主题，是政治发展与社会主义现代化建设紧密联系的历史证据。改革开放以来人民代表大会制度逐渐发展完善，1982年《宪法》对人民代表大会制度内容作出了全面规定；1993年将中国共产党领导的多党合作和政治协商制度确立为基本政治制度之一；民族政策的具体落实使民族区域自治有了新的发展，不断将民族区域自治制度法制化，2001年将民族区域自治制度确立为国家的基本政治制度之一；基层群众自治制度是在民主实践中形成的，中共十七大将其纳入我国的基本政治制度。毛泽东在《论人民民主专政》中强调"一切别的东西都试过了，都失败了。总结我们的经验，集中到一点，就是工人阶级领导的以工农联盟为基础的人民民主专政"②。正是尝试过了一切别的东西，才彰显出中国特色社会主义制度的来之不易与中国特色社会主义政治制度的可贵之处，改革开放以后共产党带领人民在政治制度上做的各项突破是中国实现社会主义现代化建设的根本政治保证，中国的繁荣发展证明政治制度是有一定历史逻辑的。

二、确立政治制度的基本格局

中国政治制度的建立是人民在艰辛的探索中不断发展完善的，尽管经济基础与社会条件在不同阶段有着显著差别，但目标朝向总是有明确的定位。新民主主义革命取得基本胜利以后，新中国实现了向社会主义社会的历史转变，确立了社会主义制度，改革开放后对民主政治的强调促进了政治制度基本格局形成。中国人民政治协商会议第一届全体会议通过的《共同纲领》确定了国体与政体，与人民民主专政

---

① 《邓小平文选》(第二卷)，人民出版社，1994，第144页、146页。

② 《毛泽东选集》(第四卷)，人民出版社，1991，第1471页、1480页。

国体相适应的政体是基于民主集中制的人民代表大会制度。我国《宪法》规定，中华人民共和国是工人阶级领导的、以工农联盟为基础的人民民主专政的社会主义国家，社会主义制度是中华人民共和国的根本制度。1949年以来，人民代表大会制度经历了建立、探索、破坏、重建与发展，不断确定人民代表大会的根本性、适用性、重要性，真正体现了国家的一切权力属于人民，真正实现了人民当家作主。1949年人民政治协商会议的召开在法律上确认了中国共产党领导的多党合作和政治协商制度，中共八大确立的"长期共存、相互监督"的"八字方针"明确了其地位，十二大报告中将"八字方针"拓展为"长期共存、互相监督、肝胆相照、荣辱与共"的"十六字方针"，中国共产党领导的多党合作和政治协商制度不断规范化、制度化和程序化。中国在历史上就是一个多民族集中统一的国家，《共同纲领》中明确规定我国实行民族区域自治，将民族区域自治制度明确为我国的基本政治制度之一，确立了其在政治制度中的重要地位。新中国成立之初大城市率先出现群众性自治组织，1954年颁布《城市居民委员会组织条例》肯定了居委会的作用，中共十七大将基层群众自治制度纳入中国特色社会主义政治制度体系。中国特色社会主义政治制度的形成与发展，是中国共产党人在认识社会发展和把握客观规律基础上推进中国社会发展演进的结果，具有客观必然性和历史逻辑。党的十八大以来，习近平总书记高度重视制度建设，强调不断推进社会主义民主政治制度化、规范化、程序化，更好地发挥中国特色社会主义政治制度的优越性[1]。十九届四中全会强调中国特色社会主义制度是党和人民在长期实践探索中形成的科学制度体系，我国国家治理一切工作和活动都依照中国特色社会主义制度展开[2]。这次全会通过的《决定》全面回答了在我国国家制度和国家治理体系上应该坚持和巩固什么、完善和发展什

---

[1] 习近平:《在庆祝全国人民代表大会成立60周年大会上的讲话》,《人民日报》2014年9月6日第2版。

[2]《中共中央关于坚持和完善中国特色社会主义制度 推进国家治理体系和治理能力现代化若干重大问题的决定》,人民出版社,2019,第1页。

么这个重大政治问题①。政治制度是植根于中华民族几千年的历史文化，产生和发展于中国共产党为中国人民谋幸福，为中华民族谋复兴而进行的革命、建设和改革开放的伟大实践中。中国共产党人在总结历史经验和把握现实国情的实践中确立了中国特色社会主义政治制度的基本格局，将政治制度的独特优势充分发挥出来，并将其运用到现阶段的各项伟大事业和伟大工程中去，更好地发挥其应有的现实作用，是政治制度体系在明确目标定位下不断发展与完善过程中发挥出的有利作用和积极效果。

三、坚持政治制度的发展和完善

一个国家选择什么样的政治制度，是由这个国家的经济基础、社会性质和历史文化决定的，中国特色社会主义政治制度具有深厚的历史底蕴，在几千年的历史长河中形成了关于国家政治制度的丰富成果。新中国成立后，中国共产党稳步推动政治制度的基本确定与逐步完善，是社会主义现代化建设的制度基础。中国共产党自成立之日起，就相信中国特色社会主义是一场伟大而长期的革命，需要树立历史眼光、把准政治方向、全面深化改革、提高政治能力、防范风险挑战。在前进道路上，稳步推动历史前行，坚定地走中国特色社会主义政治道路，促进政治制度建设在民主与科学中不断创新发展，真正将政治文明、政治文化自信渗透于政治体系完善过程。新中国成立七十多年来，在党的领导下不断战胜发展道路上的艰难险阻，经济实力和综合国力不断提升，社会稳定繁荣发展，充分证明中国特色社会主义民主政治制度具有强大的生命力和显著的优势。政治制度体系坚持了历史与现实、理论与实践的统一，使政治制度具有强大的包容性、反思能力与显著优势。党在长期的实践探索中建立了科学的政治制度、坚持了正确的政治道路、运行了有效的政治制度体系，并且在具体实践中孜孜不倦地推动政治制度的前行发展，在历史的洪流中坚定目标朝向，把握客观规律，不断地探索完善中国特色社会主义政治制度，充分发挥政治

---

① 《习近平谈治国理政》(第三卷)，外文出版社，2020，第118页。

优势。

第二节
中国特色社会主义政治制度的理论逻辑

中国特色社会主义政治制度的形成发展完善并不是盲目的，而是在科学理论的引导下进行合规律性合目的性的政治活动。中国特色社会主义政治制度所遵循的科学理论逻辑，就是坚持马克思主义与中国实际相结合，坚持以中国特色社会主义理论体系为指导，坚持党的领导、人民当家作主和依法治国有机统一。以马克思主义及其中国化的理论成果为指导思想，结合中国所处的历史环境，融入人民群众的具体实践，既是中国特色社会主义的本质规律和根本遵循，也是中国特色社会主义政治制度的理论逻辑；中国特色社会主义理论体系是在中国特色社会主义的土壤中孕育的，是中国特色社会主义政治制度的理论基础和精神动力；党的领导、人民当家作主与依法治国的有机统一是中国特色社会主义政治制度的必然逻辑。

一、马克思主义基本原理与中国实际相结合

马克思列宁主义的普遍真理与本国的具体实际相结合，这句话本身就是普遍真理。它包含两个方面，一方面叫普遍真理，另一方面叫结合本国实际[①]。马克思主义是植根于实践并在实践中不断发展的科学，揭示了整个客观世界发展的一般规律，是无产阶级认识世界与改造世界的先进武器，解放思想、实事求是、与时俱进是马克思主义的精髓。中国共产党始终坚持将马克思主义基本原理与中国实际相结合，在实践基础上不断推进理论创新与制度创新，展现出政治制度与时俱进和开拓创新的能力，凸显了政治制度的阶级性与稳定性。坚持社会主义道路、坚持人民民主专政、坚持中国共产党的领导、坚持马列主

---

①《邓小平文选》(第一卷)，人民出版社，1994，第258页、259页。

义毛泽东思想是社会主义政治制度的理论前提，我国建立了以公有制为基础的根本经济制度和人民代表大会这一根本政治制度，经济基础决定的上层政治制度本身就具有显著的优势。中国特色社会主义政治制度是共产党人结合我国具体国情并在实践中加以创造性发展的结果，是在马克思主义理论体系的指导下做出的必然选择和历史创造。共产党人在科学理论指导下不断发展与完善中国特色社会主义政治制度体系，引导着中国人民取得革命、建设与改革的胜利，尤其在党的十八大以来，习近平总书记强调坚持和完善中国特色社会主义制度，推进国家治理体系和治理能力现代化，政治制度建设是其题中应有之义。将政治制度建设与国家治理体系和治理能力现代化建设相结合必然需要科学理论的引导，科学理论指的是在意识形态领域坚持马克思主义、毛泽东思想、邓小平理论、"三个代表"重要思想、科学发展观以及马克思主义中国化最新理论成果——习近平新时代中国特色社会主义思想。新中国成立七十多年来，我们坚定不移地以马克思主义为指导，将马克思主义与国际国内具体实际结合起来，坚持以人民为中心的中国特色社会主义政治制度，创造性地发展社会历史观、人民群众观、世界发展观进而建立人民代表大会制度、政党制度、民族区域自治制度与基层群众自治制度。将制度优势转化为治理效能也是习近平总书记坚持马克思主义基本原理，站在新的历史方位上深刻把握新时代社会发展规律得出的，政治制度建设也是在科学理论指导与中国实际政治制度相结合的具体实践中展开的。事实证明，只有以马克思主义及其中国化的理论成果作为政治制度的指导思想，才能最大程度地发挥中国特色社会主义政治制度的最大优势。

二、中国特色社会主义理论体系

中国特色社会主义理论体系包括邓小平理论、"三个代表"重要思想、科学发展观、习近平新时代中国特色社会主义思想，是对马克思主义与毛泽东思想的坚持和发展。中国特色社会主义理论体系是政治制度形成发展最直接的思想理论基础，政治体制改革也要遵循中国特色社会主义理论逻辑。毛泽东思想是在中国政局变动的背景下产生的，始终站在广大劳动人民立场上与侵略剥削势力斗争，维护人民群众的利益，始终坚持依靠群众，密切联系群众。毛泽东总结中国革命的规律和无产阶级领导的思想创立了新民主主义革命理论，在此基础上进行社会主义革命和社会主义建设，创造性地提出人民民主专政，在人民内部实行民主，发展社会主义民主政治。以毛泽东同志为主要代表的中国共产党人结合中国具体国情开展了建设社会主义的探索，为如今中国特色社会主义政治制度提供了基础和前提。在和平与发展的时代背景下探索如何巩固和发展社会主义，邓小平在政治理论上提出党政分开，扩大社会主义民主，强调社会主义的本质，是解放生产力，发展生产力，消灭剥削，消除两极分化，最终达到共同富裕[1]。中国特色社会主义政治制度是解放生产力和发展生产力的政治制度基础，而这一社会主义目标反映了保障人民的根本利益。江泽民指出社会主义制度的优越性，不仅表现在它能够极大地解放和发展社会生产力，创造出高度的物质文明，而且表现在它能够创造出高度的精神文明，保证社会全面进步[2]。中国特色社会主义政治制度不仅能推动经济发展，而且能够将政治文明渗透于政治实践，形成新型的现代政治文明。胡锦涛高度重视制度建设的重要性和政治制度优越性充分发挥的必要性，强调必须推进社会主义民主的制度化、规范化、程序化，保障人民当家作主。中国特色社会主义政治制度体系的建设符合民主政治的本质要求，人民参与政治生活的制度化、规范化、程序化就是充分发挥政治制度优越性的结果。习近平新时代中国特色社会主义思想反映了人民群众的诉求、体现了人民群众的意志，直面人民群众的现实利益问题，把人民的向往作为奋斗目标[3]。随着中国特色社会主义进入新时

---

① 邓小平:《在武昌、深圳、珠海、上海等地的谈话要点》,载《邓小平文选》(第三卷),人民出版社,1993,第373页。

② 江泽民:《在毛泽东同志诞辰一百周年纪念大会上的讲话》,载《江泽民文选》(第一卷),人民出版社,2006,第357-358页。

③ 田鹏颖:《习近平新时代中国特色社会主义思想的理论逻辑和实践逻辑》,《中国高等教育》2018年第2期,第4-8页。

代，民主政治建设不断推进，社会主义政治文明不断渗透，我们党不断扩大人民的有序参与、促进人的全面发展、实现全体人民共同富裕；发展中国特色的社会主义政党制度，发展社会主义协商民主，提高政治协商、参政议政、民主协商的能力；坚持各民族一律平等，维护多民族国家的完整统一与团结奋斗，促进各民族繁荣发展与和谐安定；加强基层群众自治建设，充分调动基层积极性，坚持面向基层，激发基层参与的广泛性。中国特色社会主义政治制度是经济建设飞速发展、人民生活水平显著改善、科技发展大幅跨越、综合国力显著提升的重要保证。中国特色社会主义理论体系是一脉相承与时俱进的发展，是在实践基础上的理论创新推动制度创新，是政治制度优势充分发挥的制度保障。

三、坚持党的领导、人民当家作主和依法治国的统一

中国政治制度的建构原则是党的领导、人民当家作主和依法治国的有机统一[1]。党的领导是人民当家作主和依法治国的根本保证，人民当家作主是社会主义民主政治的本质特征，依法治国是党领导人民治理国家的基本方式，三者统一于我国社会主义民主政治的伟大实践[2]。党的领导、人民当家作主和依法治国有利于民主不断健全、社会繁荣稳定，是人民权利保障与人民权利行使的实践模式，三者有机统一为政治制度的适应性、稳定性和自主性提供保障，是政治制度效能发挥的前提和基础。中国共产党的领导是中国特色社会主义最本质的特征，是中国特色社会主义制度的最大优势，党政军民学，东西南北中，党是领导一切的，在中国共产党的领导下能够最大限度地把各方面的资源调动和整合起来。中国特色社会主义政治制度发展完善的过程是党坚持对政治文明全面科学依法的领导，切实落实中央战略，在价值追求方面符合客观实际，是整合能力与执行能力不断提升的过程。正是在新时代的背景下，中国共产党保持政治定力，在建设伟大工程、结

---

① 杨琳：《民主的中国经验》，《瞭望》2010年第1期，第52—54页。

②《习近平谈治国理政》（第三卷），外文出版社，2020，第29页。

合伟大斗争、伟大事业、伟大梦想的实践中发挥中国特色社会主义政治制度显著优势，积极推进政治制度优势转化为治理效能。1954年第一届全国人大一次会议标志着人民代表大会制度的建立，人民代表大会制度是人民当家作主的根本政治制度和最高实现形式，是党各项方针政策执行的政治基础和贯彻群众路线的实现形式，保证人民群众依法享有民主选举、民主管理、民主监督等权利，是发扬社会主义民主最具体、最根本的措施。习近平总书记强调依法治国、依法执政、依法行政，完善立法工作机制和程序，有利于扩大公民有序参与，使法律准确反映经济社会要求，做到有法可依、执法必严、违法必究。落实依法治国基本方略，建设社会主义法治国家是人民当家作主的保证，也是社会文明发展进步的标志。正是三者统一于中国特色社会主义实践，才能充分发挥中国特色社会主义政治制度的显著优势，并将其落实在全面深化改革中，让治理效能具体体现在重要领域和关键环节上。党的领导、人民当家作主和依法治国是中国特色社会主义政治制度发展完善的必然要求，正是在发展中坚持了三者有机统一，始终站在党和人民立场上，实现了理论与实践的深度融合，唯有如此，才能发展中国特色社会主义政治制度，肩负起实现治理体系和治理能力现代化的重任。

第三节
中国特色社会主义政治制度的实践逻辑

新中国成立以来，党带领人民在政治建设实践中不断进行制度创新与理论创新，再将创新成果制度化，形成中国特色社会主义根本政治制度、基本政治制度和各项具体政治制度。中国特色社会主义政治制度是在实践中不断地形成和发展的，而实践可以进一步地检验和完善政治制度，进而更好地将其转化为治理效能，实现顶层设计与基层实践的良性互动。中国特色社会主义政治实践是政治制度发展完善的根本动力，是与经济、社会、文化等领域相互支撑推进社会主义现代化全面发展的重要保证。在科学理论的逻辑框架下结合历史经验与实践经验构建出中国特色社会主义政治制度体系，在此基础上推动国家治理体系和治理能力现代化。政治制度离不开政治实践，政治实践反过来推动政治制度的发展完善。

一、中国特色社会主义政治制度在实践中取得了辉煌成就

当代中国特色社会主义政治制度是在党和人民共同努力的伟大实践中完善发展的，中国特色社会主义政治实践绝不是闭关自守和固步自封的，而是开放包容和与时俱进的，不仅推动我国经济高质量发展、发展社会主义民主政治、铸就中华文化新辉煌，也深入推进中国特色大国外交、携手构建人类命运共同体。中国特色社会主义政治实践在各方面取得的重大成果正是政治制度优势的凸显，是将政治制度优势转化为为人民谋幸福、为民族谋复兴的各项伟大事业中的。坚持和完善中国特色社会主义制度，推进国家治理体系和治理能力现代化是当代中国特色社会主义实践的主题，我国的一切政治工作和活动都围绕中国特色社会主义政治制度展开，这一切工作的出发点和落脚点是实现好、维护好、发展好最广大人民的根本利益，实现中华民族伟大的复兴梦，在正确认识了历史发展规律、人类社会发展规律和制度变迁规律，创造出属于中华民族的政治实践。正是中国特色社会主义政治实践呼唤出政治制度的完善与发展，共产党便带领人民朝着这一目标奋斗。推进中国特色社会主义民主政治建设，发挥政治制度优势，提升治理效能的过程，也是解决新时代我国社会主要矛盾的实践选择，我国社会主要矛盾已经转化为人民日益增长的美好生活需要和不平衡不充分的发展之间的矛盾，要解决发展不平衡不充分的问题，政治道路是根本问题，必须注重理论与实践的有机统一，提高中国特色社会主义政治制度的生命力和适应性。

二、中国特色社会主义政治制度具有显著的制度优势

以习近平同志为核心的党中央在党的十八大后高度重视制度建设

和治理能力的提升，注重顶层设计和分层对接的统一、整体推进和局部探索的统一，突出系统集成和协同高效，聚焦深层次领域的改革①。政治制度与治理能力统一于中国特色社会主义政治制度建设的伟大实践中。制度体系的完善有利于治理能力的提高，治理能力的提高有利于制度体系的完善，二者在实践探索中实现良性互动进而相互促进，政治制度体系完善与治理能力提高彰显了政治制度的优势，其最终目标指向实现好、维护好、发展好最广大人民的根本利益，促进人的全面发展和社会全面进步。中国特色社会主义政治制度体系下提升治理能力是治理功能问题，而政治制度体系的结构与形式决定了功能发挥与否及发挥程度的高低，这就需要不断优化政治制度体系和治理体系的结构，使其朝着更加制度化、更加科学化、更加规范化的方向前行。治理能力则体现在自上而下的制度贯彻与自下而上的制度反馈中，中国共产党是中国特色社会主义的中坚力量，是制度的决策者也是执行者，制度贯彻需要加强党的全面领导，只有党在统揽全局协调各方时将制度自上而下地贯彻于各领域、各方面，党的集中统一领导才能将治理能力与制度执行力相结合，集中力量办大事。自下而上的反馈是指善于总结历史经验与现实经验，在国际国内形势发生深刻复杂变化时也能够保持党同人民群众的血肉联系，广泛开展社会协商，认真听取群众意见，集思广益，把各方面的智慧和力量凝聚到提升治理能力上来。要进一步推进中国特色社会主义政治体制改革，加强社会主义民主政治建设，在党的领导、人民当家作主、依法治国有机统一的原则下推进国家治理体系和治理能力现代化。

三、中国特色社会主义政治制度在改革中不断自我发展自我完善

习近平总书记强调，制度自信不是自视清高、自我满足，更不是裹足不前、固步自封，而是要把坚定制度自信和不断改革创新统一起来，在坚持根本政治制度、基本政治制度的基础上，不断推进制度体

---

① 韩利平、祝辉：《我国制度优势转化为国家治理效能的逻辑解析》，《理论视野》2019年第12期，第54—59页。

系完善和发展①。中国特色社会主义政治制度为推进人类社会进步与政治文明贡献中国智慧，但不能说明政治制度不需要改革发展。中国特色社会主义政治制度是在时代中不断发展创新的制度体系，自我革新能力是其保持永久生命力的动力之源。新中国成立以来，站在新的历史方位上对客观实际作出准确判断，我国社会的主要矛盾发生了三次重大的转变，在运用经济基础和上层建筑的矛盾运动规律和社会历史客观发展规律，正确地认识了我国政治体制改革的必然性及其实质，积极稳妥地进行政治体制改革。党的十八大以来，发展和完善中国特色社会主义制度，推进国家治理体系和治理能力现代化取得了重要成效，党的十九届四中全会站在新的历史交汇点上以制度优势和治理效能应对百年未有之大变局，系统总结了我国国家制度和国家治理体系多方面的显著优势，在举世瞩目的成就中展示出较高的制度化水平。我国国家制度和国家治理体系具有多方面的显著优势，其中包括坚持改革创新、与时俱进，善于自我完善与自我发展，使社会始终充满生机活力的显著优势②。中国特色社会主义政治制度是在共产党的领导下不断进行自我完善与自我改革的科学制度体系，是在政治实践中充分展现政治制度优势，将政治制度与经济基础、政治文明、社会环境、国际环境统一联系过程中的发展。

坚定政治信仰、加强政治建设、提高政治能力是党在新的历史方位应对新任务、新挑战，在百年未有之大变局中夺取伟大胜利的需要。发展社会主义民主政治是推进国家治理体系和治理能力现代化的重要方面，充分发挥中国特色社会主义政治制度优势是满足人民美好生活需要的必然要求，将政治制度优势转化为治理效能是党治国理政的必然结果，必须将历史逻辑、理论逻辑与实践逻辑相统一，既要深刻把握历史规律与经验总结，又要准确把握科学理论在意识形态领域的指

---

① 习近平：《在庆祝全国人民代表大会成立60周年大会上的讲话》，《人民日报》2014年9月6日第2版。

② 习近平：《中共中央关于坚持和完善中国特色社会主义制度 推进国家治理体系和治理能力现代化若干重大问题的决定》，人民出版社，2019，第3页。

导，还要及时把握客观实际，着眼于现实问题。

第四节
新时代中国特色社会主义政治制度的内在逻辑

新时代中国特色社会主义政治制度的逻辑理路既是指新时代中国特色社会主义政治制度存在的因果关系及其运行规律，也是这种逻辑关系在人们观念中的反映。中国特色社会主义政治制度既有深厚的历史和现实的基础与依据，又有科学的思想和理论的前提与指导；既是中国共产党正确领导的结果，又是人民智慧的选择；既有厚重的实践经验，又有与时俱进的理论创新；既要立足我国国情，又要放眼世界。在如此重大的情境背景下，如何科学合理精准地定位并论证好新时代中国特色社会主义政治制度的逻辑理路，是理论工作者必须回答好的重大问题。中国特色社会主义政治制度是中国共产党把马克思主义理论与中国实际相结合的产物，是贯彻人民当家作主政治原则和政治立场的制度安排。新时代中国特色社会主义政治制度有其自身独特的逻辑理路，其逻辑主题是实现社会主义现代化；逻辑起点和终点是以人民为中心；逻辑中介包括以马克思主义为指导的思想中介、以党的全面领导为根本的组织中介、以国家制度体系为架构的基础中介、以中华民族伟大复兴中国梦为导向的目标中介和以面临的内外部环境为形势的条件中介。这一逻辑理路体现了新时代中国特色社会主义政治制度的独特风貌和价值追求，为新时代坚持和发展中国特色社会主义政治制度提供了坚实的学理依据。

一、新时代中国特色社会主义政治制度的逻辑主题与逻辑主线

所谓逻辑主题，就是贯穿事物因果关系和运行规律之间的中心思想。任何政治制度都有其逻辑主题，通过对政治制度逻辑主题展开的相关理论和问题的探讨，可以更加凸显政治制度的核心价值和实践意

蕴。新时代中国特色社会主义政治制度的逻辑主题就是要研究这一制度的中心思想。习近平总书记指出："当前我们需要乘势而上开启全面建设社会主义现代化国家新征程、向第二个百年奋斗目标进军。"①习近平总书记的这一精辟表述，不仅高度凝练了中国共产党百年历程的奋斗主题，也指明了新时代中国特色社会主义政治制度的逻辑主题。中国特色社会主义政治制度是国家制度体系的重要内容，是建设和发展中国特色社会主义的根本性制度保障，在推进中国特色社会主义建设的伟大进程中，实现中国特色社会主义现代化是全党全国各族人民的共同期愿，从这个意义上讲，新时代中国特色社会主义政治制度的逻辑主题就是实现社会主义现代化。实现社会主义现代化的过程不是东撞西碰的随缘，不是不切实际的夸大，而是脚踏实地、实事求是的探索，需要遵循社会主义建设规律和国家治理发展规律。这些规律受社会基本矛盾即生产力和生产关系、经济基础和上层建筑两对矛盾运动所决定，集中体现了历史唯物主义基本原理在新时代的科学运用，体现了中国特色社会主义政治制度的本质、内涵和动力。政治制度的发展不能脱离社会主义建设规律和国家治理发展规律而独自存在，只有遵循社会主义建设规律和国家治理发展规律才能更好地促进社会主义现代化的实现，为新时代所取得的历史性成就和全面深化改革提供根本性制度保障。

实现社会主义现代化作为新时代中国特色社会主义政治制度建设的逻辑主题有其深刻的历史渊源。鸦片战争后，清政府的昏庸无能和黑暗软弱使得中国一步步沦为半殖民地半封建社会，逐渐淡出世界舞台中央，综合国力和百姓生计大打折扣，到了亡国灭种的边缘。这时，一些仁人志士觉醒并"睁眼看世界"，中国才开始卷入世界现代化的浪潮，逐渐与现代文明接轨。虽然后续有洋务运动、戊戌变法、辛亥革命等一系列学习西方的运动和举措，但最后都以失败告终。十月革命

---

① 习近平：《决胜全面建成小康社会 夺取新时代中国特色社会主义伟大胜利——在中国共产党第十九次全国代表大会上的报告》，《理论学习》2017年第12期，第4-25页。

一声炮响为中国送来了马克思主义，中国革命开始有了科学先进的理论武器。中国共产党的诞生是"开天辟地的大事变"，从此中国革命有了主心骨和领导者。中国共产党作为马克思主义政党带领人民取得抗日战争、解放战争的完全胜利，完成新民主主义革命，之后又取得抗美援朝的伟大胜利，为国家现代化建设事业赢得了相对和平与稳定的国内国际环境。

中国共产党以马克思主义理论为指导，开启了全新的国家现代化之路，大体沿着"工业化—四个现代化—三步走—五位一体总体布局—新时代三步走"的方向前进。抗日战争胜利后，深受战争创伤的各项事业百废待兴，毛泽东在《论联合政府》中强调要努力恢复解放区经济，首次突出了工业化和农业近代化的紧迫性，从而实现工业化的目标。新中国成立前期，毛泽东在《目前形势和我们的任务》中指明了把农业国转变为工业国就是实现工业化，也就是迈向现代化的第一步。新中国成立后，1951年《军委总政治部关于部队整编工作的政治指示》首次提出了现代化的概念，但这一概念仅停留于军事建设方面。1953年在《关于在过渡时期总路线的学习和宣传提纲》中提出了"以工业化促进现代化"的口号，这是中国共产党第一次把现代化作为国家经济社会整体发展的目标提出来，表明现代化已正式成为社会主义建设的奋斗目标。后来，为了更好适应国家发展的需要，1954年构想将来要实现"四个现代化"，即现代化的工业、农业、交通运输业、国防。1956年加入科学文化的现代化。最后到1964年正式提出在20世纪末实现"四个现代化"的宏伟目标并通过"两步走"的发展战略得以实现。改革开放以来，邓小平在"两步走"战略的基础上创造性提出"三步走"发展战略，即第一步是解决人民的温饱问题，第二步是到20世纪末人民生活水平总体达到小康，第三步是到21世纪中叶人均GDP达到中等发达国家水平，人民生活比较富裕，基本实现现代化。

党的十八大以来，我国在邓小平"三步走"战略的基础上，创造性提出了新型工业化、信息化、城镇化、农业现代化、国家治理体系和治理能力现代化等思想，进一步充实了中国社会主义现代化的时代内涵，把西方工业革命数百年的"串联式"发展升级为具有鲜明中国特色的"并联式"进程，推进叠加发展，本质上是涉及经济、政治、文化、社会、生态"五位一体"总体布局的现代化。党的十九大作出了新时代的"三步走"发展战略，即从党的十八大到2020年，全面建成小康社会；从2020年到2035年基本实现社会主义现代化；从2035年到本世纪中叶，把我国建成富强民主文明和谐美丽的社会主义现代化强国①。因此，新时代从全面建成小康社会到基本实现现代化再到全面建成社会主义现代化强国，是推进共同富裕的现代化，不落下一人一族，不偏倚一地一区，大力发展生产力，注重社会公平正义；是推进和谐共生的现代化，实现人与自然和谐发展，贯彻"绿水青山就是金山银山"理念；是推动世界和平发展的现代化，主张共同发展、合作共赢，构建人类命运共同体，通过"一带一路"和中国方案与中国智慧实现中国乃至全世界发展中国家的现代化。这既是中国特色社会主义在新时代的战略安排，又是中国特色社会主义政治制度具体运用的生动体现。

二、新时代中国特色社会主义政治制度的逻辑起点与终点

所谓逻辑起点，就是构成事物本体的所有范畴中最本质、最一般的规定，凭借第一要素的地位使得其他概念和理论都由它产生、对它负责；所谓逻辑终点，就是构成事物本体的所有范畴的目的和归宿，是从抽象上升到具体的思维进程的相对完结，其他概念和理论都为它服务。

马克思主义唯物史观认为，人民群众是历史的创造者，是物质财富和精神财富的创造者，是推动社会变革和进步的决定性力量。人民这一范畴是马克思主义唯物史观的元范畴，从阶级对立和阶级差别的完全消灭到实现全人类解放再到促进人的自由全面发展是科学社会主义学说的思想精华。中国特色社会主义政治制度从奠基到成熟的过程

---

① 习近平：《决胜全面建成小康社会 夺取新时代中国特色社会主义伟大胜利》，人民出版社，2017，第28-29页。

中，"人民群众观"始终是制度建设的根本立场和中心内容。因此，新时代中国特色社会主义政治制度始终贯彻以人为本的价值观、实践观和方法论。"人民"或"以人民为中心"自然成为新时代中国特色社会主义政治制度的逻辑起点与终点。

江山就是人民，人民就是江山。中国共产党自建党以来就始终把"实现好、维护好和发展好人民的根本利益"作为一切活动的根本出发点和落脚点，把"群众路线"作为党的生命线和根本工作路线，把"全心全意为人民服务"作为党的根本宗旨。个人成长和社会进步的隐性动力蕴含在人类对未来理想和自由的价值追求之中，因此追求过程中的"民主"就成为政治上的必然要求。政治制度是实现民主的手段，民主是运用政治制度的目的，而这一目的和手段的实现都需要以人民为中心，需要建立在人民之上，以人民为基础、为动力、为方向。从毛泽东的"最高标准问题"到邓小平的"四个是否"到江泽民的"三个代表"再到胡锦涛的"科学发展观"到今天习近平总书记的"以人民为中心"，党的主要领导人核心思想的传承和深入，本质都是对以人民为中心思想的阐述，突出了人民的历史主体和中心地位。自党的十八大以来，习近平总书记始终强调党员干部做任何事情都要心中有群众，想群众之所想，急群众之所急，心系群众、情系群众和事系群众并举。新中国成立七十多年来所取得的辉煌成就，是党领导下的人民的成就，没有人民的广泛参与和实践，就没有社会主义事业的进步和成功。

以人民为中心，还深刻体现在党治国理政的实践进程中。国家富强、民族复兴都是为了最终实现人民幸福，从这个角度来看，国家富强、民族复兴是人民幸福的手段和措施，人民幸福是国家富强、民族复兴的终点和归宿，人民幸福就是以人民为中心的生动写照。关于人民幸福的阐释，习近平总书记有过精辟论述：从主体维度看，人民幸福就是包括爱国侨胞、拥护祖国统一的港澳台同胞、社会主义建设者和劳动者在内的人民总体幸福；从客体维度看，人民幸福面向的是"生活"，人民在生活之中要活出体面、活出尊严、活出美好、活出幸福，生活是幸福的载体；从本质维度看，人民幸福是人民在新时代对日益增长的美好生活需要的满足，当下的美好生活需要越来越呈现多样化、多层次、多领域的特点，表现在经济、政治、文化、社会、生态等各个方面，是全方位的满足；从主观维度看，人民幸福就是要让人民在生活中具有更多获得感、幸福感、安全感，这些都是一种主观感受，体现了人民群众对现实生活状况的满意程度；从特征维度看，人民幸福是总体幸福与个人幸福的统一、物质幸福与精神幸福的统一、发展幸福与享受幸福的统一；从目标维度看，人民幸福的最终目标是通过国家富强和民族复兴实现人的全面自由发展，在全社会实现人民幸福，最终建立共产主义社会，是社会发展的客观规律，也是我们党的最高理想和最终目标。

中国共产党人的初心和使命就是为中国人民谋幸福，为中华民族谋复兴。新中国成立前，党领导人民进行新民主主义革命，推翻"三座大山"，实现民族独立和解放，为实现人民幸福奠定国家前提。新中国成立后，党领导人民进行社会主义革命和建设，完成"三大改造"，经济实力不断增强，为实现人民幸福打好物质基础；十一届三中全会以来，党领导人民进行社会主义改革，各项事业不断推进，到新时代全面建成小康社会，进而向基本建成社会主义现代化目标迈进，人民群众的幸福感大幅提升。在这伟大的历史进程中，"为人民谋幸福、为民族谋复兴"的初心和使命始终贯穿其中的生命线。在新时代中国特色社会主义政治制度的建设过程中，我们既要努力推进人民群众对当家作主权利的实现，也要不断解决人民对未来美好社会的憧憬和当下制度体制机制不健全不完善之间的矛盾；要善于不断利用政治制度的优势，进一步巩固人民当家作主的地位，坚持以人民为中心的发展思想，激发人民大众的创新精神，从而为实现社会主义现代化注入蓬勃朝气和生机活力。

三、新时代中国特色社会主义政治制度的逻辑中介

所谓逻辑中介即逻辑中项，是指运用从抽象上升到具体的方法以

形成系统理论而确定的、联结起点和终点之间的、由一系列概念、范畴所组成的中间环节。新时代中国特色社会主义政治制度的逻辑中介作为联结以人民为中心这一逻辑起点和终点的中间枢纽，包括思想中介、组织中介、基础中介、目标中介和条件中介五大环节，即以马克思主义为指导、以党的全面领导为根本、以国家制度体系为基础、以中华民族伟大复兴中国梦为目标、以面临的内外部环境为条件。基于此，新时代中国特色社会主义政治制度就形成了以"主题—起点—中介—终点"为轮廓的逻辑结构（见图14），体现了当代中国特色社会主义政治制度的独特风貌和价值追求，为新时代坚持和发展中国特色社会主义政治制度提供了坚实的学理依据和理论支撑。

1. 以马克思主义为指导

邓小平曾经说："我坚信，世界上赞成马克思主义的人会多起来的，因为马克思主义是科学。它运用历史唯物主义揭示了人类社会发展的规律。"[1]马克思主义自19世纪中叶诞生以来，以其科学性、阶级性、革命性、实践性深刻揭示了政治的本质和发展规律，广泛影响着人类社会的历史进程。2018年习近平总书记在纪念马克思诞辰200周年大会上强调，马克思主义不仅与中华民族的历史、现在和未来紧密联系，还是党治国理政的根本指导思想，是科学正确的伟大理论。2019年党的十九届四中全会第一次明确将马克思主义在意识形态领域的指导地位作为一项根本制度。"中国共产党是以马克思主义为旗帜的政党，中国革命、建设、改革的全部成就都是在马克思主义和马克思主义中国化成果指引下取得的，由此决定了我国意识形态领域的指导思想必然是马克思主义。"[2]在建设、完善、发展中国特色社会主义政治制度的过程中，马克思主义具有全方位、全局性和根本性的指导地位。

---

① 《邓小平文选》(第三卷)，人民出版社，1993，第382页。

② 何毅亭：《论中国特色社会主义制度》，人民出版社，2020，第56页。

```
                            逻辑主题

        逻辑起点          逻辑中介          逻辑终点

                          马克思主义
                      组织        指导
                      建设        思想
                          党的全面领导
                      架构        组织
  我国                  基础        建设
  政治        人  民          国家制度体系          以人民为中心
  制度                  目标        架构
  逻辑                  支持        基础
  理路                      复兴中国梦
                      形势        目标
                      条件        支持
                          内外部环境

                          社会主义现代化
```

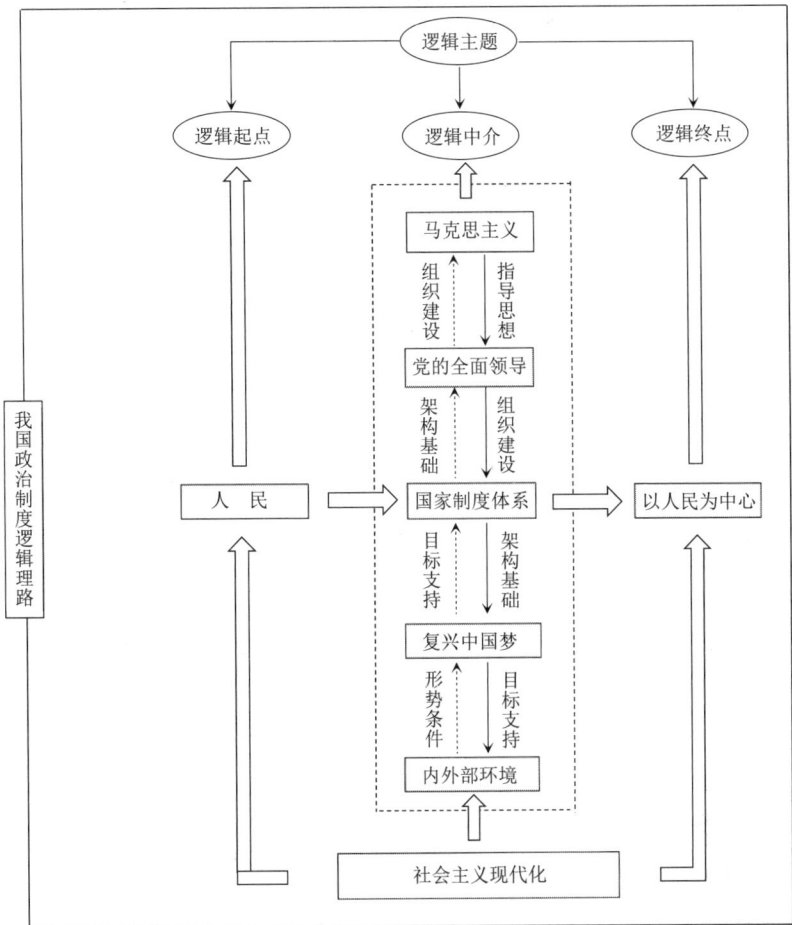

图14　新时代中国特色社会主义政治制度的逻辑理路

　　马克思主义既是实践的理论，也是不断发展的开放理论。这说明马克思主义必须也必将随着实践的发展、认识的进步、时代的变迁以及条件的变化而不断进步和创新，是立足实际和与时俱进的统一，在自身完善中永葆青春活力。我们既要把伟人过去的话说准说对，也要与时俱进地说出一些过去没说过的"新话"。马克思、恩格斯在无产阶级革命运动中一以贯之地宣扬其理论不是死命令和教条，不是模板和标准答案，而是以国情和实际为基础的方针指南，要灵活地随时随地发生转化，理论只有采取与实际相结合的方式来说明和阐释才能体现其正确性并迸发活力。俄国革命中，列宁将马克思主义基本原理与俄国实际相结合，最终取得十月革命的伟大胜利，建立了人类历史上第一个社会主义国家。在这一过程中所形成的列宁主义既是俄国革命的总结和升华，也是对马克思主义理论的丰富和发展。在我国的新民主主义革命中，中国共产党人始终把马克思主义基本原理同中国革命实际相结合。在反思大革命失败原因的基础上，毛泽东提出了"农村包围城市、武装夺取政权"的革命理论；1938年"马克思主义中国化"命题的提出使得党内更加清楚，只有把马克思主义与中国实际相结合才能取得最终的胜利和成功，并在根据地试行人民民主制度。此后，在新中国的建设和改革过程中，中国共产党始终高举马克思主义旗帜，将马克思主义深刻内化在我国的深厚历史之中、全面建设之中、伟大发展之中。进入新时代，习近平新时代中国特色社会主义思想既是对马克思主义基本原理的继承，也是对其创新和发展，是全党和全国各族人民的共同智慧和集体结晶，是马克思主义中国化的最新理论成果。事实一再证明，马克思主义始终是中国特色社会主义政治制度最根本的指导思想。

2.以党的全面领导为根本

《中国共产党章程》明确规定"中国共产党是中国工人阶级的先锋队，同时是中国人民和中华民族的先锋队"[1]。党的十九届四中全会指出："中国共产党是中国特色社会主义最本质的特征，是中国特色社会主义制度的最大优势，党是最高政治领导力量。"[2]在我国，党的这一核心地位决定了中国特色社会主义各项事业的领导者和推进者必定也只能是中国共产党，中国共产党既是构建中国特色社会主义政治制度的最大常量，又是完善这一制度的最大变量。在制度建设方面，党的领导是我国社会主义政治制度优势得以发挥、政治体制不断改革和完善的根本保证，在制度制定和制度执行等各个方面领导政治制度建设。

---

[1]《马克思列宁主义基本问题》，人民出版社，2002，第20页。

[2]《中共中央关于坚持和完善中国特色社会主义制度 推进国家治理体系和治理能力现代化若干重大问题的决定》，人民出版社，2019，第6页。

从制度运行的过程来看，其本质就是在党的领导下，巩固人民民主专政、保障人民当家作主权利得以实现的过程。毛泽东指出，"工、农、商、学、兵、政、党这七个方面，党是领导一切的"，邓小平认为，"没有核心的领导是靠不住的"，习近平强调，"党政军民学，东西南北中，党是领导一切的"①。因此，在坚持和完善中国特色社会主义政治制度的进程中，必须毫不动摇坚持党的全面领导，必须毫不动摇自觉维护党中央的权威。

始终坚持党的全面领导，是新时代中国特色社会主义政治制度的根本原则，既符合中国政治发展的基本逻辑和根本规律，也符合中国共产党的建党使命和执政规律，这些规律发迹于党的长期革命、成熟于党的伟大建设、巩固于党的自身改革，集中体现了党的性质、宗旨和使命，既是中国共产党百年建设和发展的根本遵循，也是领导中国特色社会主义事业不断取得成功的根本保证。只有坚持党的领导，人民群众主人翁的意识才会更加浓厚，才能实现人民诉求与结果获得的对等性，才有利于解决人民日益增长的美好生活需要和不平衡不充分的发展之间的矛盾，从而实现政治诉求的回应化、政治制度的体系化、政治效能的高质化、政治发展的现代化、政治文明的理性化。坚持党的全面领导对党的自身能力和执政水平提出了极高要求，党的领导能力和执政水平对我国民主政治实践的效果具有根本性和决定性的影响，只有始终以党章、党规、党纪为遵循，才能切实提高党的领导效能。构建党的领导能力和执政水平的建设路径，关键在于是否具有健全的领导制度体系以及高水平的领导制度能力。党的全面领导不是随便说说的口号式、标语式提法，而是党的领导制度体系的全面落实；不是虚无缥缈的抽象概述，而是党的领导能力在具体实践中的展现。

3.以国家制度体系为基础

马克思主义经典作家认为，制度的形成和发展是在生产力和生产关系的矛盾运动中协调推进的，由社会物质生产条件所决定，内生于经济基础和上层建筑之间的结构体系之中，主要是人作为主体在客观

---

① 《习近平总书记系列重要讲话读本》，人民出版社，2016，第102页。

环境中建构的。随着生产力的提高和社会的进步，社会财富会更加充足，物质产品会更加丰富，精神文化会更加深厚，各项制度也会更加稳定和成熟，制度化和制度体系必将形成。总体有效的单个国家制度和健全完善的国家制度体系是社会治理的小技巧和大智慧。所谓国家制度体系，就是国家规范公民行为、管理社会事务、进行国家治理所制定和执行的各类制度的总和，是社会运行和国家治理的总体规范和准则，是调动不同行为主体、调节各方利益、以客观社会为基础进行不同价值判断的根本指南，是规范不同群体和阶层的诉求与利益的重要依据，表现在我国就是总体制度、根本制度、基本制度、重要制度、具体制度所构成的中国特色社会主义制度体系。具体来说，中国特色社会主义政治制度包括根本政治制度、基本政治制度、重要政治制度以及实现这些制度的具体体制机制等。

　　中国特色社会主义政治制度作为国家制度体系的重要组成部分，不是孤立存在的，而是与作为经济基础的生产关系总和共存，与经济、社会、文化、生态等各方面的制度有着天然的联系。政治制度与其他制度的联系和互动，主要表现在两个方面：一是从内部来看，国家制度体系中的其他制度影响着政治制度。经济制度作为与政治制度联系最密切的经济基础，从根本上规定着政治制度的性质和走向；社会制度作为政治制度存在与运行的土壤，规定着政治制度的基本内涵与特质；文化制度为政治制度提供思想和精神支持，其所形成的文化氛围潜移默化影响着政治制度的运行并雕刻着政治制度的内在秉性；生态制度与政治制度相联系的内在逻辑在于生态文明与政治文明的融合，"绿水青山"是新时代人民的诉求之一，为政治制度的落实和巩固提供生态基础。二是从外部来看，政治制度与国家制度体系是部分和总体的关系。政治制度居于国家制度体系的最高位次，为国家制度体系的构建和运行提供政治性保障并赋予合法性，从这个角度看政治制度的质量决定着国家制度体系的品质。国家制度体系也会反作用于政治制度，从总体上限制或促进其发展，为政治制度建设输送给养和动力。国家制度体系对政治制度具有规范和调适作用，为政治制度设定运行边界，即政治制度是在国家制度体系框架下运行的。

自党的十八大以来，习近平总书记系统阐述了中国特色社会主义道路、理论、制度、文化的内在关系，提出要把制度建设摆到更加突出的位置，强调要完善现有的各项制度，推进制度化治理，构建"系统完备、科学规范、运行有效"的国家制度体系。因此，新时代中国特色社会主义政治制度需要以国家制度体系为基础，协调好各方面的关系，在此基础上不断发展和创新。

4.以实现中华民族伟大复兴的中国梦为目标

实现中华民族伟大复兴的中国梦作为新时代中国特色社会主义政治制度逻辑的目标中介，不是凭空捏造和闭门造车，不是不着边际和天马行空，而是有其深刻的历史渊源和现实指向。中国是世界上最古老的文明国家之一，是四大文明古国中唯一没有历史中断的国度。清末之前，中国既有汉唐之盛世，也有宋明之昌荣，在文学、科技和艺术等众多领域都处于世界先进水平。但是到了清朝尤其是清末时期，生产力落后、制度封闭、思想禁锢等一系列原因使得整个国家慢慢脱离世界政治经济科技文化中心，淡出世界历史舞台。鸦片战争后，中国更是一步步沦为半殖民地半封建社会，中华民族到了生死存亡的关键时刻。这时，中国已不再是之前屹立于世界丛林中央的"雄狮"，而成了任人宰割的"羔羊"，这样巨大的落差使得无数仁人志士开始思索救亡图存的出路。农民阶级领导的太平天国运动、资产阶级领导的戊戌变法和辛亥革命虽然在一定程度上缓和了社会矛盾并打击了列强势力，但最终都难逃失败的命运，正如毛泽东所说："中国人被迫从帝国主义的老家学来了进化论、天赋人权论和资产阶级共和国等思想武器和政治方案，组织过政党，举行过革命，以为可以外御列强、内建民国。但是这些东西也和封建主义的思想武器一样，软弱得很，又是抵不住，败下阵来，宣告破产了。"[①]后来，十月革命一声炮响，为中国送来了马克思主义，五四运动后中国工人阶级开始登上历史舞台，中

---

① 毛泽东：《唯心历史观的破产》，载《毛泽东选集》（第四卷），人民出版社，1991，第1514页。

国共产党的成立更是开天辟地的大事变，给近代以来饱受战乱和灾难折磨的中国人民送来了光明和希望。党领导的中国人民抵御外来侵略、推翻"三座大山"、完成新民主主义革命、进行社会主义革命、改革和建设的过程，就是实现中华民族伟大复兴的过程。正是基于这样的历史渊源和客观现状，从中国近代以来社会矛盾、阶级转换、主要任务发展变化的内在需要中，孕育出了中华民族伟大复兴的奋斗目标。自党的十八大以来，"中国这头狮子已经醒了"①，中国特色社会主义进入新时代，在全党全国各族人民的共同努力下已经实现了第一个百年奋斗目标并正大踏步地向第二个百年奋斗目标迈进，各项制度运行总体有序，综合国力大幅跃升。但是我们仍要看到，制度优势转化为治理效能的效率还不够高，社会上影响国计民生的问题依然存在，中华民族的伟大复兴仍需继续努力。

在马克思主义世界历史理论的指导下，新时代中国特色社会主义政治制度以实现中华民族伟大复兴的中国梦为奋斗目标，不仅植根于"古代—近代—现代"发展历程的中国历史，还交融在唯物史观视域下的"世界历史"格局之中，是中国历史与"世界历史"邂逅的结果，是"世界历史"羞辱与激发中国历史的结果，既是对"世界历史"的现实回应，又是对"世界历史"的理论回应，彰显了实现中华民族伟大复兴中国梦的世界历史意义。在"世界历史"的大坐标中认识中华民族伟大复兴的中国梦，不是一个简单的民族主义问题，而是通过对世界历史和中国历史的审视，理解其中蕴含的民族精神、国家志向与文明复兴。即在近代历史的中国悲剧中，"尽管在道义上中国应该向西方列强追究其强盗行径，但中国自己也必须走上'世界历史'安排的现代性路径"②，否则救亡图存无望、民族复兴无望。基于此，在实现中华民族伟大复兴中国梦的奋进历程中，中国谋求复兴的基本逻辑就是既要植根中国历史又要面向"世界历史"，是中国历史与"世界历

---

① 《习近平总书记系列重要讲话读本》，人民出版社，2014，第36页。

② 黄力之. "中国梦"与"世界历史"，http://www.cssn.cn/sjs/201401/t20140106_937034.shtml.

史"的辩证统一，在"世界历史"浸入的过程中必须时刻保持自身意识与特色，以国情实际为准绳、以独立自主为原则来认识和解决问题。现在看来，当时的"世界历史"是一把双刃剑，既羞辱了中国也激发了中国。我们以此为契机，根据百年来实现中华民族伟大复兴中国梦的历史和现实经验，为当下的"世界历史"送上了深烙中国印记的文明贡献：中国梦是和平复兴梦，不搞霸权，不搞扩张，不搞以邻为壑，主张各个民族、各个国家、各种文明平等交融，真正做到民族关系和国家关系一律平等。

5.以面临的内外部环境为条件

所谓内部环境主要是我国属地范围内的涉及经济、政治、文化、社会、生态、军事等各方面的关系网络及其内在规定；所谓外部环境主要是我国作为国际社会的一分子，在全球化浪潮中与其他国家发生关系、进行互动的过程。当前形势下，新时代中国特色社会主义政治制度"在国内需要有安定团结的政治局面，在国际上需要一个和平环境"[1]，需要统筹国内国际"两个大局"，充分考虑内部外部环境的复杂程度，既要认清国内实际，又要放眼国际，不断提升新时代中国特色社会主义政治制度在国内的优越性和在国际的影响力，为中国特色社会主义现代化提供根本性制度保障。

在目前的内部环境中，我国经济已由高速度增长向高质量发展转变，"供给侧"改革有序进行，产业结构深度调整，经济运行平稳，人民安居乐业；各项制度落实井然有序，尤其是在"三大攻坚战"和新冠疫情防控中，再次彰显了中国特色社会主义制度具有无可比拟的优越性，为新时代中国特色社会主义政治制度营造了良好的国内环境，国家治理生态总体优化。但是我们也要看到，政治体制不健全、不顺畅情况依然存在，新时代社会主要矛盾的解决面临诸多难题，祖国没有完全统一，这都是对政治制度的现实挑战。因此，需要系统分析国内形势，抓住牵动国家发展全局的"牛鼻子"，把握社会主要矛盾和矛盾的主要方面，充分发挥中国特色社会主义政治制度稳定器和显著优

---

[1] 习近平：《新时代中国对外开放的方法论研究》，人民出版社，2020，第74页。

势的作用。外部环境中，"放眼世界，我们面对的是百年未有之大变局"①。第四次工业革命推动下的世界经济重心正在悄然由"大西洋两岸"向"太平洋两岸"转化，发展中国家在世界上的话语权越来越大，与之相对应的是欧美资本主义国家的相对衰落和维持霸权地位时的歇斯底里，2020年以来暴发的新冠疫情更是催化了世界之变，进一步加速了世界经济政治格局的变化。百年未有之大变局是一把双刃剑，一方面，它为我国发展带来了前所未有的新机遇，另一方面，它又给我国发展带来了巨大风险和挑战。因此，我们要善于在危机中育先机，于变局中开新局。育先机、开新局的首要前提就是要以优势的政治制度作保障，不断发展和完善既立足国情又面向世界、既导源于历史又面向新时代的中国特色社会主义政治制度。要提高新时代中国特色社会主义政治制度的变革性和适应性，从而有效应对复杂多变的内外环境。要提高新时代中国特色社会主义政治制度的内聚性和塑造性，通过政治制度的优越性增强国人的制度自信，以自信促凝聚，以凝集促行动，从而发扬"集中力量办大事"的优势，并利用政治制度这一制度武器去改造环境，塑造世界。

第五节
我国人民代表大会制度的基本逻辑

人民代表大会制度是我国的根本政治制度，是马克思主义基本原理与中国实际相结合的产物，是符合人类政治文明发展趋势、适应我国基本国情、具有鲜明中国特色的新型政党制度。历经六十余年的发展尤其是改革开放以来四十多年的完善，人民代表大会制度"为维护中国特色社会主义政治发展道路提供了有效制度载体，为推动中国特色社会主义政治文明进步提供了强大制度力量"，为社会主义现代化建设事业提供了根本性制度保障。进入新时代，我国全面推进国家治理

---

① 《习近平谈治国理政》(第三卷)，外文出版社，2020，第421页。

体系和治理能力现代化建设，毫不动摇地坚持和巩固人民代表大会制度是全面建设社会主义现代化强国的基本要求。2021年10月中央人大工作会议在北京胜利召开，"这是中国共产党历史上、人民代表大会制度历史上首次以'中央人大工作会议'为名的会议"，在人民代表大会制度建设中具有里程碑意义。新时代为什么要坚持和完善人民代表大会制度？怎样更好发展和完善人民代表大会制度？站在新的历史方位，进一步深刻理解和全面阐释人民代表大会制度的基本逻辑，是坚持和完善人民代表大会制度的学理要求。为此，本节专门就人民代表大会制度的基本逻辑进行理论梳理。

一、我国悠久文明的历史文化逻辑

"一个国家、一个民族的强盛，总是以文化兴盛为支撑的。"①其中任何政治制度的建立、发展和完善都必须以本国历史所形成的文化传统为基础，社会政治制度具有深刻的历史文化烙印。一个国家的历史文化尤其是优秀传统历史文化从根源上塑造着政治制度的基本轮廓、雕刻着政治制度的内在秉性、规定着政治制度的发展方向。因此，一个国家、一个民族选择何种政治制度作为治国理政的根本性政治制度并非无缘无故，而是都遵循着一定的"历史文化依赖"，历史与文化是制度选择的重要影响因素。

我国人民代表大会制度有着深厚的历史文化渊源：既形成于"郡县制与大一统"的历史实践，也导源于"万物归一"的政治哲学，又符合于"以上治下"的治理理念，还受制于"儒家正统"的文化思想。

首先，是秦汉以来的郡县制与大一统的历史实践。这一历史过程逐渐加强了中央集权与国家统一。一方面，郡县制（以郡统县）在当时是一种发达的行政管理制度，中央与地方是一种领导与被领导、管理与被管理的关系，突出"直接"和"垂直"的两大特征；官员任命上普遍推行流官制，突出"直接任免""不再世袭"和"有限任期"的特征，这就一改过去商周时期因分封制而导致的混乱与分裂局面，有

---

① 《习近平总书记系列重要讲话读本》，人民出版社，2014，第92页。

效解决了各诸侯"划地而治、各自为政、世袭不变"的问题，从而为"大一统"提供了制度保障。另一方面，"大一统"在农业文明时代是一种先进的文明模式，是对"大统一"的历史性进步。"大统一"仅是地域的统一，具有单一性；而"大一统"的内涵和外延更加丰富，是地缘优势互补基础上的经济、政治、文化、社会、军事等各方面的高度集中与统一，具有鲜明多样性。郡县制与"大一统"的历史进程就是中央集权与国家统一的过程，也是强化"万物归一"政治哲学、"以上治下"治理理念、"儒家正统"文化思想的历史实践，将国家的"统"与"治"有机结合了起来，既加强了中央集权，又注重了地方治理，既凝聚了思想人心，又推进了国家统一，从而为之后各朝各代的国家治理奠定了基础。我国作为唯一没有文明中断的国度，人民代表大会制度沿循这一历史进程也具有鲜明的集权与统一思想，并以此为基础创造性提出了民主集中制原则。

其次，是"万物归一"的政治哲学。所谓"归一"即万事万物从属一体回归于"道"，这里的"一"不是数学范畴里的具体数字和数量，而是"道"在创生万物过程中的整体，即所谓的"玄生万物，九九归一"①和"故一则治，异则乱，一则安，异则危"②。在我国，人民代表大会制度的"归一"主要体现在两个方面：一方面从横向来看，人民代表大会是唯一的国家权力机关，其他机关都由人大产生，体现了国家权力的"归一"，即将权力归于一个机构之中。另一方面从纵向来看，在这个"唯一"的"归一"的机构中，分为全国人民代表大会和地方各级人民代表大会，全国人民代表大会是最高国家权力机关，由地方到中央呈现自下而上的权力"归一"。

再次，是善于纵向集权的"以上治下"的治理理念。在政治体制的排列结构方面，西方民主制度属于横向发散式，将权力横向划分为立法权、行政权、司法权，是一种"三权分立"原则指导下的横向权力关系和结构模式。中国古人受"归一"思想的影响，拒绝和排斥横

①《太玄经》。

②《吕氏春秋》，刘亦工校译，崇文书局，2007，第78页。

向分权的多元化制度理念，认为横向分权会造成权力分散，难以形成有效的权威主体，主张政治行为要遵守"无从下之政上，必从上之政下"①的原则，认为"两贵不能相事，两贱不能相使"，所以必须以上正下，把所有权力排列成纵向秩序，所有权力都集中于一个机构的手中，从而形成纵向化、单向化、权威化、高效化的权力结构、权力秩序和权力关系。在我国，人民代表大会制度所呈现的"全国（中央）—省—市—县—乡（镇）"特点，体现了从上到下的纵向关系排列，权力效力和权威从上到下依次递减。在整个人民代表大会制度体系中，全国人民代表大会作为最高国家权力机关享有最高的立法权、任免权、决定权、监督权，是一切国家行为的顶层指导，重大事务都要由全国人大及其常委会商议决定。

最后，是"儒家正统"制约"君主专制"的文化思想。"万物归一"和"纵向集权"下的中国古代皇权"并非在任何时候、任何情况下都畅行无阻"，因为"天子的全部行政要以国中许多古训为准则"，这里的"国中许多古训"就是古代中国占据主流意识形态的儒家学说。孔子强调"仁政"，孟子认为"民为贵"，荀子比喻"君舟民水"，董仲舒提出"调均"主张，这些民本观点虽然与现代民主意义上的"主权在民"思想相去甚远，但在客观上制约了君主专制，重视了百姓生计，缓和了"家天下"与"公天下"的矛盾。在我国，人民代表大会制度作为根本政治制度，既是处理社会事务、优化国家治理的根本制度工具，也是制约国家权力滥用、防止利益集团偏私的有力制度武器，本质上是"权为民所用"和"以人民为中心"，具有深刻的儒家思想的烙印。人民代表大会制度以民主集中制为组织原则和活动原则，在选民与代表的互动关系和决策实施中全过程体现了"以民为本"的深邃精神。一方面，各级人大都由人民（选民）通过民主选举的方式产生，人大集中代表人民的共同意志，各级人大必须与人民保持密切联系；另一方面，所有决策过程必须发扬民主，"在民主的基础上集中正确的意见作出决定"，是集体负责制与首长负责制的统一。

---

① 《墨子》，西安交通大学出版社，2014，第134页。

中国传统历史文化经过两千多年"大一统"模式的实践强化和儒家文化"大一统"思想的道德教化的双重作用,早已深入人心并演变成中华民族特有的思维辨析方式、政治运行模式、体制建设形式,犹如"路径依赖"般无时无刻不在影响今天对政治制度的选择与运用。我国的人民代表大会制度正是对这些中国优秀传统历史文化的扬弃。

二、马克思主义政党的治国理政逻辑

习近平总书记在庆祝全国人民代表大会成立60周年大会上指出:"中国实行人民代表大会制度,是中国人民在人类政治制度史上的伟大创造。"①人民代表大会制度最终在中国"生根发芽、灿烂开花",是中国共产党和中国人民在马克思主义指导下,推翻压在人民头上"三座大山"的历史结果,是中国人民翻身当家作主的必然选择,具有历史的必然性。

人民代表大会制度始于巴黎公社"议行合一"的制度实践。关于"议行合一"理念,最早由卢梭在《社会契约论》中提出,强调要将行政权与立法权统一起来。1871年成立的巴黎公社以"议行合一"为思想基础,在法国大革命中实行直接民主,由20个市区的市民根据个人意愿直接选举产生代表,组成享有最高权力的公社委员会,下设10个分部委员会,这与孟德斯鸠的"三权分立"有极大的区别,它在一定程度上实现了行政权与立法权的结合,便于集中统一。尽管巴黎公社运动最终以失败而告终,但"巴黎公社'议行合一'的理论思想后来成为前苏联的苏维埃制度和我国人民代表大会制度建设的直接理论来源"②。之后,马克思和恩格斯在《法兰西内战》一文中总结巴黎公社的经验和教训,以此为基础阐明了社会主义国家政权组织形式的基本原则和本质,明确提出了建立新型无产阶级国家政权的理论,强调用无产阶级专政打碎并代替旧的国家机器。

---

① 习近平:《习近平在庆祝全国人民代表大会成立60周年大会上的讲话》,《人民日报》2014年9月6日第2版。

② 蔡定剑:《中国人民代表大会制度》,法律出版社,1998,第5页。

以列宁为首的布尔什维克在创建苏维埃国家机关时曾想沿用巴黎公社"议行合一"的做法，"列宁在俄共（布）第七次代表大会上强调要废除立法和行政的分离，使其合二为一"，但是最终并没有这么做，而是在"议行合一"的基础上进行了创新。列宁继承并发展了"议行合一"的政权组织形式，通过1918年苏俄宪法确立了苏维埃代表大会在全国范围内的全权地位，最高国家权力机关是最高苏维埃代表大会；同时根据当时的政治需要和实际情况分离了代表机关和执行机关，设立人民委员会，专门行使行政权，把巴黎公社"议行合一"的做法改变为"议行分离"。立法机关和行政机关分开的"议行分离"原则也为之后我国的人民代表大会制度提供了参考和借鉴。

在我国，为了尽快结束半殖民地半封建社会的现状，农民阶级领导了太平天国运动，资产阶级领导了戊戌变法和辛亥革命，虽然这在一定程度上缓和了社会矛盾并打击了列强势力，但最终都难逃失败的命运。在此期间，中国尝试了诸如总统制、议会制、多党制等各种西方政治制度和政治模式，但都以失败告终，没能改变半殖民地半封建社会的局面。中国共产党的诞生，真正开始了探索和建立符合我国国情的现代政治制度的进程。中国共产党人高举马克思列宁主义旗帜，在思考应以什么样的政体形式来与人民民主专政国家的国体相匹配时，借鉴巴黎公社的"议行合一"思想和列宁的"一切权力归苏维埃"原则，进行了艰苦卓绝的理论和实践探索。"列宁说苏维埃政权不仅可以用于资本主义国家，而且可以用于殖民地国家。"[1]以毛泽东为核心的党中央以当时的国情为基础继承了这一思想，创建了中国的代议制度。人民代表大会制度的建立不是一蹴而就的，而是一个不断探索、陆续建立、逐渐完善的过程，一方面是国情所致，即半殖民地半封建社会背景下的内外环境十分恶劣，革命战争年代的制度探索与建立过程缺乏全面性和系统性；另一方面是党性决定，即中国共产党是始终代表人民利益的政党，人大制度是保护人民利益的根本性制度武器，经由

---

①《苏维埃代表大会制度的理论探索》，中国人大网，http://www.npc.gov.cn/npc/c1773/c2518/zdskxjzt/zdskxjzt004/202106/t20210622_312081.html，2021年6月22日。

劳工专政的政权形式、工农兵代表大会制度、参议会制度、人民代表会议制度，最后发展为人民代表大会制度。

一是建立劳工专政的政权形式时期，时间范围大体是从1921年中国共产党成立到1927年大革命失败。在农村，1921年在早期党的领导下，浙江省衙前镇召开了农民代表大会；1924年毛泽东等人成立农民运动讲习所；1927年成立中华全国农民协会临时执行委员会，农民协会具有"人民代表大会制度萌芽的属性"。在大城市，1925年广州和香港爆发的省港大罢工，成立了罢工工人代表大会和罢工委员会；1927年周恩来在上海召开上海市民代表会议，该会议是最高权力机关，"这是中国共产党领导人民群众在大城市创建人民代表大会制政权组织形式的最初尝试"①。二是建立工农兵代表大会制度时期，时间范围大体是从1927年大革命失败到1937年抗日战争的全面爆发。1927年秋收起义前毛泽东提出建立苏维埃，把一切权力归工农兵代表会议；1931年第一次全国工农兵代表大会顺利召开，制定的《中华苏维埃共和国宪法大纲》明确规定"中华苏维埃共和国之最高政权，为全国工农兵苏维埃代表大会；苏维埃的全部政权属于工人、农民、红军和一切劳苦大众"；1934年又召开了第二次全国苏维埃代表大会。"工农兵代表大会制度带有明显的人民代表大会制度的基本特征，为我国人民代表大会制度的建立奠定了重要基础。"②三是建立参议会制度时期，时间范围大体是从1937年抗日战争的全面爆发到1945年抗日战争的胜利。1937年中国共产党以"人民共和国"代替"工农共和国"，取消"中华苏维埃共和国"的称号；1940年各根据地按照"三三制"③原则，在工农兵代表大会制度的基础上建立各级参议会制政权，选举参议员，召开参议员大会；1945年毛泽东在《论联合政府》中提出了建立人民代表大会制度的构想，阐明了"只有这个制度，才既可以表现广泛的民

---

① 刘政、程湘清：《人民代表大会制度讲话》，中国民主法制出版社，1992，第13页。

② 刘政、程湘清：《人民代表大会制度讲话》，中国民主法制出版社，1992，第16页。

③ "三三制"原则即在政权机关的人员构成上，共产党员、进步分子、中间分子各占三分之一。

主又可以集中处理国事，对人民的民主活动进行最大限度保护"①。四是建立人民代表会议制度时期，时间范围大体是从1945年抗日战争的胜利到1949年新中国成立。随着全面内战的爆发和主要矛盾的转化，1945年中国共产党开始把参议会改为人民代表会议，由选民直接选举代表组成代表会议作为权力机关；1946年《陕甘宁边区宪法原则》确定人民代表会议为人民管理政权机关；1948年毛泽东在晋绥干部会议上要求各解放区迅速建立人民代表会议并作为人民权力机关。"人民代表会议成为向人民代表大会制度过渡的主要形式。"②五是建立人民代表大会制度时期，时间范围大体是从新中国成立到1954年全国人民代表大会的召开。1949年召开的中国人民政治协商会议代行全国人民代表大会的职权，通过具有临时宪法地位的《共同纲领》庄严宣告新中国将实行人民代表大会制度；1954年第一届全国人民代表大会第一次会议召开，通过的《中华人民共和国宪法》明确规定："中华人民共和国的一切权力属于人民，人民行使权力的机关是全国人民代表大会和地方各级人民代表大会"，标志着人民代表大会制度正式建立。之后，人民代表大会制度虽然受到"文化大革命"的严重破坏，但在全党全国各族人民的共同努力下，人民代表大会制度得到全面恢复和重建，相关配套制度和职权配置不断完善，成为党领导人民成功开辟和坚持中国特色社会主义民主政治发展道路的重要成就。特别是党的十八大以来，以习近平同志为核心的党中央高度重视人大制度建设，全面加强和改善党对人大的政治、思想和组织领导，不断完善人大制度和人大工作，以习近平法治思想为指导，不断健全人大的立法体制机制，确保国家监察体制改革运行在法治轨道上。同时，注重推进县乡两级人大的工作建设，积极发挥人大制度在"中国之制"和"中国之治"中的积极作用。

①《毛泽东选集》(第三卷)，人民出版社，1991，第1057页。

②刘政、程湘清：《人民代表大会制度讲话》，中国民主法制出版社，1992，第22页。

三、中国共产党领导的组织逻辑

"党政军民学，东西南北中，党是领导一切的。"①中国共产党的领导是中国特色社会主义最本质的特征和最大优势，自然也是人民代表大会制度的最本质特征和最大优势，是人民代表大会制度的坚强领导核心和最高领导力量。在我国，党的这一核心地位决定了人民代表大会制度的领导者必定且只能是中国共产党，中国共产党既是精心构建人民代表大会制度的最大常量，又是不断发展人民代表大会制度的最大变量，在新的历史起点上能否更好发展和完善这一制度关键在党。中国共产党在我国的领导和执政地位不是空穴来风、不是无中生有，而是时代的要求和人民的选择，具有历史必然性。自建党以来，中国共产党始终与人民同呼吸共患难，不忘初心，牢记使命，善于不断学习和创新，勇于自我革命。

从制度建设的角度来看，中国共产党的领导是我国人民代表大会制度优势得以发挥、体制不断改革和健全的根本保证，从制度制定和执行等各个领域领导人大制度建设。在制度运行方面，落实人民代表大会制度的本质就是在党的领导下，巩固人民民主专政、保证人民当家作主权利得以实现的过程。党在人民代表大会制度中处于核心地位，党的各级组织和广大党员干部是建设、发展和完善人民代表大会制度的关键载体和模范先锋，党章党规党纪既为人民代表大会制度的载体提供组织边界，又为人民代表大会制度的先锋设定执行规范，从而为人民代表大会制度提供了坚实的纪律保障。只有毫不动摇地坚持中国共产党领导，人民代表大会制度才能发挥出自身的最大优势，才能顺利推进各项工作的开展和进行。如果没有党的领导，人民代表大会制度就会变成西式的议会组织、派系组织，党的重大决策和指示将难以通过法定程序上升为国家统一意志，其制度优势难以发挥，人民的主体地位无法保障，中国特色社会主义民主政治将无从谈起。因此，始终坚持中国共产党的领导是人民代表大会制度的根本组织逻辑。

①《习近平总书记系列重要讲话读本》，人民出版社，2016，第102页。

在我国，党中央历来高度重视人大制度建设和人大工作，人民代表大会制度沿着"政党推动"①的路径前进。一是以毛泽东为核心的党中央在战火纷飞中探索了在我们这样半殖民地半封建社会的国家应该建立什么样的政权组织形式以及如何建立这样的政权组织形式等一系列重大问题，建立了人民代表大会制度。二是以邓小平为核心的党中央使"文化大革命"中受到严重破坏的人民代表大会制度得以恢复和完善。党的十一届六中全会指出："必须根据民主集中制的原则加强各级国家机关的建设，使各级人民代表大会及其常设机构成为有权威的人民权力机关。"②党的十二大继续强调"民主集中制"原则在国家权力机关的重要作用，从而加强了党领导下的人大如何进行制度建设的总体指导原则。党的十三大对人大及其常委会的立法和监督职能进行优化，在人民代表大会相关职务的人事任免上坚持年轻化和专职化的统一。三是以江泽民为核心的党的第三代中央领导集体突出了人大民主与依法治国的辩证统一的重要性。党的十四大强调要把民主化与法制化相结合，指出建设有中国特色的社会主义民主政治的关键就是建设人民代表大会制度。党的十五大是对十四大的深化，提出："建设有中国特色社会主义的政治就是在党的领导下、以人民代表大会制度为基础贯彻依法治国。"③四是以胡锦涛为总书记的党中央不断加强社会主义政治文明建设。党的十六大强调要通过发展和完善人民代表大会制度不断推进我国的政治文明建设，在法律的框架下优化人大及其常委会的组织构成和职能履行。党的十七大郑重申明了人民代表大会制度下的人民民主是社会主义的生命，要大力推进城乡按相同人口比例选举人大代表。

自党的十八大以来，以习近平为核心的党中央全面加强和改善党

① 齐卫平、陈冬冬：《制度优势转化为治理效能的政党推动》，《江西师范大学学报》（哲学社会科学版）2020年第4期，第3-9页。

②《三中全会以来重要文献选编》，人民出版社，1982，第841页。

③《高举邓小平理论伟大旗帜 把建设有中国特色社会主义事业全面推向二十一世纪》，人民出版社，1997，第134页。

对人大的政治、思想和组织领导，不断完善人大制度和人大工作。在政治领导方面，不断加强党对人大的政治原则、方向路线、决策方针的领导，促进党委的重大指示和方针能够顺利且有效地通过人大法定程序转变为国家意志，同时遇到重大事由及时向党委请示报告。在思想领导方面，不断深化人大对意识形态领域的规律性认识，加强人大对新时代新思想的学习，坚持以习近平新时代中国特色社会主义思想指导人大工作，牢牢把握人大思想政治工作的规律。在组织领导方面，通过党委对其人事和工作进行领导，同时处理好党和人大的关系，避免出现党组织包办人大工作的情况，确保党领导下的人大干部的选拔和任用经得起人民和实践的检验，切实发挥人大常委会党组在人大工作中的领导核心作用。其间，习近平总书记每年都会主持召开中央政治局常委会会议，听取全国人大常委会党组工作汇报，商议人大在法律制定、人事任免、事项决定、工作监督等领域中的重大问题，然后根据内容进行专门指导和部署，这已成为党中央加强对人大工作领导的重要制度安排。党中央还陆续出台了一系列针对人大预算管理、重大事项决策、人大代表换届选举、职能健全和完善的重要指导性文件，构建起了人大制度运行和人大工作建设的"四梁八柱"。

从中共一大的五十多名党员发展到现在拥有九千五百多万名党员的世界第一大党，这既是中国共产党不断发展壮大的象征，也是党领导各项事业稳中求进的证明，在这些伟大事业中，党领导下的人民代表大会制度的建立和发展是我国制度建设的重大历史成就。中国共产党对人民代表大会制度的领导贯穿其"探索—构建—恢复—完善—发展"的整个过程，既通过适当途径以适当方式领导人民选举人大代表及其国家机关，又领导人民监督自己所授权的人大代表和国家机关，还领导这些人大代表及其国家机关在法律的框架下行使国家权力、接受人民监督，是对人民代表大会"五个民主"[①]的全过程领导，每一环节都体现了党的领导的组织优势。为此，我们要始终坚持在党的领导下走有中国特色的人民代表大会制度之路，健全党的领导制度体系，

[①] 所谓"五个民主"，即民主选举、民主协商、民主决策、民主管理、民主监督。

提升高水平的领导制度能力，不断发挥党组织对人大制度的领导作用。

四、国家一切权力属于人民的本质逻辑

我国的人民代表大会制度是以人民代表大会这一组织形式为核心的、以民主集中制为原则的、以保障人民当家作主为目标的制度体系，其实质是国家的一切权力属于人民，这不仅是我国国家制度的核心内容和根本准则，也是我国根本政治制度的本质逻辑。人民代表大会制度是"一切权力属于人民"的制度安排。

首先，人民代表大会制度从源头上规定了一切国家权力的产生逻辑，凸显了人民在这一逻辑中的角色地位，指明了实现这一逻辑的运行过程，即人民通过直接和间接选举相结合的方式、自下而上层层递进的方式授予各级人大相应权力，各级人大代表根据人民意志直接行使国家权力，人民通过作为国家权力机关的人民代表大会间接行使国家权力，从而实现国家治理。人民代表大会制度就是人民代表大会的制度化规范，以制度化的形式把人民行使国家权力的核心途径和根本渠道加以明确并写进《宪法》，从而坚定维护人民的根本利益，保证国家权力真正做到来自人民、用于人民。我国《宪法》明确规定："中华人民共和国的一切权力属于人民。人民行使国家权力的机关是全国人民代表大会和地方各级人民代表大会。"[1]2014年习近平在庆祝全国人民代表大会成立六十周年大会上强调："人民代表大会制度是保证人民当家作主的好制度。"[2]如果没有人民代表大会制度，基层百姓的各项诉求和意愿就无法表达，无法进入国家政权治理层面，人民的权益将会无法得到制度保障。坚持人民代表大会制度，就是坚持根本政治制度不动摇，就是坚持党的领导、人民当家作主和依法治国有机统一的根本制度安排，就是充分发挥人民代表大会制度在构成和功能等各方面的制度优势并将其高效转化为治理效能。人民代表大会制度能够真

---

① 《中华人民共和国宪法》，中国民主法制出版社，2014，第9页。

② 习近平：《习近平在庆祝全国人民代表大会成立六十周年大会上的讲话》，《人民日报》2014年9月6日第2版。

实体现人民意志，激发人民活力，充分调动各方积极性，保证人民当家作主的实现，从而使国家的一切权力真正来源于民、受用于民。

其次，人民代表大会制度从根本上体现了包括主体、内容、范围、流程等在内的全过程的人民民主，是主体全、内容全、范围全、流程全①的统一。全过程人民民主的本质要义是人民当家作主和国家的一切权力属于人民，而人民代表大会制度正是全过程人民民主的生动体现，是"构成全过程民主实践的主渠道"②。一是主体全，即人民代表大会制度所涉及的主体不是某些政治精英，不是个别利益集团，而是包括各阶层在内的全体人民，尤其是把边缘人群和弱势群体吸纳在内，不断解决他们的参与渠道问题。以十三届全国人民代表大会为例，"党政领导干部代表占代表总数的33.93%，与十二届相比，妇女代表742名，占代表总数的24.90%，提高了1.5个百分点；一线工人、农民代表468名（其中有45名农民工代表），占代表总数的15.70%，提高了2.28个百分点；专业技术人员代表613名，占代表总数的20.57%，提高了0.15个百分点；党政领导干部代表1011名，占代表总数的33.93%，降低了0.95个百分点"③。二是内容全，即人民代表大会制度所涉及的内容体现在人民生活的方方面面，大到国家立法，小到生活琐事，都能通过民主方式进行解决。十三届全国人大三次会议通过的《中华人民共和国民法典》是我国第一部以"法典"命名的法律，由此每个人"从摇篮到坟墓，一生各阶段的权利"④都会受到《民法典》的保护；2013年以来，全国人大常委会法工委对群众提出的与生活息息相关的8040件

① 谈火生：《"全过程人民民主"的深刻内涵》，《人民政协报》2021年9月29日第8版。

② 程竹汝：《人大制度内涵的充分展现构成全过程民主的实践基础》，《探索与争鸣》2020年第12期，第24-26页。

③《2980名十三届全国人大代表的代表资格确认全部有效具有广泛代表性》，中国人大网，http://www.npc.gov.cn/npc/c1772/c21116/c33954/c33960/201905/t20190521_263589.html，2021年10月29日。

④《从摇篮到坟墓，〈民法典〉怎样影响每个人的一生？》，中国新闻周刊，https://www.inewsweek.cn/society/2020-05-25/9463.shtml，2021年10月29日。

审查建议逐一研究并提出处理意见。三是范围全，即人民代表大会制度所覆盖的范围没有仅仅停留在顶层和中央，而是下沉到了基层和地方，真正来到人民身边，形成了"全国（中央）人大—省人大—市人大—县人大—乡（镇）人大"的五级分布特点，"县乡人大代表数更是占人大代表总数的94%"，包括各阶层、各地区、各民族的代表。人民代表大会制度所覆盖的范围不是仅有立法一个领域，而是涉及立法、行政、司法、社会、民族、科教文卫、外事、华侨、环境、农村等各个领域，下辖10个专门委员会来商议、研讨、解决人民生活中遇到的各类问题。四是流程全，即人民代表大会制度所构建的流程是"民主选举—民主协商—民主决策—民主管理—民主监督"的多向循环，不像西方议会那样"人民只在选举中被重视"，而是民主选举与民主治理间的闭环程序。在民主选举中，人大代表通过直接选举和间接选举相结合的方式产生，对人民负责，受人民监督；在民主协商和决策中，通过论证会、座谈会、网上互动等多种形式在人大工作开展和人大代表选举中运用协商民主，充分吸纳群众意见于决策之中；在民主管理中，人民群众通过人民代表大会间接参与社会公共事务的管理，行使民主权利并承担相应的责任和义务；在民主监督中，人民群众利用《宪法》赋予的监督权通过人大代表联系群众制度等多种方式对人大及其常委会进行监督，及时发现问题并予以改正。"主体全、内容全、范围全、流程全"的人民代表大会制度是真正意义上的全过程人民民主，切实体现了国家一切权力属于人民的内在本质，真正实现了人人平等、性别平等、职业平等、地区平等、出身平等、民族平等。

最后，"人民代表是'有经验的代理人'，即人民通过他们来掌管国家事务"[1]。在人民代表大会制度下，人民选举那些真正为民服务的人作为自己的代表来管理国家事务，因此人大代表要对人民负责，其根本职责就是保障人民当家作主权利的实现和贯彻国家一切权力属于人民的实质。人民代表大会制度的执行程度如何，人民通过国家权力机关行使国家权力的顺畅程度如何，关键在于人大代表的行为是否有

---

[1] 王惠岩：《政治学原理》，高等教育出版社，2006，第337页。

效，因为人大代表是人民的代理人，是连接人民意愿与制度成效的桥梁与纽带，是把人民期盼转化为制度效能的执行者。经过几十年的发展，我国的人大代表具有良好的综合素质，不仅心怀人民而且业务能力扎实；具有广泛的代表性，各行各业、各区各族都有合适数量的代表；具有坚实的民意基础，代表都曾在社会各界有所贡献，具有良好的道德风范，深得人民的信赖和支持。目前，"全国共设有代表之家、代表联络站等22万多个，打通了人大代表联系群众百姓的'最后一公里'，在代表与群众之间构筑了一条坚实的连心桥，不断解决人民群众的'急难愁盼'问题"①。

总之，在我国的人民代表大会制度中，国家一切权力属于人民的本质不是随便说说的口号式、标语式提法，而是全过程人民民主的普遍落实；不是口说无凭、虚无缥缈的抽象，而是为民服务思想在具体实践中的体现；不是东撞西碰、不切实际的夸大，而是脚踏实地、实事求是的践行，不仅充分体现在国家权力及其机关的产生过程中，体现在人民通过人大代表管理国家和社会事务的过程中，还体现在人民对国家机关及其人大代表进行监督的过程中。人民代表大会制度植根于人民，又服务于人民，人民始终是国家权力的享有者和所有者。为此，各级人大要始终牢记为民服务的办事宗旨，保障人民当家作主权利得以顺利实现，坚持人民主体地位，增强人民主人翁意识，在民主集中制的基础上既要不断健全人大制度，又要推动人民有序参与。

五、国家治理现代化的功能逻辑

习近平总书记指出："人民代表大会制度是中国特色社会主义制度的重要组成部分，也是支撑中国国家治理体系和治理能力的根本政治制度。"②在新时代，人民代表大会制度蕴含着推进国家治理体系和治

---

① 《从1954到2021》，中国人大网，http://www.npc.gov.cn/npc/c2/kgfb/202110/t20211015_313951.html，2021年10月15日。

② 习近平：《在庆祝全国人民代表大会成立六十周年大会上的讲话》，《求知》2019年第10期，第4-10页。

理能力现代化的重要功能，这些功能主要包括探索包容性和能动性制度模式的功能，推进国家治理规范化和协同化的功能，以及"人大及其常委会对权力的制约和监督功能，扩大人民有序政治参与的功能，构建回应型治理体系的功能"，因此，人民代表大会制度是推进国家治理现代化的根本制度载体。一方面，人民代表大会制度是国家治理现代化的根本标志，即新民主主义革命时期武装夺取政权的军事方式转变为通过人民民主选举国家权力机关的现代形式，实现了国家权力来源的合法化并以此为基础选举产生了"一府两院"等国家机关。另一方面，人民代表大会制度的落实是国家治理现代化的运作方式，即通过民主和法治这两条主线进行管理国家和社会公共事务，锻造了"五个民主"这一完整的民主程序链条，形成了人大的一切工作都要遵循法定程序、以《宪法》及其相关法律为准绳的法治局面。此外，人民代表大会制度的改革是国家治理现代化的调试过程。"两个变局"的大背景下，人民代表大会制度通过自身改革和完善不断回应时代变迁、契合社会需求，"实现人民代表大会制度向整个国家核心民主制度地位的复归，推动国家治理体系和能力的现代化"[1]。因此，人民代表大会制度为有效解决国家治理任务提供了根本制度载体，从而为推进国家治理现代化赋权增能。

人民代表大会制度之所以具备实现国家治理体系和治理能力现代化的重要功能，是推进国家治理现代化的根本制度载体，这在根本上导源于人大制度具有强大的生命力、旺盛的生机活力和无可比拟的优越性。其生命力和优越性主要表现在：一是有利于加强党的领导。通过法定程序把党的主张和人民意志统一起来，能够推动党的决策有效上升为国家意志，这是充分发挥人大制度"集中力量办大事"总体优势的关键。二是有利于保障人民当家作主。人民在"五个民主"中的广泛参与可以增强其主人翁意识，保证人民依法管理各项事务，激发其建设社会主义事业的动力活力，这是充分践行人民民主原则的生动

---

① 杨雪冬：《体系绩效、治理现代化与人民代表大会制度》，《教学与研究》2015年第6期，第4—14页。

表现。三是有利于保证国家机关协调高效运转。人民代表大会作为国家权力机关，其他机关都由其产生，对人大负责，受人大监督，按照民主集中制原则进行的合理分工既避免了权力过于集中和推诿扯皮现象，又提高了机关协同性和工作效率。四是有利于推进全面依法治国。人民代表大会是建设社会主义法治国家的总责机关，人大法治是人大工作的重要一环，是人大民主的坚强后盾，不断推动以宪法为核心的中国特色社会主义法律体系的形成和健全，实现良法善治的局面。五是有利于维护民族团结和国家统一。在全国人民代表大会的统一领导下，少数民族地区可以根据本民族实际设立自治机关并进行民族区域自治，这是发展平等团结互助和谐的社会主义民族关系的伟大创举，有利于充分调动各民族的积极性。

进入新时代，人民代表大会制度在支撑国家治理体系和治理能力现代化的过程中不断健全和完善，取得了许多新的进展，是充分发挥国家治理现代化功能的根本性制度载体。其一，人大有了全新的思想武器——习近平新时代中国特色社会主义思想。2018年全国人大通过《宪法》修正案，把习近平新时代中国特色社会主义思想载入《宪法》，从此人大工作有了新的思想指导。其二，对《中华人民共和国全国人民代表大会和地方各级人民代表大会代表法》（简称《代表法》）和《中华人民共和国全国人民代表大会和地方各级人民代表大会选举法》（简称《选举法》）进行修改和更新。在《代表法》方面，健全了人大闭会时的代表履职制度和工作保障制度，完善了代表能力提升机制；在《选举法》方面，严厉打击和处罚参与选举时接受国（境）外任何形式资助的行为。其三，大力推进国家监察体制改革。2018年通过《中华人民共和国监察法》，设立国家监察委员会，不断提高监督的针对性和有效性。其四，全面加强县乡人大的组织建设和制度建设。逐步优化县乡人大代表的人员结构，增加县级人大常委会人数，组织街道人大工作机构，充分调动地方的积极性。其五，不断完善立法体制。修改《中华人民共和国立法法》，赋予所有设区的市立法权，规定可以在不与《宪法》及其他上位法相违背的情况下根据本地区实际制定地方性法规。这些都是人民代表大会制度在保障国家治理体系和治理能力现代化进程中所取得的新成就、取得的新进展，是充分发挥国家治理现代化功能的生动体现。

推进国家治理体系和治理能力现代化从根本上来说就是推进国家制度体系现代化和制度执行能力现代化，而人民代表大会制度作为我国的根本政治制度，既是构成国家治理现代化的组成部分，又是推进国家治理现代化的有效手段，在制度体系中具有根本性地位，在制度执行中具有优先性地位，因此在新时代自然而然肩负着实现我国治理体系和治理能力现代化的重要使命，为推进社会主义现代化建设事业和实现中华民族伟大复兴的中国梦保驾护航。为此，要不断加强人民代表大会制度的理论创新与实践创新，加快推进人大基于实践的制度化进程，实现人民代表大会制度本身与制度执行的通约化、程序化、规范化和持续化，使人民代表大会制度体系更加成熟、更加定型。

进一步全面阐释和深刻理解我国人民代表大会制度的基本逻辑，是新时代坚持和完善人民代表大会制度的理论前提，为加强人民代表大会制度的自身建设奠定了学理基础。因此，我们要始终坚持在党的领导下走有中国特色的人民代表大会制度这一根本政治制度之路，学习并贯彻好新时代习近平总书记关于坚持和完善人民代表大会制度的重要论述要求，进一步发展和完善人民代表大会制度，加强人大制度建设，不断发挥人民代表大会制度的优势并将其高效转化为国家治理效能。

第六章

中国特色社会主义政治制度的主要特点与功能

古人云："凡将立国，制度不可不察也。""制度稳则国家稳"[1]，"制度是关系党和国家事业发展的根本性、全局性、稳定性、长期性问题"[2]。政治制度是中国特色社会主义制度的重要组成部分，是中国发展进步的政治保障。习近平指出："一国的各种制度中，政治制度处于关键环节。"总结中国特色社会主义政治制度的特点与功能，对我国政治制度的理论体系完善和实践运行发展具有重要的意义。然而，学术界对中国特色社会主义政治制度的特点与功能进行系统研究还不够。因此，需要深入剖析中国特色社会主义政治制度的特点与功能，进而推进中国特色社会主义政治制度的理论创新与实践发展。

---

[1] 习近平:《坚持和完善中国特色社会主义制度 推进国家治理体系和治理能力现代化》,《中国民政》2020年第1期,第4-8页。

[2] 习近平:《在庆祝改革开放40周年大会上的讲话》,《人民日报》2018年12月19日第2版。

第一节
中国特色社会主义政治制度的主要特点

一、价值导向的人民性

政治制度的价值指的是政治制度能够满足特定政治主体的需要。任何政治制度都有其特定的价值和价值导向。中国特色社会主义政治制度最根本的价值导向就是人民性，这种人民性体现在两个方面：一方面是中国共产党的根本宗旨和初心使命，另一方面是中国人民的正确选择与高度拥护。

中国共产党的根本宗旨是全心全意为人民服务。以人民为中心的政治立场既与党的价值导向高度一致，又与党的根本宗旨同向同行[①]。马克思恩格斯在《共产党宣言》中指出："过去的一切运动都是少数人的，或者为少数人谋利益的运动。无产阶级的运动是绝大多数人的，为绝大多数人谋利益的独立的运动。"[②]自成立以来，党始终代表最广大人民群众的根本利益，从来不代表任何利益集团、权势团体、特权阶层的利益，与中国人民休戚与共、生死相依。为中国人民谋幸福、为中华民族谋复兴是党的初心使命。进一步解放和发展社会生产力、逐步推进共同富裕、完善中国特色社会主义总体布局、转变发展理念等是为中国人民谋幸福的实现途径[③]。新时代中国特色社会主义更要进行伟大斗争、建设伟大工程、推进伟大事业，最终实现人民幸福和民

[①] 房广顺、苏里：《中国特色社会主义政治制度从奠基到成熟定型的发展逻辑》，《马克思主义理论学科研究》2021年第2期，第68-74页

[②]《共产党宣言》，人民出版社，2018，第39页。

[③] 张荣华、郭曰铎：《论人民幸福的内涵、价值和实现路径——深刻理解习近平总书记关于人民幸福的重要论述》，《江西师范大学学报》(哲学社会科学版)2019年第6期，第3-10页。

族复兴的伟大梦想①。

中国之所以取得如此巨大成就，除了党的领导，另一个关键性的因素是中国广大人民群众的正确选择和高度拥护。一个政党赢得民心，为人民所正确选择，通常需要较长的过程。中国人民选择中国共产党，同样经过了一个从自发到自觉再到自信的过程。从新民主主义革命到社会主义革命和建设，再到改革开放和社会主义现代化建设再到新时期中国特色社会主义，人民是决定党和国家前途命运的根本力量②，是党进行依法执政和拥有合法权威的坚实基础，是党百年伟大光辉历程的重要创造者，是党得以推动经济发展与社会进步的重要主体。习近平曾指出："江山就是人民、人民就是江山。"党发展为了人民、依靠人民、发展的成果由人民共享的以人民为中心的发展思想与具体实践，使得中国人民也积极地行使各项权利、履行各项义务，高度拥护党的各项方针、政策和路线。人民的参与、支持和信任，是党永葆活力与先进的理论和实践来源。中国人民团结一心，克服艰难险阻，展现强大的凝聚力和向心力，激发出无穷的智慧和力量，奋力达成中华民族伟大复兴的最终目标。

二、发展进步的指向性

中国特色社会主义政治制度是中国共产党人按照马克思主义基本原理结合中国具体实际创建的，是人类历史上最先进的政治制度，引领中国人民和中华民族不断发展与进步。政治制度最终指向人民民主的社会主义政治发展道路，最终指向人民群众能够物质富裕和精神富裕的共同富裕。

首先，政治制度最终指向人民民主的社会主义政治发展道路。中国特色社会主义政治制度通过开展具体现实的民主实践，丰富了人类

---

① 肖贵清：《中国共产党人的初心和使命》，《思想理论教育导刊》2017年第11期，第4-7页。

② 陈平其、何锡辉：《以人民为中心：习近平新时代中国特色社会主义思想的价值取向》，《中国延安干部学院学报》2018年第3期，第5-14页。

政治文明新形态。中国的民主是人民民主，人民当家作主是中国民主的本质和核心。社会主义制度和资本主义制度在"以什么为中心"这一核心问题上的观点截然不同。中国共产党积极践行以人民为中心的发展思想，这里的人民指的是中国最广大的人民群众。党的十九届六中全会明确指出，全党要牢记中国共产党是什么、要干什么这个根本问题。然而，资本主义商品经济的广泛发展，使社会发展进入以物为本的阶段，金钱主宰政治成为资本主义民主政治无法超越的藩篱。资本主义政治制度的本质是维护部分资本家的利益。中国特色社会主义政治制度之所以成果丰硕，是因为中国共产党深刻把握了社会主义建设规律和人类社会发展规律。人民民主的社会主义道路，是中国特色社会主义政治制度最终发展进步的指向。

其次，政治制度最终指向人民群众走向共同富裕。"共同富裕是社会主义的本质要求，是中国式现代化的重要特征，要坚持以人民为中心的发展思想，在高质量发展中促进共同富裕。"[1]共同富裕是中国全体人民共同富裕，是人民群众物质生活和精神生活都富裕。尽管过去很长一个时期，我国革命老区、民族地区、边远地区、贫困地区的社会经济发展水平和东部沿海地区形成了较大差距，城乡区域收入分配差距也较大，但依靠国家制度和政治制度的优势，通过国家大力帮扶，这些差距正在缩小。只要坚持和完善更有效率、更可持续的经济和政治体制，着力解决社会主要矛盾，促进社会的公平和正义，就能够扎实推动人民群众共同富裕。此外，要加强爱国主义、集体主义、社会主义教育，弘扬中华优秀传统文化，大力弘扬社会主义核心价值观，健全公共文化服务体系，满足人民群众的精神文化需求，达到精神层面的共同富裕，在高质量发展中促进共同富裕，促进人的全面发展。

三、制度文明的连续性

文明的发展是不平衡的。制度文明主要包括经济制度文明和政治

---

① 习近平：《习近平主持召开中央财经委员会第十次会议强调 在高质量发展中促进共同富裕 统筹做好重大金融风险防范化解工作》，《人民日报》2021年8月18日第1版。

制度文明①。西方的制度模式缺乏延续性，往往随着新政府的建立而出现大幅度的改变②。与西方资本主义国家不同，中国特色社会主义政治制度文明具有连续性，是人类制度文明史上的伟大创造。

从中华文明看，悠久的历史传统、深厚的文化积淀、宏大的人口规模、辽阔的疆域国土、独特的生活环境和生活方式，是中华文明的重要来源和重要基础。与其他国际公认的任何古老的文明相比，中华文化的发展延绵不绝，连续而未有中断。"中华文明体系最重要的基本特质是非无神论的世俗性，并由此产生中华文明共同体的内部凝聚力、地区多样化和对外来文化的罕见包容度。"③相对而言，今天的西方文明早已千疮百孔，种族分裂、族群冲突及个人主义的泛滥使得西方资本主义政治制度已经经不起历史和实践的推敲和检验，逐步走向衰败与没落。纵使美西方发达国家对中华文明的复兴深感不悦、进行公开诋毁与极力阻挠，将中国视为全球强有力的竞争对手，但并不能让发展起来、充满自信的中国放弃中国特色社会主义政治制度和发展道路，而且，中国必定会在中国特色社会主义政治制度的保驾护航下朝着自己选择的道路实现中华民族的伟大复兴，从而在延续自己历史文明的基础上创造更加辉煌灿烂的人类文明新形态。

从党的历史看，改革开放以来，中国共产党逐渐发展并形成了以制度文明为核心的中国特色社会主义文明观。邓小平以生产力发展为核心、以市场经济为取向的经济制度建设思想、以民主法制为重点的政治制度建设思想，奠定了我国制度文明的基础④。江泽民和胡锦涛的政治文明思想继承和发展了邓小平的文明观，完善了经济和政治的制度结构和制度安排。习近平总书记在庆祝中国共产党成立100周年大会上的重要讲话中指出："我们坚持和发展中国特色社会主义，推动物质

---

① 曹新：《论制度文明与生态文明》，《社会科学辑刊》2002年第2期，第56-60页。

② 宋鲁郑：《中国创造新的制度文明》，《红旗文稿》2013年第22期，第4-9页。

③ 马戎：《中华文明的基本特质》，《学术月刊》2018年第1期，第151-161页。

④ 丁英宏：《制度文明是中国特色社会主义文明建设的基本走向》，《兰州大学学报》（社会科学版）2008年第2期，第109-113页。

文明、政治文明、精神文明、社会文明、生态文明协调发展，开辟了中国式现代化新道路，创造了人类文明新形态。"党的十八大以来，习近平以贯彻新发展理念为导向、以高质量发展为目标的经济制度建设思想、以全过程人民民主为核心的政治制度建设思想，进一步完备和深化了制度文明的结构与内涵，将我国制度文明提升到一个新的层次和高度。

四、结构功能的全面性

政治制度不同，其结构形式也必然有所差异，发挥的政治功能也不相同。中国特色社会主义政治制度具有广泛的主体结构、规范的内容结构、和谐的关系结构[①]，这种政治结构相应形成了转化与载体功能、协调与稳定功能、动员与整合功能、代表与回应功能、规范与治理功能、激励与创造功能[②]。

首先，中国特色社会主义政治制度结构中的主体是广泛的，包括广大人民群众、人大代表、国家公务员、民主党派和无党派人士等。其次，中国特色社会主义政治制度结构的内容是科学规范的、民主的。科学、规范的顶层设计使政治制度发挥了应有功能，为国家健康发展、民族复兴、人民幸福提供政治保障。我国政治制度的民主是全过程民主，是真实的民主，真正体现了马克思主义民主的实质。即便如此，党和国家一再提出要健全民主制度，丰富民主形式，拓宽民主渠道，依法实行民主选举、民主协商、民主决策、民主管理、民主监督，不断推进民主的制度化，用民主化解人民内部矛盾。再次，中国特色社会主义政治制度下的政治关系是和谐的。和谐的政治关系包括人民群众之间的关系、人民群众与党和政府的关系、党政内部的关系、中国共产党与民主党派、无党派人士之间的关系。正是由于中国特色社会

---

① 朱世海:《试论当代中国政党制度的结构与功能》,《长白学刊》2006年第3期,第32-34页。

② 丁志刚、李天云:《中国特色社会主义政治制度的内容体系、内在结构与基本功能》,《甘肃理论学刊》2021年第2期,第21-30页。

主义政治制度保障了上述各种关系的总体稳定与和谐，人民群众的根本利益得到保障，党和国家的事业健康发展，中华民族的复兴指日可待。

不同类型的政治制度模式，其政治功能有着显著差异[①]。一是转换与载体功能。中国共产党将政治理念通过一系列的政治制度实施体现出来，继而巩固这种政治理念。二是协调与稳定功能。当社会出现公共危机时，及时运用预警机制，有效保持了社会的稳定。三是动员与整合功能。中国特色社会主义政治制度贯穿社会主义民主政治生活的方方面面，具有集中力量办大事的显著优势，能够有效动员和整合社会全部资源，办成世界上其他国家都办不到的事情，达到世界上其他国家都达不到的宏伟目标。四是代表与回应功能。人民代表大会制度能够极大体现人民意志、保障人民权益、激发人民创造，回应并解决人民群众存在的困难与矛盾，确保人民依法通过各种途径和形式管理国家事务。五是规范与治理功能。党的十八大以来，我国政治制度和治理体系在发展的过程中不断趋于制度化、高效化和治理现代化。六是激励与创造功能。政治制度极大激发了广大人民群众的积极性和创造性，是社会主义文明生活的不懈追求和前进动力的源泉。

五、内容设计的先进性

政治制度是人类集体智慧的结晶，政治制度作为顶层设计的产物，其内容先进与否，对人类社会的发展有着重大影响。中国特色社会主义政治制度不论是从中国历史还是从世界历史的角度讲，都是最先进的制度设计。

从世界历史看，马克思历史唯物主义认为，人类社会经过原始社会、奴隶社会、封建社会、资本主义社会，经过社会主义社会的过渡而达到共产主义社会，是人类社会历史发展的普遍规律和必然趋势。任何一种政治制度都会通过一定的管理体制和运行机制即体制表现出

---

① 袁廷华：《我国社会主义政党制度的结构与功能》，《中国统一战线》2000年第12期，第18-21页。

来。在西方资本主义国家，政治权力是由不同的国家机构分别行使的，其中议会行使立法权，总统和政府行使行政权，法院行使司法权，形成了三权分立的多元权力结构，这种制度根本上维护的是资产阶级的利益。我国是人民民主专政的社会主义国家，党的领导、人民当家作主、依法治国三者紧密结合，这种制度体系维护的是最广大人民群众的根本利益。当今世界，正经历百年未有之大变局，西方资本主义国家政治制度的弊病暴露无遗，中国特色社会主义政治制度显示出巨大优势。

从中国历史看，中国古代的政治制度是专制主义的中央集权制度，以皇权为中心，以君权神授为理论基础，实行皇权至上和皇权专制。近代以来，内忧外患的国家现状与社会背景驱使中国人开始思考制度变革问题，意识到只有先进的政治制度才能救中国[①]。然而，历史与实践证明，辛亥革命后将西方情境下的总统制、议会制、内阁制等政治制度挪用到中国都是不行的，最终会走向失败。中国共产党诞生以来，开始探索全新的政治制度，新中国成立后建立并完善了一系列符合中国国情、植根于中国大地的根本政治制度、基本政治制度、重要政治制度和具体政治制度。改革开放至今，中国特色社会主义政治制度走上了健康发展的道路，社会主义政治文明建设不断登上新台阶，中国特色社会主义政治制度在坚持和完善的基础上，制度优势更加显著，国家治理体系和治理能力现代化不断推进。中国共产党建立的以马克思主义与中国实际相结合、与中国传统文化相结合的政治制度满足了广大人民群众的根本利益和切实需要，避免了党派纷争、利益集团偏私、少数政治"精英"操弄等现象，具有其他政治制度无可比拟的先进性。

六、系统内部的层次性

系统指的是同类事物按一定关系组成的有机整体。任何政治制度系统都会反映其内部存在的关系。中国特色社会主义政治制度在中国

---

① 欧阳军喜、夏清：《论中国特色社会主义政治制度的历史文化根源》，《南京师大学报》（社会科学版）2015年第6期，第13-19页。

社会的历史与实践基础上生发而成，其系统内部的层次性是指存在着科学合理的根本制度、基本制度、重要制度与具体制度之间的层次结构，并且制度之间的相互关系具有合理性、协调性。

从纵向维度看，中国特色社会主义政治制度以根本政治制度为核心，向下有顺序、有层次、有结构地扩展基本政治制度、重要政治制度和具体政治制度。首先，根本政治制度在我国政治制度中居于根本性地位、起决定性作用[①]，指导并使得基本制度和重要政治制度有效运行，其原则与性质反映人民的诉求和意志，层层传递，直达人民。其次，基本政治制度则指反映科学社会主义基本原则、体现社会主义本质属性、适应社会主义初级阶段实际、规范中国特色社会主义实践基本关系、决定中国制度基本形态。再次，重要政治制度具有承上启下的枢纽功能[②]，向上承接根本制度和基本制度，向下开启具体制度。最后，具体政治制度是政治制度中的具体呈现，是社会主义民主政治中的具体运行机制。

从横向维度看，中国特色社会主义根本政治制度、基本政治制度、重要政治制度和具体政治制度的作用、性质、内容和意义各不相同。根本政治制度规定了我国民主政治的发展方向，一般情况下，根本政治制度的根本宗旨和基本性质不会发生变更。基本政治制度体现了社会主义的本质特征和重大原则，上连根本政治制度，下接重要政治制度和具体政治制度，对国家的发展起着至关重要的作用。重要政治制度和具体政治制度在我国现实语境中具有高度的原则性与应变性，随时间变化从而产生不同的优化与调整，更好地适应社会经济的发展。

从圈层结构来看，根本制度处于同心圆的核心层，基本制度和重要制度处于同心圆的中间层，具体制度则处于同心圆的边缘层，核心层与中间层通过与边缘层、制度环境发生间接作用，边缘层则直接与

[①] 牟成文、洪子琳：《论新时代新阶段中国特色社会主义政治制度优势》，《党政研究》2021年第4期，第67–73页。

[②] 康晓强：《论中国特色社会主义制度的本质特征》，《浙江大学学报》（人文社会科学版）2021年第1期，第10–21页。

制度环境相互作用，并将作用力传递到中间层和核心层①。圈层结构下中国特色社会主义政治制度凸显了根本政治制度、基本政治制度、重要政治制度、具体政治制度的不同范畴和现实驱动力。

七、相互关系的协调性

政治制度的相互关系是指各项政治制度之间进行相互作用、相互影响的状态。中国特色社会主义政治制度中的根本政治制度、基本政治制度、重要政治制度、具体政治制度都体现了国家政权的根本性质，同时服务于中国特色社会主义现代化建设大局。这些政治制度之间的相互关系是协调的。

首先，从整体和部分的关系看，二者既相互区别又相互联系。中国特色社会主义政治制度是一个有机整体，而根本政治制度、基本政治制度、重要政治制度、具体政治制度是整体中的重要组成部分。作为一个有机整体，中国特色社会主义政治制度离不开其中的各项政治制度，对各项政治制度具有决定性作用、指导性作用。同时，中国特色社会主义各项政治制度之间相互作用，环环相扣。根本政治制度和基本政治制度两种政治制度是适应于我国社会主义革命和建设需要而建立的，体现了工人阶级领导的以工农联盟为基础的人民民主专政的国家政权的根本性质。重要政治制度的内容具体，是依据基本政治制度的性质、原则制定的。具体政治制度是政治体制中极为重要的部分，各项具体政治制度的有效协调关乎我国社会稳定的程度、治理效能的提升以及人民群众的满意程度。因此，既要注重整体的正确性、配套性、贯彻性和执行性，又要保障部分的有效发挥，更好地将我国政治制度优势转化为治理效能。

其次，从中央政府和地方政府看，中央与地方政府之间的关系是否协调，取决于政治制度、经济发展、社会文化的发展水平。党的十九届四中全会明确指出，要理顺中央和地方权责关系，充分发挥中央

① 丁志刚、李天云：《中国特色社会主义政治制度的内容体系、内在结构与基本功能》，《甘肃理论学刊》2021年第2期，第21—33页。

和地方两个积极性体制机制的作用，建立健全高效的相互关系的运行机制和协调机制，构建中国特色社会主义行政体制，构建职责明确、依法行政的政府治理体系。中央政府和地方政府要在宪法和法律的指导下促进自身职能转变，进一步推动政治制度的顶层设计和有效实施，促进上下级政府、同级政府之间相互关系的协调。

八、运行方式的合理性

政治制度的运行方式取决于政治制度的性质。科学的政治制度运行机制是提升政治效能的重要手段。中国特色社会主义政治制度运行方式的合理性在于科学规范的制度理念、合法合理的制度设计、高效执行的制度实践、及时准确的反馈机制。

首先，中国特色社会主义政治制度具有科学规范的制度理念。任何政治制度都是建立在特定的制度理念上的。政治制度有效运行的前提是具有科学规范的制度理念。我国的政治制度理念的核心是全心全意为人民服务。民之所忧，党必念之；民之所盼，党必行之。中国共产党时刻秉持以人民为中心的制度理念，在这种科学规范的制度理念下指导政治制度有效运行。随着时代的变化和社会的发展，政治制度理念不断推动着制度设计的变革和创新。科学规范的制度理念为政治稳定、经济发展、文化繁荣、民族团结、人民幸福、社会安宁、国家统一，奠定坚实而厚重的基础。

其次，中国特色社会主义政治制度具有合法合理的制度设计。一般而言，在科学规范的制度理念的基础上才能产生合法合理的顶层设计。人民代表大会这一根本政治制度坚持了人民当家作主的原则，发展了人民民主，形成了人民推动国家发展和进步的巨大优势；党的全面领导制度使党的中央组织、地方组织、基层组织形成了上下贯通、执行有力的严密的制度体系；民族区域自治制度所体现的制度准则、制度功能和政治制度的优越性，使得民族地区得以平等、团结和稳定发展；中国共产党领导的多党合作和政治协商制度，是一种崭新的制度设计，是中国独特的一种政治运行方式。

再次，中国特色社会主义政治制度在实践中体现出高效的执行力。制度的生命力在于执行，制度的执行力是影响制度优势能否转化为治理效能的关键，也是判断制度效能的重要标准。"制度一经形成，就要严格遵守，坚持制度面前人人平等、执行制度没有例外，坚决维护制度的严肃性和权威性。"①政治制度的执行主体是掌握公共权力的各级政府和官员，因此，要强化政治制度执行力，必须落实全面政治制度建设的各项要求，保证政治制度建设的科学性和有效性，并加强政治权力运行中的制约和监督。强化中国特色社会主义政治制度的执行力，是中国共产党推进社会主义政治制度发展、实现中国式政治现代化的重要内容，也是中国共产党保持先进性和纯洁性的核心要义。党的十八大以来，中央全面从严治党，不断强化党员干部的制度意识和责任担当，让党员干部做制度执行的表率。"要切实强化制度意识，带头维护制度权威，做制度执行的表率，带动全党全社会自觉尊崇制度、严格执行制度、坚决维护制度。"②在实践中，增强政治制度的执行力，通过健全体制机制来保障政治制度的执行，特别是不断健全政治制度的公开机制、问责机制和监督机制。

最后，中国特色社会主义政治制度具有及时准确的反馈机制。只有具备及时准确的反馈机制，政治制度才能有效运行。中国特色社会主义政治制度的反馈机制主要包括中央、地方领导人考察和调研时与人民群众的互动与交流中，来自人民群众的反馈；政府工作报告对人民群众意见和要求的反馈；全国人民代表大会代表和地方各级人民代表大会代表传达人民群众需求的反馈；相关的下级机关反馈给上级机关的制度反馈；政府网站中政务服务与投诉、领导信箱、调查问卷等反馈形式。总之，我国政治制度形成了一整套有序、及时、准确的反馈机制。

---

① 《习近平谈治国理政》(第一卷)，外文出版社，2018，第379页。
② 习近平：《中共中央关于坚持和完善中国特色社会主义制度 推进国家治理体系和治理能力现代化若干重大问题的决定》，《人民日报》2019年11月6日第1版。

九、治理效能的显著性

政治制度对国家的治理指在中国共产党的领导下，依据各项政治制度对国家事务、社会事务的一种控制和支配活动。效能是指政治制度在政治实践运行中达成的效用、效果。党的十九届四中全会指出："把我国制度优势更好转化为国家治理效能。"判断一国的政治制度是否有效，主要看其治理效能。

我国政治制度的治理效能显著。新中国成立七十多年来，中国创造了世界罕见的经济快速发展的奇迹和社会长期稳定的奇迹，离不开中国特色社会主义政治制度的治理效能。从国民生产总值看，2020年，中国国内生产总值（GDP）首次突破100万亿元[①]。从经济增长看，全球许多国家的经济发展在新冠疫情的严重影响下，经济深度衰退，经济发展遭受多重冲击。我国不仅成为全球控制疫情最好的国家，还是全球主要经济体中唯一实现经济正增长的国家[②]，为全球经济增长作出最大贡献，彰显了政治制度优势能够有效转化为治理效能。从社会稳定看，一百多年前，中国社会一片混乱，西方列强在中华大地上恣意妄为，封建统治者孱弱无能，国家蒙辱、人民蒙难、文明蒙尘[③]。在中国共产党的领导下，在中国政治制度的保驾下，中国长期保持社会和谐稳定、人民安居乐业，成为国际社会公认的最有安全感的国家之一。

习近平指出："以数千年大历史观之，变革和开放总体上是中国的历史常态。"[④]在这种变革和开放的精神下，政治制度进一步更好地转

---

① 《中国经济总量首超100万亿元：创新引领、结构优化，发展更有含金量》，中华人民共和国中央人民政府网，https://www.gov.cn/xinwen/2021-01/19/content_5580925.htm，2021年1月19日。

② 李克强：《政府工作报告》，《人民日报》2021年3月13日第1版。

③ 习近平：《在纪念辛亥革命110周年大会上的讲话》，《人民日报》2021年10月10日第2版。

④ 习近平：《在庆祝改革开放40周年大会上的讲话》，《人民日报》2018年12月19日第2版。

换为治理效能。全面深化改革的理论依据是马克思主义社会基本矛盾运动原理，即生产关系同生产力、上层建筑同经济基础相适应的原理。2013年，中国共产党第十八届中央委员会第三次全体会议通过的《中共中央关于全面深化改革若干重大问题的决定》提出了在新的形势和历史起点上全面深化改革的任务和要求，明晰了全面深化改革的总目标，制定了全面深化改革的行动方案。近年来，全面深化改革促进了各项政治制度更加成熟，提升了中国人民对美好生活的向往程度，推动了中国特色社会主义事业的不断发展。

党的十八大报告指出："全党要坚定这样的道路自信、理论自信、制度自信！"①所谓制度自信，是指中国共产党对自身制度设计及其优越性的充分肯定②。新中国成立前夕，中国共产党就着手进行制度设计，到20世纪50年代中期，党已经初步建立起了社会主义的根本政治制度、基本政治制度和根本经济制度，从而为当代中国一切发展进步奠定了根本的政治前提和制度基础③。新中国成立后，党的几代领导人为政治制度的发展和完善作出了卓越贡献，充分体现了高度的制度自信。十九届四中全会在党的历史上首次用一次中央全会专门研究国家制度和国家治理问题，推动中国特色社会主义政治制度更加成熟、更加定型。

十、模式适用的示范性

国家的社会性质、文明特质不同，政治制度的治理模式也不同。一种政治制度及其治理模式一旦形成，必然具有一定的吸引力和示范性。中国特色社会主义政治制度已经形成了自己特有的治国理政模式，这种模式具有一定的吸引力和示范性。

① 胡锦涛：《坚定不移沿着中国特色社会主义道路前进 为全面建成小康社会而奋斗》，《人民日报》2012年11月18日第1版。

② 田克勤、张泽强：《论中国特色社会主义的道路自信、理论自信、制度自信》，《思想理论教育》2013年第5期，第4-9页。

③ 田克勤、张泽强：《论中国特色社会主义的道路自信、理论自信、制度自信》，《思想理论教育》2013年第5期，第4-9页。

中国政治制度模式不依附他国，没有简单地对外来政治制度照搬照抄，而是扎根、成长并不断成熟于中国大地。新中国成立以来，中国夺取了新民主主义革命伟大胜利，完成社会主义革命和推进社会主义建设，进行改革开放和社会主义现代化建设，开创了中国特色社会主义新时代。光辉的历史成就使得众多发展中国家正积极学习中国方案、中国做法、中国经验。改革开放四十多年来，中国7亿多人摆脱贫困，对世界减贫贡献率超过70%[1]。中国的精准扶贫方略和措施，消灭了绝对贫困。2020年，我国脱贫攻坚战取得全面胜利，决胜全面建成小康社会取得决定性成就，为世界上其他国家和民族提供了宝贵的启示与经验。2018年，老挝人民革命党中央总书记、国家主席本扬曾专门实地考察十八洞村，探寻中国"精准脱贫"的经验做法。埃及、孟加拉国等许多国家的官员和学者来学习借鉴规模化的现代农业[2]。习近平指出："中国特色社会主义道路、理论、制度、文化不断发展，拓展了发展中国家走向现代化的途径，给世界上那些既希望加快发展又希望保持自身独立性的国家和民族提供了全新选择，为解决人类问题贡献了中国智慧和中国方案。"[3]

中国特色社会主义政治制度模式的吸引力和示范性，主要源于这一政治制度模式本身的优越性。中国坚定不移地坚持中国共产党的领导，毫不动摇地走社会主义道路。中国共产党的领导是中国特色社会主义最本质的特征，是中国特色社会主义制度的最大优势。中国特色社会主义政治制度是在中国共产党的领导下在理论和实践中不断成熟的制度，是中国共产党领导人民缔造的高度适用于中国社会经济发展的政治制度。中国共产党将马克思主义基本原理同中国具体实际相结合，不断发展和完善中国特色社会主义政治制度，使之与中国的国情、

---

① 外交部：《中国对世界减贫贡献率超过70%》，中华人民共和国中央人民政府网，https://www.gov.cn/xinwen/2020-10/20/content_5552568.htm，2020年10月20日。

② 《发展中国家积极学习中国"精准脱贫"经验做法》，国际在线，https://www.163.com/dy/media/T1400831103492.html，2020年3月8日。

③ 习近平：《决胜全面建成小康社会 夺取新时代中国特色社会主义伟大胜利——在中国共产党第十九次全国代表大会上的报告》，《人民日报》2017年10月28日第1版。

社情和民情相一致，满足了中国人民对美好生活的需要。党的领导和中国特色社会主义政治制度密不可分，相辅相成。在新的历史进程中，中国特色社会主义政治制度模式必将进一步推进马克思主义中国化，不断深化政治体制改革，加强政治制度建设，走出中国特色社会主义政治制度发展的新道路。

第二节
中国特色社会主义政治制度的基本功能

制度功能彰显制度的生命与活力。中国特色社会主义政治制度的基本功能可以从两个层次来理解：一个是整体性功能或者综合性功能，即中国特色社会主义政治制度在保障和维护国家的性质、实现国家的目标任务方面的功能，以及政治制度与其他制度相互关系中所蕴含的功能；另一个是政治性功能，即中国特色社会主义政治制度本身在中国特色社会主义政治运行、发展中体现出的功能。

一、中国特色社会主义政治制度的整体性功能

从治国理政实践来看，中国特色社会主义政治制度具有捍卫社会主义的国家性质、维护人民的主体地位、保障中华民族伟大复兴、维护社会主义的经济基础、维护社会的长治久安、维护社会主义先进性、维护国家统一和领土完整、实现最广大人民的根本利益以及实现社会主义现代化的宏伟目标等一系列重要功能。

（一）捍卫社会主义的国家性质

社会主义有着与资本主义相区别的社会性质，也是与资本主义有着根本区别的两种社会形态。社会主义是中国特色社会主义政治制度的基础。中国特色社会主义政治制度以社会主义为制度前提。经济基础决定上层建筑，我国的基本经济制度决定了我国社会主义的国家性质。社会主义的特征是公有制占主体地位，而作为中国特色社会主

政治制度基础的经济制度，是以公有制为主体、多种所有制经济共同发展的社会主义基本经济制度。经济决定政治，政治反作用于经济。中国特色社会主义经济制度决定中国特色社会主义政治制度，中国特色社会主义政治制度反作用于中国特色社会主义经济制度，从而保障社会主义的国家性质。

新中国成立以来，中国特色社会主义政治制度始终捍卫和确保我国的社会主义国家性质不变色、不动摇，从总体上保持了国家政权稳定与和平发展，有效应对了国内外势力对社会主义的颠覆破坏。

新中国成立后的一个时期，面对新生的人民民主政权和社会主义国家，国内外敌对势力不断进行颠覆破坏活动，试图扼杀人民民主政权，颠覆社会主义国家。在党和国家政治制度强有力的捍卫下，我们挫败了国内敌特分子的一系列干扰破坏活动，沉重打击了退守在台湾的国民党政权的颠覆破坏行径，消除了盘踞在大陆的国民党残余势力，保证了新生政权的安全稳定。针对国外势力的干涉和侵略、封锁和禁运、孤立和反对，以中国特色社会主义政治制度为坚强武器，坚持走独立自主、自力更生道路，坚决与国际反华势力作斗争，加强社会主义建设，成功地保持了国家独立和主权不被干涉。特别是改革开放以来，针对新形势下西方国家和集团的"和平演变""颜色革命"，针对所谓的"普世价值""宪政民主""人权"等价值观念和意识形态渗透，通过始终坚持走中国特色社会主义道路，既不走封闭僵化的老路，也不走改旗易帜的邪路，坚持中国特色社会主义政治体制改革，推动了中国特色社会主义的自我发展和自我完善，有效反击了美西方势力试图将中国纳入资本主义轨道、改变中国社会主义性质的如意算盘。

如今进入新时代，坚持中国特色社会主义道路和国家性质的中国，正在全面推进中国式现代化，中国的综合国力和国际地位不断上升，美帝国主义从维护自身霸权地位的私利出发，不顾国际规则、国际道义和公理，对中国全面发动包括贸易战、科技战、金融战、舆论战、污名战等在内的"新冷战"，全力支持"台独"势力的分裂活动，全力打压中国的发展和进步，是人类历史上霸权国家无所不用其极打压新兴国家的最恶劣孤例。中国作为有悠久文明历史传统的国家，从来不会屈从外来势力，从来不会放弃对人类文明和进步的追求。中国将始终坚持社会主义道路，坚持党的领导，依靠自己的制度优势，坚定不移地以习近平新时代中国特色社会主义思想为指导，全面推进中国社会主义现代化建设，实现中华民族伟大复兴的"第二个百年"奋斗目标。

（二）保障人民的主体地位

中国特色社会主义政治制度始终坚持马克思主义国家学说、民主学说、人民学说同中国实际相结合，尊重人民的主体地位，坚持人民当家作主，通过选举制度、协商制度、基层群众自治制度等充分发挥人民群众的主体作用。为保证人民群众参与管理国家事务、社会事务的积极性、主动性和有效性，建立了人民民主、协商民主、基层民主等多种民主形式，中国的民主制度和人权保障有效地保障了人民的主体地位。

人民代表大会制度是实现人民主体地位的根本制度。习近平总书记指出：中国实行人民代表大会制度是中国社会一百多年激越变革、激荡发展的历史结果，是中国人民在人类政治制度史上的伟大创造，是我国人民翻身作主的必然选择①。人民代表大会制度是中国共产党自诞生之日不断尝试民主政治而逐步建立起来的。在大革命时期，中国共产党领导组织工人罢工、农民革命运动，并组织形成罢工工人代表大会和农民协会。土地革命时期，中国共产党在革命根据地建立工农兵代表苏维埃制度。在抗日战争时期，采用"三三制"原则组织民主政权。在解放战争时期，在解放区实行"人民代表会议制度"，在新中国成立初期，由人民政协会议代行全国人大职权，直至1954年《宪法》的颁布，正式规定："中华人民共和国一切权力属于人民。中华人民共和国是工人阶级领导的，以工农联盟为基础的人民民主国家。人民行使权力的机关是全国人民代表大会和地方各级人民代表大会。"由此正式确立了人民代表大会制度。在此后的人民代表大会制度的改革和完

---

① 习近平：《在庆祝全国人民代表大会成立60周年大会上的讲话》，《人民日报》2014年9月6日第2版。

善中，广大人民群众有了更广的表达渠道和更真实的话语权。

人民群众创造历史。中国共产党坚持以人民为中心，以为人民服务为宗旨。正如习近平总书记所讲："时代是出卷人，我们是答卷人，人民是阅卷人。"①中国的民主与西方所讲的民主有本质的区别，中国的民主是人民民主专政的民主，中国特色社会主义制度是民主和专政的有机统一。这有效保障社会主义性质不被少数敌对分子所颠覆，保证社会主义持续健康发展。与此同时，党的领导为保障社会主义国家性质确定方向，人民代表大会制度以及党领导的多党合作和政治协商制度为保障社会主义的国家性质提供制度基础。中国特色社会主义政治制度是中国共产党领导中国人民在实现中华民族伟大复兴的历史征程中逐渐形成的，在中国特色社会主义现代化建设实践中表现出了明显的制度优势、制度绩效，是中国特色社会主义民主和人民当家作主的根本制度支撑②。党的十九届四中全会指出，中国的国家制度和国家治理体系具有多方面的显著优势，其中之一是"坚持人民当家作主，发展人民民主，密切联系群众，紧紧依靠人民推动国家发展的显著优势"，并提出要"坚持和完善人民当家作主制度体系，发展社会主义民主政治"。这指明了中国的社会主义民主是维护人民根本利益的最广泛、最真实、最管用的民主。发展社会主义民主政治就是要体现人民意志、保障人民权益、激发人民创造活力，用制度体系保证人民当家作主。习近平总书记也指出："人民当家作主是社会主义民主政治的本质特征。"③这一重要论断，既回答了什么是社会主义民主的问题，也强调了人民当家作主对社会主义民主而言的极端重要性。

（三）保障中华民族的伟大复兴

实现中华民族的伟大复兴是近代以来几代中国人的梦想。但是，

---

① 习近平：《中共中央关于党的百年奋斗重大成就和历史经验的决议》，《人民日报》2021年11月17日第1版。

② 陈建兵、乔悦：《论中国特色社会主义政治制度自信的客观基础》，《长江论坛》2022年第5期，第53-59页。

③ 习近平：《习近平谈治国理政》，外文出版社，2020，第28页。

新中国成立前，由于没有找到合适的政治制度，没有有力的政治制度保障，中华民族的伟大复兴只是空中楼阁。只有中国特色社会主义政治制度的确立，中华民族伟大复兴的梦想才能变为现实。因此，中国特色社会主义政治制度既是符合中国国情和历史发展规律的，是人民和历史的共同选择，也是中华民族复兴的政治基础。

从新民主主义革命到改革开放到习近平新时代中国特色社会主义，中国特色社会主义政治制度是在长期的革命、建设和改革实践中逐步确立、发展和完善起来的①，这一过程也伴随着中华民族命运的重大转变。在以毛泽东同志为核心的党中央领导下，我们取得了新民主主义革命的胜利，建立了中华人民共和国，中华民族从此站起来了；在以邓小平同志为核心的党中央领导下，我们进行改革开放的伟大实践，中华民族解决了温饱问题并向小康社会迈进；在以江泽民同志为核心的党中央领导下，我们确立了"三个代表"的重要思想，中华民族向着富起来努力奋斗；在以胡锦涛同志为总书记的党中央领导下，我们确立了科学发展观，中华民族在小康目标的基础上，生活更加富裕；在以习近平同志为核心的党中央领导下，我们进入了新时代，实现了全面小康社会的目标，并向第二个百年奋斗目标迈进，中华民族伟大复兴的事业进入不可逆转的历史进程。综上各个历史时期，中国共产党领导全国各族人民进行的实践所形成的中国特色社会主义政治制度，为实现中华民族伟大复兴提供了强有力的政治基础和保障。在新时代，中国特色社会主义政治制度在当代中国发展中展现出的制度优势和制度绩效是我们坚持政治制度自信的重要基础，也是实现中华民族伟大复兴的政治制度优势。

（四）维护国家统一和领土完整

确保国家统一和领土完整是国家政治制度的基本职责，也是中国特色社会主义政治制度的重要功能和优势。从1840年的鸦片战争到新中国的成立再到改革开放这段历史进程中，中华民族经历了救亡图存、

---

① 陈建兵、梅长青：《论中国特色社会主义政治制度自信的提升路径》，《北京联合大学学报》（人文社会科学版）2018年第4期，第110-115页。

革命、建设和改革，也逐步确立了以马克思主义理论为基础、结合中华传统文化，扎根于中国土壤的中国特色社会主义政治制度，这一政治制度为我国实现国家统一和领土完整提供了坚实的制度支撑。

中国共产党领导的多党合作和政治协商制度确立了中国共产党的唯一领导地位和其他各党派的参政党地位，这是我党基于对国内外历史经验教训的长期总结和对我国国情的现实判断而确立的制度，这一政党制度有利于实现对国家的统一领导，推动政策的高效执行，避免了非必要的党派纷争，实现了意识形态领域的统一。民族区域自治制度的确立为我国应对和处理民族地区问题提供了良好的基础。我国是一个统一的多民族国家，中国共产党始终代表全体人民的利益即五十六个民族的根本利益，民族区域自治制度的确立使得民族地区的人民权利和自由得到了保障，增强了民族地区人民群众的国家认同感，加强了民族团结意识，铸牢了中华民族共同体意识，从而更好地助力实现国家统一和领土完整。"一国两制"作为我国政治制度的重要组成部分，是推进祖国实现和平统一进程的重要体制机制，在我国合理应对香港、澳门问题方面发挥着根本性制度保障作用，香港和澳门顺利回归祖国并保持繁荣稳定。

台湾作为中国神圣不可分割的领土，回归祖国是大势所趋，人心所向。尽管近三十年来"台独"势力和美西方势力无所不用其极谋求将台湾从祖国分裂出去，但有14亿中国人民统一台湾的共同意志和坚强决心，有中华人民共和国国家政权的威力，有中国特色社会主义政治制度的保障，"台独"必然是一条死路，台湾回归祖国，完成统一大业，是历史的必然。

（五）实现广大人民群众的根本利益

中国特色社会主义政治制度，能够切实有效地保障最广大人民群众的基本权利，实现最广大人民群众的根本利益。中国特色社会主义政治制度的最大优势与特点就是坚持中国共产党的领导，中国共产党建党的初心和使命就是为中国人民谋幸福，为中华民族谋复兴。习近平总书记多次强调："人民是共和国的坚实根基，人民是我们执政的最大底气"①，"人民立场是中国共产党的根本政治立场，是马克思主义政党区别于其他政党的显著标志。党与人民风雨同舟、生死与共，始终保持血肉关系，是党战胜一切困难和风险的根本保证"②。

中国共产党始终把实现最广大人民群众的根本利益作为一项坚定的政治目标，不断为之奋斗，这也是中国共产党能够被广大老百姓拥戴的根本原因。人民代表大会制度作为我国的根本政治制度和人民实现当家作主的政权组织形式，其运行的内在逻辑就是全国各族老百姓通过民主选举选出能够代表最广大人民群众根本利益、传达最广大人民群众意愿和呼声的人大代表们，通过代表们的建言献策，确保人民群众的呼声和急难愁盼的问题通过正式的渠道得到及时的传达和回应，从而有利于实现最广大人民群众的根本利益。印度发展中国家研究中心前主任莫汉蒂教授曾赞叹道："中国的人民代表大会制度是具有中国特色的民主政治制度，是中国人民经过几代人的艰苦努力才摸索出来的。人大代表所提议案和建议都是老百姓最关心的事情。这种政治制度是实实在在的民主政治，这也就不难理解，它为何能够有效地促进中国的经济和社会的发展。"③作为中国特色社会主义政治制度中的根本性制度，人民代表大会制度致力于回应广大人民群众的意愿，实现最广大人民的利益，坚持从人民群众中来到人民群众中去。同时，与根本政治制度相配套的一系列基本政治制度、重要政治制度和具体政治制度共同构成的中国特色社会主义制度框架体系以回应广大人民群众关切、维护广大人民群众权利、增进广大人民福祉为目标，为广大人民群众实现自身根本利益提供切实的制度保障。

（六）实现社会主义现代化目标

发展中国家实现现代化的道路充满了各种风险挑战、矛盾斗争和

---

① 习近平：《习近平主席二〇一九年新年贺词（完整版）》，国际在线，https://news.cri.cn/uc-eco/20181231/e2e2efa7-66e3-1eb6-d3d5-bb26e107f058.html，2018年12月31日。

② 习近平：《在庆祝中国共产党成立95周年大会上的讲话》，《人民日报》2016年7月2日第2版。

③《中国人民代表大会制度非常成功》，《人民日报》2009年3月12日第3版。

社会动荡，而中国特色社会主义政治制度的确立，为我国实现现代化提供了坚实的制度保障，保证了社会的和谐安定，助力中国社会主义现代化目标的实现。塞缪尔·P.亨廷顿说道："现代性孕育着稳定，而现代化过程却滋生着动乱。"①这个论断一度被发展中国家视为实现现代化过程中不可打破的"魔咒"，而中国通过不断地自我奋斗与改革创新走出了一条具有中国特色的社会主义国家现代化道路。尤其是自改革开放以来，我国创造了经济快速发展和社会长期稳定两大奇迹，从而为其他发展中国家实现现代化提供了新的可供选择和借鉴的样本。

现代化一词具有丰富的内涵和广泛的外延，不同国家实现现代化的目标是指包含了政治、经济、文化、社会生产力水平、生态环境等多个领域在内的整体现代化。因此在实现现代化目标的过程中很考验一国政府的执政水平，尤其是对于后发赶超的发展中国家实现现代化更是提出了不小的挑战。塞缪尔·P.亨廷顿指出："在传统政治制度软弱或根本不存在的地方，稳定的先决条件至少得有一个高度制度化的政党。有了这样一个政党的国家，比没有这样一个政党的国家显然要稳定得多。"②我国之所以能取得今天举世瞩目的成就，其根本原因就是我们拥有一支作风优良、不断进行自我革命，立场坚定且具有强大号召力、凝聚力和执政能力的马克思主义政党，那就是中国共产党。正是我国拥有中国共产党的坚强领导以及中国特色社会主义政治制度所提供的制度保障，才能在走向现代化的过程中实现社会的长期稳定和经济的飞速发展。"政治制度是特定历史条件和环境下的产物，一个国家的政治制度与社会的经济基础相适应，随着经济社会的发展和时代的变迁，政治制度也要发生相应的改变。"③中国特色社会主义政治制度在我国走向现代化的过程中通过确立、发展与完善从而更好地适应了我国社会生产力水平，为我国

① 塞缪尔·P.亨廷顿：《变化社会中的政治秩序》，王冠华等译，上海人民出版社，2008，第31页。

② 塞缪尔·P.亨廷顿：《变化社会中的政治秩序》，王冠华等译，上海人民出版社，2008，第70页。

③ 王韦君、牟成文：《中国特色社会主义政治制度的突出优势及其形成的内在机理》，《中共南京市委党校学报》2022年第2期，第56-63页。

家实现现代化目标提供了强有力的制度保障。

（七）维护社会主义的经济基础

马克思主义唯物史观认为，经济基础决定上层建筑，同时，上层建筑对经济基础具有能动的反作用。中国特色社会主义政治制度作为上层建筑的重要组成部分，其是对中国社会主义经济基础的能动反映，"呈现出一种动态适应的关系"①。一方面，坚持公有制的主体地位是中国社会主义经济制度的基本要义，建立在经济基础之上的政治制度需要反映公有制的经济特征；另一方面，政治制度的确定形成不是由经济基础被动决定的，政治制度存在能动的反作用，其可以通过不断地调适完善，从而更好地巩固公有制的主体地位，服务于社会主义的经济基础。具体来看，政治制度中党的统领性有利于助推经济发展，从而保证经济基础不失色；政治制度中的人民属性与经济基础的公有属性具有内在一致性，从而保证经济基础不变质；政治制度中机制功能的动态灵活性有利于激发公有制经济活力，从而保障经济基础不动摇。

作为中国特色社会主义政治制度的核心主体，中国共产党积极发挥着总揽全局、协调各方的作用。党的统领性是历史地形成的，同时由包括政治制度在内的各种制度所规定，党在不同的历史时期可以通过发挥自身优势来推进社会发展，巩固社会主义的经济基础。在建国初期，中国共产党在国家社会发展中的领导地位得到社会各界的共识，并在具体的政治制度中得到体现。在推进国家的社会主义改造上，党通过领导和实施"三大改造"，推进了生产资料私有制的社会主义公有制改革，这在有力推进群众的整合化、社会的组织化的同时，"奠定了中国社会主义现代化建设的制度和经济基础"②。改革开放以来，党领导人民逐渐探索并走上了中国特色社会主义发展道路，社会主义市场经济体制的确立和完善极大地解放和发展了社会生产力，提升了国民

---

① 陈国权：《经济基础、政府形态及其功能性分权理论》，《学术月刊》2020年第11期，第66-74页。

② 孙建华、于婉华：《"三大改造"奠定了中国社会主义现代化建设的制度和经济基础》，《毛泽东邓小平理论研究》2019第8期，第71-76页。

经济的活力，提高了公有制经济的资源配置效率。进入新时代以来，面对复杂严峻的反腐败斗争，中国共产党通过推进纪委监委机构改革，加强了党对监察制度的统一领导。通过加强对金融、能源、土地等重要领域和国企、央企等重点单位监察巡视的全覆盖，党在涉及公有制经济发展的重点领域取得了反腐败斗争的压倒性胜利，有力地维护了社会主义的经济基础，促进了公有制企业的有效健康发展。

从本质上说，中国特色社会主义政治制度的人民属性与社会主义经济基础的公有属性具有内在一致性。具体来看，中国特色社会主义政治制度始终坚持人民性的根本属性，其出发点和落脚点都在人民，即政治制度的设计为了人民、政治制度的落实执行要靠人民、政治制度的评判标准取决于人民、政治制度的意图所指要服务于人民。在社会主义经济制度方面，我国坚持公有制为主体、多种所有制经济共同发展的基本经济制度，这就决定了公有属性在我国经济基础中的主导位置和在国民经济中的主体地位。公有属性意味着全民所有或者集体所有，其强调集体中的人或者全民无差别地共同占有和享有生产资料。不同于资本主义社会的生产资料私有，我国经济基础的公有属性是中国特色社会主义的本质体现，生产资料的公有有利于全民共享发展成果、消除两极分化，真正促进共同富裕的实现。因此，政治制度的人民属性与经济基础中的公有属性具有本质的一致性，二者都超越了为某一阶层或群体谋取特殊利益的私利性，强调全体人民具有个人发展权利、享有社会发展成果的平等性。政治制度层面的人民属性是经济基础公有属性的内在要求；经济基础层面的公有属性是政治制度人民属性的基本遵循。政治制度人民属性的强化和彰显是经济基础得以进一步巩固夯实的重要支撑。

政治制度确立之后并不是一成不变的，其在社会经济发展的过程中，通过制度体系的完善、制度功能的优化、制度机构的调整等主动适应经济社会变革，维护社会主义的经济基础。改革开放以来，随着社会主义市场经济的发展，市场在资源配置中的决定性作用日益凸显，国家通过行政制度体系的不断优化与数次机构的改革，不断提升行政制度对社会主义市场经济的适应性，为更好地巩固社会主义经济基础、服务社会主义市场经济发展提供了制度上的保障。在政治协商制度方面，1993年，为更好地适应社会发展，人民政协增设了经济界服务国家经济建设。时隔30年后的2023年，人民政协主动适应国家经济发展重心的转变，通过增设环境资源界参与协商议政活动，从而更好地服务于国家经济绿色、低碳、可持续发展。作为中国共产党领导下的统一战线组织，人民政协界别的调整是政治协商制度动态调适的具体表现，也是该制度适应经济发展的能动反映。整体而言，在国家治理实践中，对具体政治制度的灵活调整增强了政治制度对经济基础的适应能力，这对于夯实国家经济基础、提升国家整体发展能力具有重要意义。

（八）维护社会的长治久安

人民当家作主是社会主义民主政治的本质与核心，保障和实现人民当家作主是中国特色社会主义政治制度的根本价值遵循与应有之义。中国特色社会主义政治制度发展和完善的过程同时也是人民当家作主体系发展和完善的过程。人民当家作主是中国特色社会主义政治制度的价值属性，中国特色社会主义政治制度是人民当家作主的制度表达。中国特色社会主义政治制度的发展落实可以推动人民当家作主从价值目标转换为具体实践，从而有利于维护国家长治久安。

从政治制度体系看，人民代表大会制度是国家的根本政治制度，各级人大代表来自人民、代表人民、扎根人民，其代表人民群众的价值呼声、反映人民群众的利益诉求。通过人民代表大会的制度形式，有利于将人民主张上升为国家意志，充分反映人民意愿，回应时代需求。中国共产党领导的多党协作与政治协商制度是具有中国特色的政党制度，各民主党派和人民团体充分发挥民主协商、参政议政、民主监督的政治职能，其联系相关群体、建立统一战线，从而有利于找出国家发展的最大公约数，画出民族复兴的最大同心圆。基层群众自治制度作为中国特色社会主义基本政治制度，其突出基层群众在基层治理中的主体地位，强调基层群众自我管理、自我服务、自我监督、自我教育，该制度以基层群众政治参与的制度化助推了社会运行的秩序化。民族区域自治制度作为处理民族关系的基本政治制度，其以正确科学处理汉族与少数民族以及少数民族群众之间的关系为出发点和落脚点，强调各族人民的平等、团结和各民族共同繁荣。总的来看，作为中国政治制度体系中的重要支柱，中国的根本政治制度和基本政治制度从不同角度分别回答了人民与国家、政党之间、国家与基层社会之间、不同民族之间的关系问题，通过制度的方式确保了不同身份属性的人民群众可以充分表达自身诉求，消弭社会矛盾，充分增进了人民群众的政治认同与国家认同。

从政治制度实践看，中国社会一直处于动态发展的过程之中，而制度作为社会实践的产物，其需要在动态的社会发展中通过能动反映以更好体现制度的优势与价值。中国特色社会主义政治制度始终立足国家现实、反映社会变革，在国家治理实践中不断丰富和完善，政治制度的与时俱进为国家和社会的发展提供了坚实的制度基础和有力保障。从政治协商制度到协商民主的制度化；从有法可依、有法必依、执法必严、违法必究到科学立法、严格执法、公正司法、全民守法；从人民民主的话语表达到全过程人民民主的正式提出，政治制度体系的不断优化调整适应了国家政治发展现状、回应了人民群众的诉求想法，使得政治制度体系得以在时代化、现代化的道路上始终成为维护国家安定、社会和谐的重要制度保障。具体来看，中国特色社会主义政治制度始终将坚持人民主体地位、保障人的自由全面发展、关注社会公平正义、推进社会均衡协调发展作为制度建立完善的基本准绳，其制度的制定、发展、变迁都与中国社会实践息息相关。中国特色社会主义政治制度鲜明的情境性也使得政治制度的发展完善有利于更好地维护社会发展的长治久安。

习近平总书记曾说：“我国政治稳定、经济发展、社会和谐、民族团结，同世界上一些地区和国家不断出现乱局形成了鲜明对照。这说明，我们的国家治理体系和治理能力总体上是好的，是适应我国国情和发展要求的。”①

---

① 《十八大以来重要文献选编(上)》，中央文献出版社，2014，第548页。

（九）维护社会主义先进文化的引领作用

"我们说要坚定中国特色社会主义道路自信、理论自信、制度自信，说到底是要坚定文化自信。文化自信是更基本、更深沉、更持久的力量。"①文化作为一个国家生生不息的重要支撑，其为国家政治制度体系的建立完善提供了丰厚的文明滋养。中国特色社会主义先进文化是面向现代化、面向世界、面向未来的，民族的科学的大众的文化，这种文化的烙印深刻体现在社会主义政治制度的生成基础、价值追求和实践路径上。政治制度的发展完善因社会主义先进文化的滋养而显中国特色；同时，社会主义先进文化也因政治制度的具体展现而更显活力生机。

首先，中国特色社会主义政治制度根植于社会主义先进文化，其是优秀历史文化传统与国家治理实践相结合的制度化表达。中国特色社会主义政治制度强调的民主、法治、公平、正义等元素都可以从中华优秀传统文化与传统制度文明积淀中寻找到思想渊源。从政治制度的生成基础上看，政治制度作为人类在实现良政善治过程中形成的社会规范，其产生的过程都难以脱离特定历史情境下的文化传统。政治制度的具体形式和表达也与文化浸染下人们的思维模式息息相关，即文化往往是制度生成的内核。同时，政治制度的长期性往往会对人们的行为起到形塑作用，影响人们的政治行为与政治心理，从而潜移默化地对文化起到能动的反作用，即制度的运行往往会形成一种文化的积淀，对文化的巩固和维系具有影响。中国特色社会主义政治制度作为根植于中华优秀传统文化基础之上的制度形式，其是中国先进文化的外在体现。同时，该制度对人的规范约束也会逐渐内化为社会大众的行为自觉，进而形成相应的思维与生活方式，进一步推进制度蕴藏的文化基因深入人心。

其次，中国特色社会主义政治制度相适于社会主义先进文化。中国特色社会主义政治制度的根本属性在于人民性，即政治制度的产生目的、价值追求、执行过程都要坚持以人民为中心。政治制度只有满

①《习近平谈治国理政》（第二卷），外文出版社，2017，第339页。

足人民群众的利益诉求，反映人民群众的意见，才能发挥其应有的作用，促进社会有效运转。而社会主义先进文化之所以先进，根本原因也在于其具有人民性这一根本属性。从文化产生上看，人民群众是历史的创造者，同样也是先进文化的创造者、传播者和继承者，文化的产生出现与积淀离不开人民群众的生产实践。从文化的评判标准上看，一种文化只有为人民群众喜闻乐见，反映人民群众的价值诉求，与时代同向，才可以为公众所认可，为社会所接受。社会主义先进文化源于人民、服务人民、体现社会发展的前进方向，因此可称为先进文化。从本质上看，政治制度的人民属性与社会主义先进文化的人民属性具有一致性。中国特色社会主义政治制度的巩固和完善有利于强化社会层面对人民性这一根本立场的认知，从而推进以人民性为根本属性的社会主义先进文化得到更加宽广的发展空间，更好地发挥社会主义先进文化在思想文化领域的引领作用。

第三，中国特色社会主义政治制度的实现路径与社会主义先进文化的前进方向同行同向。中国特色社会主义最大的特色在于中国共产党的领导，政治制度的具体落实亦需要坚持党的全面领导。而中国共产党作为中国特色社会主义事业的领导核心，其始终代表着社会主义先进文化的前进方向。因此，政治制度上坚持党的领导也就是选择坚持了社会主义先进文化的前进方向。从制度属性来看，中国特色社会主义政治制度具有社会主义的属性特征。而中国特色社会主义始终坚持以马克思主义为指导，强调马克思主义同中国具体实际相结合、同中华优秀传统文化相结合。因此，坚持政治制度实现路径中的马克思主义，必然会凸显马克思主义在意识形态领域的指导地位，凸显马克思主义同中华优秀传统文化相结合的重要作用。所以，在政治上坚持中国特色社会主义政治制度的社会主义性质会促进文化领域社会主义先进文化引领作用的发挥。

二、中国特色社会主义政治制度的政治性功能

中国特色社会主义政治制度的政治性功能，主要包括转化与载体

功能、协调与稳定功能、动员与整合功能、代表与回应功能、规范与治理功能以及激励与创造功能等，是我国民主政治发展的根本保障和国家治理现代化的核心支撑。①

（一）中国特色社会主义政治制度的转化与载体功能

政治制度是政治理念与政治实践之间的中介物和转化器，是民主政治发展的载体、机制和轨道，是国家制度体系的创制基础。中国特色社会主义政治制度是我国民主政治发展道路、理想目标、价值理念、治国方略的规制化产物，是政治文明与制度文明交叠作用的成果，在精神文明→政治制度（政治文明和制度文明）→物质文明和物质文明→政治制度（政治文明和制度文明）→精神文明的转化链条中发挥着重要的中介作用。作为一套科学精巧的制度设计，我国的政治制度是道路与文化、理想与现实、理论与实践、内容与形式的有机统一，是将国家纳入规范化发展轨道的制度保障。在理论创新与制度创新的双向互动中推进制度建设、制度创新和制度改造，致力于不断解决制度短板、制度失灵、制度内卷等实践难题，中国特色社会主义政治制度既走出了古代中国治国理政思想资源丰富但是制度化水平较低的制度贫乏陷阱，又超越了西方政治制度形式理性与实质理性两张皮的制度虚设困境。中国特色社会主义民主政治制度强调阶级属性是国家的本质属性，在价值目标定向上贯穿和嵌套着党的领导、人民当家作主、依法治国这一核心价值结构，与西方国家模糊和掩盖阶级统治实质的政治制度形成鲜明对比。中国特色社会主义政治制度不是传统中国政治制度的母版，不是西方国家政治制度的再版，也不是国外社会主义国家制度的翻版，更不是简单套用马克思主义国家学说的模版。科学社会主义基本原则指导下形成的中国特色社会主义民主政治制度是人类政治文明史上的新型政治制度，开创的人民民主是新的政治文明类型。

（二）中国特色社会主义政治制度的协调与稳定功能

协调与稳定功能是中国特色社会主义政治制度的基本功能。中国

---

① 丁志刚、李天云：《中国特色社会主义政治制度的内容体系、内在结构与基本功能》，《甘肃理论学刊》2021年第2期，第21-30页。

特色社会主义政治制度通过疏通民意、协调对立、缓解冲突、解决矛盾、减少压力、促进合作来形成和谐稳定的政治秩序，在国家政治生活中具有管根本、管全局、管长远的作用。中国特色社会主义政治制度的确定性、继承性、连续性为建立强大的政权组织、和谐的政治关系、稳定的政治秩序提供了坚强保障和良好预期，为政治生活营造了良好的制度环境。通过规范政治权力的运作，引导和保障公民有序的政治参与，以客观公正安全的社会机制减少了政治生活中的盲目性、投机性和风险性，极大降低了政治生活的交易成本，维护了人民大众的根本利益，有效避免了因利益集团相互倾轧、政权争夺变化无常而引起的政治动乱、社会撕裂以及由此导致的国家分裂、人亡政息。同时，中国特色社会主义政治制度具有创新性和阶段性特征，能够通过政治体制改革实现自我完善与发展，不断推进规范化、程序化则进一步提高了可操作性、透明性，有利于形成制度化的试错机制、容错机制和纠错机制，形成自我更新的健康机制。制度化治理的稳定有利于解决人治型政治的紊乱，有力地避免了古代国家治理中遇愚则愚、遇贤则贤的人格化管理困境，发挥纠偏与更新功能，有利于维护国家长治久安，走出治乱循环的历史周期率。

（三）中国特色社会主义政治制度的动员与整合功能

社会动员与政治整合功能是指在现代国家的政治发展中，国家权力和中央意志对社会系统的组成部分与微观领域的嵌入与渗透能力、吸纳与整合能力和动员与激活能力，本质上是国家与社会、政府与公民之间的良性互动。中国的现代化是一种外生后发型的现代化模式，具有很强的受动性，更加需要提升政治发展的自觉性与自主性，有效配置政治发展的动力资源以集中力量实现现代化赶超，对资源的动员、汲取、吸纳、整合和再分配能力就具有强烈的现实需求。中国特色社会主义政治制度作为一个系统架构，党的领导制度体系保证了对全社会的嵌入与渗透能力、人民当家作主的制度体系保证了对全社会的吸纳与整合能力、中国特色社会主义行政体制等则保证了对全社会的动员与激活能力。与此同时，由根本制度、基本制度、重要制度与具体制度构成了具有强大嵌入力、渗透力、吸纳力、整合力、动员力、激活力的制度网络，形成了集中力量办大事的制度优势，在现代民族国家建构过程中表现出强大的汲取与分配功能，为国家治理提供了心理性和物质性的双重支撑。我国的政治制度不仅在推进工业化、城市化、市场化中发挥了规模优势和范围优势，在应对重大外来冲击、关键科技攻关、汶川灾后重建、港珠澳大桥等重大项目工程建设、"非典"事件和新冠疫情等疾病控制方面也不断体现出举国体制的强大力量和巨大韧性，成为国家治理现代化的有效性支持与合法性基础，在推进综合现代化尤其是国家治理现代化过程中持续发挥着强大的结构性动员功能与组织化整合功能。

（四）中国特色社会主义政治制度的代表与回应功能

中国特色社会主义政治制度的代表与回应功能是指积极代表和回应最广大人民的利益需求。我国的政治制度具有人民性与集成性，发挥着广泛的民主功能。虽然人类政治知识的不完备性、政治行为体过剩问题以及政治制度的分配效应等客观局限导致无法设计出一套能够满足所有人的所有利益需求的政治制度，但尽可能最大限度地代表和回应人民的利益，仍然是人类政治制度设计孜孜以求的目标。从马克思主义的社会形态论来看，社会主义制度是对资本主义的超越和发展，在发展阶段和内容上更加具有先进性。从中国特色社会主义政治制度的发展实践来看，中国共产党领导和调控下的各项政治制度是最能够有效代表和回应人民群众利益的良治善制。从根本上看，中国共产党本身是一个先锋型政党和整体利益党，与西方国家的部分利益党和公司型政党相比，党的领导制度体系具有明显的制度优势，党代表的是人民群众最根本、最广泛、最长远、最可持续的利益，能够实现有效的利益整合。同时，人民代表大会制度与政治协商制度等通过广泛的代表机制、界别机制与人民群众进行紧密联系，及时反映人民群众的利益呼声，积极回应人民群众的合理要求。尤其值得注意的是，中国特色社会主义政治制度的代表与回应功能，不仅是原则性的，更是实质性的，不迷信有代表无回应、代表与回应割裂的"西式代表制"，而是融代表与回应于一体的人心政治，内容"善"与形式"善"做到了有机统一，是目前世界上具有最广泛代表性和回应性的政治制度。

（五）中国特色社会主义政治制度的规范与治理功能

规范功能是制度最本质的功能，中国特色社会主义政治制度包括和涵盖了政治生活中各方面、各领域、各层次、各环节的制度规范，涉及民主政治发展包括政治主体、政治客体以及政治介体的方方面面，具有强大的规管能力、濡化能力、强制能力、统领能力，是一套整体性、系统化、覆盖性的制度规范体系，随着政治制度的不断健全和完善，政治生活尤其是其中的权力关系将会愈加规范，并持续发挥抑恶护善、惩恶扬善、预防教化、监督制约的作用。在规范功能的基础上，中国特色社会主义政治制度还具有显著的治理功能。我国的国家治理尤其是政府治理的一切工作和活动都是依照中国特色社会主义政治制度展开的，国家治理体系和治理能力是我国政治制度及其执行能力的集中体现，在治理现代化场域中，治理功能是政治制度的核心功能。中国特色社会主义政治制度下的国家治理是一种具有综合优势的治理。首先，能够实现效率与公平兼顾。在效率上能够发挥集中力量办大事的政治优势，并与社会主义市场经济体制的市场优势相结合，极大提高国家治理效能；在此基础上，我国的政治制度强调以公平正义、民主平等为内在要求，在制度规范上鲜明体现了规则公平、权利公平与机会公平，同时还进一步形成合理的再分配制度和第三次分配制度用以保障结果公平，由此形成了科学系统的社会公平保障体系，提高了社会治理效能。其次，能够实现民主与集中相结合。有民主而无集中的治理体系是低效的，有集中而无民主的治理体系是极权的，民主与集中有效结合的治理体系则是科学而高效的，民主提高了治理的科学性，而集中则保证了治理的高效性。再次，能够实现活力与秩序相统一。根本制度、基本制度、重要制度的秩序性、稳定性以及具体制度机制的灵活性、变革性的有机统一，保证了国家治理既有秩序保障，同时又能调动多元治理主体的积极性、主动性和创造性，从而提高国家治理的整体效能。

第七章

中国特色社会主义政治制度的显著优势

国家的制度好坏对一个国家和民族的发展至关重要，"制度优势是一个国家的最大优势，制度竞争是国家间最根本的竞争"①。好的制度是治国安邦的基石，国家制度优势的形成和长期保持，在国家治理能力的提升和国家综合实力的竞争中显得愈发重要。中国特色社会主义政治制度是中国共产党领导人民将马克思列宁主义政治原理与中国国情相结合，总结世界社会主义建设中的经验教训，借鉴中国传统政治文化和人类政治文明优秀成果，经过长期实践探索所取得的重大成果。实践是检验制度优越性的试金石，中国特色社会主义政治制度的实践让神州大地发生了翻天覆地的变化，创造了经济发展奇迹和社会长期稳定发展奇迹，成功实现了"中国之治"，昭示了中国特色社会主义政治制

① 习近平：《坚持和完善中国特色社会主义制度 推进国家治理体系和治理能力现代化》，《中国民政》2020年第1期，第4-8页。

度的巨大优越性和生命力。中国特色社会主义政治制度不仅为中华民族实现伟大复兴奠定了坚实的制度基础，同时为发展中国家探索更好的社会制度方向提供了中国经验。着眼于新时代，世界面临着百年未有之大变局，如何在历史洪流中把握中华民族伟大复兴战略全局，深刻理解和全面掌握中国特色社会主义政治制度的显著优势，是需要深入研究的重大理论和实践问题。中国特色社会主义政治制度的显著优势，是通过多维度加以体现的。本章从价值维度、内容维度、领域维度、治理维度、综合维度五个层次阐述中国特色社会主义政治制度的显著优势。

第一节
价值维度的显著优势

任何政治制度都是在特定价值的引领下建构起来的，政治制度的建构与实践，也必然体现特定的价值，进而通过对价值的实现程度，可以判定政治制度的优劣。中国特色社会主义政治制度的价值意蕴十分丰富，在宏观上主要体现在国家崛起、民族复兴、人民幸福、社会和谐四个基本的价值维度上，反过来，可以从这四个方面分析中国特色社会主义政治制度的显著优势。

一、国家崛起方面的显著优势

实现国家的发展与崛起是世界各主权国家的目标与理想，也是近代以来中国人孜孜以求的梦想。政治制度作为国家崛起的重要支撑，其与国家崛起之间存在双向促进的关系：一方面，政治制度的科学性、合理性与可塑性可以促进国家的良性有序运转，为国家发展崛起奠定基石；另一方面，国家的发展崛起也会促进政治制度的健全完善。人类社会进入近代以来，西方国家通过建立现代政体、变革政治制度等一系列方式率先实现国家崛起和社会现代化，但随着世界局势的不断变化，西方早期崛起的现代国家出现了崛起的退潮与衰落，其原因之一便在于政治制度的变质与失灵。

中国特色社会主义政治制度根植于中国特色社会主义的具体实践，产生于国家改革发展的具体过程中，是国家治理实践的制度产物，也是社会革新向前的必然结果。中国特色社会制度与国家宏观发展过程相适应，同时，其坚持制度立场的人民性、制度目标的现代化和制度落实的组织性充分彰显着中国特色，在促进社会主义中国的国家崛起中发挥着重要作用。

中国特色社会主义政治制度坚持制度立场的人民性。从冠之以"人民"的国家名称到种种包含人民称谓的公共机构，人民性始终是中国政治制度设计与形式表征的根本立场与遵循。在中国，国家的一切权力属于人民、一切权力为了人民，国家制度设计运行服务于人民。人民代表大会制度是国家的根本政治制度，全国人民代表大会是国家最高权力机关，这就从根本上确定了人民性在国家政治权力和政治制度中的地位。从基本政治制度的设计看，基层群众自治制度、中国共产党领导的多党合作和政治协商制度以及民族区域自治制度是国家的基本政治制度，其与国家根本政治制度一起搭建起了国家政治制度的基本框架。基本政治制度从不同层面上回应了政治制度人民性的根本立场。从国家—社会的角度看，基层群众自治制度强调社会基层群众自我管理、自我服务、自我教育、自我监督，是国家人民性与社会人民性的有机结合。从汉族与少数民族的关系看，习近平总书记曾指出："汉族离不开少数民族、少数民族离不开汉族、各少数民族之间也相互离不开。"[1]民族区域自治制度的实施在最大程度上保障了少数民族群众的利益，为国家崛起画出了最大同心圆，充分保障了少数民族群众当家作主的权利。从执政参政的关系看，中国共产党是中国特色社会主义事业的领导核心，是国家的执政党，各民主党派是参政党，民主党派与各人民团体发挥各自优势，联系相关群体为国家发展建言献策，参与民主协商，"中国共产党领导的多党合作和政治协商制度是我国人

---

[1]《习近平关于社会主义政治建设论述摘编》，中央文献出版社，2017，第152页。

民民主专政国体的制度表现"①，是中国特色社会主义政党制度的具体写照。质言之，不同于西方政治制度信奉以资为本，中国特色社会主义政治制度坚持以人为本，以内含的人民性夯实了国家发展的政治基石，为国家崛起从社会、民族、政党等多个层面凝聚人民智慧，汇集人民力量。

建设现代化国家是中国特色社会主义的重要任务，实现国家治理体系和治理能力的现代化是建设现代化国家的重要抓手。作为国家治理的重要制度基础，推进政治制度的现代化不仅关乎治理能力的提升与治理体系的完善，更关系到国家现代化目标的实现。围绕社会主义国家现代化，中国特色社会主义政治制度坚持与时俱进，适时调适。从村民自治的基层探索到基层群众自治制度的落实完善，从人民民主的制度设计到全过程人民民主的孕育提出，从监察委员会的地方试点到国家监察体制的全面优化，政治制度始终坚持与国家治理发展同频、与时代要求共振，在具体的实践中不断优化，始终与国家现代化的目标相适应。从价值属性来看，现代化具有普适性，是人类社会发展的重要追求，但中国特色社会主义政治制度的现代化既具有普遍意义，又具有自身的特殊属性。普遍性体现在中国特色社会主义政治制度现代化追求平等、自由、民主等人类共同价值；特殊性体现在政治制度现代化追求的是社会主义现代化，是坚持马克思主义的现代化，是实事求是、与时俱进的现代化。中国特色社会主义政治制度是共同价值与具体国情相结合的体现，是追求现代化又兼顾民族性的制度成果。

中国特色社会主义政治制度坚持制度落实的组织性。中国共产党是中国特色社会主义事业的领导核心，党的领导是中国特色社会主义最本质的特征，也是中国特色社会主义政治制度的最大优势，同样也是政治制度设计、落实与执行的核心。在政治制度设计环节，党的领导体现在中国共产党作为执政党，将执政理念与价值目标融入制度设计的价值遵循中，从价值层面实现党的领导、人民当家作主与依法治

①程竹汝：《如何看中国共产党领导的多党合作和政治协商制度是我国一项基本政治制度》，《理论视野》2011年第7期，第33-36页。

国在制度设计中的有机融合。在制度落实执行的过程中，党通过党内指示下达与党外社会动员的方式，充分整合各方力量，促进制度安排统一性与制度落实有效性的统一。在基层社会，党的领导通过基层党建引领带动的方式促进基层社会问题解决，夯实党的执政基础。面对非常态突发事件和社会"硬骨头"难题，政治制度中的组织性体现在以党中央为核心的顶层可以通过跨层级、跨区域以及大范围资源调动整合的方式克服治理难题，攻克社会顽疾，充分彰显中国特色社会主义政治制度设计落实的组织性。

中国特色社会主义政治制度：其制度立场的人民性，为国家崛起凝聚了人民智慧，汇集了人民力量；其制度目标的现代化，为国家崛起提供了与时俱进的制度支撑；其制度落实的组织性，为国家崛起奠定了由内至外、由中央至基层坚实的组织基础，在促进社会主义中国的国家崛起中发挥着不可替代的重要作用。

二、民族复兴方面的显著优势

鸦片战争以来，"实现中华民族伟大复兴，就成为中国人民和中华民族最伟大的梦想"[1]。而中国共产党自成立以来，就始终把坚持为中国人民谋幸福、为中华民族谋复兴作为自己的初心使命。

中国特色社会主义政治制度是中华民族站起来的坚实基石。自1921年中国共产党成立，就开始探索中国特色社会主义道路，在党的带领下，实现了民族独立、人民解放，标志着中华民族站起来的伟大征程取得胜利。从第二次鸦片战争开始，中国开始了丧权辱国的时期，沦落为半殖民地半封建社会，中华五千年的文明惨遭迫害，民族屈辱、人民悲惨，仁人志士开始探索救国救民的道路，先后有太平天国运动、洋务运动、戊戌维新变法、辛亥革命等一系列的尝试都以失败告终。1921年中国共产党的成立改变了中国人民的命运，以毛泽东为代表的共产党人结合国情，在革命的道路上探索、寻求中国的道路，创造性

---

[1] 习近平：《在庆祝中国共产党成立100周年大会上的讲话》，《人民日报》2021年7月2日第2版。

地提出并坚持和发展了马克思主义，在抗日战争、解放战争取得胜利，以及推翻"三座大山"的基础上，建立了新中国。1953年抗美援朝战争的胜利和1975年越南战争的胜利，使得新中国的国际地位不断上升。从1954年新中国国体的确立到1956年社会主义基本制度的全面确立，从1971年中国在联合国合法席位的恢复到1977年社会主义建设的完成，在这一时期中国特色社会主义政治制度初具成效，引领中华民族实现站起来的历史成就。

中国特色社会主义政治制度是中华民族富起来的重要保障。1978年改革开放以来到2012年党的十八大召开之前，中国特色社会主义政治制度发挥至关重要的作用，在党的带领下，实现中国从站起来到富起来的历史性飞跃。从十一届三中全会开启改革开放，确立邓小平理论，到"三个代表"重要思想的创立，发展社会主义市场经济，并成功加入WTO；新世纪以来，全面建成小康社会，是中国特色社会主义政治制度的发展和中国特色社会主义事业的伟大成就。从1949年至2012年，中国经济飞速发展，人民生活水平快速提高，基本达到小康水平。2012年国内生产总值达到51.8万亿元，稳定解决了温饱问题，中国经济总量达到世界第二。中国特色社会主义事业的推进和中国特色社会主义政治制度的发展是中华民族富起来的重要保障。

中国特色社会主义政治制度是中华民族强起来的强有力支撑。2012年党的十八大至今，中国迈进新时代，中华民族迎来继站起来、富起来后的强起来的第三个重要发展阶段，中国特色社会主义道路仅让人民富裕是不够的，也要让中国屹立于世界东方，成为真正的强国。第二个百年奋斗目标开始的新时代，以习近平同志为代表的中国共产党人坚持和发展中国特色社会主义，以习近平新时代中国特色社会主义思想为核心的制度发展是对毛泽东思想、邓小平理论、"三个代表"重要思想和科学发展观的继承，是中国特色社会主义政治制度的理论创新。新时代是中华民族伟大复兴的重要基础阶段，取得的成绩举世瞩目：制度优势持续凸显，综合国力持续提升，经济总量稳定发展，疫情防控成效显著，生态文明建设进展迅速。这一切表明，中国特色社会主义政治制度是建成富强民主文明和谐美丽的社会主义现代化强国的强有力支撑。

回顾中国特色社会主义政治制度七十多年的发展征程，在中华民族站起来、富起来、强起来的过程中起到了核心重要作用。我们相信，有中国特色社会主义政治制度的保证和引领，全国各族人民将发掘积极性、主动性、创造性，使五十六个民族凝聚共识，为国家富强、民族复兴而努力奋斗。

三、人民幸福方面的显著优势

"人民幸福"中的"人民"既是我们每个人，也指特定区域、阶层、行业的人群，更指作为整体的全体中国人民[1]。从国家层面，人民幸福是指要提升人民生活水平、满足人民日益增长的对美好生活的需要。从个人层面来说，人民幸福就是人民的幸福感和满足感。在我国政治制度中，以人民为中心的特征也十分明显。

中国特色社会主义政治制度具有以人民为中心的显著优势。人民幸福离不开人民当家作主。社会主义的核心是人民民主。没有民主就没有社会主义，也不存在人民幸福。人民群众是中国特色社会主义制度的创造主体、权力主体、利益主体、评价主体和监督主体。"中国之制"的根本优势在于它是"人民之制"[2]。习近平总书记指出："有事好商量，众人的事情由众人商量，是人民民主的真谛。"[3]全国人民代表大会制度作为我国最根本的政治制度，凸显了中国特色社会主义民主制度的优势。人民代表大会制度是深深扎根于民众的历史的选择，在革命的过程中开创了人民民主政治，新中国成立后全面展开。人民代表大会制度的最大特点就是对全体人民而不是部分人或多数人产生

---

[1] 袁久红:《人民幸福是习近平新时代中国特色社会主义思想的价值追求》,《群众》2018年第5期,第21–23页。

[2] 朱海涛:《中国特色社会主义制度优势生成的理论逻辑探析》,《理论导刊》2021年第2期,第48–52页。

[3] 习近平:《决胜全面建成小康社会 夺取新时代中国特色社会主义伟大胜利》,《人民日报》2017年10月28日第1版。

极大的激励，以人民为中心，以人民为主体，以人民利益最大化、长期化为目标赢得人民信任。人大代表由人民选举产生，依法行使国家权力，能够听取人民群众最真实的意见表达和利益要求，能够保证权力属于人民，全体人民依法管理国家事务。通过提升人民政治参与感和当家作主意识来提升人民幸福感满足感，促进社会繁荣和谐。

中国共产党的宗旨是全心全意为人民服务。中国共产党自成立以来始终将人民的利益放在第一位，为人民谋幸福，也将以人民为中心的思想贯彻在建设完善中国特色社会主义中，从物质上、精神上提升人民的幸福感。新中国成立后，党领导人民发展了为人民服务的科学、教育、文化、新闻、出版、卫生等事业，人均收入成倍提升，贫困率不断降低，使得人民生活水平较新中国成立之前有了极大的提高。新型政党制度以协商民主为特色，它在各种情况下都坚持人民主体地位，使反映、协调和整合社会各方利益诉求的功能得到充分体现①。基层群众自治制度也体现着人民民主的优势，是人民民主在基层社会生活中的具体体现，直接反映了人民当家作主的政治地位，体现了社会主义民主高度的人民性和广泛的参与性②。

四、社会和谐方面的显著优势

社会和谐一直以来是我国人民追求的美好社会状态，历史上产生过不少和谐社会的思想。古代中国社会和谐的思想主要体现在人与自然关系和谐、人际关系和谐、社会关系和谐等方面。社会主义和谐社会是中国共产党提出的社会目标和理想，即民主法治、公平正义、诚信友爱、充满活力、安定有序、人与自然和谐相处的社会。

在构建和谐社会的过程中，中国特色社会主义政治制度具有天然优势。中国共产党领导的多党合作和政治协商制度是中国基本政治制

① 齐卫平、柴奕：《论中国特色社会主义新型政党制度的国家治理优势》，《华东师范大学学报》(哲学社会科学版)2020年第4期，第11–18页。

② 龙钰、冯颜利：《我国基层群众自治制度的历史进程、现实状况与未来走向》，《求实》2014年第7期，第78–83页。

度之一，其核心要义之一就是在中国共产党的统一领导下，各民主党派、社会团体、社会各阶层和广大人民群众结成最广泛的爱国统一战线，在社会主义原则下坚持一致性和多样性的有机统一，整合社会资源，不断巩固共同思想的政治基础，加强思想政治引领，努力寻求最大公约数、画出最大同心圆，最大限度地团结一切有利于中国特色社会主义现代化事业的积极因素，汇聚起实现中华民族伟大复兴的磅礴力量[①]。人民政协通过协商民主的方式参与国家重大决策和方针政策的协商，整合社会各方面力量有效参与国家政治生活，集合社会各方智慧并促进合作。协商民主与人民民主相结合的运行机制，不但使中国的民主政治建设成功避开了西方国家竞争性民主的陷阱和第三世界国家民主发展的陷阱，而且显示出其对实现民主价值的独特优势[②]。中国的政党制度、政治协商制度、基层群众自治制度、爱国统一战线制度等都实现了多元力量的集合，为实现和谐社会提供了政治制度基础。

和谐社会的前提一定是社会的公平正义。一个没有公平正义的社会肯定是矛盾的、冲突的、不稳定的社会，更谈不上社会和谐。公平正义是社会和谐的重要基石。中国特色社会主义政治制度具有维护社会公平正义的显著优势。中国特色社会主义政治制度下人民的主体地位、国家的性质、政府的职责决定了社会各阶级、阶层平等广泛地参与国家事务、社会事务，广大人民群众在根本利益上是一致的，党政关系、政社关系、干群关系、社会内部关系能够实现和谐。我国坚持依法治国方略，坚持法律面前人人平等的原则，司法制度能够切实保证公平正义，一切违反法律的行为都会受到法律的制裁。

中国特色社会主义政治制度下的政治稳定，是和谐社会的根本保证。没有政治稳定就没有社会稳定，没有社会稳定也就没有社会和谐。与世界上许多国家相比，我国的政治是稳定的，政治稳定确保了社会

---

① 包心鉴:《论人民政协制度的理论逻辑和制度优势》,《中国政协》2019年第23期,第15-19页。

② 任宝玉:《论人民代表大会制度的特色与优势——与西方代议制的比较》,《社会主义研究》2017年第5期,第96-104页。

稳定。在我国，政治稳定主要体现在党和国家政治生活的制度化，以及党的执政理念和国家发展目标、发展规划、重大政策的连续性；社会稳定，主要体现在社会规范的广泛有效性和社会冲突的高可控性，其直接体验就是社会公平正义的实现感和人民生命财产的安全感[①]。在两个稳定的作用下，才有利于社会和谐。

第二节
建设维度的显著优势

政治制度不是孤立的，而是与国家政治生活、经济生活、社会生活、文化生活高度相连的。政治制度在实际运行中，深入地嵌入到国家生活的方方面面，对国家的运行与发展产生全面的影响。在这一过程中，政治制度的优劣也能够充分体现出来。中国特色社会主义政治制度对中国政治建设、经济建设、社会建设、文化建设、生态文明建设产生着广泛而深刻的影响。之所以说中国特色社会主义政治制度具有显著优势，是因为中国特色社会主义政治制度对我国的政治建设、经济建设、社会建设、文化建设和生态文明建设有着显著的保障、维护和促进作用。

一、政治建设方面的显著优势

（一）捍卫国家的独立和主权，维护国家利益

鸦片战争后，西方列强屡次发动侵华战争，加之政治制度的腐朽落后导致了中国沦为半殖民地半封建社会，注定了中华民族"落后就要挨打"的历史命运。为挽民族于危亡、扶大厦之将倾，先进的中国人提出"师夷长技以制夷"，但北洋水师的甲午惨败深深地惊醒了国人，中国之败表面上是技不如人，根子上是制不如人。新民主主义革

[①] 胡鞍钢、杨竺松：《中国特色社会主义政治制度的比较优势》，《红旗文稿》2017年第21期，第15-19页。

命时期，国家走向是一个何去何从的选择问题，早期国家领导人坚定选择社会主义制度是基于国家主权独立自主、中华民族独立和解放全体中国人民。纵观近代国家发展历史的其他制度无法解救中国，只有社会主义制度是实现中华民族复兴的必然道路选择。大革命失利后，以毛泽东为核心的党中央将党的绝对领导作为核心任务，道路选择"农村包围城市"是对苏联模式的超越。社会主义革命建设时期，党中央正确把握生产力与生产关系的社会矛盾，通过新民主主义时期的过渡，社会主义是破解"战争关""土改关"的基础。改革开放时期，"中国特色"是解决从贫穷到富裕国家建设的出路，"中国特色"是靠"改革"实现的。中国特色社会主义建设带领中国人民实现从站起来、富起来到强起来的历史跨越。近年来，中国南海争端、中印边境争端、中美贸易争端等接连而起，最终"时"与"势"均在中国一侧，究其原因是以中国特色社会主义制度为基础的对外冲突解决方式。在百年未有之大变局的历史机遇期，中国提出"睦邻、安邻、富邻"和"人类命运共同体"的理念运筹国际关系，维护和平和稳定，打造世界人类命运共同体而构建地区共生秩序。在共商共建共享共治中优化秩序生成，系统性、全局性地向世界阐释了中国在捍卫国家的独立和主权、维护国家利益方面的中国特色发展观，即"中国无论发展到什么程度，都永远不称霸，永远不搞扩张。我们倡议世界各国政党同我们一道，做世界和平的建设者、全球发展的贡献者、世界秩序的维护者"①。现在的中国，以独立自主、主权完整的方式傲然屹立于世界东方，并昂首阔步走近世界舞台中央，人民是国家、社会和自己命运的主人，享受着殷实幸福的小康生活，是与中国特色社会主义政治制度的显著优势分不开的。

（二）确保国家安全稳定

从社会主义国家的发展史来看，凡是坚持和加强党的领导，社会主义就能够江山稳固；凡是削弱和放弃党的领导，社会主义就会改旗易帜。党的领导不仅确保了国家发展的正确方向，而且能够保证我们

①《习近平谈治国理政》（第三卷），外文出版社，2020，第437页。

的路线方针政策一以贯之，"一张蓝图绘到底"。马克思主义政党和科学社会主义天然的共生关系，决定了只要坚持党的领导，社会主义就变不了色、改不了道。中国特色社会主义政治制度为中国和平崛起、国家富强、民族复兴、人民幸福提供了制度保障，也为国家不同历史条件下的国家安全稳定提供了坚实的制度基础。

从维护国家安全的角度讲，在中国特色社会主义政治制度的保驾护航下，新中国成立七十多年来，尽管不同时期面临着各种复杂的外部势力的挑战，如新中国成立初期的朝鲜战争、对印度的边境反击战、冷战期间对抗美苏的霸权主义和强权政治、冷战后的中美博弈、现今美国对华的极端打压，中国总是能够有理有利有节地加以回击，通过不断发展壮大国家实力，特别是军事实力，中国的人民军队及其军事现代化建设所取得的成果，确保了国家的整体安全利益。纵向地、历史地比较，进入新时代的中国的国家安全稳定越来越有保障，中国的安全利益越来越牢牢地掌握在自己的手中，这都是中国特色社会主义政治制度显著优势的突出体现。

当今世界正值百年未有之大变局，国家的安全稳定面临新挑战，坚持新时代习近平总书记的总体国家安全观，维护国家政治安全、国土安全、军事安全、经济安全、文化安全、社会安全、科技安全、网络安全、生态安全、资源安全、核安全、海外利益安全、生物安全、太空安全、深海安全、极地安全，是中国特色社会主义政治制度的基本使命。中国特色社会主义政治制度在全面深化改革的基础上，在维护国家安全稳定中将继续发挥保驾护航的作用。

（三）保障国民经济发展

由于外敌入侵和民族弱乱，近代的中国，国势衰微、租界林立、饱受欺凌、毫无尊严；人民群众饥寒交迫、颠沛流离，个人生命财产等安全难以保障，更难在这样的环境下谋发展、谋复兴。新中国成立初期，我国满目疮痍，百废待兴，再加上西方的敌对和封锁，当时国民经济濒临崩溃，工业凋敝、农业萎缩、交通瘫痪、物价飞涨，人民生活困苦不堪。

新中国成立以来，我国凭借着中国特色社会主义政治制度的显著优势、已从过去的窘境中走了出来，逐步实现了国民经济的稳步发展。通过稳定的国家政权，降低了政治风险与社会不稳定因素对经济发展的影响，为国民经济发展提供了更为安全的环境；通过独立自主和艰苦奋斗，打破了其他国家对中国经济发展的限制，克服了禁运与封锁的挑战，为国民经济发展创造更为广阔的空间。同时党和政府能够根据国家发展的实际情况，有效统筹和规划国民经济发展战略，合理调动和整合各方资源，促进国民经济发展，国家五年规划工程的实施，使得我国逐步构建了独立完整的国民经济体系，实现了工业化、城镇化、科技化、信息化的超越式发展。面对新时代经济逆全球化加剧，保护主义与单边主义甚嚣尘上，中美贸易摩擦加剧等问题，党和政府提出构建"双循环"新发展格局的战略决策，通过保持和增强国内经济长期向好的稳定性，应对外部经济的不确定性与系统性风险，并在此基础上，不断扩大对外开放，积极参与国际经贸合作，推动贸易自由化与投资便利化，促进我国经济的发展惠及本国人民，也为世界经济的复苏与发展做出重要贡献。

中国特色社会主义政治制度为我国国民经济发展提供了重要的能量和显著的优势，使得我国由过去的穷国、弱国一步步发展为富国、强国，实现了经济的稳定增长、产业结构的优化升级和人民生活水平的显著提升，当前我国已成为世界最大的工业制造国、世界第二大经济体，并拥有强大的国民经济体系。未来，中国将继续致力于保障国民经济发展，向着实现全面建设社会主义现代化目标持续迈进。

（四）保障人民权利

人民群众是制度的建设者，是讲好中国制度故事的最广泛群体，也是最核心群体，人民对中国制度的接触最直接、感触最深刻，因此制度好坏的发言权属于人民。人民作为制度构建的主体，也是制度成效的受体，因而人民是参与到制度建设、执行、落实全过程，以人民为中心的原则支持和保证人民主体地位不动摇，保障和维护人民权利，满足人民群众需要是中国特色社会主义制度建设的根本目的，也是中国特色社会主义制度区别于资本主义制度的本质特征，正如习近平总书记强调："要把体现人民利益、反映人民愿望、维护人民权益、增进人民福祉落实到全面依法治国各个领域全过程。"①

我国作为社会主义国家，所有的政治制度安排，都是为了让人民享有最广泛、最充分的民主权利。人民代表大会制度作为我国根本政治制度，使得人民能够通过选举产生代表人民意愿和利益的人大代表，参与国家事务的管理与决策，从而确保人民的权益得到保护；基层群众自治制度，将广大人民群众确立为基层主要治理主体，通过基层群众的自我管理、自我服务、自我教育、自我监督，直接行使民主权利，切实维护基层群众权益；民族区域自治制度，保障了少数民族当家作主的权利，维护了少数民族群体的权益。改革开放后，人民的权益得到了更进一步的保障，通过精准扶贫、乡村振兴战略的实施，广大贫困地区人民的生活条件和水平得到了改善和提高；逐步完善的覆盖城乡、覆盖全民的社会保障体系，在养老、医疗、失业、住房等关键问题方面，给予了人民权益切实的保障；教育事业的改革，扩大了教育范围，提高了教育质量，保障了人民受教育的权利；医疗卫生体系的健全，医疗机构的完善，医用物资的合理分配，保障了人民的健康权益；各项大气、水、土壤污染的防治与生态保护政策的制定，维护了人民享受良好生态环境的权利。这些努力和措施，充分体现出了党和政府以人民为中心的发展理念，致力于保障人民的权利和福祉，彰显出中国特色社会主义政治制度的显著优势。

二、经济建设方面的显著优势

（一）坚持有为政府与有效市场相结合，集聚发展合力

实践证明，纯粹的计划经济和绝对的市场经济都不是最好的经济发展模式，既能够充分发挥国家、政府的作用，又能够调动市场活力、发挥市场在资源配置中的决定性作用，从而将有为政府与有效市场相结合，坚持两条腿走路的发展模式，才是最好的经济发展模式。

---

① 习近平：《论坚持全面依法治国》，中央文献出版社，2020，第2页。

在中国特色社会主义政治制度下，新中国成立七十多年特别是改革开放四十多年来，我国经济获得飞速发展，综合国力大幅跃升，人民群众生活水平大幅提高，正是有为政府与有效市场相结合，聚集发展合力的结果。回顾改革开放前计划经济时期，尽管国民经济发展受到了严重挫折，但奠定了工业化的基础，为后来的发展起到了基础性作用。改革开放后，我国走上社会主义市场化道路，用政治制度的权威不断推进经济体制和政治体制改革，处理政府与市场之间的关系，在发展中解决政府失灵与市场失灵的问题。中国经济是中国共产党领导下的市场经济，是国家政权保障下的社会主义市场经济。中国经济发展是两个轮子转，两条腿走路，而不是像西方任由资本集团来把控。

正是在中国特色社会主义政治制度下，经过四十多年的努力，通过不断调整市场与政府的关系，我国政府实现了从全能型政府到服务型政府的转变。政府与市场职责更加明确区分，市场规则、秩序等由政府制定，政府转向于宏观调控，维持社会市场经济平稳发展，弥补市场功能的缺失。市场则根据政府调控信号等展开市场行为，反映了市场的社会主义属性，是受政府宏观调控进行约束的市场。这种属性是保障市场在资源配置过程中发挥人民主体地位。国家治理现代化体系建设中，市场治理体系与政府调控体系协调配合，"两只手"的作用充分盘活，相互促进、相互补充、相互结合，共发展而不乱[1]。政府和市场关系的再明确表现出两者之间的互补、协同与整体性，通过优势互补、各司其职，激发市场主体活力，不断增强社会主义制度的效能，充分体现中国特色社会主义制度的优越性。

（二）确保经济发展中兼顾效率和公平

经济发展中效率和公平的矛盾是世界各国共同面临的挑战。这一对矛盾处理不好，要么是共同贫穷，要么是两极分化，世界上此类情况比比皆是。我国凭借社会主义政治制度的优势，在不同历史阶段能够及时较好地协调这对矛盾。在计划经济导致普遍低效、共同贫困的情势下，党和国家积极实施改革开放政策，提倡效率优先兼顾公平的

---

[1] 胡鞍钢:《中国国家治理现代化》,中国人民大学出版社,2014,第110页。

策略，国民经济得到快速恢复和发展，人民生活在解决温饱的基础上实现了小康和全面小康，进而向共同富裕的目标推进。在经济发展条件好的东部地区，以高速度高效率实现高质量发展，今天一些东部城市已经达到发达国家水平，一些指标甚至超过了一些发达国家。同时，为了追赶世界科技领先地位，我国能够发挥举国体制，发挥集中力量办大事的优势，大规模地进行国家的投入和行动，展开科技攻关。今天，在某些领域正由"跟跑者"向"并跑者""领跑者"转变。

随着城乡差距、东西部差距、行业差距的拉大，公平问题的突出，又依靠强有力的国家力量，尽力解决社会的贫富分化问题；通过实施西部大开发战略、东北振兴战略、中部崛起战略，国家大规模的财政转移支付、对口支援和帮扶，力争缩小区域差距；通过新农村建设、精准扶贫战略、乡村振兴战略的实施，力争缩小城乡差距。在国家迈向中国式现代化的新征程中，效率与公平兼得已经成为党和国家的共同心愿、人民的共同心愿。共同富裕目标的确立及其一系列举措，将确保国家现代化强国目标一定是共同富裕而不是两极分化，是协调发展而不是失衡冲突。党的二十大明确将共同富裕作为中国式现代化的显著特征，对中国有效控制资本盲目、无序扩张，使发展成果惠及全体人民，建设一个共同富裕国家，具有重大意义。另外，通过国有企业占国民经济主导地位，对经济关系进行有效调控。总之，在处理公平与效率关系的问题上，中国特色社会主义政治制度具有其他任何制度不可比拟的优越性。反过来，如果社会主义政治制度不能有效解决公平与效率的问题，要么是平均主义，要么就是西方的两极分化，而中国特色社会主义政治制度下恰恰找到了解决公平与效率兼得的发展优势。随着中国式现代化的推进，相信我国经济在继续保持效率的同时，在全体人民共同富裕的道路上将创造人类文明的新形态，一种既保持公平又维持效率的经济发展模式将成为这种文明新形态的重要特征。

（三）有效的宏观调控与管理，推动经济健康平稳发展

国家经济要健康平衡发展，国家和政府的有效宏观调控与管理是

必不可少的。绝对的放任自流在现代经济发展中是不存在的。只不过，相比西方国家而言，中国对国民经济的宏观调控和管理更加有效，更加符合现代市场经济的规律和要求。从某种意义上讲，有效的宏观调控正是中国特色社会主义市场经济的优势。我国之所以坚持社会主义市场经济，就是有别于西方资本主义市场经济，二者最大的区别恰恰就是国家和政府的宏观调控。

我国可以通过国家层面理性科学的中长期规划，谋划国家经济发展，将长期目标与近期目标相结合，将根本任务与具体要求相结合，运用制度政策法律、财政税收利率等宏观调控手段科学谋划国民经济健康发展。国家经济发展是一盘棋，需要科学调控经济与政治、市场与政府、中央与地方、国内与国际等一系列关系。中国特色社会主义政治制度下，相对于西方国家来说，我国是中央集权制度，实施党的统一全面领导制度，国家经济发展中的重大战略策略、目标任务、措施路径，都具有较强的规划性、科学性和有效性，保证国民经济发展不会出现重大困难和风险。即便出现一定的困难和风险，也能够在政治制度的作用下有效应对重大危机，抵御重大风险和挑战，克服重大阻力和解决重大矛盾。现代经济发展需要依靠国家解决一系列重大难题，如资本投入、技术攻关。中国特色社会主义政治制度能够集中力量办大事，投入和调动各方力量进行集体攻关，补短板克难题，为经济发展创造良好的支撑条件。能够通过党中央、国务院的决策部署，由国家宏观部门通过制定和完善宏观调控政策措施，对市场及各方主体实施有效调节，达到预期宏观调控目标的动态过程。

（四）注重改革与创新

经济发展既是一个自然进程，也是一个人的积极性、主动性、创新性的主观能动过程。只不过，在不同的国家制度、政权性质、政治经济制度下，西方自由主义经济相对缺乏对经济活动的主动改革与创新，他们宁愿相信经济活动是一个纯自然过程和纯市场行为。中国特色社会主义政治制度下，更加注重经济活动的规划与调控、组织与调整，更加注重经济制度的改革与创新。以经济体制为例，新中国成立后，我国实施计划经济体制，对国民经济发展起到了重要作用，同时也出现市场与政府职责不明确，经济发展过程中产生了一系列矛盾和问题。党的十一届三中全会开启了我国社会主义市场经济体制的探索与创新的历程。党的十二大报告提出了计划与市场的主辅关系思想，十二届三中全会肯定了商品经济发展的必要性，社会主义市场经济体制改革由此迈出突破性的一步。党的十三大报告指出社会主义商品经济与资本主义商品经济的本质区别是所有制基础不同。1992年，邓小平在南方视察时强调，"计划经济不等于社会主义……计划和市场都是经济手段"①为社会主义市场经济发展提供了重要理论。党的十四大报告首次提出社会主义市场经济体制改革的目标："我国经济体制改革的目标是建立社会主义市场经济体制，以利于进一步解放和发展生产力。"②党的十五大报告重申了我国现在处于并将长期处于社会主义初级阶段的重要论述，指明了社会主义市场经济体制的发展方向。党的十六届三中全会提出"坚持社会主义市场经济的改革方向，注重制度建设和体制创新"③，与此同时，对产权制度、国有企业改革、政府职能、市场秩序等诸多方面进行改革创新。党的十七大阐明了改革开放取得成果的原因在于中国特色社会主义道路建设，并强调经济发展目标的实现在于社会主义市场经济体制的完善。十八届三中全会对政府职责进一步明确，强调处理好政府与市场关系的重要性。党的十九大报告中，习近平再次强调了市场在资源配置中的决定性作用，以及完善社会主义市场经济体制的重点领域。党的二十大指出"高质量发展是全面建设社会主义现代化国家的首要任务"，"全面贯彻新发展理念，坚持社会主义市场经济改革方向，坚持高水平对外开放，加快构建以

---

① 《邓小平文选》(第三卷)，人民出版社，1993，第373页。

② 江泽民：《加快改革开放和现代化建设步伐 夺取有中国特色社会主义事业的更大胜利——在中国共产党第十四次全国代表大会上的报告》，《求实》1992年第11期，第1–16页。

③ 《中共中央关于完善社会主义市场经济体制若干问题的决定》，《支部建设》2003年第11期，第4–9页。

国内大循环为主体、国内国际双循环相互促进的新发展格局"①，全面深化供给侧结构性改革，加快构建高水平中国特色社会主义市场经济体制。

进入20世纪以来，党和国家把构建创新型国家的战略构想上升为国家战略，制定了一系列推动经济体制改革创新的政策，大众创业万众创新已成共识并扎实推进。现在的中国，经济实力和综合国力名列世界前茅，人民生活水平已达到全面小康水平，正在向第二个百年奋斗目标迈进，社会主义市场经济处于全面深化改革的新发展阶段，新发展格局下谋求高质量发展，这都是发挥社会主义政治制度优势的结果。

三、思想文化建设方面的显著优势

（一）坚持社会主义先进文化前进方向，增强文化自信

文化是国家的软实力，是国家综合国力的重要内容。坚持和发展社会主义先进文化，增强文化自信，是党和国家的一贯要求，是社会主义政治制度显著优势在文化领域的表现。

制度与文化都是上层建筑的重要组成部分，只不过政治制度则是政治上层建筑，文化是思想上层建筑，政治制度是刚性规范，文化则是制度的润滑剂，二者相互影响、相互作用。特别是特定政治制度下生成的政治文化，对一般的社会文化具有引领、导向、规范、示范、评判作用。所谓党风带动政风，政风带动社会风气，就是讲党和政府的政治文化，具有对社会文化极其明显的带动、引领、导向作用。

中国特色社会主义政治制度明确规定了国家政治生活的方方面面，中国特色社会主义先进文化为中国特色社会主义政治制度提供思想养料。中国特色社会主义政治制度下要求和塑造的文化是社会主义性质的文化，是党领导下的文化，是马克思主义指导下的文化。中国特色

---

① 习近平：《高举中国特色社会主义伟大旗帜 为全面建设社会主义现代化国家而团结奋斗——在中国共产党第二十次全国代表大会上的报告》，《人民日报》2022年10月26日第1版。

社会主义政治制度能够最大限度地确保社会主义先进文化的前进方向，马克思主义的科学指导，为坚定文化自信提供了正确的理论指引；崇高的理想信念和价值引领，为坚定文化自信提供了强大的信仰力量和社会共识。中国特色社会主义先进文化的繁荣发展，不仅推进了文化繁荣，而且与中国特色社会主义政治制度相互配合，为中华民族应对各种风险挑战，战胜各种突发灾难提供了巨大的"思想支撑""理论支撑"和"精神支撑"。

（二）坚持弘扬社会主义核心价值观，营造良好的舆论氛围

文化是铸造灵魂的工程，在社会主义核心价值观的传递、培育等方面文化都具有至关重要的作用。文化能使其以丰富多样、贴近人民、影响社会的形式去展现和表达党和国家的意志和要求。社会主义核心价值观能够运用寓教于乐的方式去感化人，而且以便于人们理解的、能接受的表现形式去弘扬社会主义核心价值观，比如结合情节、影像、情感等艺术叙述，传递真善美，让人们的灵魂受到洗礼。

身处快速变革的时代，各种新事物层出不穷，人们生活水平也在飞速提升，面对世界诸多诱惑，难免有人心生迷茫与浮躁，也给当今主流价值观带来冲击。价值观是行动的准则，是人生中的重要向导。舆论导向的内核是价值导向。这也决定了社会主义核心价值观在舆论引导中的地位与作用。舆论治理的落脚点是强信心、聚民心等，而社会主义核心价值观能够通过将主流思想意识、价值理念等传输给主体，帮助其树立正确的人生观、世界观，启迪思想、陶冶人生，进而整合意识、凝聚共识。我国通过官方媒体、领导人讲话、理论学习、思想教育等方式对社会主义核心价值观进行宣传，通过多种载体促进其内化于心、外化于行，从而增强人们的道德判断力，树立正确的价值取向，实现对舆论治理的价值统摄，引领和谐的舆论阵地。在这个过程中，只有坚持中国特色社会主义政治制度，社会主义核心价值观才能落到实处，才能不被各种不良甚至错误的文化思想观念所误导，才能真正识别好的文化和坏的文化、先进的文化和落后的文化，才能在信息高度发达、媒体空前活跃、各种思想意见看法并存的信息时代，净

化舆论阵地，辨别真善美和假丑恶，从而坚守文化正道，营造良好的舆论氛围。

（三）以先进文化塑造青年，为实现中华民族伟大复兴提供精神动力

青年强则国强，青年一代不怕苦、敢于担当、有理想，国家就会越变越好。正如习近平总书记曾说的："中国的未来属于青年，中华民族的未来也属于青年"①，"青年强，则国家强……广大青年要坚定不移听党话、跟党走，怀抱梦想又脚踏实地，敢想敢为又善作善成，立志做有理想、敢担当、能吃苦、肯奋斗的新时代好青年，让青春在全面建设社会主义现代化国家的火热实践中绽放绚丽之花"②。

中国特色社会主义政治制度不但能约束、引导、激励青年，而且还能为其坚定走中国特色社会主义道路、实现中华民族伟大复兴的中国梦提供制度化动力。党和国家历来高度重视青年的思想教育工作，习近平总书记发表了关于青年成长成才的一系列重要讲话，为开展青年工作提供了系统科学的理论指导。近年来，国家通过"青年大学习"、党团教育、学校思想政治教育等途径开展青年思想教育工作，使其有理想、胸怀天下，敢于为建设新中国勇往直前；使其坚持正确的政治方向，在大是大非、大事难事面前永不退缩，坚信党和国家的领导，始终跟着中国共产党走，自觉担当使命；使其增强本领能力、脚踏实地、勤于实践、勇于实践，在国家建设伟大事业中发挥自己的所学所得。

实现中华民族伟大复兴，不仅需要坚实的物质基础，不断增强我国经济实力，提高群众生活水平，而且需要强大的精神力量，团结奋斗、勇于拼搏，需要一批有理想、有担当、有作为的青年。实践中要不断弘扬中华传统美德，如吃苦耐劳、艰苦奋斗、顽强拼搏等；要讲述抗战时期的革命精神，如勇敢无畏、胸怀理想、坚忍不拔等；要提

① 习近平：《青年要励志勤学刻苦磨炼》，《中国人才》2017年第6期，第2页。

② 习近平：《高举中国特色社会主义伟大旗帜 为全面建设社会主义现代化国家而团结奋斗——在中国共产党第二十次全国代表大会上的报告》，《人民日报》2022年10月26日第1版。

倡追求新时代的创新精神，如开拓创新、开放包容、勇于探索等。这方面的工作，都离不开中国特色社会主义政治制度的强有力支撑。

（四）推动文化创新性发展，促进文化繁荣昌盛

文化是活的生命力，只有发展创新才能永葆鲜活，也只有传播宣扬才能为更多人所知道了解，推动使用、保护和传承，进而才能实现永存与发展。

中国特色社会主义政治制度从国家政权的高度为文化创造性转化、创新性发展等方面提供了一系列规范和保障，不断推动文化创新发展，不断发展公益性文化事业，推动文化资源转化为文化产业，加强物质和非物质文化遗产保护等。

中国特色社会主义政治制度保证文化创新。一方面，坚持古为今用，传承我国优秀的传统文化，懂得运用历史的思维和眼光来审视当下的问题，结合实际情况和历史经验教训解决问题，借鉴历史智慧，懂得以史为鉴；同时，坚持对外交流，以开放包容的姿态对待外来文化，取其精华去其糟粕，不断吸收人类优秀文化成果。另一方面，善于推陈出新，本着科学的态度，有鉴别地对待历史文化和外来文化，懂得利用新时代的思想对其进行发展创新，融入时代性和时尚性，增强文化自身发展的内在动力。只有在实践中坚持百花齐放、与时俱进、不断创新，文化才能历久弥新、日益丰富，激发出文化的创造活力。

自新中国成立特别是改革开放以来，我国的社会主义文化事业呈现不断繁荣的景象，文学、美术、曲艺、民间艺术等都取得了丰硕成果，既为人民提供了丰富的精神食粮，又向世界讲述了中国故事，增强了中国文化的生命力和影响力，这与中国特色社会主义政治制度的保障性作用密切相关。

（五）弘扬中华优秀传统文化，巩固共同的思想基础

中国特色社会主义政治制度为中华优秀传统文化的繁荣与发展始终提供着制度保障和方向保证，为增强文化自信和实现中华民族伟大复兴提供了强大的政治力量。中国共产党是中华优秀传统文化的坚定传承者，执政七十多年来，党不断从中华优秀传统文化中汲取治国理政智慧。

新中国成立以来，我国之所以实现从站起来到富起来再到强起来，这和我国几千年悠久的中华文化息息相关。文化是人民的精神乐园，能够为中华民族克服困难、发展壮大提供强大的精神支撑。习近平总书记指出："对传统文化中适合于调理社会关系和鼓励人们向上向善的内容，我们要结合时代条件加以继承和发扬，赋予其新的涵义。"①历史证明，在中国传统文化中，有很多有益于当今统一群众思想、激发人民斗志、建立和谐社会的文化元素。儒家的"大同之世""天下为公"，蕴含着丰富的现代政治思想，能为治国理政提供有益借鉴。道家的"天人合一""建德之国"，可以为人们构建人与自然和谐相处的世界提供有益启迪。传统文化中的仁义礼智、崇德向善、温良谦恭等美德，依然是全体人民的价值追求，为人们评判是非曲直提供判断标准，引导人们树立修养道德、良俗善举等好的行为习惯。今天，要借助中国特色社会主义政治制度的优势，继续传承弘扬优秀传统文化，巩固人民群众共同团结奋斗的思想基础。通过挖掘传统文化的丰富内涵，以现代文化的新载体，大力弘扬传统文化，增强文化认同感，凝聚价值共识，促进社会主义文化的繁荣和发展。

四、社会建设方面的显著优势

（一）把握社会主要矛盾，确保社会建设合理的进程与方向

社会建设是中国特色社会主义事业的重要组成部分，关乎国家的长治久安，是保障和改善民生、实现人民安居乐业以及建设社会主义现代化国家的重要基石。得益于中国特色社会主义政治制度的显著优势，我国的社会建设是以党和国家的力量为主导的，在这种建设模式中，党和政府能够根据对不同时期社会形势的判断，始终抓住社会主要矛盾，因时制宜确定社会建设目标、制定有关重大方针政策，确保社会建设合理的进程与方向。

在新民主主义革命时期，社会的主要矛盾是人民大众与帝国主义、

---

① 习近平：《从延续民族文化血脉中开拓前进 推进各种文明交流交融互学互鉴》，《人民日报》2014年9月25日第1版。

封建主义、官僚资本主义之间的矛盾，此时党和政府领导的社会建设主要呈现出服务于革命战争的特征，在教育、医疗、社会保障等方面都致力于满足群众的革命诉求并起到战争动员的作用。在社会主义革命和建设时期，为了巩固新生政权，社会建设主要集中于革除旧社会陋习，建立新社会秩序。在社会主义改造完成后，建立先进的工业国的要求和落后的农业国的现实之间矛盾凸显，为了解决社会矛盾，党和政府以行政力量聚集和调动资源的方式引领社会建设，为促进国家工业化发展提供社会保障。在改革开放和社会主义现代化建设时期，党的工作重心转移到了经济建设上来，人民日益增长的物质文化需要同落后的社会生产之间的矛盾成为社会的主要矛盾，此时党和政府领导的社会建设紧密围绕经济建设展开，同时为了缓解经济发展导致的社会收入差距扩大、社会关系复杂动荡等问题，社会建设开始逐步朝着构建社会主义和谐社会主动迈进。在中国特色社会主义新时代，我国社会主要矛盾已经转化为人民日益增长的美好生活需要和不平衡不充分的发展之间的矛盾，这一时期，党和政府在社会建设中的领导力进一步提升，主要在社会领域宏观、中观层面发挥方向引领、顶层设计、统筹协调等功能，并日益与社会形成良好的互动关系。正是得益于中国特色社会主义政治制度的显著优势，我国党和政府能够在把握不同历史时期社会主要矛盾的基础上，制定合理准确的社会建设策略，保证社会建设科学的进程和方向。

（二）以人民整体利益为考量，建立惠及全民的社会保障

社会建设以民生保障为主要内容，必须坚持人民至上，回应人民关切，不断满足人民对美好生活的向往。在中国特色社会主义政治制度下，中国共产党始终以为人民谋幸福作为社会建设的根本宗旨，将人民立场作为社会建设的根本立场，在各个历史时期，都能以人民整体利益为考量，构建符合中国实际的社会保障。在新中国成立之初，尽管国家积贫积弱，但我们依然创造条件努力改善人民生活，在城镇建立了较为齐全的社会保障制度，在农村建立了初级社会保障体系；在社会主义改造完成后，为了给人民在国家工业化发展过程中提供保

障，党领导人民群众努力发展医疗卫生事业，并初步建立起国家为责任主体、企事业单位和农村集体包办的社会保障制度；改革开放后，党和政府努力推动我国的社会保障制度实现转型，由原来计划经济体制下的国家负责、单位包办，转向与社会主义市场经济体制相适应的责任共担、社会统筹的社会保障制度，切实维护人民利益。相较而言，资本主义的社会保障是极为有限的，"穷人从他们的穷兄弟那里得到的帮助，比从资产阶级那里得到的多得多"，其标榜维护社会普遍利益，实际上更多地变成了统治者维护其统治秩序的工具，具有一定的虚伪性。而中国建立的社会保障制度，切实地以人民群众的整体利益为考量，保障了人民的根本权益，凸显出了中国特色社会主义政治制度具有不可比拟的优越性。

同时，在中国特色社会主义政治制度下，党中央集中统一领导和国家制度统一、政令统一，从根本上也保证了我国上述社会保障建设的进程能够高效率、有力度地持续推进，从而使得我国能够在较短的时间范围内，将社会保障制度快速发展并惠及全民，解除了人民的后顾之忧，保障了人民的根本利益，成为满足人民美好生活需要的重要制度保障，并最终建成了世界上规模最大的社会保障体系，创造了人类社会保障发展史上的奇迹。

（三）构建"共建共治共享"的社会治理新格局

社会治理事关国家长治久安与人民幸福安康，是实现人民美好生活的基本前提和重要基础。习近平总书记强调："社会治理是一门科学，管得太死，一潭死水不行；管得太松，波涛汹涌也不行。"我国凭借着社会主义政治制度的显著优势，基于我国基本国情和现实基础，摆脱了西方治理渗透，在新时代构建了"共建共治共享"的社会治理新格局。

一方面，强调国家与社会合作共治。基于中国特色社会主义政治制度的显著优势，在党的统一领导下，我国建立了国家与社会合作共治的社会治理新格局，强调在我国社会治理场域中，"有为政府"与"有机社会"的合作共治，打破了西方社会市民社会理论下国家与社会二元对峙的局面，认为政府权力的边界性和职能的有限性，需要社会治理力量在一定程度上协同配合，而社会治理力量参与治理过程的机会缺失与合法性的不足，需要国家治理力量的支持与认同，从而构建了国家与社会良好互动的"共建共治共享"的社会治理新格局，并通过党建引领、政策支持等方式为各类社会主体的发展创造良好的制度空间，强化其自治能力。

另一方面，重视人民群众的主体地位。中国特色社会主义政治制度优越性的体现，还在于我国"共建共治共享"的社会治理格局着眼于重视人民群众的主体地位，维护广大人民群众的根本利益，显著区别于西方社会基于个人主义为核心原则的自由主义思想体系下，以捍卫个人的法定权利为核心命题的社会治理格局。我国"共建共治共享"的社会治理格局，不仅鼓励广大人民群众参与到社会治理的过程中来，实现自我管理和自主治理，改变了以往人民群众依附于政府管理的消极被动角色，凸显了人民的主体性地位，同时还注重广大人民群众民生问题的解决与利益诉求的满足，不仅关注多数人的生存和发展，更强调对少数社会弱势群体和边缘群体的重视与补偿，真正使全体人民都能共享社会主义建设各方面的成果。

（四）实现公平公正的社会建设价值旨归

现代社会是以人为本的社会，社会是由全体社会成员构成的，因此，维护和促进社会公平应是社会建设过程中的一个重要价值取向，而其核心是通过分配制度的合理安排来实现的。我国凭借社会主义政治制度的显著优势，在不同时期都始终注重分配公平，努力实现社会建设中公平公正的价值取向。

在计划经济时期，通过计划管控，注重均等化的分配方式，来合理控制社会差距，在社会建设的过程中初步彰显出了对社会公平理想化的追求；在改革开放时期，通过在农村推行家庭联产承包责任制，在城市进行国有企业改革，遵循依照贡献进行分配的原则，将社会成员的具体贡献同其自身切身利益的改善状况紧密地结合在一起，实现在初次分配过程中的社会公正；在21世纪初期，为缓解经济高速增长期带来的社会阵痛，产生的社会贫富差距过大等问题，逐步将民生保障体系的建设向农村延伸，凭借再分配手段来促进社会公平优化社会建设；在中国特色社会主义新时代，通过进一步改革税收政策、优化转移支付结构和力度、完善城乡社会救助政策以及促进基本公共服务均等化等具有明显调节功能的再分配方式来优化社会建设，逐步缩小和改善社会成员的收入分配差距，从而在以人为本的现代社会中实现公平公正的价值取向。

对比很多西方国家，以美国为代表的自由主义国家，政府较少地对普通劳动者在初次分配和再分配的过程中予以统一的制度安排与显著的政策支持，其按生产要素进行分配的方法，已使贫富分化成为其国家常态；以瑞典为代表的北欧福利国家，凭借强有力的国家力量，在分配过程中建立全民就业、医疗、养老、免费教育等一系列社会高福利政策，虽实现了贫富差距的缩小，但在一定程度上消减了社会经济发展的效率，降低了社会成员从事社会生产的积极性和创造性。由此可见，在维护和促进社会公平上，中国特色社会主义政治制度具有其他制度不可比拟的优越性，其超越了自由主义国家与福利国家的弊端，将社会公平的逻辑与经济发展的逻辑结合，在激发社会成员从事社会生产积极性的同时，在社会建设的过程中实现公平公正的价值取向，使社会全体成员在社会物质财富积累扩大的过程中共享经济发展成果，实现共同富裕。

五、生态文明建设方面的显著优势

人与自然的关系贯穿于人类社会发展的始终，处理好人与自然的关系是人类生存与发展中的永恒主题。人与自然的关系是最基本的社会关系，二者是辩证统一的。恩格斯认为"人本身是自然界的产物，是在自己所处的环境中并且和这个环境一起发展起来的"①。人在自然中产生，与自然共同发展，二者是和谐共生的关系。

人与自然的关系主要经历了三个阶段：原始社会生产力发展水平低下，人类改造自然的能力较弱，自然对人们的生产生活起决定性作

①《马克思恩格斯选集》（第三卷），人民出版社，2012，第410页。

用，生产生活受自然环境与自然资源的完全制约，人对自然更多的是依赖和适应。农业社会时期，农业经济的生产规模和农业人口的扩大，使得人类对自然资源的汲取力度加大，人在与自然的关系中表现出更多的主动性，对自然的改造和控制能力逐步提高，尽管带来了一些生态环境问题，但依旧在自然的可承受范围之内。工业社会初期，随着生产力水平的提高，对资源、能源的大规模需求加强了对自然的无限索取，人类认识自然、改造自然的能力大幅增强，想要克服自然的限制获取更多的短期利益，却打破了人与自然的平衡，人与自然的矛盾越来越尖锐。特别是工业革命以来，西方式现代化走上了一条无情掠夺自然、无序破坏自然、无度开发自然的不可持续之路，其造成的恶果至今危害着人类，让世界上绝大多数没有能力实现现代化的国家为它们的这种短视行为买单。

中国特色社会主义政治制度具有生态文明建设方面的显著优势。中国的政治制度决定了中国经济社会发展决不以破坏生态环境为代价，决不重蹈西方式"先污染后治理"的覆辙，而是坚持科学发展、可持续发展，加强生态环境保护，筑牢生态屏障，致力于实现人与自然的和谐共生共存。特别是党的十八大以来，党中央将生态文明建设提升到国家战略的高度加以布局，大力推进生态文明建设，将系统发展观念贯穿到生态环境保护的全过程，统筹推进美丽中国建设，加快发展方式绿色转型，深入推进环境污染防治，提升生态系统多样性稳定性持续性，积极稳妥推进碳达峰碳中和。中国共产党深刻认识到，人与自然和谐共生的现代化是系统化、体系化的，是包括生产、生活、生态全面发展的文明之路，通过现代化的生态文明发展理念指导中华民族的发展实践，是在国家新征程上对人与自然关系进行深刻思考与具体实践得出的科学战略策略，是正确处理人与自然关系的价值引领。生态环境保护功在当代，利在千秋。生态治理对于社会生产力的发展具有保障促进作用，也是最普惠的民生福祉，是人民美好生活向往的重要内容。在自然和生态环境保护方面坚持可持续发展，在经济高质量发展的同时保护和改善生态环境，协调经济建设、社会发展与自然承载能力，解决关系民生的突出环境问题，更好满足人民对美好生活的向往，建设青山常在、绿水长流、空气常新的美丽中国。

生态环境是人类赖以生存的基础，建设清洁美丽的世界是全人类的共同责任。当今世界，全球性生态问题如气候变暖、水资源短缺、臭氧层破坏、酸雨、土地沙漠化、海洋污染以及生物多样性锐减等依然非常严峻，严重地威胁着子孙后代的安全，威胁到人类的可持续发展。如果不遏制生态恶化、环境破坏、资源枯竭，人类终将自食其果，受到自然的惩罚。中国作为发展中国家，充分认识到生态环境问题的重要性，坚持人类命运共同体理念，坚持"共商共建共享"的全球治理观，认真履行国际公约，维护全人类共同利益，积极参与全球生态治理，加强应对全球气候变化、海洋污染治理、生物多样性保护等领域国际合作，明确提出2030年之前"碳达峰"与2060年之前"碳中和"目标。中国还帮助发展中国家保护生态环境，充分保障发展中国家参与全球生态治理的正当权益和话语平等，推动世界各国共同有效应对全球性生态问题。

第三节
"三大"领域维度方面的显著优势

制度治理是治国理政的最基本方式。政治制度之于治国理政，从领域维度看，主要体现在改革发展稳定、治党治国治军、内政外交国防三大领域。中国特色社会主义政治制度在改革发展稳定、治党治国治军、内政外交国防三大领域具有明显的优势。

一、改革发展稳定方面的明显优势

（一）中国特色社会主义政治制度与改革变迁导向

当今时代瞬息万变，内外环境在不断发生变化，经济问题、社会问题、政治问题层出不穷，因而国家的政治制度不能墨守成规，应当顺应变化，不断改革创新，才能使政治制度在国家事业建设过程中发挥优势。

自改革开放以来，中国特色社会主义政治制度建设过程分为四个阶段：第一阶段自改革开放伊始至1993年，不断解放生产力，发展生产力，以邓小平理论为指导，是中国特色社会主义政治制度开辟新道路、建章立制的阶段；第二阶段自1993年至2003年，以"三个代表"重要思想为指导的中国特色社会主义政治发展阶段；第三阶段自2003年至2012年，坚持以人为本的科学发展观，使得中国特色社会主义政治制度进一步发展；第四阶段自2012年至今，习近平新时代中国特色社会主义思想为主的中国特色社会主义政治制度的最新发展阶段。

本书通过构建中国特色社会主义政治制度变迁的导向（见图15），通过文献文本计量，呈现出文献热点主题与问题导向、政治导向在政治制度演化过程中的匹配关系，可以进一步理清中国特色社会主义政治制度改革创新的环境条件。在中国特色社会主义建设进程中，由于社会问题、经济问题、政治问题的凸显或突发的推动，通过党的领导和引领，全国各族人民共同努力，使得中国特色社会主义政治制度变革创新更加符合中国的国情，行之有效地解决中国问题。

基于中国特色社会主义政治制度文本计量结果和制度改革创新的特征，改革创新总体上呈现渐进式的变迁，并长期处于稳中求进的状态。如邓小平理论的提出是在毛泽东思想、马克思主义中国化的基础上进行改革创新的产物，能够衔接好以往的制度，从计划经济体制改革到社会主义市场经济体制建立，都是以平稳的方式过渡。但通过文本分析可以看到在某些时间点，由于政治、经济、社会问题的影响，也会发生突破性的制度改革，如在重大自然灾害与突发性疫情事件频发的情况下，制度重心向社会管理转移，突发性事件影响之后，制度改革由持续关注社会管理，又会保持长期稳定的改革。中国特色社会主义政治制度改革能够灵活解决短期突发性问题，也能长期稳定坚持中国特色社会主义道路。

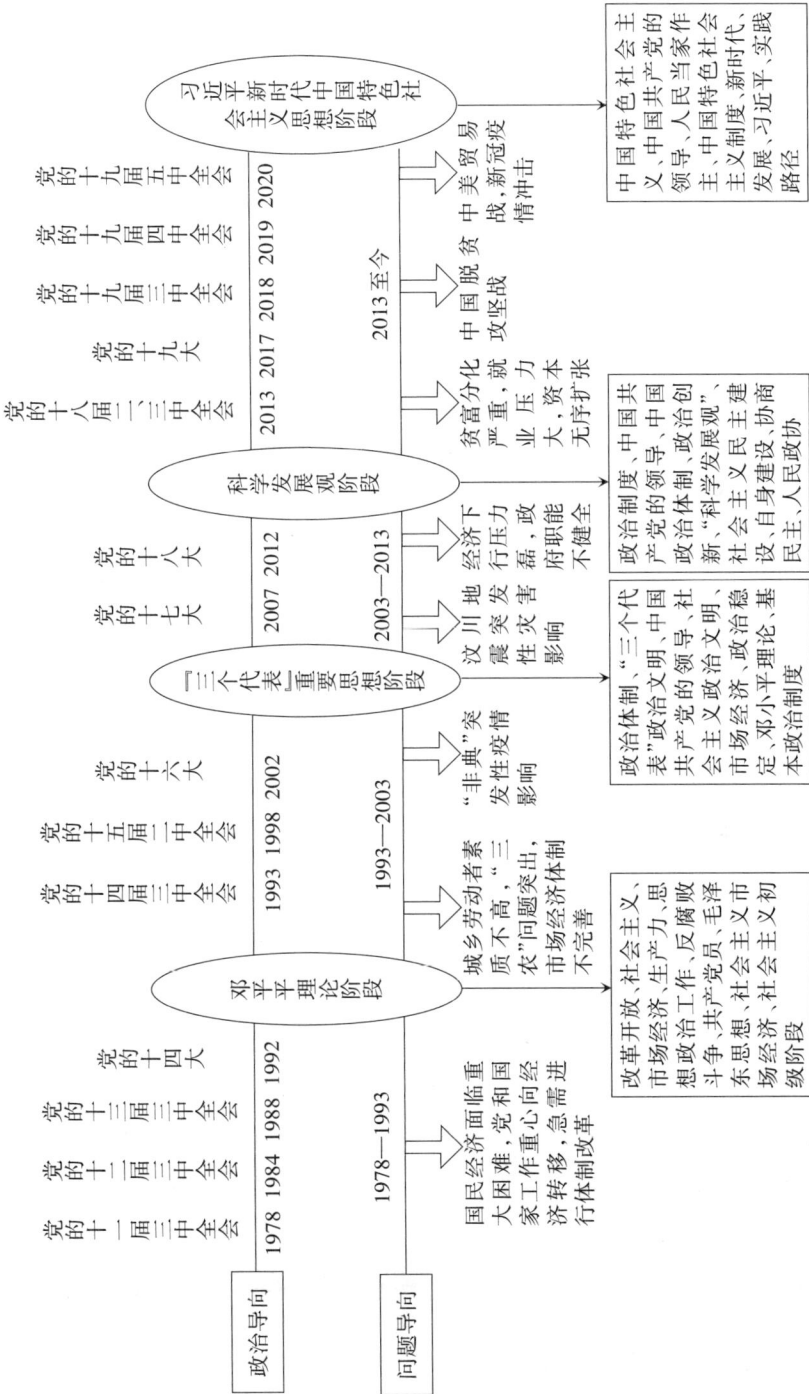

图15　中国特色社会主义政治制度的变迁导向

1.以邓小平理论为指导的社会主义建设（1978—1993年）

邓小平理论是继毛泽东思想后马克思主义中国化的优秀成果，是一次历史性的飞跃，邓小平理论对中国政治制度的发展具有重要意义。邓小平对社会主义概括为："社会主义的本质，是解放生产力，发展生产力，消灭剥削，消除两极分化，最终达到共同富裕。"①十一届三中全会后，党和国家的重心转向经济建设，使中国进入经济发展的新阶段，1978年至1983年，以家庭联产承包责任制为主的农村经济发展改革；1983年至1988年，经济体制深入改革，经济建设由农村转向城市，并在1984年党的十二届三中全会通过了《中共中央关于经济体制改革的决定》。1988年至1993年，深层次的改革，开始建立社会主义市场经济体制，1988年党的十三届三中全会根据当时经济环境，进行经济秩序的整治，1992年邓小平视察南方发表重要讲话提到"社会主义也可以搞市场经济"，成为党和国家的方向。历经15年的艰辛探索，在邓小平理论先进思想的正确引领下，党和国家不断突破改革的难题。

2.以"三个代表"重要思想为指导的深化改革（1993—2003年）

江泽民指出："我们建设有中国特色社会主义的各项事业，我们进行的一切工作，既要着眼于人民现实的物质文化生活需要，同时又要着眼于促进人民素质的提高，也就是要努力促进人的全面发展。这是马克思主义关于建设社会主义新社会的本质要求。"②党的十四大报告中，江泽民首次提出建设有中国特色的社会主义民主政治和健全社会主义法制。1993年党的十四届三中全会审议通过《中共中央关于建立社会主义市场经济体制若干问题的决定》，自此社会主义市场经济体制架构基本建立。党的十五大以及党的十五届二中全会强调社会主义民主建设、依法治国、机构改革和深化经济体制改革。江泽民关于建设有中国特色社会主义民主政治的思想是邓小平理论的继承和发展，党

---

① 邓小平：《在武昌、深圳、珠海、上海等地的谈话要点》，《政策》2018年第12期，第17—22页。

② 江泽民：《在庆祝中国共产党成立八十周年大会上的讲话（二○○一年七月一日）》，《新华每日电讯》2001年7月2日第1版。

的十六大将"三个代表"重要思想列为治国理政的指导思想,为我党我国制定政治方针、政策指明了方向,奠定了良好的理论基础。

3.以科学发展观为指导的坚持以人为本(2003—2012年)

进入新世纪以来,我国处于社会主义初级阶段的基本国情没有改变,我国社会发展面临诸多新问题、新矛盾,受"非典"、汶川地震等突发性灾害事件的影响,经济下行压力加大,我国经济社会发展受到影响。党的十六大以来,积极面对挑战和困难,深入贯彻科学发展观,立党为公、执政为民是科学发展观的核心要义,以科学发展观为指导,中国特色社会主义事业迈进一大步,经济和民生事业有了很大改善。党的十七大以"理论体系"概括一系列理论成果,党的十八大提出的"三位一体"是对中国特色社会主义的更进一步明确。科学发展观创新发展理念、发展模式,涉及社会、经济、民生,贯穿于中国特色社会主义事业建设的各个方面,是我党执政理念的重要内容,长期坚持的重要指导思想。

4.以习近平新时代中国特色社会主义思想为指导的国家治理体系和治理能力现代化建设(2012年至今)

党的十八大以来,党中央始终坚持加强党的领导,全面深化政治体制改革。党的十九大明确提出了国家治理体系和治理能力现代化的政治任务,党的十九届四中全会深刻阐明了国家治理体系和治理能力现代化的意义,指明了中国特色社会主义政治制度的方向。

从中国特色社会主义政治制度变迁导向图1中,文献关键词聚类,中国特色社会主义政治制度的改革创新始终坚持党的全面领导。我国社会主义实践发展在不断地前行,需要的社会主义理论创新永无止境,中国特色社会主义制度也将不断完善下去。中国特色社会主义制度是继承发扬我国优良历史传统并且在党和人民的共同努力下改革创新的结果,制度改革创新进程也不会终止。在改革创新中要不断结合新形势的发展和适应新时代新任务的需要,同时也要结合现实,不断推陈出新的改革创新制度。努力构建完备的、科学的、有效的制度体系,建成全方位行之有效的制度体系,使中国特色社会主义政治制度更具优势。

改革开放以来特别是党的十八大以来，党和国家事业建设取得历史性成就、发生历史性变革，充分证明了中国制度的优势，进一步彰显了中国制度能够根据时代发展和社会变迁不断作出改革调整，具有强大的自我完善能力。中国特色社会主义制度，坚持把根本政治制度、基本政治制度同基本经济制度以及各方面体制机制等具体制度有机结合起来，坚持把国家层面民主制度同基层民主制度有机结合起来，坚持把党的领导、人民当家作主、依法治国有机结合起来，符合我国国情，集中体现了中国特色社会主义的特点和优势，是中国发展进步的根本制度保障①。

回顾历史，中国特色社会主义政治制度经历了形成和确立的前半程，我国已建立社会主义根本政治制度和基本政治制度，后半程的主要任务就是发展和完善中国特色社会主义政治制度，在已有根本制度和基本政治制度的基础上进行改革，为保证国家的长治久安、人民的幸福生活、国家事业的发展稳定，必须进行全方位、深层次的改革创新，进行各个领域联动改革，使得国家政治制度在国家治理体系现代化进程中转化为整体效能、总体效应，着力于根本政治制度、基本政治制度，构建完善的、行之有效的中国特色社会主义政治制度。

（二）中国特色社会主义政治制度与发展进步

制度是顺应时代潮流在不断发展变化，任何制度都不是一成不变的。中国特色社会主义政治制度产生发展的时间是从新中国成立以来，尤其在改革开放后发展速度比较快，形成中国特色社会主义政治制度的基础，并且在已有的基础上不断发展完善。中国相比西方发达国家发展了几百年的资本主义政治制度，发展时间较短，但是政治制度优势十分明显。同时中国特色社会主义顺应时代潮流在不断前进、不断发展完善，中国特色社会主义政治制度也是在发展完善的进程中，结

---

① 《习近平总书记系列重要讲话读本（2016年版）》深入学习贯彻习近平总书记系列重要讲话精神，协调推进"四个全面"战略布局，为实现"两个一百年"奋斗目标和中华民族伟大复兴的中国梦而奋斗》，《前进》2017年第1期，第18—19页。

合长期以来我国特有的国情、社情和民情，在实践中不断发展完善。随着中国特色社会主义的稳定发展，中国各方面的政治制度也在不断完善发展，政治制度的优越性也越来越明显。

表7 中国部分指标统计表

中国	GDP (亿元)	人均GDP (元)	居民消费水平 (元)	农民纯收入 (元/人)	城市化率	医院数 (个)	钢产量 (万吨)	公路里程 (公里)	铁路里程 (公里)
2019年	990865.1	70892	27563	—	63.89%	34354	99541.89	5012496	139926.4
2013年	588019	43684	15615	8895.9	53.73%	24709	81313.89	4356218	103100
2003年	137422	10666	4542	2622.2	38.9%	17764	22233.6	1809828	73000
1993年	35673.2	3027	1332	921.6	27.99%	15436	8956	1083476	58600
1978年	3678.7	385	183	133.6	17.92%	9293	3178	890236	51700

数据来源：中国统计年鉴。

"一个党，一个国家，一个民族，如果一切从本本出发，思想僵化，迷信盛行，那它就不能前进，它的生机就停止了，就要亡党亡国。"①由表7的部分指标统计可以看出，1978年十一届三中全会打破了中国的桎梏，打开了中国的全新篇章。自从经济体制改革以来，中国经济飞速发展，到1993年国内生产总值实现近10倍的增长，成功解决了中国的温饱问题。1993年社会主义市场经济体制建立，是党和国家将社会主义和市场经济完美结合的伟大创举，公有制经济和非公有制经济得到空前发展。十年时间，国内生产总值从1993年的3.5万亿元增长到2003年的13万亿元，人均GDP也是三倍有余的增长，提前实现"翻两番"的目标，工农产品的产量位居世界前列，尤其钢产量常年位居世界首位，商品短缺情况基本得到解决。到2013年国内生产总值达58万亿元、2019年达99万亿元、2020年突破100万亿元。中国到目前

---

① 邓小平：《解放思想，实事求是，团结一致向前看》，《新湘评论》2019年第1期，第59-60页。

已经是世界第二大经济体、制造业第一大国、货物贸易第一大国、外汇储备第一大国。不仅是经济的发展，中国的科教文卫、交通、高新技术等发展迅速，国内医院数、公路里程数、铁路里程数都呈现飞速增长的趋势，国内医疗水平已经发生质的变化，无论是公民就医还是疫情突发都可以得到及时的治疗和控制。全世界2/3的高铁轨道铺设在中国，中国已经是轨道交通的引领者。我国城市化率从1978年的17.92%增长到2019年的63.89%，并且处于高速增长发展阶段，与发达国家的差距在不断缩小，我国劳动力素质得到很大提升。

国家的发展不仅是数字的大幅度增长，国民思想、素质、生活方式、价值观随着发展也在不断进步，在紧跟世界发展的潮流中，中国走出了中国特色社会主义道路，并将坚定不移地走下去。

新中国成立以来，中国共产党历经探索、几经曲折，成功探索开辟了符合中国国情的中国特色社会主义政治道路，逐步建立了体系化的政治制度、政治体制。中国共产党坚持马克思主义政治原理与中国时代特征相结合，坚持科学社会主义基本原理，在中国长期的具体实践中不断发展和完善，真正做到了解放思想、实事求是、与时俱进，建立了一整套符合中国国情、符合历史发展规律、符合中国最广大人民的根本利益的中国特色社会主义政治制度。

在坚持和发展我国社会主义国家制度、政治制度，完善我国治理能力、治理体系现代化的过程中，必须始终立足我国的国情，实事求是，继承和发扬我国长期以来形成的优秀历史传统，紧紧围绕党和人民在国家制度建设的原则方针，汲取已经积累的经验，坚持制度自信，不断发现、发掘和摒除制度弊端，使得国家政治制度不断成熟，坚定不移地走中国特色社会主义政治发展道路，从而有效地把国家政治制度优势转化为政治治理效能，我国社会主义政治制度能更加有效地服务于人民，推动社会的文明与进步。

（三）中国特色社会主义政治制度与社会稳定

1.社会平稳有序

新中国成立伊始，国家对农业、手工业、资本主义工商业进行改造，逐步建立国有城市经济体系和农村集体经济体系，初步建成了独立的国民经济体系，为进一步工业化奠定了基础。十一届三中全会启动了改革开放，取消了人民公社制度，使得农民能更加自由地进行经济活动，城市经济体制也不断向市场经济迈进。虽然私有经济和民营经济的发展时有争议，但随着社会主义市场经济体制的建立，个体经济、民营经济、外资经济等非公经济快速发展，成为社会主义市场经济的重要驱动力。

在世纪更替之际，中国进行计划经济体制向社会主义市场经济体制的全面转型，国有企业进行深刻变革，社会出现大量职工失业的情况，造成社会就业压力空前严重。国家面对经济转型压力，通过深化改革提出并实施中国特色社会主义社会保障制度，及时保障社会转型平衡进行。2005年科学发展观的提出，强调以人为本，构建和谐社会。中国特色社会主义法律体系的建设，依法治国的强有力保障，使中国社会稳定有序。特别是在农村推行新型农村养老保险、新型农村医疗保险和农村低保，社会保障制度由此拓展到农村，广大农民的权利得到初步保障。目前，我国广大农民、工人、知识分子在党的领导下，不断深入贯彻中国特色社会主义政治制度，攻坚克难，2003年非典疫情、2008年汶川地震、2018年以来的中美贸易战、2020年以来新冠疫情等突发性自然灾害和社会性问题都得到较好解决，保障了社会的整体平衡和有序。

2. "一国两制"下港澳大局稳定

"一国两制"是我国的制度创新，也是确保香港、澳门繁荣稳定的基本政治制度。自从港澳回归以来，"全面准确贯彻'一国两制'、'港人治港'、'澳人治澳'、高度自治的方针，落实中央对香港、澳门特别行政区全面管治权，落实特别行政区维护国家安全的法律制度和执行机制，维护国家主权、安全、发展利益，维护特别行政区社会大局稳定，保持香港、澳门长期繁荣稳定"[1]。"一国两制"作为中国特色社

---

[1] 习近平：《在庆祝中国共产党成立100周年大会上的讲话》，《人民日报》2021年7月2日第2版。

会主义政治制度的重要内容，并不是权宜之策，而是中国特色社会主义政治制度史无前例的创举。自"一国两制"推行以来，香港、澳门问题完美解决，香港、澳门回归向世界宣布中国坚持领土完整、国家主权的信心，是中国强大社会凝聚力的表现。

3.中华民族共同体意识增强

中国共产党领导下的中国特色社会主义政治制度能有效促进民族团结、社会稳定，实现民主政治，使得民主、效率和社会活力有机统一。统一稳定既是社会问题也是政治问题，社会的统一稳定关乎国家长治久安、人民安居乐业。

我们国家自古以来就是一个统一的多民族国家，不同民族思想观念、行为观念各不相同是我国特殊国情的一个重要方面。中国特色社会主义政治制度坚持从中国国情出发，坚持人民当家作主，坚持和完善民族区域自治制度，是中国共产党在处理多民族国家治理的重要创新，赋予各个民族区域自治权力，充分展现我国各族人民当家作主。坚持党的领导，坚持各民族平等团结互助和谐，坚持民族区域自治制度，既能促进民族团结和谐维护稳定，也能统筹兼顾，统一部署其他领域工作，使得民族区域自治与党中央统一战线制度相结合，有效保障了多民族国家的长治久安和各族人民的安居乐业。中国共产党领导的多党合作和政治协商制度是我国的基本政治制度，多党合作和政治协商制度能有效发扬民主，使得其他党派积极参政议政，也能巩固共产党的领导地位，促进人民团结奋斗，有利于维护国内政治局势稳定。

民族区域自治制度和政治协商制度是中国特色社会主义政治制度重要组成部分，有效地遏制了"台独""疆独""藏独"等势力的发展，促进了民族团结和祖国统一。在此背景下，中华民族共同体意识显著增强，为中华民族伟大复兴奠定了基础。

二、治党治国治军方面的显著优势

（一）中国特色社会主义政治制度与全面从严治党

中国共产党是在1921年国家时局动荡、人民处于水深火热中建立的，由初始50多名党员，到今日（截至2021年6月5日）中国共产党总数为9514.8万名，党员规模爆发式增长，结构不断优化，年轻化、知识化变成常态。基层党组织体系日趋完善，基层党组织486.4万个，是新中国成立时的24倍①（见表8）。

表8　中国共产党党员结构统计表

	总数	35岁及以下	大专及以上学历	女性	少数民族	工人和农民	社会组织管理人员	专业技术人员
数量/万	9514.8	2367.9	4951.3	2745.0	713.5	3225.5	1061.2	1507.5
占比/%	100	24.90	52.00	28.80	7.50	33.90	11.20	15.80

表9　中国共产党党组织统计表

党的各级地方委员会	党的基层组织	机关基层党组织	事业单位基层党组织	企业基层党组织	社会组织基层党组织
3199个	486.4万个	74.2万个	93.3万个	151.3万个	16.2万个

数据来源：中央组织部最新党内统计数据（截至2021年6月5日）。

中国共产党历经一百年的艰苦奋斗，团结带领全国各族人民，从新民主主义革命的创举，抗日战争、解放战争的浴血奋战，建立中华人民共和国，再到改革开放的新篇章，进入中国特色社会主义新时代，走向中华民族伟大复兴的道路，中国共产党是14亿多人口的长期执政党。这一百年来中国共产党带领中国人民坚定不移地走中国特色社会主义道路，成效显著。但是，我们党始终"牢记打铁必须自身硬的道理，增强全面从严治党永远在路上的政治自觉，以党的政治建设为统领，继续推进新时代党的建设新的伟大工程，不断严密党的组织体系，着力建设德才兼备的高素质干部队伍，坚定不移推进党风廉政建设和

---

① 《最新统计数据显示：中国共产党党员9514.8万名　基层党组织486.4万个》，中华人民共和国中央人民政府网，https://www.gov.cn/xinwen/2021-06/30/content_5621583.htm，2021年6月30日。

反腐败斗争，坚决清除一切损害党的先进性和纯洁性的因素，清除一切侵蚀党的健康肌体的病毒，确保党不变质、不变色、不变味，确保党在新时代坚持和发展中国特色社会主义的历史进程中始终成为坚强领导核心！"①党的十八大以来，中国特色社会主义进入新时代，以习近平同志为核心的党中央严纪律、整作风，勇于自我革命，全面从严治党，及时地化解风险，从根本上遏制思想、作风、纪律等问题的发生。全面推进国家"五位一体"总体布局、"四个全面"战略布局，发展形成中国特色社会主义党内法规体系，实现第一个百年奋斗目标，同时长远规划第二个百年奋斗目标的党内建设要求。

党的二十大报告指出："我们持之以恒正风肃纪，以钉钉子精神纠治'四风'，反对特权思想和特权现象，坚决整治群众身边的不正之风和腐败问题，刹住了一些长期没有刹住的歪风，纠治了一些多年未除的顽瘴痼疾。我们开展了史无前例的反腐败斗争，以'得罪千百人、不负十四亿'的使命担当祛疴治乱，不敢腐、不能腐、不想腐一体推进，'打虎'、'拍蝇'、'猎狐'多管齐下，反腐败斗争取得压倒性胜利并全面巩固，消除了党、国家、军队内部存在的严重隐患，确保党和人民赋予的权力始终用来为人民谋幸福。经过不懈努力，党找到了自我革命这一跳出治乱兴衰历史周期率的第二个答案，自我净化、自我完善、自我革新、自我提高能力显著增强，管党治党宽松软状况得到根本扭转，风清气正的党内政治生态不断形成和发展，确保党永远不变质、不变色、不变味。"②习近平总书记在党的二十大报告中特别要求全党"必须时刻保持解决大党独有难题的清醒和坚定，坚定不移推动健全全面从严治党体系"，在二十届中央纪委二次全会上以"六个如何始终"对"大党独有难题"作了深刻阐述，对于新时代新征程健全

① 习近平：《在庆祝中国共产党成立100周年大会上的讲话》，《人民日报》2021年7月2日第2版。

② 习近平：《高举中国特色社会主义伟大旗帜　为全面建设社会主义现代化国家而团结奋斗——在中国共产党第二十次全国代表大会上的报告》，《人民日报》2022年10月26日第1版。

全面从严治党体系、推进党的建设新的伟大工程具有重大的战略意义。深入理解"大党独有难题",推进"大党独有难题"走向制度化治理,既是健全全面从严治党体系的内在要求,也是推进国家治理体系和治理能力现代化的应有之义。习近平总书记提出的"大党独有难题"是从"站在事关党长期执政、国家长治久安、人民幸福安康的高度,把全面从严治党作为党的长期战略、永恒课题",对于实现党和国家的战略目标,具有十分重大的政治意义、战略意义,充分体现了大党自觉、大党责任、大党担当、大党自信。

（二）中国特色社会主义政治制度与治国理政

习近平总书记在庆祝全国人民代表大会成立60周年大会上的讲话中指出:"一个国家的政治制度决定于这个国家的经济社会基础,同时又反作用于这个国家的经济社会基础,乃至于起到决定性作用。"[1]中国特色社会主义政治制度在治国理政中处于中枢地位,发挥着至关重要的作用,具有比西方国家治理更明显的优势。

由于历史、文化、条件的不同,世界各国的政治制度各不相同,政治制度的发展道路和治国理政模式各异。各国的政治制度和治理模式是由历史和现实的双重逻辑决定的。看待政治制度在治国理政中的优劣,不能离开具体国情和条件,不能空谈,不能一味地以西方国家治理模式为标准,而是要看政治制度和治理模式是否有利于一个国家经济发展,是否有利于国家的统一稳定,是否有利于人民生活水平的提高。

新中国自成立以来,就走上一条符合中国国情的中国特色社会主义政治发展道路和治国理政实践的道路。从早期探索社会主义建设,到改革开放后的政治体制改革,从1992年党的十四大提出社会主义市场经济体制建立的目标要求,到1997年提出依法治国,从新世纪以来推动中国政治文明建设,到党的十八大以来推进国家治理体系和治理能力现代化,始终是在中国共产党的坚强领导下进行的治国理政实践。

----

[1]习近平:《在庆祝全国人民代表大会成立60周年大会上的讲话》,《人民日报》2014年9月6日第2版。

中国共产党是工人阶级的先锋队，是中华民族的先锋队，是代表最广大人民群众根本利益的人民性、整体性、全局性的新型马克思主义政党。党的初心和使命决定了党要不断推进中国特色社会主义政治制度的发展，不断改革创新，不断推进国家治理体系和治理能力现代化，体现出治国理政方面的显著优势。

反观西方国家，普遍实行两党、多党轮流执政，当左翼党派执政时就会相对实施一些对普通民众有利的政策，如美国民主党的奥巴马政府极力推行"医保改革"，英国、法国左翼政党上台后，也会实施一些较为激进的社会发展政策。而当右翼政党执政时，往往会出台对资本、对富人有利的政策，如美国共和党的特朗普政府一上台就废除了民主党推行的"医保改革"。必须指出的是，社会制度的性质与政党（尤其是执政党）的性质具有高度的内生性，也就是说，社会制度的性质与政党的性质是同向或一致的。英美等西方国家实行资本主义制度，必然由资产阶级性质的政党执政。政党虽然扮演着整合整个社会利益的媒介角色，但作为资本家的聚集地，政党实质上整合和代表的仅是少数资产阶级的利益，而将无产阶级和广大劳动群众的利益排斥在外。两党轮流执政或多党轮流执政美其名曰以投票选举彰显民主精神，其实质是，无论是两党轮流执政还是多党轮流执政，都只是资产阶级统治的不同手段而已，代表的都是资产阶级内部不同利益集团的利益罢了。近些年来，西方政党政治的组织、价值、运行困境不断凸显。在组织困境方面，政党衰败现象日益严重——党员数量锐减、党团关系瓦解、政党信任降低，其政党竞争力、凝聚力、影响力呈现明显的下坡趋势。在价值困境方面，一方面政党仅仅是为维护资产阶级利益和统治地位服务的，在缓和阶级矛盾的过程中试图以对部分公众利益的回答来美化或者抹去阶级性质。另一方面，政党政治早已沦为金钱政治，政党俨然成为富人高谈政事的俱乐部和摆弄国家意志的工具。在运行困境方面，政党一方面宣称自己是整个社会利益的整合者、是民主运作的工具，另一方面却以十分卑劣的手段欺骗社会公众，不仅只是少数人利益的"看门人"，还在治理过程中表现出极不负责的态度——对本党有益的事抢着去做，对本党无益的事却高高挂起甚至互相拆台。可见，西方国家的政党制度很明显的缺陷就是只代表局部利益、部分人利益的政党轮流坐庄，漠视国家根本利益、长远利益、社会整体利益、人民利益。两党、多党制度下西方国家政治制度的诸多弊端已经致使国家衰败、民怨四起，西方文明日趋衰落。

（三）中国特色社会主义政治制度与军事强国建设

政治制度作为一个国家价值体系的总和，蕴含着国家建设和发展的政治方向与价值取向。中华人民共和国是工人阶级领导的、以工农联盟为基础的人民民主专政的社会主义国家，人民是国家的主人，中国特色社会主义政治制度决定了我国的军事建设也必须服务于人民，这就为我国的军事建设指明了正确的政治方向，同时也为军事建设提供了强大的制度保证。反之，军事建设也夯实了政治制度的基础，为政治制度的确立和运行提供强有力的武力保障。中国共产党领导人民军队为民族独立、人民解放、国家富强和世界和平作出了卓越的贡献。

近代以来，中华民族遭受了深重的劫难，社会制度的腐朽和经济科技的落后造成了国家军事力量羸弱的局面，中国在与侵略者的较量中屡屡战败，自1840年英国侵略者发动鸦片战争轰破中国国门后，中华民族就开启了长达百年的屈辱史，西方列强在多次侵华战争中大肆烧杀抢掠，大规模屠杀中国人民，不仅胁迫中国签订了无数丧权辱国的不平等条约，还使中国彻底沦为了半殖民地半封建社会国家。中华民族血泪的教训告诉我们：弱国无外交、弱国无国防。一个军事力量薄弱的国家在战争中不仅没有话语权，连国家主权和人民的生命都无法保证，弱国如砧板上的鱼肉，只能任人宰割。1937年，日本侵略者为实现武力吞并全中国的野心而制造了震惊中外的卢沟桥事变，从卢沟桥事变肇始，平津、华北相继陷入危急，中华民族到了生死存亡的时刻，在民族存亡的危难之际，中国共产党担负起救亡图存的历史重任，建立起中华民族统一战线，带领中华儿女和各族人民顽强抵抗，才打赢了这场战争，维护了国家独立和主权，结束了百年来被侵略奴役的屈辱历史。

新中国成立后，党中央根据革命任务形势的变化和不同时期的国情与军情，对军队建设提出了新的目标要求，引领军队向前发展。毛泽东领导和制定了建设优良的现代化革命军队的总方针，邓小平提出了建设一支强大的现代化正规化革命军队的总目标，江泽民提出了政治合格、军事过硬、作风优良、纪律严明、保障有力的总要求，胡锦涛提出了按照革命化现代化正规化相统一的原则加强军队全面建设的思想。党的十八大以后习近平总书记明确指出建设一支听党指挥、能打胜仗、作风优良的人民军队是党在新形势下的强军目标，并强调："全军要准确把握这一强军目标，用以统领军队建设、改革和军事斗争准备，努力把国防和军队建设提高到一个新水平"①。

20世纪90年代以来，国际战略形势的变化和高新技术的突破性发展，对全球各国的军事领域都产生了广泛而深刻的影响。与此同时，我国也紧随世界军事变革的发展趋势，结合我国的具体国情和军情，制定了新时期军队建设的战略方针，开始积极推进以信息化为核心的中国特色军事变革，开启了军事现代化发展的新阶段。1993年，中央军委制定了新时期军事战略方针，核心是把军事斗争准备的基点转变到打赢现代技术特别是高技术局部战争上来。1995年，中央军委明确提出"两个根本性转变"，在军队建设上由数量规模型向质量效能型、由人力密集型向科技密集型转变。同时全军把科学发展观作为学习贯彻的首要政治任务与长期战略任务，作为加强军事建设的指导方针。为贯彻落实新时期军事战略方针，中国人民解放军以军事斗争准备为龙头，带动军队现代化建设全局，实施科技强军战略，制定了"三步走"的发展战略，走以机械化为基础、以信息化为主导的跨越式发展道路②。同时对国防和军队建设改革进行了总体设计，其内容包括按信息化战争要求调整体制编制，优化领导体制和军兵种结构。在加强陆军建设的同时，加强海军、空军和第二炮兵建设；推进信息化建设；

---

① 《建设一支听党指挥能打胜仗作风优良的人民军队》，《人民日报》2014年7月14日第16版。

② 杨贵华、刘昀：《20世纪90年代以来国防和军队建设的重大成就》，《军队政工理论研究》2012年第4期，第136-140页。

加强武器装备的现代化；实施人才战略工程；加强联合作战训练；深化后勤改革；创新政治工作；加强正规化、法治化建设；等等①。

中共十八大以来，习近平总书记站在新的历史方位和时代高度，着眼于建设和发展中国特色社会主义、实现"两个一百年"奋斗目标和实现中华民族伟大复兴中国梦，就治国理政的理论和实践发表了一系列重要讲话，提出了一系列治国理政的新思想、新理念、新战略，逐步形成了习近平治国理政的思想体系。其中，习近平强军思想就加强国防和军队建设作出了一系列重要论述，不仅明确提出了在世界形势发生深刻复杂变化、全国全面建成小康社会进入决定性阶段新的历史条件下"建设一支听党指挥、能打胜仗、作风优良的人民军队"的强军目标，而且系统地阐明了如何才能"建设一支听党指挥、能打胜仗、作风优良的人民军队"的基本问题，为新时代加快推进国防和军队现代化建设提供了根本遵循①。习近平强军思想不仅是中国特色社会主义理论体系最新的军事指导理论，也是中国特色社会主义制度在军事领域同马克思主义基本原理相结合的最新成果，更是为实现强国梦强军梦而建设世界一流军队和军事强国的行动指南。

当今我国正处在"两个一百年"奋斗目标历史交汇的关键节点，踏上了全面建设社会主义现代化国家的新征程，建设社会主义军事强国的需要也比以往更加迫切。同时，在国家安全的大棋局与世界发展的大变局相互交织的复杂局面中，中美紧张局势加深，世界局部地区陷入战争与武装冲突之中，我国的国家安全和国际安全面临着严峻的形势。军事上必须着眼于世界战略格局和我国安全环境的重大变化，贯彻积极防御的军事战略方针，大力推进中国特色军事变革，走中国特色精兵之路，不断提高军队的防卫作战能力。在新的征程上，必须始终不渝地坚持党对军队的绝对领导，将马克思主义、毛泽东思想、邓小平理论、"三个代表"重要思想、科学发展观

---

① 邸乘光：《习近平治国理政思想的科学体系及基本内涵》，《新疆师范大学学报》（哲学社会科学版）2017年第1期，第7-30页。

和习近平新时代中国特色社会主义思想与国防和军队建设紧密结合，坚持把习近平强军思想作为军事强国建设的重要指导方针，坚持军队建设与经济建设、政治建设、文化建设和社会建设相协调，全面建成社会主义军事强国。

三、内政外交国防方面的显著优势

（一）中国特色社会主义政治制度与独立主权下的内政

国家政治制度的确立和实践是国家行使主权的天然要求，建立并实践适合本国实际的政治制度，是主权独立、内政独立的重要体现。独立完整的主权确保政治制度的正常运行，政治制度反过来保障、强化国家主权的独立、内政的独立。

中国特色社会主义政治制度是中华人民共和国行使独立国家主权的天然要求，保持国家独立、内政独立是中国特色社会主义政治制度的基本职能。新中国成立以来，我国彻底摆脱了半殖民地半封建的地位，成为一个在中国共产党坚强领导下拥有完整独立主权的国家。中国共产党在取得政权以后，就确立了中国特色社会主义政治制度，这一套政治制度既是国家现代化的内在要求，也是国家主权独立、内政独立的根本保障。在中国特色社会主义政治制度下，我国推进社会主义现代化建设，反对任何外部势力的干涉与渗透，在维护国家主权问题上绝不含糊。同时，我国以发展中国家的身份，在保持自己主权独立和内政独立的同时，坚持主张国际正义，反对霸权主义和强权政治，反对大国势力对广大发展中国家内政的干涉和主权的侵犯。习近平指出："中国人民从来没有欺负、压迫、奴役过其他国家人民，过去没有，现在没有，将来也不会有。同时，中国人民也绝不允许任何外来势力欺负、压迫、奴役我们，谁妄想这样干，必将在14亿多中国人民用血肉筑成的钢铁长城面前碰得头破血流！"①

---

① 习近平：《在庆祝中国共产党成立100周年大会上的讲话》，《人民日报》2021年7月2日第2版。

事实证明，新中国成立以来，中国既反对外部势力的干涉，中国的内部事务不容许其他外人插手，中国有能力、有信心处理好自己的事务，并始终以主权独立的姿态傲立于世界；中国自己也从来不干涉其他国家的内部事务，主张每个国家、民族都有自己的发展道路，每个国家都有处理内部事务的权利，每个主权独立国家都有依靠自己的力量与智慧走向繁荣富强的正当性、合理性。中国不会对其他国家的富强"红眼"，更不会阻拦他国的发展。台湾是中国领土的一部分，台湾问题是中国自己的家事，决不允许任何国外势力插手和干涉，一个中国原则不容侵犯，在百年未有之大变局下，祖国统一是大势所趋。中国始终能够保持独立主权下的内政，是中国特色社会主义政治制度作用的结果，是由人民民主专政的国体、人民代表大会制度的政体、党的全面领导制度所决定的。

（二）中国特色社会主义政治制度与中国特色大国外交

内政与外交是国家活动的两个方面。内政决定外交，外交为内政服务。从某种意义上讲，国家的外交制度、原则、政策是国家政治制度的组成部分。

中国特色社会主义政治制度属于内政范畴，受内政运行规律的支配。中国外交为内政服务，包括为中国特色社会主义政治制度服务，即外交要能够对外准确解读中国特色社会主义政治制度的科学性、正当性、合理性，让世界了解中国特色社会主义政治制度；要能够自觉主动地维护中国特色社会主义政治制度，维护国家主权安全；要坚决反对国外势力对其进行歪曲、诋毁、丑化，坚持防止国外势力的渗透、颠覆破坏，反对"和平演变""颜色革命""政权更迭"。

我国在坚持一个中国的原则下，与全球各国友好建交，奉行中国独立自主的和平外交政策。我国的外交政策在维护国家利益、维护世界和平与发展中发挥了重要作用。新中国成立以来，与我国建交的国家逐年增多，时至今日，全球196个国家中有180个国家与我国建立外交关系，这是中国作为大国应有的外交能力的体现，也是中国特色大国外交的成功实践。

表10　与中国建交国家数量统计表

洲际	亚洲	欧洲	非洲	大洋洲	北美洲	南美洲
数量(个)	46	43	53	12	15	11

数据来源：中华人民共和国外交部（截至2019年9月）。

党的二十大报告指出："中国始终坚持维护世界和平、促进共同发展的外交政策宗旨，致力于推动构建人类命运共同体。中国坚定奉行独立自主的和平外交政策，始终根据事情本身的是非曲直决定自己的立场和政策，维护国际关系基本准则，维护国际公平正义。中国尊重各国主权和领土完整，坚持国家不分大小、强弱、贫富一律平等，尊重各国人民自主选择的发展道路和社会制度，坚决反对一切形式的霸权主义和强权政治，反对冷战思维，反对干涉别国内政，反对搞双重标准。中国奉行防御性的国防政策，中国的发展是世界和平力量的增长，无论发展到什么程度，中国永远不称霸、永远不搞扩张。中国坚持在和平共处五项原则基础上同各国发展友好合作，推动构建新型国际关系，深化拓展平等、开放、合作的全球伙伴关系，致力于扩大同各国利益的汇合点。促进大国协调和良性互动，推动构建和平共处、总体稳定、均衡发展的大国关系格局。坚持亲诚惠容和与邻为善、以邻为伴周边外交方针，深化同周边国家友好互信和利益融合。秉持真实亲诚理念和正确义利观，加强同发展中国家团结合作，维护发展中国家共同利益。"①

无论是新中国成立以来的外交，改革开放以来的中国外交，还是进入新时代以来的中国外交，都秉持服务于国内建设的基本目标，服务于维护中国国家制度、政治制度的安全与稳定。特别是随着国家实力的增强，中国特色大国外交充分展现了国家自信、制度自信，中国特色大国外交与中国特色社会主义政治制度相辅相成、相互促进，体

---

① 习近平：《高举中国特色社会主义伟大旗帜　为全面建设社会主义现代化国家而团结奋斗——在中国共产党第二十次全国代表大会上的报告》，《人民日报》2022年10月26日第1版。

现了中国特色社会主义政治制度的显著优势。

（三）中国特色社会主义政治制度与国防安全

"国无防不立，穷兵黩武亡。"国防，即国家防务，是国家为防备和抵抗侵略，制止武装颠覆，保卫国家的主权统一、领土完整和安全所进行的军事活动以及与军事有关的政治、经济、外交、科技、教育等方面的活动。国防伴随着国家的产生而产生，是关乎民族生死存亡和国家荣辱兴衰的根本大计，是维护国家安全发展和人民利益的根本需要，也是衡量一个国家综合实力的重要标准之一。国防作为国家建设的主要组成部分，服从和服务于国家利益，而这种利益需求又取决于国家性质和社会制度。我国是社会主义国家，我国的国家性质和中国特色社会主义政治制度决定了我国国防建设的目的是抵御侵略、捍卫我国的主权与领土完整，确保国家安全，因此我国始终贯彻总体国家安全观，以人民安全为宗旨，坚持走和平发展道路和奉行独立自主的和平外交政策，坚决不会走霸权主义扩张之路。

面对百年未有之大变局，我国的国防安全面临着诸多挑战。就外部环境而言，国际形势的不确定性和不稳定性仍旧突出，世界局部地区长期陷入战争与动荡，世界贫富分化加剧导致地区热点问题此起彼伏。虽然中国政府一再阐明和强调，中国不赞同且不会走资本主义国家"国强必霸"的历史老路，但面对中国的崛起，个别国家出于狭隘的国家利益观，别有用心地制造和散布"中国威胁论"，或明或暗地在各个领域遏制、打压中国，甚至胁迫和指使一些国家在涉及我国主权和领土等核心利益的问题上不断试探和挑战中国的底线。同时，美国实施"战略再平衡""战略重心东移""新冷战"等战略，试图进一步插手亚太地区安全事务，少数国家借机推行所谓的安保合作，制造地区紧张氛围，这些行为严重威胁我国的国家安全，而他们的主要目的就在于打乱中国在战略机遇期改革发展的节奏，遏制中国的崛起。就内部环境来说，在党对军队强有力的领导下，国内环境整体处于稳定、和平的基本态势，但是仍旧存在着现实的和潜在的战争威胁因素，"台独""藏独""疆独""港独"等分裂势力依旧活跃，西方国家不择手段窃取我国军事机密，对我国的军事渗透更是无孔不入，"西化""分化"我国的图谋始终没有改变。无论是基于复杂多变的国际形势还是国内形势，我们必须清醒地认识到国防安全建设不容松懈，没有巩固的国防和强大的军队，中华民族的伟大复兴将成为水中花镜中月，没有任何安全保障。因此，要突破其他国家对中国崛起的遏制，维护国家统一和民族团结，化解各种复杂矛盾和应对严峻挑战，建立和巩固强大的国防是必然选择。

2012年11月29日，习近平总书记在参观大型展览《复兴之路》时指出："实现中华民族伟大复兴是中华民族近代以来最伟大的梦想。"这个梦想凝结了中华民族的时代夙愿和中华儿女的共同愿望。2012年12月8日，在党的十八大以后，习近平总书记在广州军区考察时提出，实现中华民族伟大复兴，必须坚持富国和强军相统一，努力建设巩固的国防和强大的军队。总书记这一论述将"强军梦"与"中国梦"结合了起来，将强军梦的深刻内涵寓于了中国梦之中，中国梦包含了强军梦，而强军梦支撑了中国梦。对军队来说，实现中国梦就是要实现强军梦，这是国防和军队建设在民族复兴进程中的战略定位。因此，2013年3月，习近平总书记在十二届全国人大一次会议解放军代表团全体会议上指出：建设一支听党指挥、能打胜仗、作风优良的人民军队，是新形势下党的强军目标，听党指挥是灵魂，决定军队建设的政治方向；能打胜仗是核心，反映军队的根本职能和军队建设的根本指向；作风优良是保证，关系军队的性质、宗旨、本色。这一强军目标系统地回答了强军目标是什么、为什么强军以及怎样强军的重大课题，是党指导国防和军队改革的最新军事理论成果，是我们党在新形势下建军治军的总方略，为国防和军队建设指明了根本方向。

针对党的十八大前一个时期党对人民军队领导力弱化的问题，习近平主席召开古田全军政治工作会议，确立了新时代政治建军的方略，紧紧扭住党对军队绝对领导这一核心，加强政治建军，从思想和政治上建设和掌握部队，保证军队建设能够沿着正确的政治方向前进；大力推进政治整训，坚决查处军队中的违法违纪案件，并彻底肃清军队中腐败分子的不良影响，强化组织纪律，净化政治生态；健全党领导军队的制度体系，确保党的领导在军队全面落实；强化各级党组织和干部队伍，培养"四有"新时代革命军人，锻造"四铁"过硬部队；深化学习习近平新时代中国特色社会主义思想，开展系列集中教育和主题教育，夯实人民军队听党指挥的思想政治基础。在练兵备战提高战斗力方面，高度重视备战打仗，带领全军扭住能打仗、打胜仗这个强军之要，拓展深化军事斗争准备；确立了战斗力这个唯一的根本标准，大力推进实战化训练，使强军实践向提升战斗力聚焦；扎实做好各领域各方向的军事斗争准备，时刻为维护国家统一和安全做好战斗准备；大力抓好战斗精神培育，紧抓高素质军事人才培养，提升军队练兵备战水平。为塑造军队的整体性和革命性，解决体制性障碍、结构性矛盾、政策性问题，着眼全局强力推动深化国防和军队改革，在全军打响了"三大战役"，即领导指挥体制改革、规模结构和力量编成改革、军事政策制度改革。

第四节
治理维度的显著优势

中国特色社会主义政治制度是各族人民在中国共产党的带领下，以马克思主义为指导，以优秀中华传统文化为土壤，立足中国国情，在长期革命、建设和改革中不断探索出来的。中国的国家治理是在中国共产党领导下运用制度、法律、政策等方式，对全社会事务进行控制与协调的理性过程。中国特色社会主义政治制度与国家治理相辅相成。中国特色社会主义政治制度为我国的国家治理提供了有力支撑，使我国的国家治理有章可循。中国国家治理的效能集中体现了中国特色社会主义政治制度的优势。中国特色社会主义政治制度在国家治理方面展现出的独特优势可以从治理主体、治理客体、治理方式、治理目标以及治理效能五个方面来分析。

一、治理主体

推进中国国家治理现代化必须在充分尊重和发挥中国共产党各级组织、各级人民政府、各类市场化组织、社会组织以及公民个体的主体作用的基础上，积极构建并不断完善党委领导、政府负责、民主协商、社会协同、公众参与、法治保障、科技支撑的中国国家治理现代化的主体关系格局。各个治理主体在中国共产党的领导下各司其职又相互配合，为中国良政善治发挥了重要作用。

（一）党的领导

中国国家治理的成功离不开中国共产党的集中统一领导，中国共产党在国家治理中处于根本地位，具有决定性作用。中国共产党植根于中国的大地与人民，为中国人民谋幸福、为中华民族谋复兴，这是中国共产党人与生俱来的初心和使命，也是中国共产党人始终如一的目标追求，更是激励中国共产党人不断前进的根本动力。党的领导是中国特色社会主义政治制度在国家治理中的最大优势。

在新中国成立之初百废待兴之际，中国共产党需要领导全国人民一方面继续完成祖国统一大业，消除残余敌对势力的威胁，另一方面需要整合当时中国各领域的有限资源，尽快恢复国民经济。面对如此艰巨且复杂的任务，中国共产党不畏艰险，领导中国人民渡过难关，相继取得了抗美援朝、土地改革运动等的胜利，并顺利完成"三大改造"，初步建立起社会主义基本制度。此后，中国共产党开启了社会主义建设的全面探索阶段，虽走了一些弯路，但也认识到苏联的国家治理模式并非完美无缺，应以苏为鉴，结合中国实际，不断进行变革与调整。十一届三中全会之后，党在总结新中国成立以来正反两方面经验教训的基础上，重新确立了"解放思想、实事求是"的思想路线，做出了实行改革开放的伟大战略决策，从此中国人民进入了社会主义现代化建设的新时期。中国共产党始终代表中国先进生产力的发展要求，代表中国先进文化的前进方向，代表中国最广大人民的根本利益，领导中国人民开启了改革开放的伟大历程，彻底改变了中国的面貌。

不同于西方国家的两党或多党竞争制，也有别于有的国家实行的一党制，中国共产党作为执政党，实行的是中国共产党领导的多党合作和政治协商制度，为中国的国家治理带来了独特的优势。首先，西方国家所倡导的三权分立在实现权力制衡的同时，却难以避免不同利益的争斗和不同资本集团的控制，导致内耗严重、效率低下、社会撕裂。而中国共产党总揽全局、协调各方的集中统一领导，有效防止了各自为政、各行其是的分散局面的出现，保证了决策与行动的高效率。比如，面对新冠疫情的来袭，党中央迅速建立统一调动、上下协同的指挥体系，使疫情在较短时间内得到了有效的控制，维系了社会的稳定。其次，西方国家政党受其特殊文化的影响，很容易成为特殊利益集团的代言人。但中国共产党却始终坚持以人民为中心，急人民所急，想人民所想，因此中国共产党能够得到全中国人民的广泛认同和支持。最后，西方国家政党秉持对立性理念，以"多元中心、分权竞争、民主共治"为内核①，使国家治理封闭排外，难以避免"区域主义"。而中国共产党却注重合作，一元为主、多元参与，在民主协商的过程中达成共识，在共识的基础上去解决问题，整个过程彰显着合作与协商的精神。多元的治理主体在协作配合中，职责明确，定位准确，优势互补，不仅使自己的作用、价值以及利益最大化，也推动了社会的整体进步，在更加积极的共治中共享治理成果。

进入新时代，党的十九届四中全会通过的《决定》明确了中国国家治理现代化的"三步走"目标，即坚持和完善中国特色社会主义制度、推进国家治理体系和治理能力现代化的总体目标是：到我们党成立一百年时，在各方面制度更加成熟更加定型上取得明显成效；到2035年，各方面制度更加完善，基本实现国家治理体系和治理能力现代化；到新中国成立一百年时，全面实现国家治理体系和治理能力现代化，使中国特色社会主义制度更加巩固、优越性充分展现。当今世界机遇与挑战并存，在新的历史时期，面对新的形势和任务，必须加

① 王义桅、张鹏飞：《中国治理观的独特意蕴》，《辽宁日报》2020年1月14日第14版。

快推进中国式现代化，这是全面深化改革的总目标，是历史和时代的必然要求。实现中华民族伟大复兴是近代以来中华民族最伟大的梦想，更是宏大的战略目标，也彰显了中国对未来的信心。只有坚持中国共产党的领导，把党的领导落实到各领域各环节，才能毫不畏惧地面对各种复杂局面和风险考验，才能于变局中开辟新局，创造高质量发展的新奇迹。

全面加强党的领导，必须全面从严治党。勇于自我革命，从严治党，是中国共产党最鲜明的品格。目前，中国特色社会主义建设面临前所未有的风险挑战，中国共产党必须保持好自身的先进性与纯洁性。首先，党的自我革命要以党的建设目标为导向，党的建设目标以不同的历史条件为依据，立足现实，为党的自我革命提供了依托。在新的时代背景下，要遵循习近平新时代中国特色社会主义思想指明的正确方向，确立的明确目标，"把党建设成为始终走在时代前列、人民衷心拥护、勇于自我革命、经得起各种风浪考验、朝气蓬勃的马克思主义执政党"①。其次，党的自我革命要始终与人民群众保持血肉联系。一切为了人民，以人民为师，与人民同行，从人民中汲取自我革命的勇气，倾听人民心声，从人民的需求中找准问题，并以人民的真实感受评判自我革命的成效。党的建设要广泛动员群众，充分发挥人民的智慧，共同推动中国日新月异地向前发展。最后，党的自我革命要有正视问题的自觉和刀刃向内的勇气。从制定实施中央八项规定、转变作风到通过科学管理、严格监督和发挥巡视利剑作用，切实把权力关进制度的笼子，从反腐败无禁区、全覆盖、零容忍到扎紧不能腐的笼子、健全党和国家监督体系，从党的群众路线教育实践活动到"不忘初心、牢记使命"主题教育，全面规范党内各方面生活，着力营造风清气正的政治生态，在刮骨疗毒中不断解决自身存在的突出问题。

（二）政府负责

政府是执行党和国家治理方略的职能部门，承担着按照党和国家

---

① 习近平：《决胜全面建成小康社会 夺取新时代中国特色社会主义伟大胜利——在中国共产党第十九次全国代表大会上的报告》，《人民日报》2017年10月28日第1版。

决策部署推动经济社会发展、管理社会事务、服务人民群众的重大职责。作为国家治理的重要主体之一，政府治理能力的提升为推进国家治理现代化打下了坚实的基础。

我国政府是人民意志的执行者和人民利益的捍卫者，为人民服务是政府的宗旨，对人民负责是政府工作的基本原则。随着时代的变化、人民需求的变化，政府的职能也在逐渐转变。新时代的中国政府是以人民利益为出发点，牢固树立为人民服务理念、不断强化公共服务职能、满足社会公共需求的服务型政府；是能以宪法和法律为准绳，积极履行责任和义务，对人民负责、受人民监督的责任型政府。

中国政府治理有其独特的优越性。一方面，不同于西方政党更迭频繁，政府容易受利益集团、资本等左右，中国政府是最公平公正的，它依据合法程序参与国家政治生活，"在合法地进入和掌控国家权力机构的前提下，以国家代表的名义行使国家权力、贯彻党的治国主张、处理全国的政治经济和社会事务、谋求和实现全国人民的利益"①。政府坚持人民利益至上，想方设法为人民提供更好的服务，不断提高公共资源的配置效率，推动经济社会的发展和人民生活水平的不断提高，具有较好的公信力。另一方面，不同于西方中央与地方政府是一种松散的联盟关系，中国政府从中央到地方是单一制下权力集中、统一的政府体制，因此可以集中精力办大事，并且效率非常高。中国的各级政府，呈现出上下对口、左右对齐的"职责同构"模式，每一级都有相应的组织依托，使上级命令能够层层落实并传达至基层，调动各层级力量，解决人民群众所需所盼的各种问题。

当前，我国发展已进入一个新的阶段，各方面都已经发生了深刻变化，所以，我们更要发挥改革的突破先导作用，开拓新局，不断深化行政体制改革。首先，要优化政府组织结构，通过更加科学合理的组织体系使政府行为更加高效。撤销不必要的行政层级，在实行扁平化管理的同时，尽力降低成本。其次，要明确政府职能，优化政府职

---

① 张恒山：《中国共产党的领导与执政辨析》，《中国社会科学》2004年第1期，第4-17页。

责体系。重点任务是要理清政府和市场、政府和社会的关系，要明确职、权、责三者之间的关系，避免发生混乱甚至冲突，利用这三者之间的互补和协调来辅助政府职能的正确履行。再次，要采取各种措施来提高公务员队伍的素质。一方面要严格执行公务员制度，另一方面要不断完善问责制度以及加强政府监督体系的建设。最后，政府要与时俱进，加强数字政府建设，推动政府数字化转型。要正视数字政府的重要价值，充分运用大数据来实现政府决策的科学化、公共服务的高效化，进而推动政府治理模式的创新以及政府治理的现代化。

（三）社会组织协同

新中国成立之初，中国是全能型的国家管制模式，国家大包大揽，主导一切，这种模式在特定的历史阶段有其存在的合理性。但是，随着改革开放的不断推进，我国经济社会发生深刻变化，在经济繁荣发展的同时，也凸显了各种矛盾和问题，文化多元碰撞以及各种利益交叉等，都很难单纯依靠行政手段去解决。面对社会主义市场经济体制下利益多元化和社会复杂化局面，"治理国家不再仅仅是国家机关的事情，各个社会主体都应当担负起相应责任，做到各尽所能、各尽其责"①。社会组织凭借自身的非营利性、自愿性和自治性的特点，在实现和维护群众利益的前提下，参与社会公共事务的治理，对民生的改善、社会福利的完善、社会公平的促进以及社会矛盾的化解等具有独特优势，对推动社会的和谐有序发展也作出了较大贡献。伴随着经济、社会的高速发展，社会组织作为治理主体之一，在国家治理中发挥着越来越重要的作用。

社会组织在国家治理中作用的发挥，一方面表现在其在党政领导下的协同治理。王浦劬教授认为："在我国，社会治理是指在执政党领导下，由政府组织主导，吸纳社会组织等多方面治理主体参与，对社

---

① 李利军：《推进国家治理主体、治理方式和治理规则的现代化》，《中国发展观察》2013年第11期，第7页。

会公共事务进行的治理活动"。①这里主要包括两个维度：首先，社会组织治理能力的发挥一定要在党政的领导下，这是一个大前提。政府不能事事干预、包办代替，对于那些政府做不了也做不好的事情，就要充分发挥社会和市场的作用。其次，社会中的各组织形成的多元互动网络，也使各社会组织之间达成协同，使社会组织能够打破各种界限，呈现跨界延伸状态。另一方面表现在社会组织的自治。首先，社会组织推动社会群众参与自治。社会组织的形成具有自发性，其管理主体直接就是社会或民间组织，是人民群众对公共事务的自我管理，可以广泛发动群众，对提升群众参与国家治理水平有积极的促进作用。其次，社会组织在参与治理过程中对自身不断进行完善。社会组织在其成长和发展过程中，通过健全的制度和规则系统以及相互制约的运行机制约束内部行为，实现自我组织与管理，确保组织肌体健康，强化组织规范化运行。

在西方，社会组织作为独立于政府、市场的第三部门，被认为是一种独立的社会力量，它反对国家对其的干预。但是，不同于西方的第三部门，中国的社会组织显现出明显的"官民二重性"特征，这种特征不仅符合中国的国情，而且也在国家治理中表现出明显的优势。首先，从思想上来看，中国的社会组织处在党委政府的领导下，而中国共产党和中国政府始终以人民利益为重，把整体利益置于首位，这不仅从根本上解决了个人利益和整体利益的冲突，还明确了正确处理各个治理主体之间利益关系的基本准则，使集体意识和国家意识得到不断的强化，更可以在实现中华民族伟大复兴的共同目标引领下凝聚起共识，汇聚起中华儿女的磅礴力量，把我国的制度优势更好转化为治理效能。其次，从实践来看，不同于政府的"刚性"政策的推行，社会组织强调主体之间采取讨论、协商等"柔性"行动方式，使其更容易被群众所接受，再加上社会组织本身具有的民间性等特征，决定了其是公众利益的代表。这样一来，社会组织就可以很好地成为政府

---

① 王浦劬:《国家治理、政府治理和社会治理的基本含义及其相互关系辨析》,《社会学评论》2014年第3期,第12-20页。

与群众之间的"润滑剂"，它不仅能把群众意愿通过理性的组织化的方式表达出来，为政府决策提供现实依据，更能减少政府与群众之间的摩擦，减小政策推行的阻力。

社会组织具有鲜明的时代特征，为了满足不断变化的时代需求，需要对社会组织进行变革。首先，要重视民众公共精神的培养，增强参与意识。社会组织的独立性要增强，不能过度依赖政府，只有人们从私域中走出，主动地、广泛地参与公共生活，才有可能为社会组织拓展更加广阔的发展空间。其次，要完善相关立法，用与时俱进的法律建设为社会组织的发展营造良好的环境，并辅之以不断健全的监督机制，加大治理透明度，增加互信程度。再次，社会组织要注重促进组织的专业化发展，积极引进专业化人才并进行组织成员的专业化培训，强化组织性与纪律性。最后，社会组织要强化现代治理技术与网络的运用，使资源能够有效整合，组织能够高效运转，进而实现管理的全覆盖。

二、治理客体方面的优势

治理客体是指治理的对象。在中国，治理客体具有丰富的内涵和不同类型的划分方式。从治理的内容看，可以分为经济治理、文化治理、生态治理等；从治理的空间看，可以分为现实社会治理与网络治理两个方面。不同于统治语境或者管理情境中客体往往指代具体的人、物或者事件，治理语境下的治理客体超越了传统的单维度区分而展示出多样性、复杂性的特征。此外，治理主体在通过具体治理方式对治理客体进行作用的同时，也接受着治理客体和治理方式对其自身的形塑与改变。面对治理客体的复杂性和主体与客体间的相互性，中国特色社会主义政治制度在治理客体层面的优势，体现在政治制度可以实现综合性治理与专项式治理相互补充、常态化治理与动员性治理有机结合、制度表现形式的灵活性与制度理念的统一性充分融合三个方面。

随着社会的发展变迁，社会治理难题的出现往往具有众多诱发因素和复杂的表现形式，这往往给政治制度功能的体现和效能的彰显带来挑战。中国特色社会主义政治制度在面对这些挑战时，其综合性治理与专项式治理相互补充的制度特点可以有效剖析治理问题，应对治理挑战。具体来看，政治制度的综合性体现在制度设计的综合性与治理主体的综合性两个方面。其一，针对治理客体的多样性，中国通过设计完善的政治制度体系来实现对客体的有效治理、全方位治理，具有制度体系的综合性特征。其二，当前中国的治理主体具有多元性，通过授权于基层、赋能于社会的方式，国家的政治制度设计实现了有为政府、有效市场与有机社会的整合，以治理主体的积极性与综合性应对治理客体的复杂性与多样性，从而有利于凝聚社会共识，形成社会合力。政治制度的综合性可以实现对普遍性的治理难题的覆盖，但对于局部性的问题和特定领域的难题，综合性治理往往难以用"绣花功夫"加以应对，缺乏精细化治理。专项式治理作为综合性治理的有效补充，其可以针对具体问题采取具体措施加以解决，在问题处理上具有精准性。综合性治理与专项式治理的相互补充，在织密政治制度网络的同时，可以突出重点、聚焦难点，实现对治理客体的有效应对。

政治制度设计的初衷在于通过明确主体责任、划分相关权限，形成某种规范和长效机制，以此应对各类社会问题。面对一般性问题，政治制度可以通过制度机制化和常态化手段加以解决，但面对社会突发的非常态事件，政治制度往往需要打破常规制度体制的规束，通过非常态的方式应对事件的不确定性。中国的政治制度具有应对非常态事件的治理韧性，具体体现在中国政治制度具有常态化治理与动员性治理有机结合的制度特征。面对非常态事件，政治制度框架下的动员式治理可以实现社会资源的快速集聚、主体间的系统整合和中央—地方的跨层级协作。动员式治理作为常态化治理的特殊版本，其是中国特色社会主义政治制度在应对非常态情境中的不确定性时所表现出的确定性行动策略。动员式治理不同于一般意义上应对突发事件的合作治理，动员式治理是中国政治制度体系下独具特色的治理方式，这种特色与优势的发挥离不开中国政治体制有力的领导核心与有效的多元参与。

当前，治理空间已从真实世界延伸至虚拟空间，网络平台的发展使得治理客体具有了立体性的特征，作为与物理空间相孪生的新治理场域①，网络空间需要被纳入政治制度的治理序列。网络空间的虚拟性使得政治制度面对新的难题，但同时也给政治制度的表现形式与嵌入治理场域的技术方式带来了新的机遇。一方面，网络空间具有虚拟性、隐匿性和异质性，流量背后折射出的是网络空间权力生产与分配方式，这给现实世界的政治制度带来认知和治理上的考验；另一方面，网络平台的兴起可以使网民凭借场域内资本的积累进行治理参与，政治制度也可能因为自身缺陷和不足成为虚拟场域中的治理客体，这就要求政治制度通过灵活的表现形式适应虚拟与现实两个治理场域，以价值理念的统一性和表现形式的灵活性顺应时代发展。以数字政府建设为例，当前数字政府建设是在回应虚拟空间与现实空间治理问题的过程中形成发展起来的，是适应网络空间治理特征的时代产物，其坚持人民立场，通过线上线下政务数据、公共资源的有效整合，打造出了高效、透明、为民的政府品牌。"我有问题问总理""政府留言板""接诉即办"等一系列线上治理平台的推出，以线上回应、网络服务的灵活方式将政治制度的人民性嵌入到虚拟的治理场域中，有利于充分发挥中国特色社会主义政治制度优势。

三、治理方式方面的优势

治理方式是指治理主体在解决公共问题、实现治理目标、促进经济社会发展的过程中所采取的方法、措施、机制、技术等的总称②，是国家进行治理的手段和工具。目前，中国的治理方式可以概括为以制度、法律与政策为主的刚性治理方式和包括思想意识形态、伦理道德在内的柔性治理方式。改革开放后，随着国内外形势的巨大变化，中国的治理不仅在内容上得到了丰富，在治理的方法上也得到了有效的

① 何艳玲、张雨睿：《孪生空间，平行治理：网络空间塑造中国城市治理新议程》，《中国人民大学学报》2022年第5期，第60-74页。

② 郎佩娟：《国家治理方法的变革与适用》，《国家治理》2019年第22期，第3-10页。

升级。首先，不同于以往单纯依靠行政命令的单一的治理方式，治理现代化力求将多种工具与方法融入治理过程；其次，从过去国家单方面的大包大揽逐渐转向多元主体的协调互动，在某些领域，非政府组织比政府拥有更大的优势，政府与其他社会单元的密切联系使得非政府组织的作用越来越明显；最后，治理方法从过去以刚性的行政命令为主逐渐转向如今的刚柔并济，使政府与社会的关系得到改善。随着经济社会的发展进步，中国共产党一直在致力于国家治理方式的探索，以提高国家的治理水平和有效性。中国治理方法的多样性使治理主体获得了更多的治理工具，并围绕问题解决这个核心，不断提出很多具体措施，多工具与多方法并存，显著提高了国家治理的效率和效果。

（一）制度化治理①

中华人民共和国的制度化治理源于新中国的成立，开启制度化建设则是党的十一届三中全会，在党的十一届三中全会上首次提出了"制度化"的概念和要求，其中指出"为了保障人民民主，必须加强社会主义法制，使民主制度化、法律化，这种制度和法律具有稳定性、连续性和极大的权威"。之后，邓小平在总结"文化大革命"的教训时就重点提出制度问题是带有根本性和全局性的问题，并在《党和国家领导制度改革》一书中指出"制度好可以使坏人无法任意横行，制度不好可以使好人无法充分做好事，甚至会走向反面"。随后，以江泽民为核心的党中央也很重视制度化的问题，并把重点放在干部制度化问题上，指出"要坚持党管干部的原则，努力推进干部工作的科学化、民主化、制度化"。胡锦涛在庆祝中国共产党成立90周年大会上的讲话中明确指出，"党的制度化建设，也就是健全民主集中制，不断推进党的建设制度化、规范化、程序化"。党的十八大以来，以习近平同志为核心的领导集体把制度建设和制度化水平摆到了更加突出的位置，不仅提出要继续推进党的领导的制度化、法治化，还更加重视其他工作领域的制度化。

---

① 本部分内容请参见作者《论国家制度化治理与国家治理现代化》，《新疆师范大学学报》（哲学社会科学版）2021年第1期，第87-96页。

通过中国的制度化道路可以看出，制度化的过程就是中国特色社会主义制度不断发展、完善，并形成成熟定型制度体系的过程，这一过程也正是国家走向制度化治理道路的过程。制度化中的"化"一词是描述中国特色社会主义制度不断走向成熟和定型的一个非常重要的制度学术语，它深刻地体现了制度成长的过程与特点，是理解中国特色社会主义制度成长历史的"金钥匙"。因此，走向制度化治理是我国治理现代化的必然逻辑，在国家建设中必须把制度建设放在首要位置，进行制度化治理。习近平指出："治理国家，制度是起根本性、全局性、长远性作用的。"国家的制度化治理归根结底就是要实现国家制度的现代化，从而推动国家治理的现代化。为此，在改革开放取得巨大成就和我国即将全面建成小康社会的基础上，面向未来，党的十八大以来，以习近平同志为核心的党中央提出全面推进我国国家制度和国家治理体系现代化，标志着我国国家治理走向了制度化治理的新时代、新阶段。进行制度化治理是新时代实现国家治理现代化的重要内容和必然逻辑。

进行制度化治理，要不断完善和发展中国特色社会主义制度，在充分发挥中国特色社会主义制度优越性的基础上，不断提高制度化水平、提升制度化能力，从而推进国家治理现代化。

1.制度化治理要坚持和完善中国特色社会主义制度

新中国成立以来，中国共产党带领人民创建了中国特色社会主义制度并取得巨大成就。党的十九届四中全会提出："中国特色社会主义制度是党和人民在长期实践探索中形成的科学制度体系，我国国家治理一切工作和活动都依照中国特色社会主义制度展开，我国国家治理体系和治理能力是中国特色社会主义制度及其执行能力的集中体现。"[1]因此，国家进行制度化治理首先要不断健全和完善中国特色社会主义制度。

坚持和完善中国特色社会主义制度首先要坚持党的领导。习近平

---

① 习近平:《中共中央关于坚持和完善中国特色社会主义制度 推进国家治理体系和治理能力现代化若干重大问题的决定》，《人民日报》2019年11月6日第1版。

在党的十九大报告中明确指出："中国特色社会主义最本质的特征是中国共产党的领导，中国特色社会主义制度的最大优势是中国共产党的领导。"①新中国成立初期，中国共产党为了改变中国发展落后、四分五裂的局面，带领人民通过艰难探索创建了治国理政的根本政治制度，之后又通过改革开放四十年的不断探索，发展和完善了中国特色社会主义制度。因此，中国共产党的领导保障了中国特色社会主义制度的顺利运行，改革的目的是要不断推进中国特色社会主义制度的自我完善和发展，而坚持和完善中国特色社会主义制度最核心的内容是要坚持和完善党的领导。

坚持和完善中国特色社会主义制度要不断进行制度体系建设。党的十八大报告中正式提出"制度体系"的概念，党的十九届四中全会又对"制度体系"进行了更深入的阐释，指出"中国特色社会主义制度是党和人民在长期实践探索中形成的科学制度体系"。中国特色社会主义制度包括国家的根本制度、基本制度和重要制度，而这些制度本身就是体系化的制度，只有不断进行制度体系建设，才能使中国特色社会主义制度的各个制度要素成为有机的整体，并发挥合力作用。中国特色社会主义制度作为一个制度体系也是制度化治理的必然结果，制度化治理就是不断健全和完善中国特色社会主义制度，不断进行制度体系建设，从而使国家治理在制度框架下展开。

坚持和完善中国特色社会主义制度要进行制度自身建设。制度化建设是一个不断发展持续的过程，中国特色社会主义制度的发展和完善也需要一个长期的过程。中国特色社会主义制度虽然具有很大的优越性，但还需要不断地完善和发展，正如习近平所说的那样："中国特色社会主义制度是特色鲜明、富有效率的，但还不是尽善尽美、成熟定型的……要坚持以实践基础上的理论创新推动制度创新，坚持和完善现有制度，从实际出发，及时制定一些新的制度。"②只有不断地进

---

① 习近平：《决胜全面建成小康社会 夺取新时代中国特色社会主义伟大胜利——在中国共产党第十九次全国代表大会上的报告》，《人民日报》2017年10月28日第1版。

②《十八大以来重要文献选编(上)》，中央文献出版社，2014，第75-76页。

行制度革新，才能使制度不断地适应发展变化的国家治理实践，才能为实现制度化治理，推动国家治理现代化提供更加有效的制度保障。

2.制度化治理要充分发挥中国特色社会主义制度的显著优势

中国特色社会主义制度是一个完整的制度体系，它是中国共产党人运用马克思主义的政党理论、制度理论和科学社会主义的辩证方法，深刻揭示了中国社会主义制度的本质和发展规律，因此是符合中国国情并具有优越性的制度。中国特色社会主义制度中蕴含的中国智慧不仅体现在它可以很好地运用于中国的国家治理实践，还体现在其制度体系及制度理论框架的构建。因此，中国特色社会主义制度是新时代中国国家治理体系的重要内容，也是国家进行制度化治理的关键所在。进行制度化治理就是要巩固和发展中国特色社会主义制度，形成一套完整的中国特色社会主义制度体系，使中国特色社会主义制度在实现制度化治理、推进国家治理体系和治理能力现代化进程中发挥出独一无二的显著优势。

中国特色社会主义制度之所以具有优越性，首先，它是中国共产党经过长期探索，把马克思主义基本原理同中国的具体实际相结合，集中体现了中国特色社会主义的特点和优势，是符合中国国情的科学制度；其次，它是中国特色社会主义实践制度化的成果，对中国的发展目标、发展方向以及如何发展都作了规范性的指导；再次，它是以人民为中心、全心全意为人民服务、坚持以维护和实现广大人民根本利益为宗旨的先进制度；最后，它是站在人类历史的发展高度，以构建人类命运共同体、实现人类共同价值为基础的制度。党的十九届四中全会提出："中国特色社会主义制度和国家治理体系是以马克思主义为指导、植根中国大地、具有深厚中华文化根基、深得人民拥护的制度和治理体系，是具有强大生命力和巨大优越性的制度和治理体系"。①中国特色社会主义制度是具有鲜明中国特色、具有强大自我完善能力的先进制度，足以指导中国的国家治理实践，也是推动国家治

---

① 习近平：《中共中央关于坚持和完善中国特色社会主义制度 推进国家治理体系和治理能力现代化若干重大问题的决定》，《人民日报》2019年11月6日第1版。

理现代化的重要支撑。

党的十九届四中全会系统地总结了中国特色社会主义制度的优越性，并就如何充分发挥这些优越性、推进国家治理现代化，部署了"十三个坚持"和完善的任务。"十三个坚持"和完善系统地总结了中国国家制度和国家治理体系的显著优势，也是党和政府在今后工作中需要牢牢遵守的内容。在治国理政的重要政治原则层面，提出坚持党的领导、人民当家作主和全面依法治国的有机统一；在治国理政的具体层面上，统筹推进"五位一体"总体布局和"四个全面"战略布局；最后通过坚持和完善党和国家监督体系，强化对权力的制约和监督。因此，我们必须利用这种制度优势，不断完善和发展中国特色社会主义制度，推进制度化治理，以制度现代化推动国家治理现代化。

3.制度化治理要不断推进国家治理体系现代化

党的十八届三中全会把国家治理体系理解为国家的制度体系，党的十九届四中全会把我国国家治理体系和治理能力理解为中国特色社会主义制度及其执行能力的集中体现。因此，要进行制度化治理，推进国家治理体系现代化，具体来讲就是要构建系统完备、科学规范、运行有效的国家制度体系。

构建系统完备的国家制度体系是国家制度的覆盖面问题。要确保国家的一切治理活动都在制度框架下展开，必须健全和发展中国特色社会主义制度，构建系统完备的国家治理体系，在稳固国家根本制度和基本制度的基础上不断发展和完善国家的重要制度。制度化治理的基础是构建系统完备的制度，只有加强制度的顶层设计、注重统筹规划、使国家治理各个方面和各个要素能够整体推进，才能使国家制度体系不断健全和完善，保证制度化治理的科学性和有效性。

构建科学规范的国家制度体系是解决国家制度的精准度和规范性问题。科学规范就是要制度的设置合理、合法、严谨、严密，不断提高制度的科学化、规范化和程序化水平。要构建科学完备的国家制度体系，必须坚持依法治国、依法执政、依法行政共同推进，坚持法治国家、法治政府、法治社会一体建设，发挥法治的规范作用和保障作用。科学规范是制度化治理的根本保障，制度只有不断规范化，有法治作保障，以良法促善治，才能使国家治理活动在制度框架下科学有效进行。

构建运行有效的国家制度体系是解决国家制度的执行效能问题的有效途径。运行有效是指国家制度的实施要运转协调、运行顺畅、执行高效，这就要求国家在治理活动中必须牢牢把握制度内涵、深刻理解制度精神，使制度发挥其最大的效能。运行有效是制度化治理的关键所在，科学有效地运行制度是制度化治理的落脚点，制度是否系统完备、科学规范最终都体现在制度是否运行有效。因此，系统完备、科学规范、运行有效这三者相互联系、相互影响、相互促进，共同推动着中国特色社会主义制度的完善和发展，为推进制度化治理、实现国家治理现代化提供有力的保障。

4.制度化治理就要不断提升国家治理能力现代化水平

国家治理能力是在国家治理过程中治理主体对国家制度的执行能力。推进国家治理能力现代化就是要在中国特色社会主义制度框架下，提升国家的制度执行能力。具体来说就是要加强系统治理、依法治理、综合治理、源头治理四个治理，把国家制度优势更好地转化为国家治理效能。

加强"四个治理"是把制度优势转化为国家治理效能的根本方法。所谓加强系统治理就是要在党的领导基础上，发挥政府的主导作用，鼓励多元主体共同参与到国家治理活动中去，构建共治共享的治理格局。加强依法治理就是要深刻理解国家治理与依法治国之间的关系，法律是治国之重器，依法治国是国家治理体系和治理能力的重要依托，要在全社会范围内树立法律意识、培养法治思维，使国家治理真正做到有法可依。加强综合治理就是要变单一的治理方式为多元综合治理，依法治国和以德治国相结合，自我调节与社会调节相结合。加强源头治理是要在制度的设计上取之于民、用之于民，确保每一项制度的实施都立足国情、依据民情，切实解决国家治理中的实际问题。

强化制度执行是把制度优势转化为国家治理效能的重要途径。习近平总书记指出："制度的生命力在于执行……要强化制度执行力，加强制度执行的监督，切实把我国制度优势转化为治理效能。"①国家治理体系和治理能力是相辅相成不可或缺的，进行制度化治理不仅要形成科学完备的制度体系，还必须强化制度的执行能力。强化制度执行能力一方面要增强制度意识，要在全党和全社会范围内形成运用制度治理国家的意识，增强各治理主体按制度办事、在制度规定范围内活动的意识，只有深刻地认识到制度的重要性和制度化治理的必要性，才能更好地强化制度意识和制度执行能力，进而推进制度化治理。另一方面要维护制度权威。制度的生命在于执行，而要使制度运行高效，就必须维护制度权威，坚持制度面前人人平等。只有带动全党全国各族人民坚决维护制度、自觉尊崇制度、严格执行制度，才能把制度优势更好地转化为国家治理效能。

5.制度化治理要不断提高国家制度化水平、提升制度化能力

提高制度化水平、提升制度化能力是国家进行制度化治理，实现制度现代化的需要。制度化的过程就是对制度的认识不断深化、不断发展的过程，进行制度化治理就是要在全社会范围内形成制度意识和制度权威，使国家的一切治理活动都在制度框架下展开。只有不断提高国家的制度化水平、提升制度化能力，才能不断地完善和发展中国特色社会主义制度，实现国家制度化治理。

党的十九届四中全会指出，我国国家一切工作和活动都依照中国特色社会主义制度展开，因此，提高国家制度化水平就是要坚持和完善中国特色社会主义制度的根本制度、基本制度和重要制度，构建系统完备、科学规范、运行有效的制度体系，着力固根基、扬优势、补短板、强弱项。提高制度化水平，首先，应该稳固中国特色社会主义制度这一根基，把中国特色社会主义制度作为指导国家治理活动的根本依据；其次，应该充分发挥中国特色社会主义制度的优越性，发扬制度优势来指导治理实践；最后，提高制度化水平必须根据时代的变

---

① 习近平：《坚持、完善和发展中国特色社会主义国家制度与法律制度》，《求知》2020年第1期，第4—6页。

化，在实践中不断完善和发展中国特色社会主义制度，对于制度上的不足必须加以修正，对于制度上的空缺必须加以填补。在提高制度化水平的过程中必须认清中国还处于社会主义初级阶段这一基本国情，制度的设计和发展必须注重历史和现实的有机统一，扎根中国土壤、立足中国国情，科学有效地提高制度化水平。

要实现制度化治理，不但要提高制度化水平，还要提升制度化能力。提升制度化能力首先要增强中国共产党的执政能力，以增强党的执政能力带动党的制度执行能力。党的十九届四中全会提出："各级党委和政府要切实强化制度意识，带头维护制度权威，做制度执行的表率，带动全党全社会自觉尊崇制度、严格执行制度、坚决维护制度。"①提升制度化能力还应该推进制度治党，通过有效的体制机制对党员的行为进行约束，进而提高制度的执行力。制度治党，基础是制，关键是治，依靠制度治党标志着党的制度建设重心从建章立制转向依靠制度治理②。制度的生命在于实施，进行制度化治理就是在完善和发展中国特色社会主义制度的基础上科学有效地运行制度，不断提升制度化水平，更好地把国家的制度优势转化为国家治理效能。

（二）法治化治理

"法治"，我国古代已有之，在现代，人们对法治概念的理解和使用是不一样的，但大体可以概括为三种：一是狭义的理解，即认为法治就是法律制度；二是广义的理解，指一切社会关系的参加者严格地、平等地执行和遵守法律，依法办事的原则和制度；三是法治是一个多层次的概念，它不仅包括法律制度，而且包括法律实施和法律监督等一系列活动过程。法治化治理就是要实现以法律制度体系为载体的国家治理，使国家的治理活动更加制度化、规范化、科学化和程序化，使国家的治理活动在法治的轨道上运行。

---

① 习近平：《中共中央关于坚持和完善中国特色社会主义制度 推进国家治理体系和治理能力现代化若干重大问题的决定》，《人民日报》2019年11月6日第1版。

② 秦国民、陈红杰：《国家治理能力现代化视阈下提升制度执行力的着力点》，《中国行政管理》2017年第8期，第57-61页。

法治化治理是国家治理现代化的重要手段之一。首先，只有通过法治化，国家治理制度才能定型化、精细化，才能确保制度的运行和执行，从而为国家治理现代化指明方向、明确目标；其次，法治为国家治理现代化提供规范，为良治和善治搭建基础和平台；最后，法治是社会得以和谐安定的关键因素，对于创建良好治理环境和构建和谐社会意义重大。因此，要实现国家治理体系和治理能力现代化，必须加强法治建设，树立法治权威。

加强法治建设，要对立法体制进行完善，不仅要使国家治理中带有根本性、全局性和长期性的制度获得法律效力，还要保障法律制度的有效衔接。加强法治建设，要进一步强化法治观念，提高民众的法治素质、增强法治思维和法治能力，摒弃人治观念，善于利用法治方式进行治理。加强法治建设，要对监督机制进行完善，防止公权力的滥用，把行政权力的不作为、不当作为和违法行为纳入司法审查和监督的管辖范围。

（三）公共政策治理

公共政策是公共权力机关经由一定的过程所选择和制定的，为解决公共问题、达成公共目标、实现公共利益的行为准则，其作用是规范和指导有关机构、团体或个人的行动。公共政策的表达形式具有多样化特点，具体包括法律法规、行政规定或命令、国家领导人口头或书面的指示、政府规划等。

作为国家治理的工具之一，公共政策的重要性不言而喻。首先，相比于制度、法律，政策具有灵活性、及时性等特点，可以看作是对制度、法律的补充性规范；其次，民意的表达和大众利益最终都体现在公共政策上，公共政策执行效果的反馈影响着政府治理能力的评价，推动着政府治理水平的提高；最后，公共政策对社会发挥的指导和约束作用为社会发展与改革提供动力机制和保障。因此，实行公共政策治理是实现国家治理现代化的必然要求。实行公共政策治理，要坚持中国特色社会主义的发展目标，致力于推进国家治理体系和治理能力现代化，推动中国特色社会主义制度体系的完善。

实行公共政策治理，要更加注重以人民为中心，重视民主参与，及时回应群众在各方面日益增长的新需求、新期盼；要重视政策的科学化、民主化，建立科学的公众参与机制，扩大公众参与；进行跨区域合作，加强部门之间的联合，提升政策制定能力；借助互联网技术，积极主动与公众互动，更好地为人民服务；要注重公共政策的执行力和公信力，注重发挥制度效能，通过制度改革与创新，健全强有力的执行系统，进而提高政府公信力。

（四）法治、德治与自治相结合

法治强调用强制的手段来约束人们的行为，体现着国家对其成员在政治、经济、社会等各个领域的行为的要求，它为维护社会稳定、保护人民生命财产安全和保障国家安全保驾护航。德治诉诸人们内心的道德信念，它通常通过道德教育的手段，以其说服力和劝导力来影响和提高社会成员的道德觉悟，使人们在内心深处形成道德行为的内在动因，从而自觉地履行义务、遵守行为规范。自治是指自我治理，强调人的主体性和参与性，人们依法办理自己的事情，维护合法权益，自我管理、自我教育、自我服务。

"三治"有其各自的功能作用和价值属性，"三治融合"的治理方式对于推进国家治理的伟大事业大有裨益。首先，"三治融合"是国家治理结构优化的内在诉求，治理主体的互动协同、治理规则的互嵌自洽都为"三治"的实施提供了逻辑基础。其次，"三治融合"符合群众需要、现实需要，是国家走向"善治"的途径之一，体现了国家治理水平和质量不断提升的价值追求。最后，进入21世纪以来，现实困境大大增多，"三治融合"可以积极主动有效应对新时代复合型危机。"三治"要想充分发挥作用，关键在于"融合"。

推动"三治融合"，要坚持和完善中国共产党的领导，以党建引领为前提，保证"三治"的正确方向；推动"三治融合"，要树立整体性治理理念，防止相关部门各行其是，出现治理体系支离破碎的局面；推动"三治融合"，要增强治理主体的自觉，培养群众对法律的敬畏，滋养群众的道德尊严感，凸显"人人有责，人人尽责"，充分发挥其在国家治理中的主体性作用。

（五）不断创新治理方式

当前，中国社会处于结构转型、"两化"叠加、治理问题与矛盾突出的特殊时期，国家与社会治理问题变得更加棘手，社会矛盾日益复杂。面对此般情势，如果治理方式不加以跟进创新，就难以实现有效治理，从而形成治理绩效。从理论视角看，治理方式是政治制度具体执行落实的手段工具，通过具体治理方式的合理运用可以彰显制度优势，提升制度活力，同时也可以推进政治制度的优化调适。面对复杂的治理情境，创新治理方式不仅可以有效回应人民群众在民主、平等、法治、正义等方面的诉求，还可以增强政治制度的韧性与适应性，这对于推进国家治理体系和治理能力现代化、保障国家长治久安具有重要意义。

治理方式从不同的角度可以划分为不同的类型：从治理方式的强制性看，可以划分为刚性治理和柔性治理两种形式；从治理方式的表现形式看，可以分为制度治理和情感治理等；从治理方式的影响范围看，可以分为整体性治理和局部性治理。创新治理方式并不意味着对不同视角下所有的具体治理方式进行革新改进，而是要根据时代社会发展的需要，对相应的治理方式进行积极调适更新，使治理方式适应社会发展新需要、回应社会发展新问题。从治理空间的角度出发，治理可以分为现实空间治理与网络空间治理，不同空间的特殊性使得治理方式亦有不同。其中，现实空间的治理方式又可以根据横向、纵向两个维度的差异进行区分。创新治理方式，便是要依据具体空间情境的不同，选择与优化与具体空间类型特征相适应的治理类型和工具。

1.创新现实空间治理方式

现实空间是传统治理实践中的主要场域，从场域的结构来看，现实空间治理方式可以划分为横向治理方式和纵向治理方式两种类型。从治理实践来看，传统的治理方式强调通过多元合作的方式对治理客体采取相应的方式化解治理难题，但具体治理往往会出现横向上的"治而不理"与纵向上的"有治无理"的现象。具体地看，横向治理强调同一层级不同主体之间的治理关系；纵向治理强调不同层级不同主体间的治理关系，但传统治理方式的类科层性特征使得治理往往有形无实，横向间有主体的协作，而缺乏主体间的协同；纵向层级间有主体间的命令信息传递，而缺少试错协商的制度平台。

从纵向上看，党政体制作为中国政治制度设计和治理实践的重要构成，其通过具体的层级架构内嵌于国家与社会治理的方方面面。在运作方式上，党政体制中各级党委政府往往倾向采用责任层层落实、任务层层分解、督查问责等方式对具体治理问题进行剖析解决，治理方式从某种意义上看属于具有科层制色彩的"压力型治理"。这种治理方式可以较好地避免制度落实执行的偏差，以党政统合的方式促进战略任务的高效落实推进，但同时也存在抑制下级治理积极性和治理活力有效发挥的风险。因此，在既有结构框架下，要增加党政体制的灵活性。在坚持党政引领的同时，充分调动下级机关的积极性，坚持制度安排的统一性与制度落实执行的灵活性相统一、顶层设计与地方先行相统一、党政统合与党政分工相统一，更好地优化治理体制框架，推进层级间治理方式的有效配合。

从横向上看，创新治理方式侧重于同一层级不同主体间治理方式的调适改进。从宏观视角看，随着社会流动性的增强、生态环境治理成为社会共识、区域局部治理资源匮乏等现象日渐凸显，传统的以行政区划为界的局部性治理方式已难以应对综合多变的公共事务治理问题。在此背景下，超越行政区划的区域治理以及跨区域治理对于国家治理实践有着愈加重要的意义。其中，区域治理需要一定地理空间内的各主体通过构建协同机制采取集体行动、提升治理合力。跨区域治理强调通过上级部门的统筹安排，加强不同区域间的合作治理，在应对局部突发事件和落实具有动员性质的战略任务时，跨区域治理往往可以实现资源互补、风险共担、价值共享，通过对口支援、专项帮扶等措施促进不同地区的均衡发展，提升有关地区治理效能。

从中观视角看，城乡治理是影响中国治理成效和社会发展的重要一环，对城乡关系的把握是进行城乡治理的关键。我国城乡关系经历了农村支援城市、农业支持工业到城市反哺农村、工业反哺农业再到如今强调城乡统筹融合发展的过程转变。进入新时代以来，随着精准扶贫、脱贫攻坚和乡村振兴等一系列战略举措的提出，农村在资源获取、产业发展和生活改善等方面取得了较大进步，但是这些成果的取得很大程度上来自城市对乡村、高层对基层单向度的大规模、超常规投入，城市与乡村的双向互动不足。在新的时代背景下，城乡治理方式不仅要由单向度治理转向双向度互动型治理，还要进一步完善资源要素的双向流动机制，实现人力、财力、物力的相互补充，真正实现"进得去城、回得了村"。

从微观视角看，对于具体治理问题，需要实现多元治理主体的有机整合，打造共建共治共享的治理共同体。具体治理事宜往往与人民群众的日常生活密切相关，这就要求治理方式可以表现出更强的可塑性和适应性，实现治理方式的规范逻辑与生活逻辑相统一。微观治理方式的创新要更加关注治理的细节末端问题，要通过协商平台的搭建加强不同治理主体的对话协商，回应治理诉求，形成协商共识，从而形成上下联动、多元协同的治理格局；要通过专项清单的设置明确不同治理主体的权限责任，提升治理精度、增加治理密度，从而实现精准治理、有效治理；要通过组织体系的完善，吸纳各类治理主体进行有序治理参与，实现组织嵌入与情感融入的有效结合。在具体治理场域中，多元主体是治理效能发挥的重要支撑与基础，治理方式的创新要充分体现治理主体的治理诉求，实现治理主体与治理方式相统一。

2.创新网络空间治理方式

当前，网络空间成为与现实空间同等重要的新兴治理场域，从一定角度看，网络空间是现实空间的信息化延伸与科技化拓展，但同时，网络空间主体的匿名性、互动的分散性、话题的异质性等特征都增加了治理的复杂性。网络空间与现实空间在治理方式上有共性，但也具有其治理方式的特殊性。网络空间具有海量的信息、流动的边界，常规的治理方式难以应对来自网络空间的治理挑战，因此，网络空间的治理方式更需要技术性的创新，通过算法治理、数字治理等方式将技术嵌入到空间场域中。此外，网络空间的存在离不开现实世界，虚拟性的背后是现实性的映射和呈现，网络空间治理方式也需要与现实空间治理方式相对接，即既要推进现实空间治理方式的数字化、智能化，也要推进网络空间治理方式的制度化、情境化，从而实现治理空间的有效结合、治理方式的及时更新。

3.加强系统治理、依法治理、综合治理、源头治理①

党的十九届四中、五中全会相继提出，要加强系统治理、依法治理、综合治理、源头治理，把我国制度优势更好转化为国家治理效能，持续推动"国家治理效能得到新提升"②。这实际上既阐明了制度优势转化为国家治理效能的四维路径，又蕴含着"更好转化"的衡量标准和"新提升"的目标要求，是新时代治理创新的重要内容和方式。

系统治理是促进制度优势向治理效能高效转化的实践总领。把我国制度优势更好转化为国家治理效能要强化系统治理，系统性优化穿透于国家治理各子系统中的价值机制、制度机制、组织机制、技术机制，以夯实国家治理的价值基础、制度基础、组织基础和技术基础，提高制度优势转化为国家治理效能的效率性、系统性。

依法治理是制度优势转化为国家治理效能的基本遵循。深化依法治理，要坚持在法治轨道上推进国家治理，强化干部和民众的法治思维、法治意识，以法治方式提高国家治理的规范性，进而提高制度优势转化为国家治理效能的稳定性、可靠性。

综合治理来源于枫桥经验的基层实践，并不断由基层治理拓展到社会治安治理、社会治理乃至国家治理。全面深化改革背景下采取综合治理是大国治理的必然选择，是协同推进国家治理现代化的重要原则。发展综合治理，关键是要将综合治理理念制度化、法治化，以党政主导吸纳多元主体共同治理，拓展治理手段、工具以综合施策，提

① 本部分可参见丁志刚、李天云：《"四维治理"：促进制度优势更好转化为国家治理效能》，《长白学刊》2023年第1期，第40-48页。

② 习近平：《中共中央关于制定国民经济和社会发展第十四个五年规划和二○三五年远景目标的建议》，《人民日报》2020年11月4日第1版。

高制度优势转化为国家治理效能的协同性、统筹性。

善于预防是现代国家治理的内在规定，源头治理是促进制度优势持续转化为国家治理效能的关键抓手。升华源头治理，应一体推进预防预见性治理和前瞻适应性治理，提高制度优势转化为国家治理效能的可持续性、长效性。

从路径类型、角色定位与功能指向来看，系统治理、依法治理、综合治理、源头治理形成了"四位一体"的关系：系统治理是促进制度优势向治理效能高效转化的实践总领，依法治理是促进制度优势向治理效能稳定转化的基本遵循，综合治理是促进制度优势向治理效能协同转化的重要原则，源头治理则是促进制度优势向治理效能持续转化的关键抓手。

制度优势转化为治理效能是一项复杂的系统工程，推动制度良性变现，把我国制度优势"更好"转化为治理效能以实现国家治理效能"新提升"，要在党的全面领导下持续强化系统治理，全面深化依法治理，不断发展综合治理，适时升华源头治理，协同推进"四治"融合，高效、稳定、协调、可持续地把"中国之制"的显著优势转化为"中国之治"的显著效能，形成国家治理效能生成存续的熵减效应、转化释放的协同效应与持续提升的迭代效应，推动创造"中国之治"新奇迹。

四、科学设定治理目标

（一）国家治理目标的一般含义

国家治理目标是国家治理活动想要达到的预期目的。国家治理目标的制定必须是从全局出发、整体考虑的结果，各分目标必须协调一致。

国家治理目标的制定应建立在可靠的基础上，有充分的客观依据，是可以接受的、可以实现的。国家治理目标要保持相对稳定，在一段时间内不能随意更改，但同时也要根据内外环境的变化及时作出调整，不能僵化死板。治理目标的重要性毋庸置疑。

国家治理目标规定了要完成的任务，明确了奋斗的方向，具有维系组织各个方面关系构成系统组织方向核心的作用，只有在正确方向的引领下，国家治理才有可能走向成功。治理目标是一种激励全社会成员奋发向上的力量源泉，反映了民众希望通过努力后能达到的未来状况，只有在明确了行动目标后，才能调动全社会的努力，使其为达到目标尽力而为，并能在达到目标后产生成就感和满足感，进而为完成下一个目标而努力。治理目标具有凝聚作用，当治理目标充分体现社会成员的共同利益，并与社会成员的个人目标保持和谐一致时，它就能够极大地激发大家的工作热情、献身精神和创造性，在全社会凝聚起为达成目标而努力的共识，使大家心往一处想、劲往一处使。

治理目标为国家的各项决策和各种治理活动效果的考评提供了依据，治理目标不仅是国家制定相关政策、规定等的出发点，而且也是考核决策的制定和执行工作好坏的依据，有了明确的目标作参照标准，有关人员的思考和行动才有客观的准则，而不至于凭主观意志作决定，凭主观印象做考核。

（二）中国国家治理目标的特征

中国特色社会主义政治制度作为国家治理体系中的重要组成部分，政治制度的科学性和有效性很大程度体现在其与国家治理目标的契合程度上。政治制度与国家治理目标相适应时，政治制度的优势便得以发挥，进而转化为制度效能，服务于国家治理体系建设；政治制度与国家治理目标不相适时，制度的设计执行便会与国家治理效果相悖，阻碍国家治理能力的提升，影响国家治理综合效能的发挥，给国家发展带来阻力。因此，国家的政治制度要与国家的治理目标同向，服务于国家治理目标。

把握中国特色社会主义政治制度的发展走向，很大程度上需要厘清国家治理目标的特征，依据治理目标的特征合理调整政治制度，从而使政治制度更好地服务于国家治理目标的实现。中国国家治理目标的特征，主要体现在其根本遵循的人民性、实现路径的阶段性、结果指向的现代性三个方面。

1.人民性是中国国家治理目标的根本遵循和本质属性

中国作为一个社会主义国家，始终坚持马克思主义立场，坚持人民群众是历史的创造者。就国家治理而言，国家治理的主体是人民，治理过程依靠人民，治理的结果要由人民共享，治理的效能要由人民评定，人民性贯穿于国家治理的全过程，国家治理的目标便是通过依靠人民来实现人自由而全面的发展。从历史发展角度看，中国社会主义事业经历了革命、建设、改革三个时期后进入了当下新的历史发展阶段，每一时期，人民性都被置于国家发展的突出地位，是国家治理的根本目标追求。从毛泽东提出的"全心全意为人民服务"到"三个有利于"中将"是否有利于提高人民的生活水平"①作为判断工作的重要标准；从"代表最广大人民群众的根本利益"到提出判断政绩和改革成效的"最终标准是人民拥护不拥护、赞成不赞成、高兴不高兴、答应不答应"②再到新时代提出的"人民对美好生活的向往，就是我们的奋斗目标"③。作为中国特色社会主义事业的领导核心，中国共产党始终坚持国家治理人民性的根本立场，坚持治理为了人民、治理依靠人民、治理成果由人民共享。

2.阶段性是中国国家治理目标实现路径所体现出的时间属性

"其作始也简，其将毕也必巨"，中国国家治理目标的实现从来也不是一蹴而就的，中国特色社会主义政治制度的确立也从来不是一劳永逸的。国家治理目标是短期目标与长期目标相结合、局部目标与整体目标相统一的目标体系，既有资源的有限性和时代发展的客观性都决定了治理目标的实现是具有阶段性特征的。长远目标需要短期目标的逐步达成来实现，整体目标需要由局部目标的细分落实来实现，长远整体目标依靠短期具体目标的递进实现来完成，二者统一于国家治理的目标体系中，是国家治理的重要支撑。从实践角度看，"分步走"发展战略、五年规划、年度计划等是中国国家治理目标阶段性特征的

---

① 《邓小平文选》(第三卷)，人民出版社，1993，第372页。

② 《十六大以来重要文献选编》(上)，中央文献出版社，2005，第511页。

③ 《十八大以来重要文献选编》(上)，中央文献出版社，2014，第70页。

具体体现。"分步走"发展战略从顶层设计角度擘画出国家治理的整体走向与发展阶段，从"两步走"战略到"三步走"战略再到新时代新"两步走"战略的提出，其将国家治理发展划分为不同的历史阶段，有利于明确国家治理战略，凸显时代使命。五年规划是对"分步走"发展战略的具体目标分解，其以五年作为一个周期，一以贯之，接续制定，每一个五年规划都是下一个五年规划的基础，后者又在前者的基础上接续向前，从而保证了实现长远目标任务的不动摇。此外，五年规划是相较于年度计划的长远目标，年度计划是五年规划的进一步目标细化，年度计划可以针对年度具体问题进行相应改进，通过适应社会形势进行调整创新，实现了发展导向与问题导向的有机结合。从"分步走"战略的擘画到年度计划的制定实施，是国家治理目标细化分解、层层落实的过程；从年度计划的实现完成到"分步走"战略的逐步实现，是国家治理目标叠加递进、级级顺推的过程。治理目标体系中自上而下与自下而上的动态统一使得国家治理目标的阶段性成为实现"中国之治"的有效保证。

3.结果指向的现代性

治理目标的实现程度可以反映出治理结果的相关情况，换言之，对治理结果的考量是评判治理目标实现与否的重要参考。中国国家治理的目标在于实现现代化，即治理结果的现代化。国家治理结果的现代化是包括技术现代化、制度现代化以及人的现代化在内的国家与社会整体、全面、系统的现代化。实现现代化，是社会发展的重要追求，同时也是国家治理目标所包含的应有之义。

从中国国家治理目标的特征来看，人民性从价值维度指明国家治理目标为谁制定和实现的问题；阶段性从结构维度指明国家治理目标如何制定和实现的问题；现代性从结果维度指明国家治理目标为何制定与如何评定的问题。三种特征从前端价值、中端过程和终端效果展现了国家治理目标对于治理实践的重要引导作用，其中，治理结果的现代性又是检验人民性与阶段性的重要标准。

五、突出治理效能

（一）治理效能的一般含义

"效能"一词是由"效"和"能"组成，一般可以理解为效用、效益、效率等和能力的总称。从词性来看，可以从两个角度来理解"效能"这一概念，一是名词意义上的效能，二是动词意义上的效能。作为名词的效能注重治理成效以及对目标的完成程度，它更侧重的是"效"，强调结果导向。作为动词的效能注重各主体在实现目标时所作出的努力和所展现出的能力，更侧重的是"能"，强调过程导向。我们要把二者结合起来考虑，"效能"既侧重结果又关注过程。所谓国家治理是"国家按照某种既定的秩序和目标，对全社会的运行与发展进行自觉的、有计划的控制、协调和引导的活动"[①]。国家治理效能就是国家在治理活动中所展现出来的效用和能力。国家治理效能不仅反映了国家治理目标的正确性，而且反映出对目标的实现程度，有利于对治理活动的进度、合规性等各方面进行把握，更是提供了评判国家各种治理活动的依据。在新时代，治理效能被赋予了独特的中国特色和时代意蕴，它以人民的实际需求为出发点，更加关注人民的获得感，追求的是更大更好的综合社会效应，体现了中国治理的系统性与协同性。

（二）中国特色社会主义制度治理效能的体现

中国治理在各领域成效显著。国家治理并不局限于某一领域、某一主体，它借力于各个治理主体和各个领域在治理过程中的有效协作和共同努力。就中国总体治理效能来看，中国的治理不仅创造出"经济快速发展"这个世所罕见的奇迹，也创造了"社会长期稳定"这个世所罕见的奇迹。经济方面，中国摆脱了大多数人连温饱也难以维持的贫穷社会，实现了国民经济持续快速发展；中国告别了物资短缺的时代，伴随着社会主义市场经济的逐步建立和完善，商店里各种商品琳琅满目；中国的脱贫攻坚战取得了全面胜利，为全面建成小康社会

[①] 丁志刚：《全面深化改革与现代国家治理体系》，《江汉论坛》2014年第1期，第37-40页。

作出了突出贡献。政治方面，中国的改革开放不断深化，取得了出色的绩效；中国的民主法治建设快速推进，人们的基本权利获得了宪法和各种法律的保障；中国加强与国际对接，与绝大多数国家建立了友好关系。民生方面，中国重视促进就业和提高居民收入，居民消费保持较快增长；中国建立起覆盖城乡的社会保障体系，使百姓更多地享受到经济发展的成果；中国重视"三农"问题，支农惠农政策体系不断得到加强、完善和巩固。基础设施方面，中国的基础产业和基础设施跨越式发展，供给能力实现从短缺匮乏到丰富充裕的巨大转变；中国的工业生产能力不断提升，交通运输建设成效突出；中国的邮电通信业快速发展，科技创新成果大量涌现，发展新动能快速崛起。中国特色社会主义制度以其显著优势和与时俱进的秉性经受住了实践的检验，彰显出强大的生命力与创造力，中华民族走上了复兴之路，中国实现了从站起来、富起来到强起来的伟大飞跃。

今昔对比，中国治理已经取得巨大成效，发展已跃上更高台阶。从新中国刚成立时的一穷二白到现在的世界第二大经济体：人均国内生产总值达到中等偏上收入国家水平；城镇居民人均可支配收入和农村居民人均可支配收入不断提高；农村贫困发生率大幅下降，远低于世界平均水平。从过去的吃不饱、穿不暖到现在的衣食无忧、商品琳琅满目、生活丰富多彩，人们衣食住行水平全方位不断提高。从过去的文盲多、辍学率高到现在的九年义务教育全面普及，全民受教育程度普遍提高，人才资源总量、高等教育人口量大大增加，中国不断向世界人力资源强国和人才强国行列迈进。从过去的基础设施建设极度滞后，到现在的中国已经建成了世界上最大的高速公路网、高铁运营网和移动宽带网，尤其中国的铁路建设，从望尘莫及到跟跑、并跑再到领跑，中国的高铁一路披荆斩棘直上世界顶端。从过去的农业型国家到现在的工业化加速推进，中国成为世界上最大的工业国、制造业国，并与信息化、数字化深度融合，不断向高质量增长、中高端增长推进。从过去的弱国无外交到现在的国际地位和影响力不断提高，中国形成全方位、多层次、立体化的外交布局，为世界和平与发展作出了新的重大贡献。这方方面面是国家治理的成果，这些成果离不开中国特色社会主义制度优越性的有效释放，是把中国特色社会主义制度优势转化为现实治理效能最直观、最生动的体现。

我国在伟大实践中取得的良好成绩，极大地激发了广大人民群众的制度自信。人民群众对社会主义制度充满信心，在发展过程中，社会主义不仅没有在历史中终结，反而以其强大的自我完善和革新能力展现出旺盛的生命力。不同于资本主义制度的剥削和掠夺，社会主义制度反对民族压迫、反对霸权主义和强权政治，保障人民的权利和自由，实现了人民当家作主。人民群众高度认同中国特色社会主义制度：人民群众高度认同我国的根本政治制度，人民代表大会制度不仅有利于保证国家权力体现人民的意志，而且有利于保证中央和地方的国家权力的统一，使中央和地方形成坚强的统一整体。人民群众高度认同我国的基本政治制度，中国共产党领导的多党合作和政治协商制度把各种社会力量纳入政治体制，能够有效反映社会各方面的利益、愿望和诉求，化解各种社会矛盾和冲突，促进社会和谐发展。民族区域自治制度既有利于维护国家的统一和安全，又有利于保障少数民族当家作主的权利得以实现，促进平等团结互助和谐的民族关系的发展。基层群众自治制度使人民群众享有更多更切实的民主权利，是人民当家作主最有效、最广泛的途径。人民群众高度认同我国的各种具体制度和法律体系：中国的具体制度是根本制度和基本制度的具体体现，中国的法律体系保障了中国各种制度的权威与定型，为制度自信提供了合法基础。人民群众肯定中国特色社会主义制度优势：人民群众肯定中国特色社会主义制度的经济优势，中国经济一直在合理区间平稳运行，并且实现稳中有进、稳中提质，社会主义市场经济体制不断完善。人民群众肯定中国特色社会主义制度的政治优势：中国政治坚持人民至上，维系人心稳定，而且独特的制度能够充分发挥集中力量办大事的巨大优势，实现民主与效率的结合。人民群众肯定中国特色社会主义制度的文化优势：中国历史悠久、博大精深的传统文化是我国治国理政的宝库，中国强调的"和而不同""为人民服务""共同富裕"等思想带有强烈的人文主义精神，符合当今世界发展大势及人类发展规律。处在新的历史方位，我们对中国特色社会主义制度充满自信，这种自信能够激发人们的主体担当意识，进而凝聚起全国各族人民的力量为实现中华民族伟大复兴奋发进取。

（三）进一步坚持和完善中国特色社会主义政治制度，释放更大治理效能

制度的有效运行是治理效能的基础，治理效能的展现彰显了制度优势，在新时代背景下，要进一步坚持和完善中国特色社会主义政治制度，使治理效能能够更大更多更好地释放。

首先要加强政治建设，要从中国国情出发，不断深化对发展中国特色社会主义政治的认识，坚定不移地推进社会主义政治建设。加强政治建设，一要以人民为中心，高举人民民主的旗帜，保障人民权益，最大限度地发挥人民的积极性、主动性和创造性。二要坚持党的领导、人民当家作主和依法治国的有机统一，中国共产党的领导是实现社会主义民主的根本保障，人民当家作主是社会主义民主政治的本质和核心，依法治国是社会主义民主政治的有效途径和可靠保障，坚持三者的统一是坚持中国特色社会主义政治发展道路的根本要求。三要坚持和完善中国特色社会主义政治制度，我国的人民代表大会制度、中国共产党领导的多党合作和政治协商制度、民族区域自治制度以及基层群众自治制度，是发展社会主义民主政治的基本途径。四要坚持发展社会主义民主，健全民主制度、丰富民主形式、拓宽民主渠道、保障人民基本权利，在充分考虑我国基本国情的基础上，通过各种途径不断推进社会主义民主向前发展。五要完善社会主义法治，加强社会主义法治建设，完善中国特色社会主义法律体系，大力弘扬法治观念，使国家各项工作逐步法治化、规范化。

其次要进一步推进政治体制改革。当前，我国的政治体制改革已经取得了很多的具体成就，比如人事制度的改革、行政机构的改革、公务员制度的建立与发展等，但是要想进一步巩固社会主义制度、发展社会主义社会的生产力、发扬社会主义民主还要继续推进政治体制

的改革。推进政治体制改革要旗帜鲜明地党政分开，理顺党政机构关系，在坚持党的集中统一领导的前提下，不断改进和完善党的领导方式和执政方式，与政权组织和其他群众组织实行职能分开，各司其职；推进政治体制改革要进一步下放权力，凡是适宜于下面办的事情，都由下面决定和实行，最大限度避免权力过分集中的弊端；推进政治体制改革要改革政府机构，既要有顶层设计，统筹考虑各类机构设置，也要做好扎实细致的具体实施工作，转变政府职能，深化简政放权，建立人民满意的服务型政府；推进政治体制改革要完善社会主义民主政治的若干制度，使公民的有序政治参与以及知情权、参与权、表达权、监督权等各项权利能够得到保障；推进政治体制改革要加强社会主义法治建设，深化依法治国实践，坚持法律面前人人平等，不断推进科学立法、严格执法、公正司法、全民守法。

最后要推进政治文明的发展，这是我国生产力发生深刻变革、生产关系不断发展之后，对上层建筑领域发展提出的必然要求。政治文明主要包括政治制度和政治观念两个层面的内容，其核心意义在于"民治"，这科学合理的制度安排和技术设计使所有社会成员在一种文明祥和的政治状态下各得其所，努力将人类对美好政治生活的构想付诸实践。推进政治文明发展：一要提高透明度，实行决策、执行、管理、服务、结果全过程的政务公开，保障公民知情权、监督权，让权力在阳光下运行，增强政府公信力，提升政府治理能力。二要加强社会监督，遏制政府机关不断扩张权力的动机和欲望，整合社会团体和社会组织、新闻舆论媒体、人民群众等的力量，充分发挥社会监督广泛性、普遍性、灵活性等优势，提高监督实效，减少腐败行为。三要防止多数人暴力，在遵从大多数人意志的基础上，也要切实保护少数人的基本权利，要加强制度规范和法律建设，保障公民法定的基本权利，任何团体和组织不得以任何方式剥夺。

六、释放"中国之治"的竞争优势①

泛而言之,"中国之治"是中国作为一个文明古国在长期的历史进程中形成的治理体制、治理道路、治理模式。中华文明源远流长,自成一脉,对人类治理文明作出了重大贡献。工业革命以来,西方工业文明异军突起,中华文明饱受蹂躏,国家由兴转衰,由治而乱。新中国成立以来,中国共产党带领中国人民奋起直追,经过七十多年的努力,实现了由传统农业文明向现代工业文明的转型,如今的中国,工业化、城市化后来居上,信息化、数字化、智力化如火如荼,中国式现代化业已走出一条新型现代化之路,"中国之治"体现出显著的竞争优势,中华民族的伟大复兴和中华文明的崛起指日可待。因此,所谓的"中国之治"特指新中国成立以来,中国共产党领导人民不断建立和完善中国特色社会主义制度、加强和推进国家治理体系和治理能力现代化而形成的中国治理制度和中国治理道路。"新中国成立70年来,中华民族之所以能迎来从站起来、富起来到强起来的伟大飞跃,最根本的是因为党领导人民建立和完善了中国特色社会主义制度,形成和发展了党的领导和经济、政治、文化、社会、生态文明、军事、外事等各方面制度,不断加强和完善国家治理。"②

站在新时代的历史舞台上,党中央提出全面推进国家治理体系和治理能力现代化,意味着"中国之治"已走向历史自觉,成为新时代治国理政的基本遵循和参与国际竞争的法宝。从党的十八届三中全会提出全面深化改革的总目标是"完善和发展中国特色社会主义制度,推进国家治理体系和治理能力现代化",到十九届四中全会审议通过《中共中央关于坚持和完善中国特色社会主义制度、推进国家治理体系和治理能力现代化若干重大问题的决定》,体现了"中国之治"已经成为新时代中国特色社会主义现代化建设的重要组成部分和突出亮点。

---

① 本部分可参见丁志刚、熊凯:《国家治理:国家间竞争的深层逻辑》,《学习与探索》2023年第3期,第39-44页。

②《习近平谈治国理政》(第三卷),外文出版社,2020,第119页。

特别是习近平总书记围绕新时代的治国理政，深刻地阐述了国家治理体系和治理能力现代化的方方面面，体现出大力推进"中国之治"的决定。"中国之治"是习近平新时代中国特色社会主义理论回应中国国家治理实践的创新话语，是中国共产党带领中国人民历经百年艰苦奋斗形成的国家治理模式①。新时代的"中国之治"必将对中华民族伟大复兴的历史进程和激烈的国际竞争产生深远影响。

（一）"中国之治"引领中国式新型现代化

大国竞争说到底是以经济科技为核心的综合实力竞争。中国式现代化是提高国家综合实力的根本途径。没有中国式现代化的成功，就没有中华民族的伟大复兴，中国梦也就是永远实现不了的梦。"中国之治"是中国式现代化的根本保障，没有"中国之治"的中国式现代化，就是空中楼阁。坚持"中国之治"，中国特色社会主义现代化建设的"五位一体"总体布局、"四个全面"战略布局才能得到贯彻落实。坚持"中国之治"，才能解决我国社会主要矛盾，不断满足人民对美好生活的期待，破解发展不平衡不充分的发展难题。坚持"中国之治"，我国经济才能平稳而快速地调结构转方式，走向高水平高质量发展之路。坚持"中国之治"，才能应对发展中的重大风险与挑战。新时代的"中国之治"体现的是新型治理文明，"中国之治"贯穿的治理逻辑、开辟的治理境界、构建的治理体系、形成的治理能力、产生的治理效能，是实现中华民族伟大复兴中国梦的基本保证。

（二）"中国之治"确保国家长治久安

治则兴，乱则败。打破治乱循环的历史周期率，是对中国共产党人的历史考验。"中国之治"是新时代中国共产党人打破这一历史周期率的创新与发展，是新时代确保国家安全稳定和长治久安的治国之道。没有国家的安全稳定，就没有国家的发展进步；没有国家的长治久安，中国式现代化就无法顺利实现。为此，新时代的"中国之治"提出总体国家安全观，确保国家安全、社会稳定、经济发展、人民安居乐业。

① 吕洪刚、刘卓红：《"中国之治"的价值意蕴及其实现》，《社会主义核心价值观研究》2022年第2期，第69~77页。

强国必须强军，通过实施强军战略，全面建成世界一流军队，确保国家安全。针对敌对势力对我国国家领土主权的挑战，以"中国之治"坚决有力打击"港独""台独"势力及其境外帮手，捍卫国家主权统一、领土完整。在涉疆涉藏问题上，坚持"中国之治"，制定治疆治藏方略，揭穿境内外敌对势力的阴谋，维护国家边疆安全。对美西方的挑衅、打压、制裁、对抗，以"中国之治"坚决还击，揭露其冷战思维的陈腐，反对其霸权、霸凌行为。

（三）"中国之治"体现大国担当

作为世界大国，中国积极参与世界事务，体现大国担当，展现"中国之治"的新型全球治理理念与行动。21世纪以来，随着中国的快速崛起，原有一超独霸的国际政治格局正在发生深刻变化。但是，中国的历史和文化特点、国家性质和发展道路，决定了中国的崛起是和平式崛起、发展式崛起、共赢式崛起。中国在崛起中不会走西方式侵略扩张、殖民世界、以战立国、以邻为壑的霸权老路。相反，"中国之治"强调，要主动承担大国责任，体现大国担当。"中国之治"蕴涵"共商共建共享"的全球治理观，倡导国际关系民主化，坚持国家不分大小、强弱、贫富一律平等，支持联合国发挥积极作用，支持扩大发展中国家在国际事务中的代表性和发言权。中国积极参与全球治理体系改革和建设，不断贡献中国智慧和中国力量。"中国之治"尊重和平、发展、公平、正义、民主、自由的全人类共同价值，尊重人类文明的多样性，主张超越意识形态、社会制度和发展水平差异，构建人类命运共同体，提出推动构建相互尊重、公平正义、合作共赢的新型国际关系。"中国之治"提出共建"一带一路"，志在建设持久和平、普遍安全、共同繁荣、开放包容、清洁美丽的世界，彰显了同舟共济、权责共担的命运共同体意识。面对全球治理挑战，"中国之治"提出全球发展倡议和全球安全倡议，提出打造全球发展共同体和人类安全共同体，为解决世界和平与发展两大问题提供了新方案、新思路，为各国共同发展提供了新支撑，为实现世界长治久安提供了新方向。面对美国对中国的冷战思维、制裁、封锁与极限打压，"中国之治"也体现新型大国的宽阔胸襟与战略定力，坚决反对美国冷战旧思维，反对美国霸凌主义，反对零和博弈，既维护了国家权益，也坚持了国际道义，赢得世界大多数国家的尊重和支持。

（四）"中国之治"尽显国际竞争优势

大国崛起与竞争是国际政治的基本内容。中国的崛起必然伴随着激烈的国际竞争、中美竞争。在激烈的国际竞争中，"中国之治"的优势十分明显。从经济来看，1978年中美GDP分别为1495.41亿美元和2.35万亿美元，中国GDP是美国的6.4%。2012年，中美分别为8.53万亿美元和16.25万亿美元，中国上升到美国的52%。到2021年，中美分别为17.73万亿美元和23.0万亿美元，中国快速上升到美国的77.1%。国际社会普遍预测，中国GDP超过美国只是时间问题。从新冠疫情防控来看，据约翰斯·霍普金斯大学数据，截至2022年6月7日，美国累计确诊病例8499.6万人，累计死亡100.9万例。据中国31个省（自治区、直辖市）和新疆生产建设兵团报告，累计确诊病例22.4万人，累计死亡5226例。美国新冠确诊病例数是中国的379倍，死亡病例数是中国的193倍。另外，中美在资本集团的管控、无谓的政治纷争、政府效能、经济社会协调发展、改革创新、民族（种族）问题、暴力犯罪、贫困等诸多方面，"中国之治"明显优于"美国之治"。从某种意义上讲，中美竞争就是治理竞争，谁能在治国理政中获胜，谁就能在竞争中占据优势和主动。

（五）以"中国之治"应对百年未有之大变局

当今世界正处于百年未有之大变局，既是对世界各国的挑战，也是重要机遇。面对大变局，各国纷纷应对，大国激烈较量。守陈的美西方势力沿用历史上大国你死我活、势不两立的逻辑思维，凭借军事、科技、联盟优势，对新兴大国的崛起无所不用其极地限制与打压。中国作为新兴大国，被美国公开列为主要竞争对手，意图以其霸权地位和优势遏制中国的崛起，体现了国际政治中保守力量、既得利益国与新兴力量、后起之秀竞争的惯性逻辑。"中国之治"是应对百年未有之大变局、回应美西方势力打压遏制的最有力武器。正在走向世界舞台中央的中国，以"中国之治"的智慧与力量，统筹国际与国内、内政与外交、经济与国防、发展与稳定、防疫与民生，化解风险，防范挑战，稳步推进中国特色社会主义现代化建设高质量发展，体现了"中国之治"的中国智慧、中国气派、中国特色、中国风格。"中国之治"，根本是实现国家的现代化，核心是推进高质量发展和高效能治理，基础是人民的支持与执政党的民生工程，动力是全面深化改革与创新，战略是不断推进国家治理现代化。"中国之治"源于政党之治，其本质是人民之治，得益于"中国之制"①。以"中国之治"应对"百年变局"，凸显了中国的明显竞争优势。

发挥"中国之治"的竞争优势，必须坚定"四个自信"，充分发挥中国特色社会主义政治制度优势，不断推进国家治理体系和治理能力现代化，把国家政治制度优势转化为国家治理效能。发挥"中国之治"的竞争优势，必须坚定对美西方斗争的战略定力，避免陷入传统大国恶性竞争的窠臼，不随美西方起舞，以"中国之治"的深厚功力克敌制胜。

第五节
综合维度的显著优势

中国特色社会主义政治制度的显著优势是多方面的。前文从四个维度分别论述了中国特色社会主义政治制度的显著优势，如果把这些不同维度的优势进行高度概括和总结，中国特色社会主义政治制度具有明显的综合优势。

一、独立自主性

习近平在庆祝全国人民代表大会成立六十周年大会上的讲话上强

---

① 王义桅、张鹏飞：《论"中国之治"的内涵、特点及进路》，《新疆师范大学学报》（哲学社会科学版）2020年第2期，第7—15页。

调："各国国情不同，每个国家的政治制度都是独特的，都是由这个国家的人民决定的，都是在这个国家历史传承、文化传统、经济社会发展的基础上长期发展、渐进改进、内生性演化的结果。中国特色社会主义政治制度之所以行得通、有生命力、有效率，就是因为它是从中国的社会土壤中生长起来的。中国特色社会主义政治制度过去和现在一直生长在中国的社会土壤之中，未来要继续苗壮成长，也必须深深扎根于中国的社会土壤。"①中国特色社会主义政治制度作为一种上层建筑，是中国特定历史条件和环境下经济基础的必然结果，二者之间的关系不可能是相互割裂分离的，必然是相互作用的，是中国共产党带领人民在革命与建设的实践探索中独立自主创建的，具有独立自主性。尽管世界上既有欧美国家的政治制度，也有苏联东欧的社会主义政治制度，但中国共产党并没有简单地照搬国外政治制度，而是基于中国独特的历史传统、政治文化、国家境遇、国际格局等多方面因素，独立自主地进行了探索。

鸦片战争以来，延续了两千多年的封建专制制度早已衰败不堪，中国人民面临的一个重大历史课题就是在中国建立一个什么样的政治制度。中国人民和无数仁人志士上下求索，孜孜不倦地探索适合中国国情的政治制度，试图改变中国命运，先后进行了太平天国运动、洋务运动、戊戌变法、义和团运动、清末新政、辛亥革命等运动，并尝试了君主立宪制、帝制复辟、议会制、总统制、多党制、分权制等各种形式，但都没能找到正确答案。在中国人民顽强抗争砥砺前行的过程中，中国共产党自成立之日起就以实现中国人民当家作主和中华民族伟大复兴为己任，最终推翻了帝国主义、封建主义、官僚资本主义三座大山，建立了人民当家作主的新中国。新中国的诞生，为建立符合中国实际的政治制度奠定了前提、创造了条件。中国共产党创造性地运用马克思主义国家学说，为建立适宜新中国的社会主义政治制度进行了创造性的理论与实践探索。1949年9月具有临时宪法地位的《中

---

① 习近平：《在庆祝全国人民代表大会成立六十周年大会上的讲话》，《中国人大》2019年第19期，第16—21页。

国人民政治协商会议共同纲领》庄严宣告，新中国实行人民代表大会制度。1954年第一届全国人民代表大会第一次会议召开并通过了新中国第一部宪法，宪法明确规定了"中华人民共和国的一切权力属于人民。人民行使权力的机关是全国人民代表大会和地方各级人民代表大会"。随后由1978年党的十一届三中全会和1982年《宪法》及此后的五个《宪法》修正案，逐步确立和形成了具有中国特色的社会主义政治制度体系，中华人民共和国的国体、政体、根本政治制度、基本政治制度、重要政治制度在实践探索中愈发成熟，中国特色社会主义政治制度不断完善和发展。新中国成立七十多年来，中国共产党吸收和总结世界政治制度和中国历史政治经验教训，将马克思主义和中国具体实际相结合，带领中国人民独立自主地在古老的东方大国建立、巩固和完善了中国特色社会主义政治制度，为当代中国经济的快速发展和社会的长期稳定发展奠定了制度基础，也为发展中国家探索适宜自己国情的政治制度提供了中国智慧和中国方案。

二、组织性

"人民群众有无限的创造力。他们可以组织起来，向一切可以发挥自己力量的地方和部门进军，向生产的深度和广度进军，替自己创造日益增多的福利事业。"[1]中国特色社会主义政治制度极大地提升了中国社会的组织化水平。中国人民能够组织起来，得益于中国共产党这个高度组织化的强有力核心，中国共产党自成立以来，就致力于将人民群众组织起来建立人民当家作主的新社会，带领人民群众走向社会主义道路。对于人民群众的有效组织，奠定了中国推翻半殖民地半封建社会悲惨命运的坚实群众基础，同时也是建立中华人民共和国的必要条件，更是中国作为后发式现代化国家在现代化道路上对其他发达国家追赶的重要前提。中国共产党选择的社会主义及其政治制度使中国人民彻底告别了近代以来一盘散沙的局面。

如今的中国共产党是世界第一大执政党，通过不断团结带领全国

---

[1]《毛泽东文集》(第六卷)，人民出版社，1999，第457页。

各族人民不懈奋斗、从胜利走向新的胜利，从而成为被历史证明和人民公认的中国特色社会主义的坚强领导力量。刘少奇曾经指出："我们的党，不是许多党员简单的数字的总和，而是由全体党员按照一定规律组织起来的统一的有机体，而是党的领导者和被领导者的结合体，是党的首脑（中央）、党的各级组织和广大党员依照一定规律结合起来的统一体。"[①]

新中国成立七十多年来，中国共产党通过创造性地运用马克思主义学说，形成了能够凝聚全国各族人民意志和力量的共同思想基础和理想追求，并在实践中不断坚持和完善中国特色社会主义政治制度。通过党的先进科学的指导思想推进并保证党在政治和思想上的团结统一，重视党的组织建设，强化政治纪律、组织纪律，使中国共产党拥有了有序、高效的组织机制，同时具备了强大的政治领导力、社会号召力、思想引领力、群众组织力，从而能够动员和组织全体人民投身中国特色社会主义事业，齐心协力建设现代化国家，担负起领导中国人民实现社会主义现代化和中华民族伟大复兴的历史使命，有领导、有秩序地朝着国家发展目标持续前进。中国共产党是领导一切的，在长期的革命奋斗中形成了一切为了群众、一切依靠群众和从群众中来、到群众中去的群众路线，群众路线是党的根本工作路线，坚持群众路线就能保证党与群众的血肉联系，使得党与中国社会各方各面的组织建立起了紧密联系，这层联系从国家层面向下延伸到企业、社区乃至社会的最基层，进而将14亿中国人民组织起来，将五十六个民族组织起来，形成高度组织化的体系并形成合力，共同推动经济社会的全面发展。中国共产党的组织性、中国特色社会主义政治制度的组织性是中国由站起来到富起来再到强起来的重要密码之一。

三、发展性

习近平指出："制度自信不是自视清高、自我满足，更不是裹足不前、固步自封，而是要把坚定制度自信和不断改革创新统一起来，在

[①]《刘少奇选集》（上卷），人民出版社，1981，第358页。

坚持根本政治制度、基本政治制度的基础上，不断推进制度体系完善和发展。"①中国特色社会主义政治制度的发展和完善是推动国家全面发展事业的重要动力。马克思主义唯物史观认为，人类社会是有规律运动的，由低级向高级发展的，它显现为辩证的历史过程。中国特色社会主义政治制度是中国特色社会主义道路在政治领域的进一步展开和具体化，是中国共产党领导中国人民将马克思主义政治理论和中国不同时期的具体实际相结合的结果，这条道路是根植于中国社会土壤中逐渐发展起来的，符合中国国情，且焕发出强大的生命力。

从世界范围和历史的角度来看，任何国家的政治发展道路的建设和完善都是需要时间的，中国特色社会主义政治制度作为上层建筑范畴，并不是一蹴而就的，是一个理论、制度和实践的统一，经历了确立、发展、完善的发展历程，是中国共产党带领中国人民长期奋斗的历史逻辑、理论逻辑和实践逻辑的必然结果，是中国社会一百多年来激荡发展的历史结果。这条道路是基于中华上下五千年的历史传承，与近代以来中国历史的发展息息相关，是历史的选择。

新中国成立以来，中国共产党带领人民建立了人民民主专政的国体、人民代表大会的政体、中国共产党领导的多党合作和政治协商制度、民族区域自治制度、基层群众自治制度，建立起了中国特色社会主义民主政治制度的基本框架。改革开放以来，通过不断健全各项制度，逐步形成了中国特色社会主义政治制度体系。进入新时代后，人民代表大会制度，特别是选举制度不断完善，公众有序政治参与不断扩大，中国特色社会主义政治制度体系愈发健全，人民民主权利得到更高水平的保障，党内民主更加广泛，爱国统一战线得到巩固，民族宗教工作有效和创新开展，社会主义协商民主全面展开，中国特色社会主义法治体系日益完善，社会主义民主政治在世界上散发出更加旺盛的生命力。

新中国成立七十余年来，中国特色社会主义政治制度得到不断的

① 习近平：《在庆祝全国人民代表大会成立六十周年大会上的讲话》，《中国人大》2019年第19期，第16—21页。

巩固和发展，展现出蓬勃的生机活力，这七十余年的实践充分证明了中国特色社会主义政治制度是符合中国国情和实际、保证人民当家作主、保障中华民族实现伟大复兴的好制度，是能够促进中国社会全面发展进步的好制度。

四、竞争性

与世界上其他政治制度特别是西方国家的政治制度相比，中国特色社会主义政治制度在政党制度、国家能力、人民地位、政府责任以及国家领导人的更迭方式等方面体现出独有的竞争性。

中国共产党领导下的多党合作与政治协商制度是中国的基本政治制度，这种制度符合中国历史上崇尚统一、和谐、中庸的文化传统。在这一制度下，中国共产党与民主党派之间是积极团结而不是互相掣肘，中国共产党长期执政，民主党不是在野党而是参政议政党，接受共产党的领导并对共产党实施监督，同时中国共产党和民主党派之间保持着建设性的关系，这样就避免了政权更迭带来的动荡，使得中国共产党能够集思广益，提升决策质量，保证决策稳定性和连续性。反观西方的竞争性政党制度，各个党派代表着泾渭分明的不同利益集团，政治舞台成了不同利益集团的角斗场。就美国来说，民主党和共和党为争夺选票，两党总统候选人互相诋毁谩骂，频频上演政治闹剧，在重大决策方面，两党互相扯皮、对峙、拆台成了常态，几乎没有合作、协作可言。

中国特色社会主义政治制度下国家具有强大的决策、执行能力。在国家决策中坚持民主集中制的原则，注重吸纳社会各阶层的民意，坚持"从群众中来，到群众中去"的程序和方法。在我国，中国共产党代表了最广大人民群众的根本利益，各民主党派代表了各自特殊群体的利益，一项政策的制定既能代表最广大人民群众的根本利益，又体现了少数群体的特殊利益。由于民主党派和中国共产党的根本利益是一致的，因此能够集中力量办大事，政策的制定和执行效率都会大大提升。反观西方国家，各个党派为了自身利益常常争论不休，为了否定而否定，导致了政策的制定和执行效率极其低下，国家能力大打折扣。

中国特色社会主义政治制度代表的是全社会不同阶层、不同群体、不同民族的利益，人民代表大会制度充分体现了中国特色的政治制度，是国家权力合法性的保障，也是人民中心思想在政治上的集中体现。人大代表制度能够保障决策科学化和民主化水平的提升，保证广纳群谏，也保证了决策和执行的效率，避免了各方利益群体在竞争性政治体制下的相互掣肘。反观美国，广大民众的利益和诉求只是表面上被重视，而实质上往往成为代表资本集团的各路政客谋取利益的借口和工具，人民群众本质上被剥夺了主体性。同时，美国政治制度下不同群体间的对立和社会分化日益加重，从美国社会存在的此起彼伏的抗议示威活动乃至骚乱反映出的社会矛盾、种族矛盾，到不同利益群体之间的对立，各持己见的社会群体日益固化，社会处于撕裂状态，由此不断引发社会动荡与冲突。

"贤能治国"是中国政治文化的传承，也是中国社会的普遍共识。我国国家领导人往往是上一代经验丰富的领导人，本着对党和国家认真负责的态度，通过充分的民主酝酿的方式产生候选人，随后在候选人中进行差额选举，在党的中央委员会全体会议中选举通过后，最后由全国人大投票获得认可。在这样的程序下选举出来的领导者，大都有过在省市或者部委担任要职的丰富经历，有着充分的政治素养和能力。反观西方的选举制度，民主选举对候选人有严格的财产限制，在竞选过程中往往也是竞选资金的比拼，获得更多竞选资金的候选人更容易赢得选举，由此在这种体制下能够参与选举的往往是大资本家或财阀的代言人，一个毫无从政经验的人，只要能够有竞选团队的良好包装和经费支持，就很可能在竞选中获胜。

五、规划性

社会主义着眼于长远的大局，长远的大局必须有规划，将长期规划和近期规划相结合，是中国特色社会主义政治制度维持政治生态稳定以及推进经济社会有序发展的重要举措，是治党治国的重要战略方式。通过规划推动党和国家各项事业的发展是中国特色社会主义政治制度的重要特征和成功经验。

中国共产党历来重视五年规划在国民经济和社会发展中的重要地位，规划涉及经济、政治、文化、社会、民生、生态、外交、国防、军队、党建等各方面。早在1956年毛泽东就提出："我国人民应该有一个远大的规划。"①党和国家从1951年开始就着手制定"一五"计划，并于1953年实施，至今已提出并实施了十四个五年规划。"一五"计划的制定和实施标志着系统建设社会主义的开始，初步铺开了我国工业布局的骨架，为社会主义工业化的推进奠定了坚实基础。"二五"计划继续以推进重工业建设为中心，为社会主义工业化巩固基础。"三五"计划的重要特征是将国防建设放在第一位，加快三线建设。"四五"计划表现的是以"战备"为中心。"五五"计划主要内容是将农业搞上去，到1980年要基本实现农业机械化。党的十一届三中全会之后，五年计划的核心指导思想是"发展"。"六五"计划是改革开放后的第一个五年计划，是使国民经济开始全面稳步发展、走上健康正轨的计划。"七五"计划的主要任务是使改革能够顺利展开，明确提出建立社会主义市场经济，是继续推进经济发展战略和经济管理体制转变的关键性计划。随着改革的不断深入，以人为本的执政理念逐步在经济发展与人口、资源、环境之间的矛盾中显现出来。"八五"计划提出了加快改革开放、加快经济发展，同时提出坚持把提高人民生活水平作为根本出发点。"九五"计划首次提出了转变经济增长方式，强调将科技发展和经济建设相结合，并实施了科教兴国战略和可持续发展战略。"十五"计划重申了科教兴国战略的重要性，并明确提出了以人为本的科学发展观。

从2006年开始，我国步入科学规划时期，将"五年计划"改为"五年规划"，进一步淡化了计划经济色彩，标志着中国经济的运行由政府主导向市场主导转变。"十一五"规划坚持发展的主线，以科学发

①《毛泽东文集》(第七卷)，人民出版社，1999，第2页。

展观统领全局，将构建社会主义和谐社会作为发展目标。"十二五"规划继续坚持以科学发展观为指导思想，将保障民生和改善民生作为根本出发点和落脚点。"十三五"规划时期是全面建成小康社会的决胜阶段，尽管面临百年未有之大变局带来的风险挑战，党和政府带领人民完成了新冠疫情防控任务，全面建成小康社会取得了决定性胜利，为全面建成社会主义现代化强国奠定了坚实基础。"十四五"规划是我国全面建成小康社会、实现第一个百年奋斗目标之后，站在"两个一百年"奋斗目标的历史交汇点上，乘势而上开启全面建设社会主义现代化国家新征程、向第二个百年奋斗目标进军的第一个五年规划，这份规划既关乎14亿中国人民未来的福祉，同时将为世界各国带来更多发展的"中国机遇"。中国共产党善于制定和实施战略规划，这是中国能够历经苦难再创辉煌的强国密码之一。

六、统筹性

统筹兼顾是中国共产党在社会主义建设实践中形成的重要经验，也是习近平新时代中国特色社会主义思想中运用的重要方法论之一。党的十八大以来，习近平总书记反复强调统筹兼顾的重要性，在党的十九大报告中，习近平总书记反复提及"统筹"的概念，他指出："统筹兼顾是中国共产党的一个科学方法论。它的哲学内涵就是马克思主义辩证法。中国共产党特别强调统筹兼顾。"[1]

统筹性体现在中国特色社会主义政治制度下的科学思维方式，遵循整体性和系统性原则，将各个要素看成不可分割的整体，注重各要素之间的相互关系和作用，根据不同要素的特点统一部署安排，平衡和协调各个要素之间的关系，使各个要素能够各尽所能、各得其所，最大限度发挥全局效应和整体功能，坚持统筹兼顾就是坚持马克思主义的世界观和方法论。

统筹性体现在中国特色社会主义政治制度下中国共产党人民至上

---

① 习近平：《干在实处 走在前列——推进浙江新发展的思考与实践》，中共中央党校出版社，2006，第25页。

的执政情怀。毛泽东指出："人民，只有人民，才是创造世界历史的动力。"①中国共产党的根基在人民，中国特色社会主义政治制度把全国人民的利益联系在了一起，在治国理政中对人民群众反映强烈的突出问题，积极督查问责；对事关人民福祉的问题，科学统筹并优先解决，统筹兼顾方法论的出发点和落脚点正是让人民过上好日子，就是始终将最广大人民群众的根本利益、长远利益、全局利益作为着力点。

统筹性体现在中国特色社会主义政治制度下中国共产党的高超领导艺术。毛泽东指出："领导人员依照每一具体地区的历史条件和环境条件，统筹全局，正确地决定每一时期的工作重心和工作秩序，并把这种决定坚持地贯彻下去，务必得到一定的结果，这是一种领导艺术。"②中国共产党在改革和建设的发展过程中，历来注重全局的关键环节，坚持两点论和重点论相统一，强调处理好主要矛盾和次要矛盾、矛盾的主要方面和次要方面之间的辩证关系。

进入新时代，从党中央统筹推进"四个全面"的进程中可以看到，中央在重视总体谋划的同时，也注重以创新发展为抓手，高度重视牵住"牛鼻子"，如既强调全面推进依法治国的系统部署，又强调以中国特色社会主义法治体系为总目标和总抓手。在新冠疫情防控阻击战中，党中央统筹兼顾的方法论贯彻始终，习近平总书记多次就疫情防控工作作出重要指示，强调"疫情防控要坚持全国一盘棋"。中国特色社会主义政治制度注重各个领域，注重各个政策的协同联动，各条战线统筹兼顾，通过不断完善防控策略和措施，疫情防控工作取得了进一步的进展，复工复产也取得了重要进展。

七、平衡性

中国特色社会主义政治制度具有领导与执政相统一、民主与集中相结合、选举与协商相补充、效率与公平相统筹的平衡性。这个优势

---

① 《毛泽东选集》（第三卷），人民出版社，1991，第1031页。

② 《毛泽东选集》（第三卷），人民出版社，1991，第901页。

表明了中国特色社会主义政治制度根植中国土壤，是符合中国国情、充满中国特色、生机勃勃的政治制度。

中国共产党是中国的执政党，在国家政治生活中处于领导的地位。在政治生活中，中国共产党通过多党合作和政治协商，与民主党派商议政策方针，发挥其领导作用，再通过人民代表大会制度，组织和支持人民当家作主，并通过各个执行机关贯彻落实人大会议通过的法案，实现其执政权。党在政治生活中总揽全局而不包办，协调各方而不替代，各方之间的事由党来协调，各方还是各司其职。从社会主义初级阶段基本路线的确定，到全面建成小康社会的蓝图，再到社会主义现代化强国目标，都是由中国共产党审时度势提出，再经人大上升为国家意志，最后再以法律法规的方式落实到全国，再由全体人民共同贯彻实施。

中国特色社会主义政治制度平衡性的显著特征也体现在民主集中制这一组织原则中。所谓民主集中制，就是在民主基础上的集中与在集中指导下的民主相结合，民主是集中的基础和源泉，集中是民主的体现和归宿。具体体现在：第一，集体负责制，在国家权力机关中，议事过程中各个主体法律地位平等，没有行政上的隶属关系，对于一切重大问题充分讨论后按照少数服从多数的原则集体作出决议；第二，首长负责制，在国家行政机关中，权力运行的基本方向是自上而下，行政首长有权采纳正确的意见，做出最后决策。

按照普遍的观点，民主分为选举民主和协商民主，中国特色社会主义政治制度充分体现了二者之间的平衡性。习近平总书记指出："人民通过选举、投票行使权利和人民内部各方面在重大决策之前进行充分协商，尽可能就共同性问题取得一致意见，是中国社会主义民主的两种重要形式。"①实践中，选举民主的制度设计保证了公权力来自人民的授予，使得当选者做到心中有群众，主动同群众协商，积极推动协商民主发展。改革开放后，中国选举民主的发展激发了公民的民主

---

① 习近平：《在庆祝中国人民政治协商会议成立65周年大会上的讲话》，《人民日报》2014年9月22日第2版。

意识，同时又助推了社会主义协商民主的发展。

效率与公平的平衡性是制度优势的具体表现和生动体现。从中国特色社会主义政治制度运行实际来看，民主有利于提高公平水平，集中有利于提高效率。中国经济社会七十多年的发展奇迹是与效率与公平的有机结合分不开的。经过改革开放后四十多年的发展，我国社会生产力水平显著提高，对外贸易总额居世界第一位，国内生产总值居世界第二位，与此同时，我国人民生活水平稳步提升，建成覆盖14亿人的社会保障网络。这些事实展现了效率与公平平衡性的现实意义，同时也彰显了中国特色社会主义政治制度的显著优势和巨大潜力。

八、行动性

在新中国70多年的光辉历史中，中国取得了一系列耀眼的成就，其主要原因之一就是中国特色社会主义政治制度所具有的集中力量办大事的行动性优势。中国共产党对国家政治、经济、社会、文化生活的全面领导是中国政治制度的核心内容，中国共产党是全中国人民的领导核心，代表最广大人民群众的根本利益，任何重大战略决策的出台都是基于中国社会的整体利益，这样不仅可以做到公共利益的最大化，还可以最大限度地提升制度行动性。

邓小平曾经鲜明指出："社会主义同资本主义比较，它的优越性就在于能做到全国一盘棋，集中力量，保证重点。"[1]中国共产党通过总揽全局、协调各方的方式发挥领导核心作用，在不同历史时期，将自身的命运与中华民族的命运、中国人民的命运紧密联系在一起，团结带领全国人民推动经济社会的发展。面对中华民族伟大复兴的战略全局和世界百年未有之大变局，中国共产党发挥自身组织严密、纪律严明的优良传统，积极组织动员各方力量，调动各方积极性，并统筹协调各方利益，集中精力领导各方克服发展路途中的困难，促进经济社会全面发展，在行动性上与西方政治制度形成了鲜明对比。在西方，行政机关政策的实施和执行始终受到三权分立、政党制度以及联邦制

---

[1]《邓小平文选》（第三卷），人民出版社，1993，第16-17页。

度等错综复杂因素的制约，往往要通过大量的博弈和利益交换才能贯彻一项政策，行动性在制度运行和利益的博弈中受到了很大的损耗。在新冠疫情防控阻击战中，习近平总书记强调各级党委和政府必须坚决服从党中央统一指挥、统一协调、统一调度，做到令行禁止[①]。全国各地各级党组织发挥了战斗堡垒的作用，各地各级党组织以高度的责任感担起疫情防控的领导职责，广大党员干部带头冲锋，在疫情防控中身先士卒，发挥模范带头作用，使得党和国家的各项决策部署能够得到高效、坚决的贯彻执行，中国疫情防控工作不断取得成效，各行复工复产有序步入正轨。这样的行动性是1998年抗洪精神、2003年抗击非典精神和2008年抗震抗雪救灾精神的延续和升华。中国能够迅速贯彻和执行以全体人民整体利益为出发点和落脚点的重大决策，这在西方政治制度下是难以实现的。以美国为例，联邦体制下的美国存在多种利益集团，不同利益集团相互掣肘，政策措施的贯彻落实，很大程度上取决于各州议会和政府甚至是大资本家和财阀的态度，这在新冠疫情的防控中表现得淋漓尽致，州长和总统公开相互批评成为焦点，各州在重要防疫措施方面与联邦政府摩擦不断，地方政府各行其是，无法形成统一一致的防控政策和措施，为损耗性的行动买单的还是美国人民。

九、包容性

中国人民政治协商会议（简称人民政协）集中体现了中国特色社会主义政治制度的包容性。中国共产党领导中国人民一百年来取得的辉煌成就，很大程度上归功于统一战线发挥的重要作用。人民政协是中国共产党领导的多党合作和政治协商的重要机构，是中国人民统一战线的组织，人民政协充分体现了中国特色社会主义政治制度的包容性。人民政协是中国共产党将马克思主义的统一战线理论、政党理论和民主政治理论与中国具体实际相结合的伟大创举，是发扬社会主义民主的重要形式，也是社会主义协商民主的专门机构。

---

① 《疫情防控要坚持全国一盘棋》，《人民日报》2020年2月5日第1版。

　　包容的要义在于"求同存异""和而不同"，前提就是处理统一战线中的"同"和"异"。中国共产党自成立之始就开始了包容性政治的探索之路，新民主主义革命的进程和最终胜利无不体现了中国共产党"统一战线、武装斗争、党的建设"三大法宝的力量。抗日战争结束后，蒋介石集团单方面企图发动内战消灭共产党，中国共产党人及时提出建立人民民主统一战线的主张，与工农兵学商各被压迫阶级、各人民团体、各民主党派、各少数民族、各地华侨和其他爱国分子，组成了人民民主统一战线，并打倒了蒋介石独裁政府，成立了民主联合政府。1949年中华人民共和国成立之后，中国共产党并没有居功自傲，而是认为夺取政权只是万里长征的第一步，之后长期执政会面临更加艰难的考验，统一战线依然是克服困难的重要法宝，于是我国统一战线的包容性政治逐步形成了中国共产党领导的多党合作和政治协商制度。改革开放时期，中国共产党适时地将与民主党派的"长期共存、互相监督"的"八字方针"，发展成为"长期共存、互相监督、肝胆相照、荣辱与共"的"十六字方针"，并明确规定中国共产党领导的多党合作和政治协商制度为我国的基本政治制度，这是包容性政治发展的重大成果。

　　中国特色社会主义政治制度的包容性使得我国的政治体系具备更大的开放性和协调性，使得更多的政治主体能够参与其中。只有以充分有效的利益表达渠道为前提，才能寻求各个主体的利益最大公约数，才能最大程度化解社会矛盾，促进社会和谐稳定，人民政协在这方面就扮演了重要角色。人民政协功能的发挥首先承认并尊重多样性，有效克服了西方资本主义国家人民群众"形式上有权，实际上无权"的弊病，涵盖了民主党派、无党派人士、各人民主要团体，囊括五十六个民族、港澳台同胞、海内外华侨华人等多个人民群众界别，最大限度覆盖全国各族各界人民，最大限度为社会各界人民提供表达意见的渠道，更好地实现了人民群众在日常政治生活中广泛参与的权利。

十、适应性

任何一个制度，要能够经历时代变迁而存续，就必须不断增强自身适应性，而政治制度的适应性就是要有一个能够应对环境变迁带来的挑战的政治体系。中国特色社会主义政治制度的适应性是在过去的七十多年间中国能够越过无数被外人认为不可逾越的鸿沟和障碍的关键因素。面对环境变化等因素造成的种种不确定性，中国特色社会主义政治制度能够发现和纠正缺陷，接受新信息，提高运作能力，从而能够应对新挑战。

中国特色社会主义政治制度超强的适应性体现在中国共产党人极强的学习能力和学习自觉性，善于博采众长。习近平总书记指出："中国共产党人依靠学习走到今天，也必然要依靠学习走向未来。"[①]学习源于经验教训以及实践，中国共产党是勤于学习、善于学习的马克思主义政党。以毛泽东为核心的中央领导集体，将马克思主义与中国具体革命实践相结合，形成了毛泽东思想，带领中国人民赢得了新民主主义革命、社会主义革命的伟大胜利。以邓小平为核心的中央领导集体、以江泽民为核心的中央领导集体和以胡锦涛为总书记的党中央将马克思主义、毛泽东思想与中国改革开放具体实践相结合，形成和发展了中国特色社会主义理论体系，带领中国飞速发展，走向世界舞台中央。以习近平为核心的党中央，通过不断学习和实践，创新发展了中国特色社会主义理论体系，形成了习近平新时代中国特色社会主义思想，成为新时代实现中华民族伟大复兴的行动指南。与时俱进，坚持学习已经成为中国共产党的鲜明特色，也是赋予中国特色社会主义政治制度强大适应性的重要因素。

当今世界飞速变化，国际形势不断发展，社会实践不断深入，面对快速的时代变迁，学习成为适应时代要求的必要条件，建设学习型政党，一直是中国共产党人的优良传统。在中央层面，中央政治局一

① 习近平：《在中央党校建校 80 周年庆祝大会暨 2013 年春季学期开学典礼上的讲话》，《人民日报》2013 年 3 月 3 日第 2 版。

直要求定期集体学习，且学习内容十分广泛，学习形式也十分多样。中国共产党还十分注重向世界各国学习先进文明成果。在 2017 年 3 月《中国共产党党委（党组）理论学习中心组学习规则》的制定实施后，中国共产党的学习机制更加成熟和完善，不断提高了应对不断变化的外部环境的能力。

第八章

中国特色社会主义
政治制度优势
转化为政治效能

政治制度致力于规范政治生活、调节政治关系、维持政治秩序，以实现效率和秩序为目标[1]。中国特色社会主义政治制度随着中国特色社会主义理论体系的不断丰富得到优化和完善，是当代中国发展进步的根本制度保障，具有巨大的优越性和显著优势。但是，政治制度优势往往不会自动转化为政治效能，要在深刻理解政治制度转化为政治效能的价值意蕴的基础上，掌握政治制度优势转化为政治效能的内在逻辑、关键抓手，把握政治制度优势转化为政治效能的基本规律。

---

[1] 董志强：《制度及其演化的一般理论》，《管理世界》2008年第5期，第151-165页。

第一节
政治制度优势转化为政治效能的价值意蕴

一、将政治制度优势转化为政治效能是中国特色社会主义政治建设的重要内容

将政治制度优势转化为政治效能，是新时代坚持和完善中国特色社会主义制度、推进国家治理体系和治理能力现代化的重大任务。十九届四中全会提出："把我国制度优势更好转化为国家治理效能，为实现"两个一百年"奋斗目标、实现中华民族伟大复兴的中国梦提供有力保证。"①十九届五中全会指出："我国已转向高质量发展阶段，制度优势显著，治理效能提升。"②

政治制度是国家制度体系的重要组成部分，在新时代国家推进治理体系和治理能力现代化的背景下，政治制度建设成为国家治理的重要内容。统筹政治制度完善和政治体制改革，充分发挥政治制度优势并将其转化为政治效能，是适应当今世界百年未有之大变局和中华民族伟大复兴关键时刻的重要举措。党的十八大以来，党和国家将政治制度建设摆在突出的位置，着重强调国家治理效能的提升。

《现代汉语词典》对"效能"的解释是事物所蕴含的有利的作用③，也就是事物在特定条件下蕴含的积极效果。政治效能，广义上是指国家一切政治活动所产生的一系列有效结果和积极作用，是政治主体确定的政治目标的实现程度，是政治主体先进性、政治目标实现性和治理结果有效性的统一。政治效能，狭义上是指政治制度在政治生活实

---

① 习近平：《中共中央关于坚持和完善中国特色社会主义制度 推进国家治理体系和治理能力现代化若干重大问题的决定》，《人民日报》2019年11月6日第1版。

② 习近平：《中共中央关于制定国民经济和社会发展第十四个五年规划和二〇三五年远景目标的建议》，《人民日报》2020年10月29日第1版。

③《现代汉语词典》(第五版)，商务印书馆，2005，第1390页。

践中所取得的效率、效果与能力，是政治制度的显著优势与治理能力的有机统一。政治效能是政治制度功能发挥的结果，是政治制度优势的外化。政治制度优势转化为政治效能突出了政治制度在国家治理中扮演的重要角色，是政治制度体系发挥治理功能的有效路径，彰显了政治制度体系的显著优势与政治效能的鲜明特点。将政治制度优势如何更好地转化为政治效能是中国特色社会主义政治建设的重大理论与实践问题。

二、中国特色社会主义政治制度转化为政治效能的价值意蕴

中国特色社会主义政治制度具有多方面的显著优势，政治制度优势转化为政治效能是使各项政治制度更加符合中国国情、更好体现人民意志、更快实现治理现代化的重要举措，具有丰富的价值意蕴。政治发展道路的一系列制度安排与制度创新，需要政治制度优势不断地转化为政治效能，这对于落实党的全面领导、推进新时代党的政治建设、推动国家政治制度体系完善、发展社会主义全过程人民民主、在世界政治文明中彰显中国智慧，具有十分重要的价值。

（一）有助于落实党的全面领导

政治制度优势转化为政治效能最首要且重要的价值意蕴在于落实党的全面领导。政治效能的释放是政治主体先进性、政治目标实现性和治理结果有效性的统一，三者的统一发展有利于加强与落实党对于政治生活的全面领导。首先，中国共产党作为中国特色社会主义各项事业的领导核心，在政治制度优势转化为政治效能的过程中能够把握整体方向，控制全局，确保政治效能转化的有效性、充分性和科学性。而政治效能的成功转化也体现了中国共产党的先进性，有利于进一步巩固和增强党的执政地位，维护党中央的权威。其次，政治制度优势有效地转化为政治效能体现了党中央制定适合国情发展的方针与政策并将完成度与有效性完美结合的能力，是党在政治实践中科学执政、依法执政、民主执政的体现，为落实党的全面领导进一步提供了依据。最后，政治制度优势高质量地转化为政治效能是党的现代化治理能力

的集中体现，党的领导是政治制度优势转化为政治效能的根本保证，政治制度优势转化为政治效能依靠党的政治领导力、社会凝聚力、政策执行力、群众组织力，这也是在实践中深入落实党的全面领导、推进国家治理体系和治理能力现代化的方式。

习近平同志指出："人民是我们党执政的最大底气，是我们共和国的坚实根基，是我们强党兴国的根本所在。我们党来自人民，为人民而生，因人民而兴，必须始终与人民心心相印、与人民同甘共苦、与人民团结奋斗。"[①]政治制度优势转化为政治效能能够落实党的全面领导，最根本的原因在于转化的过程与结果是坚持人民主体地位、坚持以人民为中心的，其目的是实现好、维护好、发展好最广大人民的根本利益，这一举措符合人民群众的意愿和要求，能够更好地满足人民对美好生活的新期待。政治效能的发挥既离不开中国共产党的领导，也离不开人民群众的广泛支持，只有在紧紧依靠人民这一根本力量维护党中央的权威与集中统一领导，在人民群众认可、维护并参与政治制度优势转化为政治效能过程中，才能够更好地扩大党的群众基础、巩固党的执政地位、加强党的全面领导。

（二）有助于推进新时代党的政治建设

"政治工作是一切经济工作的生命线"[②]，政治建设是一个永恒的话题，需要持续深化对党的政治建设的认识，党的十九大明确提出党的政治建设是党的根本性建设，只有党的政治建设走在前列，才能以党的政治建设带动党的总体建设与国家的现代化发展，进而为中国特色社会主义事业发展提供保证。政治制度优势持续地转化为政治效能是完善中国特色社会主义政治制度体系的过程，是从政治上认识问题、解决问题的正确实践，能够加强政治制度体系的稳定性、适应性、内聚性与发展性，可以更好地支撑党的政治建设向深入发展，进一步推进新时代党的政治建设。

习近平总书记关于党的政治建设的论述中强调要把准政治方向、

坚持党的政治领导、夯实政治根基、涵养政治生态、防范政治风险、永葆政治本色、提高政治能力①。政治制度优势转化为政治效能能够很好地契合党的政治建设的要求，能够增强新时代推进党的政治建设的坚定性。第一，政治制度优势转化为政治效能沿着正确的政治方向发展，与共产主义远大理想和中国特色社会主义共同理想高度一致，增强政治效能可以在党的领导下把正确的政治方向贯彻到重大战略、重大任务、重大工作中去，引导全党全社会坚定理想信念，可以更好地凝聚全党全社会的智慧与力量投身于中国特色社会主义现代化建设，更加全面地认识中国特色社会主义政治实践。第二，政治制度优势转化为政治效能的过程切实地将党的政治领导落实到工作机制与组织体系当中，使党承担起坚持政治效能转化的政治责任，这一重要举措可以维护党中央的权威和集中统一领导，能够引导全党增强"四个意识"坚定"四个自信"，为夺取新时代中国特色社会主义的伟大胜利提供思想自觉和行为自觉。第三，政治制度优势转化为政治效能的根本奋斗目标是凝聚磅礴力量满足人民对美好生活的向往，通过政治建设促进经济增长、深化改革、调整结构、防范风险、惠及民生，是党紧扣民心这个最大的政治，站在人民立场，维护人民群众最广大利益，同人民保持血肉联系的结果，深得人民群众的拥护与支持，夯实了党的政治根基。第四，政治制度优势转化为政治效能是政治制度体系发挥治理功能的有效路径，有助于各级领导干部承担时代责任与政治担当，提高综合素质与政治能力，准确把握政治方向与局势，在发现问题、分析问题和解决问题时从政治上出发，保持政治定力，看透事物发展的本质，有效防范政治风险，进而巩固党的执政地位，实现党的执政使命。

（三）有助于推进政治制度体系完善

中国特色社会主义政治制度是经得起历史与实践检验的科学制度体系，我国的一切政治活动都围绕这一科学制度有序开展，这也是政治制度优势转化为政治效能的基本遵循。政治制度的显著优势不断彰

---

① 《习近平谈治国理政》（第三卷），外文出版社，2020，第93—98页。

显，政治效能不断释放的过程推进了政治制度体系完善。人民代表大会制度历经七十多年的发展，在组织机构、人大职权、治理机制等方面经历了深刻的改革发展，创新选举制度、听证制度、监督制度、评议制度、问责制度等具体工作机制，在人民代表大会制度的适用性、工作的常态化、监督程序的制度化等方面取得显著成效；中国共产党领导的多党合作和政治协商制度由探索期走向成熟期，全面提升了中国共产党的执政力度与精度和各民主党派参政议政的广度与深度，参政议政、政治协商和民主监督三大职能在政治生活中发挥着重要作用，这一基本政治制度在不断完善的过程中，即政治制度优势不断转化为政治效能的过程中，彰显出中国特色社会主义政党制度巨大优势；1941年《陕甘宁边区施政纲领》的颁布是我国运用制度化途径解决民族问题的开端，民族区域自治这项基本政治制度在发展团结互助和谐的民族关系基础上加快政治效能的释放，其创立与发展对我国多民族国家的和谐、稳定和团结起着重要的维系作用，充分保障少数民族当家作主的政治权利；基层群众自治制度使人民更加真实地参与政治生活，在逐步健全、逐步深化的实践中直接反映人民需求，成为推动民主政治发展的巨大力量。

政治制度优势转化为政治效能与政治制度体系完善的过程是一致的，政治制度体系完善的过程与推动国家治理体系和治理能力现代化的过程是同步的。政治制度优势转化为政治效能有助于政治制度体系完善的关键推手是政治体制改革，政治体制改革是政治制度永葆生命力的重要举措。自十一届三中全会以来，坚定不移地推进改革开放是国家治理的重要内容，政治制度优势转化为政治效能是在新时代背景下政治领域坚持深化改革的重要方式，这一举措有助于完善政治制度体系。改革开放以后在政治领域进行的体制改革，不但没有从根本上改变我国的基本政治制度，没有改变中国特色社会主义政治发展道路，而且在不断深化政治体制改革的过程中政治制度优势得到不断发挥、政治效能得到充分释放。政治体制改革作为政治制度优势转化为政治效能的强有力的中介，能够系统推进人民代表大会根本政治制度、中国共产党领导的多党合作和政治协商制度、民族区域自治制度和基层群众自治制度三项基本政治制度的制度建设，在政治制度功能有效发挥、政治制度优势外化、政治效能充分释放的过程中，完善政治制度体系。

（四）有助于发展全过程人民民主

政治制度优势转化为政治效能有助于发展全过程人民民主，是真正践行国家的一切权力属于人民的原则，能够推动社会主义民主政治高水平、高质量地发展，全面展示中国特色社会主义民主政治的广泛性、真实性和彻底性。政治制度优势转化为政治效能是我国坚定不移地走人民拥护、治理高效的发展道路，保证人民依法通过各种途径和形式管理国家事务和社会事务，最大限度保障人民群众切身利益在政治上的集中体现。政治制度优势转化为政治效能的过程是顶层设计与问计于民的统一，是广泛听取民意，通过民主决策实现人民民主的过程，可以保证在政策决策、政策执行、政策评估等各环节实现民主，是全过程的民主。政治制度优势转化为政治效能的路径符合社会主义全过程人民民主的发展要求，并且能够开创人民参与国家与社会事务管理的新机制，确保国家政治生活的民主化、科学化与现代化。

中国特色社会主义政治发展道路上民主政治发展取得的伟大成果包括民主制度不断健全、民主形式不断丰富、民主渠道不断拓展，人民依法参与民主协商、民主决策、民主管理与民主监督等。尽管民主政治发展保障了人民当家作主，但全过程民主政治还有很大的发展空间。政治制度优势转化为政治效能作为完善全过程民主政治的重要途径，在现阶段需要重点关注以下三点：一是加强党的领导，发扬民主集中制，发展全过程人民民主，最关键的保证还是在于党，坚持中国共产党科学执政、民主执政、依法执政，发挥党集中统一领导、总揽全局协调各方的优势。继续发扬民主集中制的优势，维护党在政治生活中的领导权威，扩大公民的政治参与。二是保持政治稳定，推动经济社会发展。发展全过程人民民主需要稳定的政治环境与经济发展的支持，而政治制度优势转化为政治效能是保持政治稳定、政策连续、推动经济社会开放发展的重要手段。在政治稳定的前提下推进政治制度优势转化为政治效能，在效能释放的过程中保持政治的稳定，进一步为全过程民主的发展提供稳定的环境。三是坚持依法治国，保障人民权利。我国是社会主义法治国家，发展全过程人民民主需要法律的保障，为全过程人民民主发展道路提供坚强的组织保障与程序保障。在依法治国理政中进一步丰富人民民主形式，进一步加强全过程人民民主自我完善的机制。

（五）有助于在世界政治文明中彰显中国智慧

中国特色社会主义政治制度优势转化为政治效能不仅能够为实现中华民族伟大复兴作出重要贡献，而且有助于在世界政治文明中彰显中国智慧。改革开放以来，中国共产党带领中国人民进行了艰苦卓绝的奋斗，在民主政治建设道路上进行长期的艰难探索，在借鉴吸收世界各国优秀政治文明的基础上结合中国具体国情发展创新，形成了具有中国特色社会主义的政治文明。中国特色社会主义政治制度独特的民主政治理念、民主政治建设与民主政治形式，能够为世界政治文明贡献中国智慧，为世界政治文明建设提出中国方案，丰富世界政治文明的理论与实践，为其他社会主义国家的政治建设提供借鉴。主要表现有：党的领导、人民当家作主、依法治国的有机统一是国家正确处理政党、民主、法治之间关系的良好运行模式，为其他国家正确处理三者关系提供可选择的模式；人民代表大会制度作为一种新的民主代议制模式丰富了世界政治代议制文明；共产党领导的多党合作与政治协商制度是世界政党制度史上的伟大创新，丰富了世界政党制度模式；民族区域自治制度是维护国家统一、实现各民族平等的具有强大生命力的制度安排，为世界上其他国家解决民族问题提供重要启示；基层群众自治制度是落实民主权利、完善民主制度的重要形式，为世界上其他国家落实基层民主政治提供借鉴。

中国共产党人深刻认识到发展国家事业需要良好的国际环境，所以在政治文明发展中不仅重视推动我国社会主义政治文明的发展、铸就中华文明的新辉煌，也致力于使中国特色社会主义政治文明为人类政治文明作出伟大贡献，丰富与发展世界政治文明。在谈论"中国奇迹""中国模式""中国速度"的背后，最不能忽略的就是中国特色社会主义政治制度，特别是政治制度优势转化为政治效能的作用，政治效能为"中国模式"在世界政治文明史上呈现"中国奇迹"贡献重要力量。将政治制度优势转化为政治效能不是闭关自守和固步自封的转化，而是开放包容和与时俱进的转化，要在世界政治文明发展的大潮中不断彰显中国智慧，不断为世界政治文明增添中国色彩。

第二节
政治制度优势转化为政治效能的内在逻辑

政治制度的显著优势转化为高质量的政治效能，本质是保障人民当家作主和维护人民群众的根本利益，核心是在中国共产党的领导下，保证政治制度体系的完善与政治文明的发展，特点是有鲜明的时代性、高度的民主性、独特的创造性、发展的科学性和过程的综合性。因此，要从政治制度与治理能力二者互动的过程、政治文明与政治文化渗透政治体系的过程、推进国家治理体系和治理能力现代化的过程中全面深刻地理解和把握政治制度优势转化为政治效能的内在逻辑。

一、从政治制度与治理能力互动的过程中理解政治制度优势转化为政治效能的内在逻辑

中国特色社会主义政治制度是近代以来在特定的社会政治条件与历史经济文化条件的影响下，中国共产党带领中国人民在制度探索、制度建设与制度完善方面取得的伟大成果，是在中国特色社会主义政治发展道路上对政治建设进行合理的制度安排与制度创新的成果，是在人民代表大会根本政治制度与三项基本政治制度的引领下推进国家政治发展与治理制度化的有机整体，是保障人民当家作主、体现人民意志、保障人民权益、激发人民创造活力所进行的一系列制度安排的

成果。

中国特色社会主义政治制度优势转化为政治效能，不是政治制度自我转化、优势自我发挥的过程，而是政治制度与治理能力二者互动增强的过程。政治制度建设与治理能力提升的有效互动保证了政治效能的最大化发挥，政治效能的释放反过来有助于政治制度的完善与治理能力的现代化发展。一方面，中国特色社会主义政治制度及治理能力决定着政治效能。中国特色社会主义政治制度是政治效能有效发挥的制度基础，治理能力是政治制度优势有效转化的根本动力。中国特色社会主义政治制度是经过历史检验，在实践中不断发展完善的科学制度体系，是符合人民根本利益的制度体系，是建立在客观规律与理性认识的基础上，具有客观性、科学性、创造性、时代性的制度体系。治理能力是运用政治制度对政治生活中的各项事务进行计划、组织、指挥、协调与控制的能力，治理能力直接反映政治制度优势，直接影响政治效能的发挥。另一方面，政治效能的释放反过来推动中国特色社会主义政治制度的完善与治理能力的提升。政治效能作为政治制度优势转化的结果，有利于人民代表大会制度、政治协商制度、民族区域自治制度与基层群众自治制度发展全过程人民民主，彰显中国民主优势。政治效能的充分释放有利于推动政治制度体系的完善与治理能力的全方位发展，正是在政治制度与治理能力二者互动增强中不断完善中国特色社会主义政治制度体系，从而保证政治效能的充分释放。只注重政治制度建设而忽略治理能力提升，或者只关注治理能力提升而忽视政治制度建设，政治效能便缺乏充分释放的条件，所以政治制度优势转化为政治效能，既需要加强政治制度建设，也需要提升治理能力，促进政治制度与治理能力二者的良性互动。

三、从政治文明与政治文化渗透政治体系的过程中理解政治制度优势转化为政治效能的内在逻辑

中国特色社会主义政治制度优势转化为政治效能是将政治文明与政治文化渗透于政治体系的过程，政治文明与政治文化对政治制度优势转化为政治效能起着一定的引导、规制和约束作用。政治文明是推动政治制度完善和社会发展的重要动力，政治文明不断渗透政治体系的过程也是政治制度优势得以持续转化为政治效能的过程。中国共产党十分重视政治文明的建设，并在带领全国人民进行政治建设的过程中创造了优秀的社会主义政治文明，形成了具有鲜明中国特色的社会主义政治文明形态。党的十六大就明确提出了建设社会主义政治文明的任务，自此，社会主义政治文明建设便成为国家政治建设与国家治理现代化的一项重要任务。政治制度优势转化为政治效能作为政治建设与国家治理现代化的有效路径，必然是政治文明渗透政治体系的过程。政治文化作为一种社会政治意识形态，是我国政治实践的产物，随着我国经济社会与政治文明的发展而演进，具体内容包括政治意识、政治心理、政治思想、政治行为模式、民族精神等方面。政治制度优势转化为政治效能会形成相应的政治文化，这种政治文化具有相对独立性与特殊的社会结构性，不随着政治关系的变化而快速发生相应变化，它可以以观念的形式存在于政治生活并作为一种无形的力量对政治生活起制约与引导作用。

政治制度优势转化为政治效能会影响政治文明与政治文化的渗透作用，政治文明与政治文化又反作用于政治制度优势转化为政治效能的路径与方式。一方面，政治制度是政治文明与政治文化的重要载体，政治文明与政治文化离不开政治制度的发展。政治制度优势转化为政治效能是党的治国理政思想贯彻于政治生活的过程，需要加快政治文明与政治文化对政治制度优势转化为政治效能过程的渗透。另一方面，政治文明与政治文化的渗透是政治体系得以维持和发展的必要基础，政治体系的发展离不开政治文明与政治文化对政治生活的重要支撑。政治文明与政治文化作为一种软实力，是综合国力的重要标志，是国家和民族发展的基本力量，推动政治制度优势的转化需要通过政治文明与政治文化来广泛凝聚人民群众的精神力量，通过影响人们在政治生活中的交往方式与交往行为，坚定中国特色社会主义政治道路自信、政治理论自信、政治制度自信与政治文化自信，进而影响政治制度优势得以转化为政治效能的进程。

四、从推进国家治理体系和治理能力现代化的过程中理解政治制度优势转化为政治效能的内在逻辑

中国特色社会主义政治制度优势转化为政治效能是推进国家治理体系和治理能力现代化的过程。政治制度优势转化为政治效能是推进国家现代化进程中实现顶层设计与基层实践良性互动的重要形式，集中权力实现国家战略发展的同时激发政治实践新动能，进而推进国家治理体系和治理能力的现代化。政治制度体系只有不断适应国家治理体系与治理能力现代化的总进程，以政治制度优势凝聚发展合力，才有可能将政治制度优势转化为政治效能，才能保证政治效能助推中华民族伟大复兴中国梦的实现与社会主义现代化强国的建设。

政治制度优势转化为政治效能是推进国家治理体系和治理能力现代化的内生动力，是完善治理体系和提升治理能力的题中应有之义。提高国家治理体系和治理能力现代化水平是新时代赋予中国共产党人的历史任务，要求政治制度体系作出适应性调整，政治制度优势更好地转化为政治效能便成为完善政治制度体系的必然选择。中国特色社会主义政治制度是坚持马克思主义指导、坚持人民主体地位、坚持中国共产党领导的政治制度体系，是确保人民能够进行民主选举、民主决策、民主管理、民主监督的中国特色社会主义政治发展道路，是确保中华民族实现伟大奋斗目标必须坚持的政治制度体系，具有显著的优势，将政治制度优势转化为政治效能包括不断地完善社会主义民主政治的体制、机制、程序、规范以及具体运行的内容，政治效能作为政治制度及其执行力的集中表现，能够强化政治引领，激发社会活力，是在政治实践中推进国家治理体系和治理能力现代化的有效方式，为国家治理体系和治理能力现代化建设提供内生性动力。需要注意的是，政治制度优势转化为政治效能，既要看到其对国家治理体系和治理能力的有利作用，同时也要充分认识到这一转化的长期性、艰巨性，要循序渐进，使政治制度优势的转化取得实质性进展。

第三节
政治制度优势转化为政治效能必须遵循的
基本规律

政治制度是规范国家政治生活、政治关系的一系列政治规范的总称。政治制度作为社会上层建筑的核心部分，其根基在经济基础，由经济基础所决定，其作用在于维护特定的经济基础与生产关系，从而最终保护和促进社会生产力的发展。政治制度作为国家制度体系的重要组成部分，其制度化程度和水平对国家经济社会发展至关重要。"国家是一个政治共同体，其发展水平同政治制度的发达程度高度相关，越是发达的国家，越仰赖政治制度的支撑。"[1]中国特色社会主义政治制度是中国特色社会主义国家制度体系的重要内容。中国特色社会主义政治制度是具有显著优势的制度安排。毛泽东通过对社会主义制度与资本主义制度的比较，从人民力量作用空间的角度说明了我国政治制度的优越性。[2]习近平总书记在十九届六中全会上指出，十八大以来，在政治建设上中国特色社会主义政治制度优越性已得到更好发挥[3]。

政治效能作为国家治理效能的重要组成部分，是政治制度在政治生活实践中所取得的效率、效果与能力的综合表达，是政治制度功能发挥的结果，是政治制度优势的外化。直观地看，政治效能既是政治制度体系内部各项制度协同作用的结果，也是政治能力的外在表现。因此，政治效能与政治制度体系、政治能力直接有关，政治效能是政治制度体系与政治能力相互作用的结果。在这个意义上，政治效能具

---

①齐卫平、柴奕：《论中国特色社会主义新型政党制度的国家治理优势》，《华东师范大学学报》（哲学社会科学版）2020年第4期，第11-18页、184页。

②陈金龙、魏银立：《论我国制度优势的多维功能》，《马克思主义理论学科研究》2020年第1期，第67-76页。

③习近平：《中国共产党第十九届中央委员会第六次全体会议公报》，新华网，http://www.qstheory.cn/yaowen/2021-11/11/c_1128055427.htm，2021年11月11日。

有衡量和评价的价值，既能够直接评估政治制度的优劣和政治能力的高低，也能够从根本上评估政治制度在促进经济发展、民生改善、社会进步方面的作用。换言之，政治制度与政治效能之间存在正相关关系，政治制度的优劣主要体现为政治效能的高低。

但是，政治制度优势不会自动转化为政治效能，政治制度必须实现创造性转换，将制度优势转化为治理效能，进而保持和发展政治制度优势[1]。正如有学者指出的，把我国制度优势更好地转化为治理效能这一问题的提出，说明国家制度应然效果与实然效果之间存在着一定的张力[2]，因此，如何将政治制度优势转换为政治效能，减少政治制度优势转化为政治效能的张力就成为国家治理的重要理论与现实问题。政治制度优势转化为政治效能是一个极其复杂的问题，既需要对政治体系内部各要素、各环节、各方面进行细致分析，也需要对政治体系与社会体系的相互关系、相互作用进行研究。宏观地看，政治制度优势转换为政治效能，必须遵循历史唯物主义的基本规律。

一、必须遵循社会矛盾运动的基本规律

（一）在生产力与生产关系的矛盾运动中把握政治制度优势转化为政治效能的规律

政治制度优势转化为政治效能是全面深化改革在政治领域的重要举措，是通过上层建筑的深刻变革推进中国特色社会主义生产关系的变革，关系到社会主义现代化建设全局，关系到实现中华民族伟大复兴的中国梦[3]。这说明，政治制度优势转化为政治效能必然要把握好生产力与生产关系的辩证关系与矛盾运动，推进政治体制机制改革全面深入地进行。新民主主义革命时期、社会主义革命建设时期到改革开

① 虞崇胜：《提升中国特色社会主义制度秉赋：超越制度优势的国家治理现代化目标》，《探索》2020年第2期，第56—70页。

② 李海青：《制度优势如何转化为治理效能——基于制度建设模式的思考》，《理论探索》2020年第4期，第44—49页。

③ 齐卫平：《制度优势与治理效能的高度统一——新时代中国国家治理体系本质特征研究》，《人民论坛·学术前沿》2018年第6期，第6—15页。

放和社会主义现代化建设新时期，中国共产党从我国基本国情出发，科学认识和正确运用了生产力与生产关系的规律，深刻总结历史的经验教训，坚决抛弃了不适应生产力发展的生产关系，在此基础上实现了第一个百年奋斗目标，并向第二个百年奋斗目标迈进。政治制度优势转化为政治效能是通过上层建筑的不断调整与变革来适应我国的生产力发展水平与生产关系状况，激发政治体制改革的内生动力，完善和发展中国特色社会主义政治制度，推进国家治理现代化①。因此，生产力与生产关系的矛盾运动是政治制度优势转化为政治效能的根本遵循，只有遵循历史唯物主义这一基本规律，我们才能深刻地认识和把握我国政治制度优势转化为政治效能的内在深层动因。

（二）在经济基础与上层建筑的矛盾运动中把握政治制度优势转化为政治效能的规律

政治制度作为上层建筑的核心内容，是由经济基础决定的，政治效能作为政治制度转化的结果，总体来说也是由经济基础所决定的，上层建筑必须适应经济基础发展状况的规律也是政治制度优势转化为政治效能的重要理论依据。中国特色社会主义政治制度是建立在中国特色社会主义经济基础之上的上层建筑，实践证明它是符合中国国情的政治制度，特别是根本政治制度、基本政治制度具有相对稳定性，而经济基础相对于上层建筑来说变化相对较快，经济基础与上层建筑发展变化的不平衡形成了经济基础与上层建筑的矛盾运动，在一定程度上决定着政治制度优势转化为政治效能的效率与效果。当上层建筑符合经济基础发展的需要，能够适应生产力发展与生产关系时，就会形成一种强大的、确定的现实力量，反过来影响经济基础，此时政治制度优势可以更好地转化为政治效能。反之，当上层建筑不能适应经济基础的要求，从而也不能适应生产力与生产关系时，就会阻碍政治制度优势转化为政治效能。为此，要积极稳妥地推进政治体制改革，加快中国特色社会主义政治制度的自我完善和自我发展，加强政治建

---

① 杜飞进：《中国现代化的一个全新维度——论国家治理体系和治理能力现代化》，《社会科学研究》2014年第5期，第37—53页。

设，及时地调整和改革上层建筑中不适应经济基础的某些方面、某些环节，并且在完善上层建筑的同时夯实经济基础，解放和发展生产力。因此，政治制度优势转化为政治效能的过程中要充分把握经济基础与上层建筑矛盾运动的基本特点，正确运用上层建筑一定要适合经济基础发展状况的规律，正确认识经济基础决定作用与上层建筑反作用的辩证关系。

二、必须遵循政治制度自身状况的规律

政治制度优势转化为政治效能，要求政治制度是符合社会整体发展要求的好的政治制度，政治制度自身不符合制度运行的规律，存在这样那样的问题，既谈不到政治制度优势，更谈不上政治效能。就政治制度本身而言，政治制度化水平是衡量政治制度的内在标尺，政治制度化水平越高，则政治制度优势转化为政治效能的水平越高，政治制度化水平越低，则政治制度优势转化为政治效能的水平越低。而政治制度化水平取决于政治制度的稳定性、适应性、内聚性和发展性。为此，需要增强政治制度的稳定性、提升政治制度的适应性、巩固政治制度的内聚性和促进政治制度的发展性，从而把政治制度优势转化为政治效能。

（一）增强政治制度的稳定性

政治制度的稳定性是指构成政治制度的各要素之间具有稳定的状态，在一定时间内不会轻易地发生变化。"稳定性是政治制度的重要价值。如果一种政治制度不稳定，那么这一政治制度所规范的政治共同体就将陷入混乱。"①政治制度通过对政治关系所做的一系列规定以稳定和规范政治秩序，能够体现国家意志与人民意志，一经制定，就应当保持相对稳定性。政治制度的稳定性是政治制度优势能够转化为政治效能的基本前提，需要高度重视政治制度的稳定性在转化中的作用，保证转化过程的整体性与连续性。在政治制度稳定的前提下，政治制

---

① 李石：《"正义感"与政治制度的稳定性——罗尔斯与霍布斯之争》，《哲学动态》2018年第3期，第90—95页。

度的优势才能在政治生活中逐渐凸显，才能为政治制度优势转化为政治效能提供有力的前提条件。一个不具备稳定性的政治制度，不仅会破坏政治制度应有的权威性、严肃性及规范性，也会使人民丧失对于政治制度应该具有的信任与依赖。如果政治制度不稳定，则政治制度的优势无从谈起，更谈不上政治效能。

我国政治制度具有稳定性：一方面，我国政治制度拥有的解决问题的能力与应对环境变化的能力使政治制度的稳定性得以延续；另一方面，我国政治生活中坚持党的全面领导和以人民为中心的发展思想为政治制度的稳定性提供了根本保障。我国政治制度具备稳定性的原因还在于政治制度的自主能力和包容能力。自主能力源自中国共产党的领导，中国共产党对政治生活的领导受到《宪法》的保护，中国共产党的领导本身也是根本的政治领导制度，不受特定势力、特定集团的干扰。人民群众的根本利益是一切政策与行动的立足点，党的领导和以人民为中心的理念决定了政治制度具有合法、正当的自主能力，从而在根本上保证了政治制度在领导力量与目标指向上具备稳定性这一特征。政治制度的包容能力体现在政治制度架构相对完善但不僵化、机制运行有序但不生硬、政治制度变迁稳健但不刻板，在中国广土巨族式超大型国家的治理中充分彰显了政治制度的包容性。我国政治制度的包容性还体现在与中国的优秀传统文化和民族特性相契合，政治制度既是马克思主义中国化的产物，同时也体现着中国传统优秀文化与民族特性的内涵。正是政治制度的自主能力和包容能力共同支撑着政治制度的稳定性，为此，要进一步增强政治制度的自主能力和包容能力以更好地维持政治制度的稳定性，为政治制度优势转化为政治效能创造有利条件。

（二）提升政治制度的适应性

"一项制度是否具有可持续性，还体现在该制度是否具备充分的'适用性'，是否能够契合现存的治理结构，成为既有制度体系中的一部分，帮助实践的参与者形成稳定的预期。"①政治制度的稳定性并不足以为政治效能的转化提供充分的条件，政治制度还必须满足社会进步、科技革命的要求，不断地予以变革和创新，这就需要增强政治制度的适应性，进而增加政治制度优势转化为政治效能的韧性。政治制度的适应性包括政治制度对经济环境、政治环境、社会环境与文化环境的适应能力，强调政治制度能够在不改变自身性质的情况下适应内外部环境变化，适应政治生活的发展变化，及时地进行调整、改革与完善。

中国特色社会主义政治制度的适应性体现在各项政治制度的不断改革完善过程中。人民代表大会制度是全过程人民民主，在发展完善中扩大了公民有序的、广泛的、结构性的政治参与，充分的政治参与提高了政治制度的适应性。中国共产党领导的多党合作和政治协商制度在确立到制度化、规范化和程序化的过程中不断加强党的自身建设与各民主党派的参政议政能力，提高了政治制度的适应性。民族区域自治制度是适应我国多民族历史与现状的制度安排，在维系多民族国家的统一与稳定、保障各少数民族的权益、促进民族地区的发展中发挥了重要的作用。基层群众自治制度是适应我国基层社会特点的制度安排，为基层治理实践提供了政治保障。政治制度适应性的不断提高，有助于提升政治制度的现代化与制度化水平，进一步扩大中国特色社会主义政治制度的显著优势，在此基础上有效推进政治制度优势转化为政治效能。

（三）巩固政治制度的内聚性

政治制度的内聚性是指政治制度具有良好的"向心力"与制度整合力，制度的各组成要素能够分工协作，协同发力。我国政治制度的内聚性主要包括根本政治制度、基本政治制度和重要政治制度之间的协调发展与相互配合，能够凝聚各制度力量共同为人民谋幸福，为国家谋发展。内聚性作为我国政治制度的内在规定性，反映了政治制度

---

① 张明军、杨帆:《把中国特色社会主义制度优势转化为治理效能的实现逻辑》,《思想理论教育》2020年第7期,第4-10页。

的本质属性，是政治制度能够在发展中不断完善从而使得政治制度优势不断涌现，进而转化为政治效能的动力来源。这一内在规定性是中国政治制度有别于其他国家政治制度的显著标志，也正是因为这一内在规定性的品质，才能够全面激发社会活力，凝聚中国力量推进伟大工程。

"影响国家治理能力与治理效能的主要因素，并非政治制度构成要素本身，而是政治制度的构成机制与制度整合力"①，而制度整合力由政治制度的内聚性所决定，结构上表现为系统完备、科学运行的政治制度体系，实践上表现为党强大的组织动员与社会整合能力。中国创造的世所罕见的"两大奇迹"离不开政治制度的内聚性。邓小平曾指出，社会主义的优越性就在于能做到全国一盘棋，集中力量，保证重点②。而集中力量办大事这一显著优势便是政治制度具有内聚性的最好证明。在实现第二个百年奋斗目标的历史关头和中华民族伟大复兴的关键时刻，需要在党的全面领导下持续增强政治制度的内聚性，加快实现政治制度优势向政治效能的转化。

（四）促进政治制度的发展性

在维持制度稳定性、适应性和内聚性的基础上，政治制度还应具有与时俱进、开放发展的能力。"我们党立志于中华民族千秋伟业，不仅要保持中国特色社会主义制度和国家治理体系的稳定性和延续性，而且要不断增强其发展性和创新性，推动中国特色社会主义制度更加成熟更加定型。"③国际上，科技革命日新月异，世界正经历百年未有之大变局，国际战略格局发生深刻变化，全球治理出现新挑战。在国内，中国共产党坚持以人民为中心的根本价值立场，在新时代新矛盾背景下，不断满足人民对美好生活的向往，不断解决发展中不平衡不

① 刘红凛：《制度优势与治理效能何以实现？——论中国特色社会主义制度优势背后的政治保障、实现机制与价值归依》，《教学与研究》2021年第5期，第65-74页。

②《邓小平文选》（第三卷），人民出版社，1993，第16-17页。

③ 赵承、霍小光、张晓松、邹伟、施雨岑：《筑牢中国长治久安的制度根基》，《人民日报》2019年11月7日第5版。

充分的问题，持续推进政治制度的发展完善成为国家治理现代化的一种必然选择。

"从发展的角度看，制度优势总是相对的，过去的优势不等于现在的优势，现在的优势也不等于未来的优势。"①为了保持政治制度的优势就必须注重政治制度的发展性。随着我国经济社会进入高质量发展阶段，对政治制度也提出了更高的要求，需要政治制度在发展中不断彰显优势并不断转化为政治效能以适应国内外新形势的变化。在政治制度优势转化为政治效能中要进一步深化行政体制改革，推动政治制度的适应性发展，完善政治制度治理体系，推进国家治理全面走向现代化。

三、必须遵循人民至上的规律

在我国，人民是国家的主人。我国《宪法》明确，中华人民共和国是工人阶级领导的以工农联盟为基础的人民民主专政的社会主义国家。中华人民共和国的一切权力属于人民。习近平总书记强调"必须坚持人民至上、紧紧依靠人民、不断造福人民、牢牢植根人民"②，"人民是我们党执政的最大底气，是我们共和国的坚实根基，是我们强党兴国的根本所在"③。以人民为中心、人民至上是政治制度优势转化为政治效能的价值取向和根本立足点。政治制度优势转化为政治效能需要进一步增强人民认同感以增进政治制度的合法性与权威性，需要进一步提高人民参与度以增进政治制度的稳定性和执行力，需要进一步增加人民获得感以增进政治制度的实效性，需要进一步获得人民支持与维护以增进政治制度的组织力和凝聚力。

---

① 虞崇胜：《中国国家治理现代化中的"制""治"关系逻辑》，《东南学术》2020年第2期，第44—53页、247页。

② 李亚楠、吴勇、张枨：《人民至上 依靠人民 造福人民 植根人民》，《人民日报》2020年5月23日第2版。

③《习近平谈治国理政》（第三卷），外文出版社，2020，第137页。

（一）增强人民认同感

我国政治制度产生和发展于党带领中国人民争取民族独立、人民解放和国家富强中的伟大探索与实践，是与人民群众根本利益、国家现代化建设要求相一致的制度选择。改革开放以来，我国进行的一系列政治体制改革破除了束缚广大人民群众思想与体制的桎梏，进一步保障了人民当家作主的权利。党的十八大以来，我国的政治体制改革使得党的领导更加全面有力，人民民主更加完善规范，法治保障更加健全完备，有利于更好地服务于中国特色社会主义现代化建设。"中国特色社会主义制度好不好、优越不优越，中国人民最清楚，也最有发言权。"①人民不仅参与政治制度的制定，也参与政治制度的实践和评价，政治制度要发挥优势，转化为政治效能，必须得到人民的认可与支持。

政治制度具有凝聚民心、维护民利、规范民意、激励民气、整合民力的功能，在得到人民更大范围更深层次的认同中，就会转化为国家建设的动力和源泉，从而彰显政治制度的多重优势，充分释放政治效能。政治制度优势转化为政治效能依赖于政治制度执行力，而有效的制度执行依赖于高度的制度认同②，取决于人民从中能够获得多强的认同感，一旦得到人民更深层次的认同，政治效能更深层次的价值与意义也会被挖掘出来。凝聚政治制度共识有利于促进政治效能的转化，但是这一过程中人民不能只是被动的接受者，更应该调动人民的主体性与能动性，充分发挥人民作为历史主体的作用，推进政治制度优势转化为政治效能。

（二）提高人民参与度

在我国，人民代表大会制度、中国共产党领导的多党合作与政治协商制度、民族区域自治制度及基层群众自治制度都是人民参与政治生活的制度保证。随着人民群众权利意识、法治意识、参与意识的强

---

① 《习近平谈治国理政》（第三卷），外文出版社，2020，第124-125页。

② 吕普生：《我国制度优势转化为国家治理效能的理论逻辑与有效路径分析》，《新疆师范大学学报》（哲学社会科学版）2020年第3期，第18-33页、2页。

化，人民参与国家治理与社会治理的深度与广度大幅提升，我国第一届全国人民代表大会代表总数和政治协商会议委员人数仅有1226人和180人，第十三届全国人民代表大会和政治协商会议的代表总数和政治协商会议委员总数增加到2980人和2158人[①]，这是人民参与政治生活程度日益加深的最好印证。

政治制度优势转化为政治效能依赖于人民的广泛参与，关键在于通过人民的积极参与使人民的思想观念与行动模式最大限度地满足政治效能转化的要求，进一步拓宽人民参与转化过程的渠道，充分听取人民的意见，通过将实现社会主义现代化的长远目标与各项短期目标有机结合的方式，不断实现政治效能的释放、完善，进一步推动政治制度向更加合法化、合理化与权威化的目标发展，由此增强人民群众对我国政治制度的自信。

（三）增加人民获得感

党的十八大以来，党中央强调通过完善和发展中国特色社会主义政治制度以提升人民群众的获得感、幸福感、安全感，人民群众的获得感是评价政治制度优势与政治效能转化成效的重要标准之一。政治制度优势转化为政治效能必须遵循人民至上的规律，更好地增加人民群众的获得感。政治制度优势不断地转化为政治效能的过程在一定程度上就是不断全面推进深化改革、破除体制机制障碍的过程，能够为增加人民群众的获得感提供更加系统有效的政治制度保障。

人民的获得感在新时代的背景下内涵发生了新变化，不仅包括物质上的满足，更包括精神文化上的诉求。人民对民主、法治、公平、正义等方面的获得感离不开政治制度的保障，政治制度优势转化为政治效能是让人民共享政治发展成果的改革举措，能够不断提高人民群众在政治生活中的获得感。增加人民群众的获得感也能够在一定程度上推进政治制度优势更好地转化为政治效能，人民群众从政治效能中感受到切身利益与权利的满足，获得感得到显著提升，才能更多地获得人民群众对改革的认同与支持，从而更有利于推进政治效能的转化。

[①] 数据来源于2020年统计年鉴。

（四）增强人民维护力

人民不仅要认识和理解政治制度的结构功能和价值体系，还应当进一步深入理解政治制度的规范安排与实践意义，理解政治制度的规范安排与实践意义是进一步深刻分析和认识政治制度优势转化为政治效能的路径，在理解与认识中增强人民对政治制度的维护力。政治制度优势转化为政治效能是政治制度与人民群众双向促进、双向发力的过程，需要在人民认同与人民支持中达成政治共识，激发人民坚定维护政治制度的信心与决心，进一步为政治制度的完善与政治体制改革提供动力，实现国家的战略目标。

人民群众是政治制度优势转化为政治效能的主体，人民群众根本利益的实现亦是政治制度优势转化为政治效能的最终目的，无论是政治制度优势的发挥，还是政治效能的释放，从根本上讲都是为了保障人民群众的根本利益，是需要人民群众坚定维护的，只有在人民认可、人民维护、人民支持下充分彰显集中力量办大事的优势，才能将政治制度优势更好地转化为政治效能。

四、必须遵循与其他制度相互匹配、相互促进的规律

"中国特色社会主义制度体系庞大，互融互通，在国家治理综合要求下，没有任何一项制度能够孤立地存在。各项制度必须衔接得当、配合得宜，才能够使制度体系同向发力，发挥出最大的国家治理效能。"①政治制度亦是如此，政治效能的发挥不是政治制度体系各子系统作用的简单叠加，而是中国特色社会主义各项制度相互匹配所发挥的系统性功能，要将政治制度优势转化为政治效能，不能单纯地注意政治制度本身的层面，还必须看到政治制度与其他制度相互配套的系统运行，这就要求我们在理解政治制度优势转化为政治效能时，不仅要注意到政治制度自身的状况，而且要看到其他制度对转化过程的作用。如果各项制度不能够形成合力，就难以体现中国特色社会主义制

① 齐卫平、柴奕：《论中国特色社会主义新型政党制度的国家治理优势》，《华东师范大学学报》（哲学社会科学版）2020年第4期，第11–18页、184页。

度整体优势，难以把我国制度优势更好地转化为国家治理效能，难以为实现国家治理现代化提供坚实保障。政治制度优势转化为政治效能，需要将政治制度与经济制度、社会制度、文化制度协调起来，发挥整体性优势。

（一）与经济制度相互促进：解放和发展生产力，实现经济高质量发展

"公有制为主体、多种所有制经济共同发展，按劳分配为主体、多种分配方式并存，社会主义市场经济体制等社会主义基本经济制度，既体现了社会主义制度优越性，又同我国社会主义初级阶段社会生产力发展水平相适应，是党和人民的伟大创造。"①我国基本经济制度不仅说明了生产资料的社会主义公有制性质，而且包括社会分配制度和资源配置制度。我国经济制度作为生产关系的总和，体现了我国坚持人民主体地位和坚持共同富裕，坚持一切发展依靠人民、发展成果由人民共享的根本价值遵循。经济基础与上层建筑的内在矛盾关系，使得政治制度与经济制度既相互适应又存在矛盾，政治制度的发展一定要适合经济制度发展的规律，需要及时调整政治制度中不适应经济制度的方面，使经济制度与政治制度能够协调地推进国家制度体系的现代化。

随着我国生产力与生产关系的矛盾运动，需要政治制度不断进行自我改革完善与之相适应，政治制度优势转化为政治效能便成为我国上层建筑适应经济基础发展的必然选择。我国经济已进入高质量发展阶段，对政治制度也提出了更高的要求，政治制度优势转化为政治效能作为推进政治建设的新要求，应当不断增强政治制度的活力，协调推进经济体制改革与政治体制改革，共同推进国家治理体系和治理能力现代化。

---

① 习近平：《中共中央关于坚持和完善中国特色社会主义制度 推进国家治理体系和治理能力现代化若干重大问题的决定》，《人民日报》2019年11月6日第1版。

（二）与社会制度相互促进：坚持共建共治共享，构建社会发展良好格局

社会制度是一套有机结合的社会规范系统，为人们的相互关系与行为提供一定的准则，能够使社会运行的各部分有机连接在一起，维持了社会的正常运行。因此，社会制度具有调整社会成员间的关系、整合社会资源、维持社会秩序、提高社会整体效益的功能。经济的高速发展与政治的深化改革推进了我国社会的深刻变革。社会制度作为与人民利益最切身相关的制度，为经济建设、政治建设、文化建设创造了良好的社会条件，在保持政治稳定、推动经济发展、建设精神文明方面具有重要的连接作用。社会制度的高质量建设必然带动政治制度、经济制度、文化制度的同步发展，使各项制度的优势更加充分的展现出来。

一方面，政治制度的发展完善必然能够引起社会制度发生相应的变化，政治制度优势的发挥可以协调社会政治关系、形成良好的社会秩序，提高社会运行的效率。政治效能的释放会对社会的行为规则、价值观与价值判断、组织设置与权力体系产生一定的影响。政治制度优势转化为政治效能，必然会对社会制度中的社会管理机制、社会运行机制、社会保障机制、社会激励机制、劳动保障制度、社会人才培养制度等方面产生相应影响。另一方面，社会制度是政治制度优势得以转化的基本制度条件，政治制度转化为政治效能必然要考虑与社会制度的协同配合。

（三）与文化制度相互促进：坚定文化自信，推动文化制度创新性发展

马克思主义认为，社会意识具有相对独立性，能够对社会存在产生能动的反作用。文化制度作为社会意识形式的总和，对政治制度起到一定的导向作用，政治制度是在思想文化意识的指导下建立起来的，巩固和发展中国特色社会主义政治制度，需要与文化制度相互促进。文化制度的健全与完善能够推进政治文明的进步，在社会主义核心价值观念的引导下为政治制度的有效运行提供良好的文化环境与精神动

力，从而为政治制度优势转化为政治效能提供思想力量。在新时代新形势下，人民群众的文化需求不断增加，要求不断提高，文化建设成为改善民生、提高人民福祉的重要内容，要持续推进文化制度与政治制度相互匹配、相互促进，推进政治制度优势转化为政治效能。

政治制度只有与中华优秀传统文化、世界先进文化相结合、相匹配，才能真正建设社会主义政治文明，创造出优秀的政治文化以推动社会主义文化大发展大繁荣，才能推进政治制度优势持续转化为政治效能。因此，政治制度优势转化为政治效能需要实现与文化制度的协调发展，政治效能的释放离不开中国特色社会主义文化制度所提供的价值引领和精神动力支持，需要将人民的精神文化需求纳入政治制度优势转化为政治效能的目标之中，更加自觉地在政治效能释放中发挥文化的引领与支撑作用，坚定文化自信，推动文化制度创新性发展。

第四节
政治制度优势转化为政治效能的关键抓手

政治制度优势转化为政治效能是政治制度及其执行力的集中体现，是政治治理主体的先进性、治理方法的科学性、治理思想的引领性、治理机制的创新性、治理过程的参与性的有机统一。在新时代的大背景下，将政治制度优势转化为政治效能是一项长期的系统性工程，需要加强党的政治领导力、提升政治制度执行力、激发政治制度创新力、加大政治制度管控力、增强政治制度整合力、提高政治制度应变力。

一、加强党的政治领导力

我国社会主义政治制度优越性的一个突出特点就是党总揽全局、协调各方的领导核心作用。为了政治效能持续有力地释放，需要继续加强党对政治制度优势转化为政治效能的全面领导。第一，党的领导是发挥政治效能的政治保障。中国共产党强大的组织协调能力与引领动员能力是政治制度优势转化为政治效能最有力的保证。党的政治领导力能够对政治制度优势转化为政治效能的目标、路径、行动等方面进行科学合理的规划和设计，进而促成政治效能的转化与释放。第二，党的领导是推进治理体系和治理能力现代化的必然要求。政治制度优势转化为政治效能作为政治建设和推进国家治理体系和治理能力现代化的重要方面，离不开人民群众的广泛参与，而人民群众参与国家治理需要坚定的政治力量对其进行引导，中国共产党便成为领导团结各族人民进行政治建设的中坚力量，是推进国家治理体系和治理能力现代化的关键。第三，党的领导是推动政治改革向纵深发展的主导力量。坚持和加强党在政治制度优势转化为政治效能的全面领导，能够推动政治改革向纵深发展，保证政治改革的正确方向与改革措施的合理有效。政治制度优势转化为政治效能的任务艰巨繁重、内容复杂，必须在党的全面领导下，充分发挥党总揽全局、协调各方的能力，凝聚力量形成强大合力，不断推动政治体制改革向纵深发展。

加强党对政治制度优势转化为政治效能的领导，是政治制度优势转化的先决条件，也是政治效能充分发挥的重要保证。但如何更好地加强党对政治制度优势转化为政治效能的领导，提高政治效能的系统性、长期性、功能性，是一个需要不断探索的问题。加强党对政治制度优势转化为政治效能的领导，就要加强党在政治制度优势转化过程中的权威性，坚持和完善党在政治制度建设方面的领导管理体制，将党的领导落实到政治制度优势转化为政治效能的各层次各领域各方面，确保党对于转化过程的全面领导，在政治制度建设内部条件与外部环境的均衡、政治效能转化过程的理论与实践相结合探索中，坚定和加强党的集中统一领导。

二、提升政治制度执行力

中国特色社会主义政治制度是在共产党的领导下不断进行自我改革与自我完善的科学制度体系，具有很高的制度化水平，但制度化水平并不是政治制度优势转化为政治效能的唯一决定因素，因为较高的制度化水平不会自发地转化为政治效能，制度的生命力在于执行，制度执行能力是政治制度优势转化的关键。制度执行力是连接政治制度与政治效能的重要桥梁，是政治制度优势与政治效能的重要衔接，科学地提高制度执行力，在明确的政治建设目标下，提高政治制度优势转化为政治效能实践中的效果、效率与效益。制度执行能力越强，治理能力越有效，越能充分展现政治制度优势、发挥政治效能。政治制度优势若不能通过制度执行力转化为政治效能，则如空中楼阁一般，无法体现政治制度建设在推进国家治理体系和治理能力现代化中的重要作用。

提升政治制度执行能力，不仅需要坚持党对一切工作的领导，还需要在政府负责、社会协同、公众参与、法治保障等方面做出努力。制度执行力需要通过政府、社会、公众等多元主体的认同来增强其合理性与合法性，减少制度执行时的阻力，降低执行成本，提高制度执行力。政治制度优势通过制度执行力转化为政治效能，需要形成全社会一起促进制度执行力提升的良好局面，从根本上破解制度执行力较低的问题。在全党全社会建立起自觉遵循政治制度的意识，充分认识到政治制度的显著优势，坚定政治制度自信，不断提升政治制度执行力；必须严格执行政治制度，健全政治制度执行机制，加强依法执行政治制度；加强对制度执行力的监督，形成全社会主动监督、积极监督、全面监督的监督局面，完善监督机制，形成在制度执行决策、制度执行过程、制度执行结果全链条的监督，才能在政治制度优势转化为政治效能的过程中防止效能损失，增加最大程度转化的机会。

三、激发政治制度创新力

把我国制度优势更好地转化为国家治理效能，是以习近平同志为核心的党中央站在新的历史方位，对发展中国特色社会主义事业提出的新要求。习近平总书记强调要着力固根基、扬优势、补短板、强弱项，而创新是重要途径，只有不断地提高创新能力才能发现短板与弱项并进行弥补与强化，才能构建更加系统科学的制度体系。"任何存在的制度都有落后于社会发展要求的一面，制度只有通过改革创新，不断革除自身存在的痼疾，才能获得新的生机和活力。"①创新能力的提升会对政治制度优势转化为政治效能产生很大的影响，在转化过程中要遵循创新发展的规律，在加强政治制度创新能力中增加政治效能转化的可能性，不断获取政治制度创新的成果。政治制度优势转化为政治效能不是一成不变按部就班的僵化过程，是在社会主义政治道路上健全民主制度、丰富民主形式、拓宽民主渠道中不断创新发展的结果，是健全人大组织制度、民主管理制度、民主选举制度、议事规则、协商规则等方面的制度创新，也是在政治制度建设中将实践经验上升为理论体系，在改革创新中不断地提升转化能力，修正转化过程中的不足，推进政治制度优势在理论创新与实践创新二者相互结合中不断地转化为政治效能。

加强制度创新能力，首先要坚持问题导向，总结实践经验提升创新能力，以解决实际问题为主要目的，不断弥补短板与不足，在实践中不断尝试与学习，总结世界各国及中国历史上政治实践中成熟的经验与做法，结合具体情况及时将经验上升为制度或法律，用制度化的流程指导制度创新。其次要坚持从实际出发，符合客观规律，抓住重点问题，加强政治制度优势转化为政治效能的系统性、整体性与协同性。最后要以社会主义现代化的建设目标指导制度创新。制度创新要遵循社会主义现代化建设目标，运用系统思维统筹谋划制度创新，营造良好的制度创新环境，关注整体效益与整体参与，增强制度创新的系统性，将各项创新举措落实到政治制度转化为政治效能的各项环节中。

四、加大政治制度管控力

政治制度的管控力强调对政治活动的管理控制，可以根据政策目标来衡量政策的实际执行情况，根据政策执行与政策目标的偏差对行

---

① 虞崇胜：《提升中国特色社会主义制度禀赋：超越制度优势的国家治理现代化目标》，《探索》2020年第2期，第56-70页。

为进行调整,以保证政治发展目标的有效实现。一种好的制度应该是有效制约公共权力的制度。政治制度的管控力在很大程度上直接决定了政治制度优势转化为政治效能的可行性和有效性,政治制度的管控力可以维护政治制度优势转化为政治效能的一切活动的有序性,管控转化过程中存在的偏差,并根据政策目标对偏差行为进行控制。加大政治制度的管控力能够减少转化的程序,降低纠正偏差的成本,提高政治制度优势转化为政治效能的稳定性。

从政治效能的充分释放这一目标出发,需要政治制度的管控力对政治制度优势转化的过程进行衡量和把握,对政策主体、政策对象、政策环境与政策运行机制深入分析,从权威工具的角度出发,分析政治制度优势转化为政治效能的过程特征,持续加大政治制度的管控力度,为政治制度优势转化为政治效能提供坚强的支撑和有力的保障。

五、增强政治制度整合力

政治制度的整合力是根据政治制度体系中的具体安排对政治资源进行整合,通过一定的方式对各要素之间的关系进行协调整合的能力。政治制度的整合包括利益整合、组织整合、价值整合,利益整合需要以不同主体的利益诉求为核心,组织整合强调加大党组织与基层组织建设力度,为政治活动提供坚实的组织依托,价值整合强调通过价值的整合获得人民的认同、支持与维护。需要制度整合力统筹政治资源,解决政治制度优势转化为政治效能过程中的资源过度分散、发展不平衡的问题,提高政治制度优势转化为政治效能的协调性。

实现共同富裕作为新发展阶段的奋斗目标,是我国实现社会主义现代化的现实任务,要推动共同富裕就必须加强整合力,进而保证共同富裕的发展性、共享性和可持续性。[①]政治制度的整合力作为政治制度的显著优势之一,能够促进各民族、各阶层、各群体的社会整合,

---

① 郁建兴、任杰:《共同富裕的理论内涵与政策议程》,《政治学研究》2021年第3期,第13-25页、159-160页。

凝聚改革发展共识①，为实现社会主义现代化起到明显的推动作用。政治制度优势转化为政治效能还需要继续加强政治制度的整合力，更好地平衡与协调社会资源与社会力量，利用整合力实现政治制度显著优势的实际转化，扩大政治效能的影响范围，提高政治效能对实现我国阶段性目标与总体目标的贡献。

六、提高政治制度应变力

政治制度的应变力是指中国特色社会主义政治制度在面临不确定的国内国际环境时，依靠政治制度的韧性与弹性，动态调整组织结构与运行机制，应对变化与挑战的能力。政治制度体系的系统性、协调性、适应性、发展性与政治制度的应变力有着重要的联系，前者的水平越高，后者的能力越强。政治制度应变力是促成政治制度优势转化为政治效能的重要能力，能够在动态的、不稳定的发展环境下积极调整自身的行为模式，对抗风险的同时保持良好的凝聚力，维持转化过程的连续与稳定，减少转化过程的不确定性。

面对国际国内的深刻变化，中国共产党带领人民有效应对变化与挑战，体现出国家奋发有为、积极作为的治理思想。国内脱贫攻坚与新冠疫情防治取得良好成效，体现出我国政治制度较强的应变能力。世界正经历百年未有之大变局，全球化的发展引致了全球治理的加速推进，加快完善全球治理体系，推动全球治理改革，构建新型国际关系已然成为大势所趋，政治制度应变力的重要性更加凸显。中国的发展需要准确把握国内发展趋势和世界发展局势，充分发挥中国特色社会主义制度的治理效能，增强政治制度的应变力来积极应对百年变局，推进中国特色社会伟大事业发展，更好地增进人民福祉。

---

① 陈金龙、魏银立：《论我国制度优势的多维功能》，《马克思主义理论学科研究》2020年第1期，第67—76页。

参考文献

一、著作类

[1] 马克思恩格斯选集 [M].北京：人民出版社，2012.

[2] 列宁选集 [M].北京：人民出版社，2012.

[3] 毛泽东选集 [M].北京：人民出版社，1991.

[4] 邓小平文选 [M].北京：人民出版社，1994.

[5] 江泽民文选 [M].北京：人民出版社，2006.

[6] 胡锦涛文选 [M].北京：人民出版社，2016.

[7] 习近平谈治国理政 [M].北京：外文出版社，2014.

[8] 十九大以来重要文献选编 [M].北京：中央文献出版社，2019.

[9] 习近平关于全面从严治党论述摘编（2021年版）[M].北京：中央文献出

版社，2021.

[10] 中国共产党一百年大事记［M］.北京：人民出版社，2021.

[11] 十八大以来重要文献选编［M］.北京：中央文献出版社，
2016.

[12] 十九大以来重要文献选编［M］.北京：中央文献出版社，
2021.

[13] 马啸原.西方政治制度史［M］.北京：高等教育出版社，
2000.

[14] 何立平.西方政治制度史［M］.北京：中国政法大学出版社，
2015.

[15] 曹沛霖.比较政治制度［M］.北京：高等教育出版社，2005.

[16] 亚里士多德.雅典政制［M］.上海：上海人民出版社，2011.

[17] 阎照祥.英国政治制度史［M］.北京：人民出版社，1999.

[18] 唐晓，王为，王春英.当代西方政治制度导论［M］.北京：中国人民大学出版社，2016.

[19] 白钢.中国政治制度史（全两册）［M］.北京：社会科学文献出版社，2007.

[20] 柏华.中国政治制度史［M］.北京：中国人民大学出版社，
2011.

[21] 严耕望.中国政治制度史纲［M］.上海：上海古籍出版社，
2013.

[22] 浦兴祖.当代中国政治制度［M］.上海：复旦大学出版社，
2003.

[23] 张皓.中国现代政治制度史［M］.北京：北京师范大学出版社，2004.

[24] 杨光斌.当代中国政治制度导论［M］.北京：中国人民大学出版社，2015.

[25] 张维为.中国震撼：一个“文明型国家”的崛起［M］.北京：中信出版社，2016.

［26］许耀桐.中国国家治理体系现代化总论［M］.北京：国家行政学院出版社，2016.

［27］徐勇.国家治理的中国底色与路径［M］.北京：中国社会科学出版社，2018.

［28］虞崇胜，唐皇凤.第五个现代化 国家治理体系和治理能力现代化［M］.湖北：湖北人民出版社，2015.

［29］杨光斌.习近平的国家治理现代化思想：中国文明基体论的延续［M］.北京：中国社会科学出版社，2015.

［30］杨海蛟，程竹汝.国家治理现代化丛论［M］.上海：上海人民出版社，2017.

［31］弗朗西斯·福山.国家构建：21世纪的国家治理与世界秩序［M］.郭华，译.上海：学林出版社，2017.

［32］李侃如.治理中国：从革命到改革［M］.胡国成，等译.北京：中国社会科学出版社，2010.

二、论文类

［1］刘维芳.改革开放以来中国政治制度建设的历程及启示［J］.中国井冈山干部学院学报，2021，14（1）：61-70.

［2］王晨.推进中国特色社会主义政治制度自我完善和发展［J］.中国人大，2020，（22）：21-24.

［3］郭定平，梁君思.坚持和完善中国共产党领导制度体系的四重逻辑［J］.探索，2020，（6）：110-122.

［4］刘俊杰.中国特色社会主义制度思想原则研究［J］.理论探讨，2020，（6）：66-71.

［5］鄢一龙.中美政治体制比较："七权分工"vs."三权分立"［J］.东方学刊，2020，（3）：73-83.

［6］张献生.人民政协制度的坚持、完善和定型［J］.江苏省社会主义学院学报，2020，21（4）：4-11.

［7］彭定光，陈新.论中国制度优势的政治伦理基础［J］.伦理学研

究，2020，（4）：102-108.

［8］周淑真.新型政党制度的理论特色、时代内涵和实践要求［J］.中国政协理论研究，2020，（3）：2-9.

［9］欧阳康，余扬.新时代坚持和完善人民代表大会制度的多维路径［J］.南京师大学报（社会科学版），2020，（4）：94-101.

［10］李明.中国特色社会主义制度的典型特征［J］.科学社会主义，2020，（2）：72-77.

［11］胡鞍钢.充分发挥中国制度优势［J］.学术界，2020，（2）：5-26.

［12］石仲泉.构筑党和国家长治久安的制度建设——中国特色社会主义政治体制改革之路［J］.前线，2020，（2）：20-23.

［13］朱佳木.从新中国70年历史看中国特色社会主义制度的逐步成熟和定型——学习党的十九届四中全会精神的一点体会［J］.当代中国史研究，2020，27（1）：10-15.

［14］石仲泉."中国之治"：党和国家制度建设的伟大工程——兼论中国特色社会主义政治体制改革新路［J］.中国青年社会科学，2020，39（1）：22-32.

［15］陈文，陈科霖.当代中国政治制度研究70年的进路与逻辑［J］.政治学研究，2019，（6）：27-35.

［16］王晨.坚持和完善人民代表大会制度这一根本政治制度［J］.人民法治，2019，（23）：8-11.

［17］樊欣.论中国特色社会主义政治制度的合法性优越性［J］.科学社会主义，2019，（5）：86-91.

［18］辛向阳.新中国70年国家能力建构研究［J］.南京师大学报（社会科学版），2019，（5）：92-100.

［19］许耀桐.新中国70年社会主义根本政治制度的建设发展［J］.中共福建省委党校学报，2019，（4）：4-10.

［20］黄百炼.新中国成立以来我国民主政治建设的巨大成就［J］.当代世界与社会主义，2019，（3）：23-32.

［21］田改伟.中国新型政党制度的形成与发展——纪念新中国成立70周年［J］.中国特色社会主义研究，2019，（3）：51-59.

［22］刘海涛.我国政治制度和治理模式优势的源泉［J］.中国党政干部论坛，2019，（6）：38-41.

［23］李忠杰.新中国70年政治制度的发展［J］.中国党政干部论坛，2019，（2）：6-12.

［24］王浦劬.习近平新时代中国特色社会主义政治发展思想论析［J］.政治学研究，2018，（3）：2-16.

［25］周平.民族区域自治制度的内在逻辑［J］.学术界，2019，（6）：5-18.

［26］虞崇胜.人民代表大会制度是"三者有机统一"的根本政治制度安排［J］.党政研究，2018，（5）：24-33.

［27］李景治.中国政治体制改革的经验与启示［J］.中央社会主义学院学报，2018，（3）：53-61.

［28］宋才发.民族区域自治制度的实践回眸及未来走势——纪念中国改革开放40周年［J］.学术论坛，2018，41（2）：36-44.

［29］许耀桐.当代中国的政治体制改革——纪念改革开放40周年［J］.中国浦东干部学院学报，2017，11（6）：102-108.

［30］胡鞍钢，杨竺松.中国特色社会主义政治制度的比较优势［J］.红旗文稿，2017，（21）：15-19.

［31］唐亚林.从党建国体制到党治国体制再到党兴国体制：中国共产党治国理政新型体制的建构［J］.行政论坛，2017，24（5）：5-15.

［32］杨光斌.中国制度优势：权威民主法治的有机统一［J］.学习月刊，2017，（8）：11-12.

［33］李景治.加强中国特色社会主义政治制度建设［J］.中央社会主义学院学报，2017，（3）：57-61.

［34］林尚立.制度与发展：中国制度自信的政治逻辑［J］.中共中央党校学报，2016，20（2）：61-69.

［35］吴启讷.民族区域自治制度的历史与现实［J］.文化纵横，

2016，（1）：88-93．

［36］马丁·雅克.中国政治制度有明显的优越性［J］.理论导报，2015，（3）：50．

［37］石仲泉.邓小平与中国特色社会主义制度的建立［J］.毛泽东邓小平理论研究，2014，（6）：1-9．

［38］林泰.中国政治体制的比较优势［J］.求是，2014，（3）：62．

［39］李正华.毛泽东与新中国的政治制度［J］.当代中国史研究，2013，20（6）：10-17．

［40］田居俭.毛泽东为当代中国发展进步奠定的根本政治前提和制度基础［J］.当代中国史研究，2013，20（6）：119．

［41］胡德平.建政之初中国政治制度的价值取向［J］.上海人大月刊，2013，（7）：51-52．

［42］王传志.民主集中制：我国政治制度的核心机制［J］.求是，2013，（10）：33-35．

［43］胡鞍钢，杨竺松：中国政治制度优越性［J］.求是，2013，（7）：62．

［44］许耀桐.论中国特色社会主义具体政治制度［J］.科学社会主义，2013，（1）：18-21．

［45］王瑞芳.新中国成立初期的政治制度及其初步调整［J］.当代中国史研究，2012，19（3）：120．

［46］包心鉴.论中国特色社会主义制度的内在逻辑［J］.理论与现代化，2012，（5）：5-9．